김석동의 한민족 DNA를 찾아서

김석동의 한민족 DNA를 찾아서 최신 개정판

1판 1쇄 발행 2018. 12. 10.
1판 6쇄 발행 2019. 4. 26.
개정판 1쇄 인쇄 2022. 11. 10.
개정판 1쇄 발행 2022. 11. 18.

지은이 김석동

발행인 고세규
편집 봉정하 디자인 유향주 홍보 박은경 마케팅 신일희 기획 이재용
발행처 김영사
등록 1979년 5월 17일(제406-2003-036호)
주소 경기도 파주시 문발로 197(문발동) 우편번호 10881
전화 마케팅부 031)955-3100, 편집부 031)955-3200 | 팩스 031)955-3111

값은 뒤표지에 있습니다.
ISBN 978-89-349-4237-5 03900

홈페이지 www.gimmyoung.com   블로그 blog.naver.com/gybook
인스타그램 instagram.com/gimmyoung   이메일 bestbook@gimmyoung.com

좋은 독자가 좋은 책을 만듭니다.
김영사는 독자 여러분의 의견에 항상 귀 기울이고 있습니다.

김석동의
한민족 DNA를 찾아서

최신 개정판

김석동 지음

김영사

해방과 분단 이후 우리는 세계에서 가장 불안하고 고통스러운 냉전 시대를 겪으면서도 겨우 반세기 만에 산업화와 민주화를 동시에 이루어냈다. 어느 나라 어느 민족에게나 근대화 기간은 빛과 그늘이 있던 왜곡되고 모순에 찬 기간이지만 우리는 그 기간을 피와 땀으로 통과했고 세계에서 열 번째에 버금가는 국력을 이룰 수 있었다. 저성장과 냉전의 정체를 겪어오는 동안 우리 젊은 세대는 근대화 업적의 혜택을 누리지 못하고 차츰 좌절하거나 안으로 움츠러드는 중이다.

언제부턴가 한반도 지도 바로 보기가 누리꾼들 사이에서 퍼져가더니 분단되어 섬이 되어버린 한반도와 대륙에 대한 각성이 각계에서 일어나고 있다. 경제 엘리트로서 나라의 살림이 위기에 빠졌을 때 실천적으로 현실정치에 참여했던 김석동은 이후 대륙에 눈을 돌려 북방 기마민족의 역사를 공부하고 직접 발로 뛰어 답사하면서 단재 이래 우리의 염원이었던 한반도 뛰어넘기를 시도하고 있다. 그의 글이야말로 분단을 극복하고 평화를 열어가려는 신동북아 시대의 남북한 사람들이 함께 읽고 실천해야 할 책이라고 생각하면서 이 책을 읽은 감동을 전한다!

_황석영(작가)

우리 민족은 지금 역사적으로 중대한 갈림길에 서 있다. 평화를 통해 통일의 길로 나아갈 것인가, 아니면 다시 전쟁의 공포 속에서 사방이 막힌 섬 아닌 섬으로 남을 것인가? 이런 질문에 대해 이 책은 해결의 실마리를 던져주고 있다. 저자는 우리 민족의 위대한 DNA와 개방경제의 선택이 세계 11위의 경제를 일구었다고 본다. 그리고 그 힘의 뿌리를 기마민족 한민족의 고대사에서 찾고 있다. 과거를 돌아보는 것은 미래를 개척하는 데 유용한 방법이다. 어려운 경제 여건을 극복하고, 한반도 평화를 향한 도전 과제를 헤쳐나가기 위해 우리 핏속에 흐르는 기마민족의 역동적 에너지를 되살릴 때다. 꿈과 희망이 필요한 젊은이들에게 일독을 권한다.

_홍석현(중앙홀딩스 회장)

이 책은 저자의 뜨거운 열정과 부지런한 발로 쓴 것이다. 연해주 동쪽 끝에서 만주를 거쳐, 대싱안링을 넘어, 몽골과 중앙아시아의 대평원을 답사하면서 얻은 값진 결과이다. 초원 대평원에 제국을 이룩한 기마민족 역사 속에서 형성된 역사 유전자를 현대 한국 경제발전의 핵심동력으로 파악한 것도 경제전문가답게 독창적이며, 다소 거칠지만 북방의 기마민족을 우리 역사 틀 속으로 끌어들여 보고자 한 것만으로도 도전적이고, 논쟁적이다.

_김도형(동북아역사재단 이사장)

기적의 경제를 일으킨 원동력, 한민족 DNA

땅 넓이는 세계 109번째, 인구는 세계 26번째인 아시아 최동단의 작은 반도국가. 근세에는 서세동점의 대파고, 제국주의 열강의 지배, 전란과 폐허 등 고난과 역경을 겪어온 나라, 대한민국. 그러나 그들은 기적을 일으켰습니다. 1960년 이후 2020년까지 세계 경제가 약 8.4배 증가한 사이에 대한민국 경제는 45.1배로 늘어났습니다. 단 반세기 만에 거대한 산업국가를 건설하고 민주화를 동시에 이뤄낸 것입니다. 이제 세계에서 경제 규모가 10번째에 달하는 국가로 세계사의 중심에 섰습니다.

대한민국은 세계에서 제조업 5위, 수출 6위, 건설업 6위, 외환 보유액 8위, 군사력 6위인 나라이자 세계 최고 수준의 IT 강국, K-pop을 필두로 한류의 주인공 나라로 탈바꿈했습니다. 이제 "한국은 더 이상 고래 싸움에 등 터지는 새우가 아니다. 싸움의 승패를 가르는 역할을 하게 될 제3의 고래가 되었다"(R.P. Pardo)고 평가받는 나라입니다. 이러한 기적의 원천은 자타가 공인하는 부지런하고 우수한 인적 자산, 세계 정상 수준에 이르게 된 R&D 투자, 과감하게 외국 자본을 활용한 개방경제체제였습니다. 이 바탕 위에서 두 가지 핵심 요소가 오늘의 대한민국을 건설하는 기폭제 역할을 했습니다. 하나는 수출산업과 중화학공업에 대한 '선택과 집중'을 통해 세계와 승부하는 전략이며 다른 하나는 한민족의 DNA로, 이것이 바로 대한민국이 이룬 기적의 가장 중요한 원동력입니다.

한민족 DNA는 크게 네 가지로 요약됩니다. 첫째는 척박한 환경에서도 살아남으려는 끈질긴 생존 본능입니다. '하면 된다'는 신념으로 고난과 역경을 극복해온 역사가 이를 증명합니다. 둘째는 경쟁을 두려워하지 않는 승부사의 기질입니다. 이를 통해 시장경제를 빠르게 체득했습니다. 셋째는 강한 집단의지입니다. 리더십이 확립되면 폭발적인 에너지를 발휘하면서 집단목표에 몰입합니다. 마지막은 세계를 무대로 '나가서 승부하는' 개척자 근성입니다. 한국은 인구 대비 해외 장기 체류 국민이 가장 많은 나라이며 가장 많은 나라에 진출해 활약하고 있습니다. 열사의 사막에서 혹한의 북극에 이르기까지 그들은 도전해왔습니다. 이런 한민족 DNA는 지난 2500년간 유라시아 대륙을 지배하면서 세계사를 써왔던 기마민족, 초원 제국의 전사들과 그 궤를 같이하고 있습니다.

유라시아 대초원 역사의 주인공, 기마군단

만주에서 몽골고원 – 중앙아시아 – 우크라이나 – 남부러시아를 거쳐 유럽 대평원까지 동서 8,000km에 이르는 광활한 유라시아 대초원 지대는 알타이 산맥 등 일부 지역을 제외하고는 끝없는 평지와 구릉으로 이루어진 넓고 평탄한 지형으로, 겨울에는 춥고(~-40℃) 여름에는 뜨겁고

(~40℃), 연간 강수량도 평균 350mm에 불과해 경작이 불가능한 엄혹한 환경의 땅입니다. 그러나 이곳의 기마유목민들은 용감하고 영리한 DNA를 발휘해 삶의 터전을 이루고 지켰습니다. 이들은 유목 생활을 영위할 수밖에 없어, 수렵과 일상생활의 모든 영역에서 말을 활용했습니다. 그 과정에서 나무안장과 등자를 발명하고, 각궁을 무기로 무장하면서 유라시아 대초원에 기마군단이라는 전투집단이 등장하게 되었습니다.

기마군단이 태동한 몽골고원과 만주 일대에서 흉노·선비·돌궐·몽골·여진 등 아시아 기마군단이 시대를 이어가며 출현했습니다. BC 8세기경 본격 등장한 기마군단은 지난 2500년간 대초원을 누비면서 강력한 군사력을 바탕으로 세계 역사의 중심에 섰습니다.

최초로 등장한 기마군단은 '스키타이'입니다. BC 12세기 무렵 중앙아시아에서 유목민이 활동하기 시작했고, BC 9세기경에 말의 기동력을 활용한 강력한 전투집단인 스키타이가 등장했습니다. 이들은 메데를 정복하고 페르시아의 다리우스 왕의 70만 대군을 격파하는 등 가공할 전투력을 과시하면서 중앙아시아와 우크라이나 일대를 장악하고 500년간 명맥을 이어왔습니다. 스키타이의 생활풍습, 전술, 전법은 이후 등장하는 기마군단의 전형이 되었습니다.

'흉노匈奴'는 BC 3세기 말 몽골고원을 통일하고 최초의 초원제국을 세웠습니다. '두만'과 그의 아들 '묵특' 시대에 세계사의 전면에 등장한 흉노 제국은 기마군단 특유의 가공할 전투력을 발휘하면서 단시간에 몽골고원-북중국-중앙아시아 등에 걸쳐 600만 km²를 넘는 초강대국을 건설했습니다. 이후 분열되어 역사의 무대에서 사라졌지만, 300년 가까이 지난 4세기경 홀연히 '훈 제국'이라는 이름으로 부활하여 유럽 중심부를 강타했습니다. 훈의 기병은 유럽을 초토화시켜 '게르만 민족의 대이동'을 촉발하는 등 세계사를 뒤흔들었습니다. 이렇게 흉노는 초원제국의 전형이 되었고, 이후 수많은 초원 제국이 역사에 등장했습니다. 흉노에 이어 등장한 기마군단 '선비鮮卑'는 시라무룬강西拉木倫河(서람목륜하)에서 일어나 몽골고원과 만주의 경계를 이루는 대싱안링산맥에서 목축과 수렵을 하던 민족입니다. 이들은 흉노의 지배를 받다가, AD 156년 영걸 '단석괴檀石槐'가 등장하여 몽골고원 - 바이칼 호수 - 만주 - 오르도스 일대에 걸쳐 500만 km² 가까운 대제국을 건설했습니다. 그러나 단석괴가 죽은 후 다시 분열되어 내몽골 지역에 흩어진 선비는 모용··우문·단·탁발 등 부족별로 세력화하여 후일 북위, 연, 거란(요) 등을 건설했습니다.

'선비'에 이어 몽골 고원을 차지한 '돌궐突厥'은 '흉노'의 후예로 알려진 투르크족이 세운 나라입니다. AD 552년 영걸, 부민 카간이 등장해 부족을 통합하고, 유라시아 대초원 동서와 남북에 걸쳐 1,000만 km²를 넘는 대제국을 건설했습니다. 이후 돌궐은 분열하지만 돌궐의 유목민들은 실크로드를 따라 서쪽으로 이동하면서 수많은 투르크 국가들을 건설했습니다. 1037년에는 '셀주크 투르크'를 건국하여 중앙아시아와 중동 지역을 장악했습니다. 계속 서진한 투르크 일족은 비잔티움 제국을 격파하고 아나톨리아 지역에서 '소아시아 셀주크'를 건국했습니다. 후에 이 지역에서 '오스만 공국'을 건국했는데, 이것이 오늘날 터키의 전신인 '오스만 제국'의 출발입니다.

'몽골蒙古'은 칭기즈칸의 영도하에 폭풍의 정복 전쟁을 펼치면서 대몽골제국을 건설했습니다. 칭기즈칸과 후계자들은 아시아와 유럽에 걸쳐 3,300만 km²를 넘는 땅을 정복해 '팍스 몽골리카'를 실현했습니다. 칭기즈칸 군대는 상상을 뛰어넘는 기동력과 그물망 역참의 정보 네트워크 등을 활용하여 가공할 위력으로 적을 압도했습니다. 불과 25년 만에 로마가 400년에 걸쳐 정복한 땅보다 훨씬 넓은 땅을 경영했습니다. 몽골 멸망 후 칭기즈칸의 후예들은 중앙아시아에서 티무르 제국, 인도에서 무굴 제국을 건설했고, 이는 1857년까지 이어졌습니다.

만주 지역에 살던 '여진女眞'인들은 1115년 금金을 건국, 거란을 멸망시키고 송나라를 남쪽으로 내쫓고 만주 일대와 중원을 장악했습니다. 몽골제국의 등장으로 100년 남짓 만에 금나라는 역사에서 사라졌습니다만, 이후 만주 일대에 흩어져 살던 여진족의 후예들이 300년 후 누르하치의 영도하에 금나라를 이은 후금을 건국했습니다. 후금은 이후 청淸으로 국호를 변경하고 1912년까지 이어졌습니다.

기마군단의 역사의 진원지, 한민족 고대사

이렇게 흉노, 선비, 돌궐, 몽골, 여진 등 북방민족은 당대 최강의 제국을 건설하면서 세계사 중심에 서게 되었습니다. 유라시아 대초원의 기마유목민이 건설했던 나라들은 민족이나 국경 개념이 대단히 개방적이었습니다. 유목민족 제국은 대부분 다수 북방민족의 연맹체라고 할 수 있습니다. 흉노 제국은 알타이 부족 연맹체로 투르크, 몽골, 퉁구스, 한韓민족계 등이 어우러진 혼성 국가라고 봐야 합니다. 오늘날 터키에서는 흉노 제국을 그들의 초기 국가라고 하고, 몽골에서는 그들의 고대 국가라 하는 것은 조금도 이상할 것이 없습니다.

한민족은 이들보다 훨씬 앞서 유라시아 스텝 동부 지역에 기념비적인 고대 국가 고조선을 건설하고 동북아시아를 장악하는 대역사를 시작했고 이는 부여, 고구려, 백제, 신라 등 열국으로 이어졌습니다. 바로 이 고조선의 역사가 유라시아 기마민족 역사의 진원지가 되었다는 점에 주목해야 할 것입니다.

단재 신채호 선생은 《조선상고사》에서 "흉노, 선비, 몽고는 아我에서 분리…, 여진, 선비, 몽고, 흉노 등은 본래 아我의 동족이었다. 흉노는 조선의 속민이었다"라고 밝혔습니다. 이제는 새롭게 발견되고 있는 수많은 유적, 유물, 사서 등을 통해서도 뒷받침되고 있습니다.

북방사학자인 전원철 박사는《고구려 – 발해인 칭기스칸》과 여러 논문을 통해 고구려의 후예들이 몽골 제국과 금, 청은 물론 중앙아시아와 그 서쪽 지역에 수많은 왕조를 건설하였다고 하며 그 연원을 가계도를 통해 보여주었습니다. 한韓민족은 하나의 민족이라 단정할 수 없으며 단일 민족이란 이름으로 미화할 대상이 아니며 그럴 이유도 없습니다.

오늘날 한국인에게는 광활한 유라시아 동·서 스텝 지역에서 오랜 기간 삶을 영위했던 북방민족의 면면한 DNA가 이어져 오고 있습니다. 한민족이 어떻게 다른 세상과 교류하며 협력했고, 투쟁하면서 살아왔는지 돌아보고, 고대의 화려한 역사부터 시작해 근세까지의 어렵고 참담했던 기록, 현재 우리가 이룩한 기적의 현장에 이르기까지 마음을 열고 풀어보는 것은 의미가 있다고 생각합니다.

그동안 우리는 '고조선은 대동강 유역에 위치한 군 하나 정도를 지배하는 조그마한 정치적 사회였고, BC 4세기경 대동강과 랴오허 유역 여러 부족 국가와 연합하여 커다란 연방체를 형성했다'라고 배웠습니다. 그러나 고조선은 BC 2333년경 건국됐고, 한반도만이 아닌 발해만과 만주일대, 몽골고원 일부까지 장악한 거대 국가였다는 역사적 사실이 이제 입증되고 있습니다. 단재 신채호는 1931년《조선상고사》를, 리지린은 1963년《고조선 연구》를 썼습니다. 이어 1982년에는 러시아의 유 엠 부찐이《고조선 역사》를 썼습니다. 이들이 쓴 고조선은 우리가 아는 고조선이 아닙니다. 그 후 1983~1985년 홍산문화의 대발굴이 이루어졌습니다. 내몽골 접경 뉘우허량牛河梁 (우하량) 지역의 BC 3500년경 홍산문화 유적지와 내몽골 츠펑赤峰 (적봉)시 인근의 BC 2400년경 하가점하층문화는 단군조선과 그 선대 문명이 아니고는 설명할 길이 없습니다. 한민족 고대사도 최소한 고조선부터는 제대로 인식되어야 합니다. 적어도 BC 24세기경 존재했던 이 나라는 더 이상 신화가 아닙니다. 세계사를 주도한 유라시아 기마군단의 원류로서 역사에서 다시 자리매김해야 합니다. 역사는 그 땅의 과거사가 아닌 민족공동체의 삶의 흐름입니다. 고조선이란 동아시아 최강의 국가가 어떻게 형성됐고 또 이어졌는지, 이제 그 역사가 한민족 성장 DNA를 설명해줄 차례입니다.

세계를 향한 끝나지 않은 도전, 대한민국의 미래

한민족은 현대사에서 기적의 주인공입니다. 그러나 지금까지의 성공 히스토리가 미래를 보장하는 것은 아닙니다. 새로운 변화를 두려워하고 시대의 흐름을 능동적으로 받아들이지 못한다면 지속가능한 성장은 물론, 현재의 위치마저도 지킬 수 없을 것입니다. 대한민국은 수많은 위기를 겪어왔으며 그에 대한 도전과 혁신의 대가로 진보와 발전을 이루어왔습니다. 새로운 흐름에 대응하여 기존의 틀을 깨고 변화를 이뤄가야 미래가 있습니다. 우리는 이제 세계를 향해 끝나지 않은 도전을 이어가야 합니다. 이 도전에서 우리 경제의 미래를 만들어내야 합니다.

이 도전을 위한 첫 번째 열쇠는 미래를 향해 스스로를 바꾸는 혁신과 개혁입니다. 혁신과 개혁의 주체는 사람입니다. 그래서 사람이 미래의 열쇠입니다. 한민족은 맨주먹으로 위대한 역사를 일궈내면서 혁신과 개혁의 놀라운 에너지를 보여줬습니다.

두 번째 열쇠는 리더십과 구성원들의 결속을 통해 기마민족의 역사적 DNA를 살리는 것입니다. 리더는 강력하고 신뢰받는 리더십을 발휘해 구성원들의 강한 결속력을 이끌어내어 목표에 도전해야 합니다.

세 번째 열쇠는 열린 세계 무대로 나아가는 것입니다. 세계가 한민족의 활동 무대입니다. 그 무대인 세계의 환경과 여건 변화에 대해 과감하고 신속하면서도 유연하게 대응해서 2500년간 유라시아 대륙을 지배했던 기마군단이 가졌던 강한 경쟁력을 발휘해야 합니다. 대한민국은 2014년에 스페인을, 그리고 2015년에 호주를, 2017년에 러시아를, 2018년에 캐나다를 앞질러 세계 10위의 경제대국으로 올라섰습니다. 우리 경제와 세계 경제의 계량분석을 통해 필자는 앞으로 이탈리아, 프랑스, 영국, 독일, 일본 등을 차례로 제치고 2040년에는 통일 대한민국이 세계 6번째의 큰 나라로 등장할 것으로 전망하고 있습니다.

이 책 1부에서는 대한민국 경제가 어떻게 세계가 놀라워하는 현대의 기적을 일으켰는지 그 원인과 배경을 분석하고 가장 중요한 열쇠가 되어 왔던 '한민족 DNA'를 소개합니다. 한민족 DNA는 지난 2500년간 유라시아 대초원에서 세계사를 주도한 기마민족이 건설한 초원 제국의 전사들의 DNA에서 찾아볼 수 있습니다. 그들은 흉노·선비·돌궐·몽골·여진 등의 북방민족이며 그들이 건설한 제국의 역사를 돌아보면서 한민족과의 끊을 수 없는 깊은 연결고리를 소개할 것입니다. 이어 선사 시대와 역사 시대를 통해 한민족이 북방 기마민족의 원류로서 북방민족과 맺고 있는 놀라운 관계를 설명할 것입니다. 2부에서는 필자가 직접 탐방한 생생한 기록을 통해 독자들을 한민족의 역사가 전개되었던 광활한 유라시아 대초원과 실크로드로 안내하고자 합니다.

아무쪼록 이 책이 유라시아 대초원에서 펼쳐진 북방민족과 한민족의 삶의 흐름을 큰 그림으로 돌아보면서 한국인의 정체성을 찾는 데 작은 역할을 했으면 합니다. 그리고 통일 대한민국이 세계의 중심 국가가 되는 그날까지 한민족 DNA와 기마민족의 역동적인 에너지가 유감없이 발휘되기를 기대합니다.

1 경제 기적의 주인공
한민족, 역사에서 찾는 그들의 DNA

1장 무엇이 대한민국을 다시 일으켰나 – 한민족 DNA

2장 유라시아 대초원의 기마민족, 그들은 누구인가?

2 한민족 DNA의 원천을 찾는
유라시아 대초원과 실크로드 대장정

1장 한민족과 기마민족이 활약한 광활한 역사의 현장

2장 한민족의 터전 만주 대륙

3장 기마민족의 발원지 몽골 고원과 중국북부 대륙

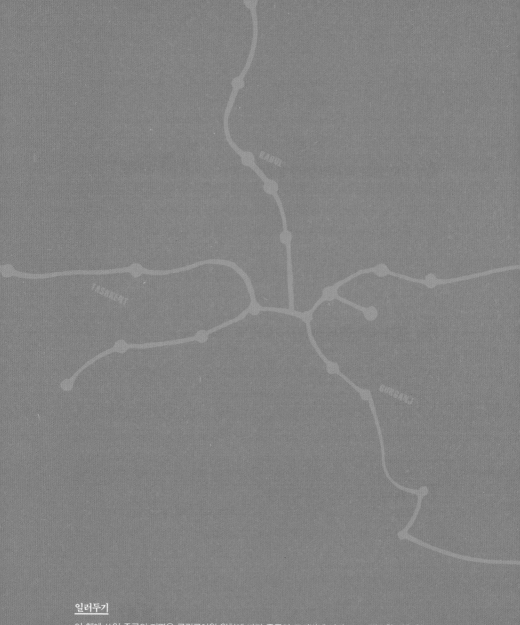

일러두기

- 이 책에 쓰인 중국의 지명은 국립국어원 원칙에 따라 중국어 표기법에 따라 쓰고, 필요한 경우 한자를 병기했습니다. 다만 1부 4장의 '홍산문화의 대발견과 한민족 고대사'에서는 독자의 이해를 돕기 위해 일부 한자음대로 표기했습니다.

- 이 책에 쓰인 인용문은 원본의 형식과 내용을 존중하되, 띄어쓰기의 경우 필요에 따라 본문과 같이 통일했습니다.

1

경제 기적의 주인공

한민족, 역사에서 찾는
그들의 DNA

1장

무엇이 대한민국을 다시 일으켰나 -
한민족 DNA

1

기적의 대한민국 경제, 그 성장동력의 비밀

1. 대한민국 경제 – 어떤 기적인가?

대한민국의 현대 경제사는 세계 경제사에서 가장 다이내믹한 드라마로 기록될 것이다. 지난 1960년 이후 2020년까지 세계 GDP는 약 8.4배 증가한 데 비해, 한국 GDP는 약 45.1배 증가했다. 전 세계 200여 개 국가 중 가난한 나라에 속하고, 미래가 보이지 않던 나라에서 반세기 남짓만에 10번째 경제 규모의 선진국으로 변모했다. 2019년에는 국민소득 3만 달러 이상, 인구 5천만 명 이상의 고소득 대형국가를 일컫는 30-50 클럽에 들어가게 되었다. 이 클럽에 속한 국가는 일본(1992), 미국(1996), 영국·독일·프랑스(2004), 이탈리아(2005) 등 7개 국가이다. 이와 같은 변화와 성장은 세계사에서 그 전례를 찾아보기 어렵다. 그래서 대한민국 경제를 기적의 산물이라 일컫는다.

15세기 이후 무역을 토대로 국가의 성장을 추구했던 중상주의 시대가

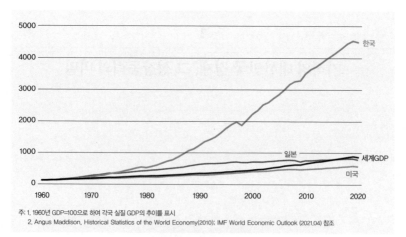

주: 1. 1960년 GDP=100으로 하여 각국 실질 GDP의 추이를 표시
2. Angus Maddison, Historical Statistics of the World Economy(2010); IMF World Economic Outlook (2021.04) 참조

주요국의 실질 GDP 추이

열리면서 거대한 경제 국가들이 탄생하게 되었다.

스페인은 15세기 이사벨 여왕의 후원 아래 이루어진 콜럼버스의 신대륙 발견 이후 아메리카 대륙을 비롯해 수많은 크고 작은 섬들을 장악해 1,940만 km²에 달하는 거대한 해양 제국을 건설했다. 1500~1600년 약 100년 사이에 세계 GDP가 1.3배 증가하는 동안 스페인 GDP는 1.6배 증가했고, 당대 세계 최강의 국가로 자리 잡았다. 16세기 세계 무대에 등장한 네덜란드는 동인도회사, 서인도회사 등을 설립하고 해양, 상업 강국으로 성장하면서 세계 무역을 독점하다시피 했다. 17세기 암스테르담은 세계 최대 항구였으며, 1500~1700년 약 200년 사이에 세계 GDP가 1.5배 증가하는 동안 네덜란드 GDP는 5.6배 증가하는 기염을 토했다. 18세기 영국은 산업혁명을 통해 산업 자본주의를 출범시키며 세계의 공장으로 부상했다. 또한 55개의 식민 국가를 거느리고 3,670만 km²의 영토를 지배하면서 '해가 지지 않는 나라'의 영광을 구가했다. 1700년부터 1870년까지 약 170년간 세계 GDP가 3.0배 증가하는 동안 영국의 GDP

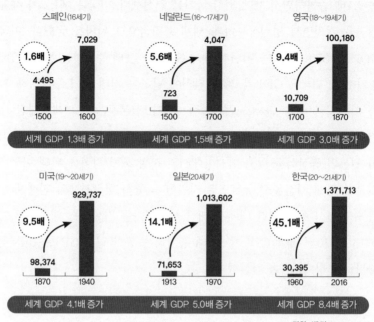

세계적인 고성장 사례

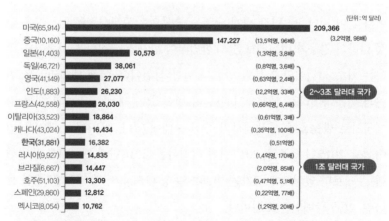

주 : 1. 국가명 뒤의 ( )는 1인당 국내총생산(per capita GDP), (단, 미국, 일본, 영국, 프랑스 스페인의 1인당 소득은 2019년 통계치)
   2. 배율은 한국면적 대비 비율

자료 : IMF, World Economic Outlook (2021. 10)   참조 : 인구·면적 : CIA(The World Fcatbook)

2020년 주요국의 GDP 규모

는 9.4배 증가하면서 세계 최강 국가를 건설했다. 미국은 제1, 2차 세계대전을 거치면서 명실상부하게 세계 최강국으로 위치를 굳혔다. 미국 GDP는 1870~1940년 70년간 세계 GDP가 4.1배 증가하는 동안 9.5배 증가했다. 미국은 GDP가 20조 달러에 달하는 거대 국가로 성장해 팍스 아메리카나Pax Americana를 실현시켰다. 일본은 제2차 세계대전 패전 이후 폐허 속에서 다시 일어났다. 전후 유럽에서 냉전이 심화됨에 따라 일본의 공산화를 막고 아시아에서의 서방 세력 강화를 위해 미국은 일본의 경제 재건을 적극적으로 지원했다. 특히 한국전쟁의 전쟁 특수를 누리면서 짧은 기간 내에 거대한 산업국가를 건설하는 데 성공하여 1913~1970년 세계 GDP가 5.0배 증가하는 동안 일본 GDP는 14.1배 증가하여 경제대국을 건설했다.

2. 비상하는 대한민국 경제

이와 같이 지난 500년간 세계 교역을 중심으로 고도성장을 이루어온 다섯 나라의 경우와 비교해보면, 대한민국이 반세기 남짓만에 이루어낸 역사는 가히 기적이라고 불릴 만한 특별한 성취이다. 이제 대한민국은 빈곤과 약소국이라는 굴레에서 완전히 벗어났다. 세계 10번째의 대형 경제국가로 발돋움했고, 세계사의 중심 무대에 섰다. 2014년 스페인을 넘어섰고, 2015년 호주를, 2017년에 러시아를, 2018년에 캐나다를 추월했다. 우리보다 앞선 9개 국가는 미·중·일 등 G7 국가, 땅 넓이 85배인 브라질, 인구 27배인 인도뿐이다.

1인당 국민소득에서도 숨 가쁜 행진을 지속해왔다. 우리 국민은 빈곤의 대물림에서 탈피했고, 삶의 수준도 놀랍게 변했다. 1960년 79달러에

	1950년	1960년	1970년	1980년	1990년	2000년	2010년	2020년
1	미국	미국	미국	미국	독일	미국	중국	중국
2	영국	독일	독일	독일	미국	독일	미국	미국
3	캐나다	영국	영국	일본	일본	일본	독일	독일
4	프랑스	프랑스	일본	프랑스	프랑스	프랑스	일본	네덜란드
5	독일	캐나다	프랑스	영국	영국	영국	네덜란드	일본
6	벨기에	네덜란드	캐나다	사우디	이탈리아	캐나다	프랑스	한국
7	호주	일본	이탈리아	이탈리아	네덜란드	중국	한국	홍콩
8	네덜란드	벨기에	네덜란드	네덜란드	캐나다	이탈리아	이탈리아	이탈리아
9	브라질	이탈리아	벨기에	캐나다	벨기에	네덜란드	러시아	프랑스
10	이탈리아	스웨덴	스웨덴	벨기에	홍콩	홍콩	영국	벨기에
	한국 (85위)	한국 (88위)	한국 (43위)	한국 (26위)	한국 (11위)	한국 (12위)	7위	6위

세계 10대 수출국(1950~2020년)

불과하던 1인당 소득이 1970년 243달러로 증가하는 소득 혁명의 시동
이 걸렸다. 이후 1977년 1천 달러, 1996년 1만 달러, 2007년 2만 달러,
2018년 3만 달러를 각각 돌파했다. 2020년 기준으로 GDP가 1조 달러
를 넘는 국가들 중에서는 1인당 국민소득GNI에서도 아홉 번째 고소득
국가이다.

이렇게 대한민국 경제를 변모시킨 견인차는 단연코 수출이었다. 수출
은 대한민국을 세계시장에 등장시키고, 고도성장의 기폭제 역할을 톡톡
히 해냈다. 1970년 8.4억 달러에 불과하던 총 수출액이 1977년 1백억
달러, 1995년 1천억 달러를 각각 돌파한 데 이어, 2012년 5,478억 달러
를 기록하여 중국, 미국, 독일, 일본, 네덜란드에 이은 세계 여섯 번째 수
출국가가 되었고, 무역 규모로도 9위 국가로 등장했다. 세계 10대 수출
국가는 수십 년간 거의 변화하지 않았다. 그만큼 세계시장 전면에 새로

품목	점유율(%)	순위
디램(DRAM)	71.6	1
스마트 폰	21.0	2
자동차	4.5	5
선박 수주	43.0	1
디스플레이	37.3	1
철강	3.9	5

한국 주력 수출 품목의 세계시장 점유율(2020년)

진입하는 것이 어렵다는 얘기다. 1950년대 이후 세계 10대 수출 국가로 진입한 국가는 일본(1960년), 중국(2000년), 한국(2009년) 등 3개국뿐이다.

이제 대한민국은 세계 5대 제조업 국가로 등장하여 주력 수출 상품은 세계시장에서 선진국들과 어깨를 나란히 하고 경쟁하고 있다. 2020년 기준으로 디램DRAM 생산은 세계 1위로 세계시장 점유율이 71%를 넘었다. 스마트 폰은 세계 2위(21.0%), 자동차는 세계 5위(4.5%), 조선(수주)은 세계 1위(43.0%), 디스플레이는 세계 1위(37.3%), 철강은 세계 5위(3.9%)를 각각 기록하고 있다.

해외 건설 시장에서 우리나라 건설 회사들의 활약도 눈부시다. 1965년 해외 진출 이후 50년간 해외 건설 5대 강국, 수주 7,000억 달러를 달성했다. 이제 한국은 초대형 프로젝트와 플랜트 시장의 강자로 자리매김하고 있고, 세계 최고층 빌딩 중 다수를 한국 건설사가 건설했다. 스페인, 미국, 중국, 독일, 프랑스 다음으로 한국은 세계 6번째 건설 강국이다.

우리나라는 1997년 IMF 경제위기를 겪었으나 전 국민이 일치단결하여 단시간 내 위기를 극복하였다. 1997년 12월 한때 38억 달러까지 떨어졌던 외환 보유액이 2018년 6월에 4,000억 달러를 돌파하여 지금은 세계 8위의 외환 보유국이 되었다. 또한 신용등급도 Aa2로 안정적인

품목	순위
미국, 독일, 캐나다, 호주	1위(Aaa)
한국, 프랑스	5위(Aa2)
영국	7위(Aa3)
일본, 중국	8위(A1)
멕시코, 스페인	10위(Baa1)
이탈리아, 인도	12위(Baa3)
브라질	14위(Ba2)
러시아	15위(Ca)

(Source : Moody's)

15대국의 신용등급(2022년)

평가를 받고 있다. 군사력에서도 세계 6위권으로 올라섰으며, K-국방, K-방산의 시대를 열고 있다.

국제 스포츠 무대에서도 강국으로 부상했다. 하계·동계를 막론하고 올림픽 메달 순위는 5~10위 사이에 있다. '체력이 국력'이 아니라 '국력이 체력'이 된 것이다. 문화와 예술을 망라한 한류의 물결 또한 예사롭지 않다. 유럽, 아시아, 중남미는 물론, 이슬람권까지 한류는 맹위를 떨치고 있다. 1990년대 말 중국에서 드라마로 시작한 한류가 드라마에서 K·Pop, 영화, 게임, 한식 등 K-Culture로 확산되면서 '한류 열풍'이라는 말이 생겨났다. 한류의 지구촌 확산 또한 국력과 무관하지 않는 것이다.

이러한 국력 신장을 바탕으로 대한민국은 1980년대 후반 이후 세계 무대의 전면에 등장했다. IMF 개도국 졸업, 올림픽 개최(1988년), GATT 개도국 졸업(1990년), OECD 가입(1996년), 월드컵 개최(2002년), OECD 원조공여국(2009년), G20 정상회의(2010년), 세계육상선수권대회(2011년), 동계올림픽(2018년) 등 국력 신장의 현장들이 숨 가쁘게 전개되었다.

물론 우리가 이루어온 고도성장의 이면에는 수많은 주름과 그늘도 있다. 그래서 한국 경제의 미래에 대한 걱정과 우려의 시각도 많다. 경제 각 부분의 과도한 부채, 기업과 업종간 불균형, 성장동력의 약화, 계층과 지역간 갈등, 청년실업의 고착화 등 수많은 과제가 우리 앞에 있는 것도 사실이다. 그러나 이 또한 한국인이 이룩한 위업을 덮어버릴 수 없다. 1997년 동아시아 일대를 엄습했던 IMF 위기에서도 대한민국은 굳건하게 버텨냈을 뿐 아니라 오히려 뼈를 깎는 구조조정을 통해 새로운 성장 모멘텀을 창출해냈다.

3. 기적의 원동력과 비밀의 열쇠

대한민국이 이뤄낸 놀라운 기적의 원동력은 과연 어디에서 오는 것일까? 물론 경제 성장은 인력L, 기술T, 자본K의 결합이므로 이 요소들이 당연히 결정적인 역할을 해왔을 것이다.

먼저 인력을 보자. 한국인이 우수하고 근면하다는 것은 세계가 알아준다. 세계 정상의 교육 투자, OECD 국가 최고의 근로시간 등 수많은 통계가 이를 뒷받침한다. 한국인의 우수성은 교육열에서 출발한다. GDP 대비 공교육비, 대학 진학률은 세계 최고이며, 해외 유학생도 15만 6천 명으로 중국, 인도에 이어 세 번째로 많다. 인구 대비 유학생 비율은 타의 추종을 불허한다.

한국인은 또 유달리 부지런하다. OECD 평균 근로자의 연간 근로시간은 1,770시간이지만 한국은 2,200시간 수준이며, 1990년대에는 3,000시간까지 됐었다. 중동건설이 붐일 때 현지에 진출한 한국인에게 붙은 별명은 '사이보그'였다. 통상 사람은 낮에는 일하고 밤에는 쉬는 존재지만, 한국인은 낮에도 일하고 밤에도 불 켜놓고 일하는 존재로 각인

됐기 때문이다.

둘째 요소인 기술을 보면 경제 개발 초기에 우리 기술은 보잘것없었고, 그래서 경제 개발 초기 단계에는 기술을 대부분 외국으로부터 도입할 수밖에 없었다. 그러나 이제는 사정이 완전히 달라졌다. GDP 대비 R&D 투자는 세계 정상급이며, R&D 투자 절대 규모로는 세계 6위이다. 뿐만 아니라 우리 기술이 국제기능올림픽에서는 부동의 1위를 지키고 있고, 국가의 총체적 기술 수준 척도인 기술성취도TAI는 세계 3위, 정보통신기술지수ICT는 세계 1위로 세계의 벽을 넘어서고 있다.

셋째 요소인 자본은 우리 경제 개발 초기부터 가장 넘어서기 어려운 장벽이었다. 그러나 이것이 대한민국의 전진을 멈출 수는 없었다. 6·25전쟁의 폐허를 딛고 본격적인 내·외자 총동원 체제가 가동되었다. 나라 문을 열어 외국으로부터 자본을 도입해 도로 등 인프라에 투자하고 공장과 산업 시설을 건설했다. 정부 주도의 자본 조달과 재원 배분이라는 틀을 활용하면서 열악한 자본 환경을 극복했다.

이렇게 GDP를 구성하는 인력, 기술, 자본의 요소가 총동원되었으나 이것만으로 기적이 충분히 설명되지 않는다. 이 세 가지 요소 이외에 우리나라에는 다른 나라 사례에서 보기 어려웠던 두 가지, 즉 대한민국의 운명을 바꾼 두 개의 열쇠가 더 있었다.

그 하나가 대외지향형 확장 경제와 신산업에 대한 도전으로 요약되는 '선택과 집중의 전략'이다. 맨주먹으로 등장한 대한민국은 세계를 무대로 승부를 하겠다는 전략을 택했다. 그래서 당시로서는 꿈 같은 산업인 조선, 철강, 석유화학, 자동차 등 중화학공업을 일으키는 선택을 했다. 이것이 제2차 세계대전 이후 세계 경제 장기 확장 시대와 궤를 같이하면서 기적의 문을 여는 열쇠가 되었다.

기적을 위한 마지막 요소는 시장·경쟁 친화적인 문화와 강한 성취동

① 인력(L)
· 우수하고 근면
→ 산업 전사의 국가

＋

② 기술(T)
· 선진기술 도입
→ 정상의 R&D 국가

＋

③ 자본(K)
· 외자로 산업을 건설
→ 개방 경제 국가

④ 해외에서 승부하는 전략
→ 운명을 바꾼 선택

⑤ 한국인의 DNA
→ 기적의 최종 열쇠

세계화·신자유주의 경제를 토대로 세계 10위권 선진 경제국가로 부상

기 및 불굴의 의지로 요약될 수 있는 '한국인의 DNA'였다. 이 DNA가 바로 다른 어느 요소보다 중요한 최종 열쇠이자 비밀의 열쇠이다.

한국인의 이러한 DNA는 지난 2500년간 유라시아 대초원을 무대로 활약해온 기마유목민의 DNA에서 찾을 수 있다. 유라시아 대초원은 동서 8,000km에 걸쳐 끝없이 펼쳐진 평평하지만 삶의 조건이 열악한 극한의 땅이다. 이러한 엄격한 자연 조건에서 오랫동안 살아온 사람들은 용감하고 영리한 독특한 인간 유형을 형성했다. 개개인이 강한 자부심을 가지면서도 지도자가 등장하면 급속히 통합되었고, 사회 전체가 변화를 두려워하지 않는 개방적이고 진취적인 가치관으로 무장했다. 이러한 사회 분위기는 탁월한 지도자를 적지 않게 등장시키는 한편, 집단 위기 등 어려운 시기에는 강력한 결속력을 유감없이 발휘하게 했다. 이러한 특성을 바탕으로 기마유목민이 주축이 된 기마군단은 가공할 만한 전투력을 발휘하면서 약 2500년간 유라시아 스텝 지역을 중심으로 동·서양에 걸쳐 거대 국가를 끊임없이 건설해왔다. BC 8세기부터 등장한 아시아 유목민의 나라 '스키타이'와 그 이후 차례로 등장하는 흉노, 선비, 유연, 돌궐, 위구르, 거란, 몽골 제국, 티무르 – 무굴 제국, 셀주크 – 오스만 투르크 제국, 금·청나라 등을 건설한 세력이 바로 그들이다. 이들은 유물·유적·풍속·기록 등을 통해 볼 때 고대로부터 우리와 역사·문화적으로 깊은 연결고리를 가지고 있다. 단재 신채호 선생은 《조선상고사》에서 "여진, 선비, 몽고, 흉노 등은 본래 아我의 동족이었다. 흉노는 조선의 속민이었다"라고 밝히며, 기마민족 국가인 고조선에서 흉노, 돌궐이 분파된 것을 갈파한 바 있고 이후 수많은 유적, 유물 등이 발굴되면서 심층적인 연구 결과가 계속 등장하고 있다.

이 책에서는 광활한 대초원에서 세계사를 써내려간 이들 기마군단의 역사를 재조명하면서 한민족의 성장 DNA를 탐구해보고자 한다.

대한민국 경제 기적의 주역, 한국인은 누구인가?

1. 한국인이 보여주는 네 가지 특성

대한민국 경제 기적의 원천 중 가장 핵심적인 요소는 한국인의 DNA이다. 유능하고 부지런한 한국인들은 넘치는 에너지와 용맹한 기상을 세계에 유감없이 과시했다. 세계를 두루 다녀보고 한민족 역사를 돌이켜보면, 한국인은 굉장히 독특한 유형의 존재라는 사실이 분명하게 드러난다. 지난 반세기 남짓 대한민국 현대 경제사에서 보여준 한국인의 모습에서도 그들만의 특성을 뚜렷하게 볼 수 있다.

첫째, 한국인은 끈질긴 생존 본능의 주인공이다.

고대로부터 근세 역사에 이르기까지 한국인은 수많은 역경 속에서 살아왔으나, 지지 않고 일어나는 근성을 보여왔다. 서세동점西勢東漸의 근대사에서 먼저 서구화에 성공한 일본은 대동아공영권을 꿈꾸며 동아시

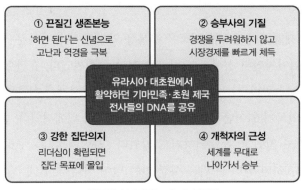

한국인이 보여주는 네 가지 특성

아 일대에서 침략 전쟁을 시도했고, 그 첫 목표가 한반도였다. 일제강점기 동안 세계사에서 찾아보기 어려운 민족말살의 잔혹한 통치가 35년에 걸쳐 지속되었다. 그러나 한국인들은 끊임없이 싸우고 저항했다. 1910년을 전후하여 수많은 애국지사가 독립운동에 목숨을 바쳤다. 이들의 망명과 이주가 러시아 연해주, 만주를 비롯한 중국 땅, 미주 등지로까지 이어졌다. 독립을 위한 무장항쟁과 일제 고위층 암살 시도가 끊임없이 전개되었고, 수많은 독립투사의 항쟁이 이어졌다. 이후 대한독립군, 광복군 등 군사 조직과 활동으로 일제히 대항했다.

1937년 중일 전쟁이 발발하자 소련의 스탈린은 연해주에 살던 한인 17만 1,781명 전원을 황량한 중앙아시아 지역으로 강제이주시켰다. 그들은 블라디보스토크에서 어느 날 갑자기 시베리아 횡단열차에 강제로 태워져 6,000km 떨어진 카자흐스탄과 우즈베키스탄의 반사막 지대에 버려졌다. 그들의 삶은 이주 2년간 1만 2,000여 명이 사망할 정도로 처참했다. 그러나 그들은 강인한 생명력을 발휘했다. 유능하고 부지런한 한국인 DNA를 발휘해 소비에트 최고의 모범 집단 농장을 일구어내면서 새로운 환경에서 끝내 살아남았고, 마침내 그 사회의 주역으로까지 올라섰다.

　제2차 세계대전 후 대한민국은 광복을 맞이했으나, 남북분단과 한국전쟁이 이어지면서 한반도는 처참한 전란에 휩싸였다. 휴전으로 전쟁은 멈췄으나 한반도는 잿더미가 되었다. 처참한 전쟁의 상흔만이 남았다. 대한민국이 일어난 출발점은 바로 이 잿더미 위에서였다. 한국인은 포기하지도 않았고, 두려워하지도 않았다. '하면 된다'는 구호 하나로 일어섰다. '하면 된다'는 말은 사실 맞는 말이 아니다. 원래 '되면 한다'가 맞겠으나, 한국인에게는 달랐다. 한국인은 이렇듯 어떠한 고난과 역경 속에서도 좌절하지 않았다. 그 속에서 어떻게 살아남을 것인가를 고민하고, 살아남기 위한 방법에 몰두하는 DNA가 유난히 돋보이는 민족이다.

　둘째, 한국인은 승부사 기질이 강하다.

　한국인들은 이기려는 승부 근성이 그 어느 나라 사람보다 강하다. 태생적으로 경쟁을 두려워하지 않는다. 이것이 바로 자본주의 시장경제를 다른 어느 나라보다 빠르게 체득하고 정착시킨 배경이다. 한국인들은 한국전쟁 후인 20세기 중반에 들어서야 본격적으로 맞이한 자본주의 시장경제 체제를 당대에 꽃피우고 정착시켰다. 경쟁이란 그 성격상 패배에 대한 두려움이 따르기 때문에 사람들에게 불편하고 심적 부담을 주게 마련이다. 그래서 가급적 경쟁을 하지 않으려는 것이 인간의 특성이다. 그러나 한국인은 다르다. 해야 할 경쟁이라면 기꺼이 받아들인다. 유치원 입학부터 제비를 뽑으면서 입시 경쟁이 시작된다. 새벽부터 밤늦도록 공부하고, 시험에 시험을 거듭한다. 학생뿐 아니라 부모까지 총동원된다. 졸업하면 입사 경쟁을 치른다. 직장에 들어가서도 경쟁의 연속이다. 승진을 위한 경쟁은 끝이 없다. 주택을 마련하는 일도 수백 대 일까지 이르는 아파트 추첨을 거쳐야 한다. 경쟁사와도 끊임없이 싸운다. 마케팅,

수주, 원가, 기술 등등, 헤아릴 수 없는 경쟁의 연속이다. 수출시장에서 세계 기업과의 경쟁은 더 치열하다. 그래서 한국인들은 부지런할 수밖에 없다. 이른 아침에 거리로 나가보라. 1분 1초라도 빨리 일터로 가려는 사람들로 붐빈다. 어느 나라에서도 보기 어려운 희귀한 장면이다. 그 속에서도 한국인은 태연하게 살아가고 있다.

셋째, 한국인은 강한 집단의지의 소유자이다.

한국인은 단결하지 못하고 각자도생의 길을 모색하는 데 익숙하다는 평가가 있다. 일제강점기 시절 일본인들은 한국인들의 결집을 막고 분열을 조장하기 위해 한국인들을 단결력이 약한 싹수없는 민족으로 치부하곤 했었다. 그러나 실제로는 천만의 말씀이다. 한국인들은 집단의식이 강해서 유독 '우리'라는 표현을 많이 한다. '우리 집', '우리 동네', '우리 팀', '우리 부대' '우리 회사' 등등등 . 심지어 '우리 아이', '우리 남편', '우리 집사람'이라는 독특한 표현도 마다하지 않는다. 한국인들은 강한 집단의지를 가진 독특한 DNA의 소유자들이다. 단, 여기에는 리더십이 확립되었을 때라는 전제가 있다. 3·1 운동, 경제건설, 4·19 혁명, 2002년 월드컵 등등을 기억해보라. 힘을 합하여 집단적으로 무엇을 같이 이루어보려는 강한 집단의지를 발휘했다. 이는 국내외의 수많은 산업현장에서도 입증되었다. 외국인은 설문조사를 통해 한국 사회의 장점으로 단결심을 손꼽았다. 크고 작은 무수한 집단에서 리더십에 의해 강한 집단의 힘이 실현되어 오늘의 대한민국 경제를 일구어낸 것이다.

넷째, 한국인은 특유의 개척자 근성을 가지고 있다.

한국인들은 특별하게 진취적이고, 개척정신이 강하다. 한국은 인구대비 국제 이민(1년 이상 외국 장기체류 목적) 인구가 세계에서 가장 높다. 쉽게 말해, 외국에서 살고자 나간 사람의 비율이 가장 높다. '말은 나면 제주도로 보내고, 사람은 나면 서울로 보내라'는 속담이 있다. 사람은 어릴 때부터 큰 곳으로 보내 공부하고 성장하도록 해야 한다는 얘기다. 이런 말은 대다수의 한국인들에게는 조금도 이상할 것이 없다. 미국인들의 57%가 평생 자기가 태어난 주에서 산다고 한다. 우리는 국토가 좁지만, 완전히 다르다. 누구든지 자식들을 더 큰 곳으로 보내어 공부시키고 성공시키려 한다. 자식이 고향을 떠나 사는 것을 자랑스럽게 생각한다. 그래서 해외 유학 인구 비율이 전 세계에서 압도적으로 높다.

저자는 10여 년 전 카리브해에 있는 네덜란드령 안틸레스 제도를 구성하는 퀴라소라는 섬에 출장갔던 적이 있다. 미국 마이애미에서 비행기로 몇 시간을 더 가야 하는 카리브해 최남단에 있는 섬으로, 최근에 독립한 나라이다. 당시 일행들에게 "전 세계 어디에나 한국인이 자리잡고 있다. 하지만 이런 먼 곳에까지 와 있겠냐"라는 얘기를 했다가 크게 낭패를 봤다. 막상 도착해보니, 도로에 한국 자동차가 즐비했다. 한국인은 이제 세계 곳곳에 뿌리를 내렸다. 한국인은 개척자 정신을 밑천으로 세계를 무대로 승부했고, 이것이 오늘날 대한민국의 원동력이 되었다.

이렇게 네 가지로 요약되는 한국인의 특성은 지난 수십 세기 동안 유라시아 대초원에서 활약해온 기마민족, 즉 초원 제국의 전사들과 DNA를 공유하는 데서 나오는 것이다. 이는 우리와 이들의 역사를 통해 확연하게 나타난다.

2. 한국인을 설명하는 눈여겨볼 사례들

한국인은 세계 최고의 IQ 보유자다. 한국인은 세계에서 가장 머리가 좋다. 영국 심리학자 리처드 린Richard Lynn 교수(얼스터대)와 핀란드 정치

학자 타투 반하낸Tatu Vanhanen 교수(헬싱키대)의 논문에 따르면,[1] 세계 185개국을 대상으로 조사한 결과, 한국인의 평균 IQ는 106으로 홍콩에 이어 세계 두 번째로 높았다. 도시 국가를 제외하면 단연 세계 최고 수준 이다.

한국인은 부지런하다. 한국인이 일하는 시간은 연평균 약 2,200시간 으로 세계 2위 수준이다. 평균 노는 시간 또한 세계 3위이다. 그래서 평균 수면 시간은 7.49시간으로, 세계적으로 가장 적게 잔다. 한국인은 부지런한 것으로 정평이 난 유태인을 게으름뱅이로 보이게 하는 유일한 민족으로 불린다.

한국의 해외 유학생은 이례적이다. 한국의 해외 유학생 수는 인구 14억 명의 중국, 인도에 이어 세계 3위이다. 학위 과정을 다니기 위해 1년 이상 유학 중인 학생 수는 12만 5,000명에 이른다. 인구 대비로는 압도적으로 세계 최고다. 한국은 해외 유학생 수로도 이름났지만, 세계 각국 유수 대학의 우등생 자리를 휩쓸고 있는 것으로도 유명하다.

한국인은 스포츠에서도 경쟁력을 자랑한다. 동·하계 올림픽의 강국 일 뿐 아니라 각종 스포츠에서 세계의 벽을 넘어서고 있다. 한국 여자 골퍼들의 기량은 이미 세계 정상이다. LPGA(미국 여자 프로골프) 상위 100명 중에는 한국 여자골퍼 20~30명이 항상 랭크되고 있다.

한글은 자타가 공인하는 세계 최고의 글자이다. 한글은 만든 날이 분명한 세계 유일한 문자이다. 세종대왕의 위업이 돋보인다. 한글은 세계에서 가장 많은 1만 1,172개 음절의 발음을 표기할 수 있는 문자이다. 그리고 한국은 세계적으로 문맹률이 낮은 나라이다.

한국인은 화끈한 성격의 소유자이다. 자동차 등록대 수가 1984년에

---

1 Richard Lynn & Tatu Vanhanen, 《IQ and the Wealth of Nations》, Greenwood(2002)

95만 대였으나 불과 30년 후인 2014년에는 2,012만 대로 2,000% 이상 폭발적으로 증가했다. 또한 한국은 인터넷, 초고속 통신망이 세계에서 가장 발전한 나라로 인터넷 속도 세계 1위이다. 외국에 나가면 선후진국을 막론하고 한국인 성미에는 도저히 맞지 않는 저속도다. 어떻게들 참고 사냐고 한다. 화끈하지만 동시에 까칠하고 비판적이며, 전문가 뺨치는 정보력으로 무장해서 어떤 문제에서도 호락호락하지 않은 존재이다.

한국인은 세계에서 가장 기가 강한 민족이다. 한국의 독립운동사에서 일본 고위층 암살 시도와 성공 횟수는 세계가 감탄할 정도이다. 안중근, 나석주, 이봉창, 윤봉길 의사 등등 수많은 애국지사들이 이름을 올렸다. 또 아무리 강한 나라라 하더라도 결코 기가 죽지 않는다. 거의 100년 만에 중국 통일을 이룬 수나라는 고구려 정벌에 나서 수 문제가 30만 대군으로, 이어 수 양제가 113만 대군으로 침략하였으나 고구려는 이를 격퇴했다. 이 전쟁으로 수나라는 결국 멸망해버렸다. 수나라를 이은 당나라 역시 당 태종이 직접 대군을 이끌고 침공하였으나 안시성에서 막강한

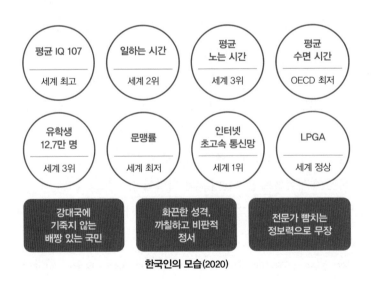

한국인의 모습(2020)

고구려군을 이기지 못하고 후퇴하였고 그 후유증으로 당 태종은 병사했다. 당시 당나라는 국위를 널리 떨치던 '정관의 치' 시대였으나 고구려군 앞에서는 맥을 추지 못했다. 그래서인지 우리나라에서는 지금도 '당나라 군대'라 하면 군기 빠진 오합지졸로 통한다. 뿐만 아니라 고려군은 세계 문명권의 80%를 지배한 대제국 몽골군에게도 항복하지 않고 39년간 전쟁을 치렀다. 당시 세계 어느 곳에서도 없던 일이다. 심지어 고려 말기에 나라가 기울어가는 상황에 이르러서도 '요동정벌'을 외치며 북진정책을 추진했다.

3. 외국인이 보는 한국인

2013년 무역협회 국제무역연구소에서 한국 및 한국산 수출제품 이미지를 파악하기 위해 국내외 거주 외국인 1,160명(51개국)에게 설문조사를 했다.

먼저 한국인에 대한 조사 결과를 보자. 한국인의 장점을 물은 결과(복수 응답), 근면성(21.5%) > 우호적(16.7%) > 애국심(13.3%) > 경쟁력(10.5%) 순으로 조사되었다. 한국인의 단점을 물은 결과, 여유 없음(15.6%) > 자존심 강함(14.3%) > 폐쇄적임(12.3%) > 성급함(12.2%) 순으로 나타났다. 아시아 여성 중 선호하는 타입은 한국(39.8%) > 일본(22.1%) > 중국(16.6%) 순서였고, 아시아 남성 중 선호하는 타입은 한국(40.4%) > 일본(18.2%) > 중국(14.3%) 순으로 나타났다.

다음 한국 사회에 대한 조사 결과이다. 한국 사회의 장점은 친절한 서비스(16.4%) > 단결심(15.4%) > 속도감(13.5%) > 국제화(12.6%)로 나타났다. 한국 사회의 단점은 과잉경쟁(30.2%) > 한국적 우월성(27.5%) > 빠른

리듬(20.2%) > 나쁜 예절(8.4%) 순이었다.

〈더 타임즈〉 서울특파원으로 15년간 한국에 근무한 마이클 브린은 그의 저서《한국인을 말한다》에서 외국인의 시각으로 본 한국인에 대해 서술하고 있다.

- 한때 '은둔자의 나라'라고 불리던 한국은 금세기 초까지만 해도 문을 굳게 걸어 잠그고 외부세계와의 접촉을 피했다. 아직도 서양인의 사고방식으로는 이해하기 어려운 점을 갖고 있지만 한국인들은 아마 다음 세기 국제 사회를 선도하는 국민이 될 것이다.

- 한국이 중요한 국가가 될 수밖에 없는 또 하나의 이유는, 한국인들이 그렇게 되고자 하는 의지를 갖고 있기 때문이다. 어떤 국가도 국정 목표에 대한 명확한 인식 없이 위대한 국가를 이룩한 경우는 없었다. 한국인들은 무엇이든지 할 수 있다는 민족적 자신감에 고양되어 있다.

- 그들은 선천적으로는 보수적이지만 동시에 새로운 것을 수용할 수 있는 능력을 지니고 있다.

- 만약 당신이 폭풍으로 한국인과 함께 에베레스트 산에 갇히게 된다면, 한국인만큼 믿음직스럽고 용감한 친구는 없다고 생각하게 될 것이다.

- 한국인들은 활발한 성격을 갖고 있고 민족적 정체성을 꿋꿋이 지켜왔다는 점에서는 이스라엘인들과 유사하고, 무어라 설명하기 힘들지만 매력적이란 점에서는 이탈리아인들과도 비슷하다. 그러나 한국인들은 그들의 민족성과 이웃 민족들과의 관계를 살펴볼 때 역시 아일랜드인들과 가장 닮았다고 할 수 있다.

- 한국의 경제 성장은 무서울 만큼 빠른 속도로 진행됐다. 각 성장 단계마다 모든 전문가들의 예측은 빗나갔다. 심지어 한국인들조차도 그 성장 속도에 놀라움을 금치 못했다. 한마디로 그것은 기적이었다.

• 한국인들을 이해하는 데 있어 가장 큰 장애물은 그들의 민족주의이다.
그들의 민족주의는 너무나 편협해서 이를 경험한 외국인들은 이에 질린
나머지 더 이상 한국인들을 이해하려고 노력하지 않을 정도이다.

2장

유라시아 대초원의 기마민족,
그들은 누구인가?

1

유라시아 대초원에 등장한 기마군단

1. 유라시아 대초원과 그 주인공 기마민족

유라시아 대초원은 어떤 곳인가

유라시아 대륙은 크게 다음과 같이 나눌 수 있다. 북극해를 면한 가장 북쪽에는 동토인 '툰드라tundra'가 있고, 그 아래에는 침엽수림 지대인 '타이가taiga'가, 다시 그 아래에는 북위 40~50도 지역에 남북으로도 폭이 수백 킬로미터에 달하는 넓은 띠 형태의 대초원이 있고, 그 아래에는 사막 지대가 있다. 침엽수림 지대와 사막 지대 사이에는 아시아동부에서 유럽동부 지역까지 동서로 장장 8,000km에 걸쳐 광활한 초원 지대가 펼쳐져 있다. 만주–몽골 고원–카자흐 초원–러시아 초원–우크라이나–헝가리 평원에 이르는 이 지역을 '유라시아 대초원Eurasian Steppe'이라 하며, 알타이 산맥을 기점으로 동부와 서부 초원 지대로 나뉜다.

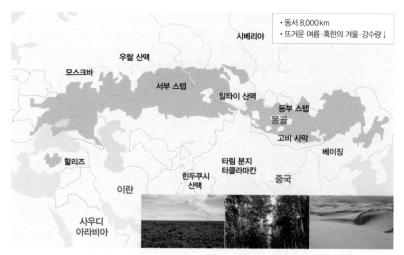

유라시아 대초원 지역, 사진 왼쪽부터 툰드라·타이가·사막

유라시아 대초원은 대체로 다음 세 가지의 특징이 두드러지게 나타난다.
첫째, 이곳은 지구상에서 가장 광활하고 평탄하다. 아시아 고원 지대
일부를 이루는 알타이 산맥과 톈산天山(천산) 산맥을 제외하고는 대부분
의 지형이 초원이나 완만한 구릉으로 이루어져 있다. 연해주에서 만주
일대, 몽골, 내몽골 등 중국북부와 중앙아시아, 남부러시아, 우크라이나,
헝가리 평원 등 동부유럽 등지를 여행해보면 그야말로 끝없이 광활하고
평탄한 지형이라는 것을 실감하게 된다. 이러한 지형적 특성 때문에 유
라시아 대초원은 사람과 물자의 이동이 대단히 용이해, 고대로부터 이곳
을 가로지르는 '초원로(초원길)'라는 기마유목민 전용 이동로가 있었다.
초원로는 잘 알려진대로 오아시스로(오아시스길)와 해로(바닷길)와 더불어
동서 문명 교류의 통로 역할을 해온 실크로드 3대 간선을 구성한다. 이
중 초원로는 세 길 중 가장 이른 시기에 존재했던 동서 이동로로서, 기마
유목민이 활동했던 중심 무대이자 동서간 문명 교류의 핵심 통로 역할

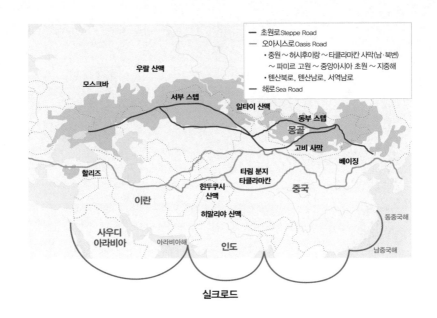

초원로Steppe Road
오아시스로Oasis Road
• 중원 ∼ 허시후이랑 ∼ 타클라마칸 사막(남·북변)
  ∼ 파미르 고원 ∼ 중앙아시아 초원 ∼ 지중해
• 톈산북로, 톈산남로, 서역남로
해로Sea Road

우랄 산맥
모스크바
서부 스텝
알타이 산맥
동부 스텝
몽골
고비 사막
베이징
할리즈
이란
힌두쿠시 산맥
타림 분지
타클라마칸
중국
동중국해
히말리야 산맥
사우디 아라비아
아라비아해
인도
남중국해

실크로드

을 담당해왔다.

둘째, 유라시아 대초원은 전반적으로 비가 적고 건조하다. 연 강수량은 250~500mm 내외에 지나지 않는다. 통상 연 강수량 250mm 이하를 사막이라고 하니 이 지역의 강수 사정을 가늠해볼 수 있다. 대초원 남쪽의 몽골 고원 남부와 투르키스탄 지역, 그리고 중앙아시아는 강수량이 극히 적어 고비 사막, 타클라마칸 사막, 키질쿰 사막, 카라쿰 사막 등 사막화된 지역이 많다. 중국 신장 웨이우얼 지역의 투르판은 연 강수량이 50mm 대에 불과한 해도 있었다. 연평균 1,250mm의 비가 오는데도 물 부족 국가라고 하는 우리나라와 비교해보면 어느 정도인지 알 수 있을 것이다. 이렇게 전반적으로 물이 부족할 뿐 아니라 그나마도 강수가 일시적이어서 경작이 어렵고 단초(짧은 풀)만이 자라는 광활한 초원 지대가 펼쳐진다.

셋째, 이 지역은 연중 기온교차가 극심하다. 위도상으로는 온대 지역이지만 북쪽의 추운 침엽수림 지대와 남쪽의 뜨거운 사막 지대 사이에

광활한 유라시아 대초원 지역

있어 영향을 받는다. 지역에 따라 차이가 있으나 여름에는 영상 40℃까지 오르는 뜨겁고 건조한 날씨를 보이고, 겨울에는 영하 40℃까지 내려가는 곳이 많다. 극단적인 예로 여름에 영상 45℃, 겨울에 영하 55℃의 기록도 있다. 뿐만 아니라 일교차도 대단히 크다. 몽골 고원에서는 낮에 30℃에 달했던 기온이 밤에는 영하까지도 떨어진다.

유라시아 대초원의 이러한 지역적 특징으로 이곳에 사는 사람들은 정착해서 농경 생활을 하는 것이 불가능하기 때문에 광활하고 풍부한 초지를 활용해 가축을 키우는 유목 생활을 할 수밖에 없었다. 일례로 몽골 초원에서는 생활을 위해 한 가정이 200~300마리 이상의 양을 길러야 한다. 2021년 말 기준으로 인구 300만 명 남짓 되는 몽골의 가축 사육수는 6,730만 마리로 집계되었다.

유라시아 대초원의 주인공, 유목민

유라시아 대초원에서 살아온 주인공들이 바로 유목민nomad이다. 이들은 농경 생활이 불가능한, 삶의 여건 자체가 대단히 어려운 엄격한 자연환경 속에서 유목 생활로 살아남았다. 유목민은 앞에서 살펴본 대초원의 환경으로 인해 한 곳에 정착해 살지 못하고 장소를 옮겨가면서 생활했다. 드넓은 목초 지대에서 말, 양, 소, 염소, 낙타 등과 같은 이동하는 데 적합한 가축과 함께 물과 목초지를 찾아서, 또 계절에 따라서 이동하면서 살 수밖에 없는 운명의 주인공이었다. 그들은 광활한 지역에서 가축을 사육하기 위해 초지가 풍부한 지역과 추운 계절을 이길 수 있는 지역을 찾아 가족이나 소집단을 이루며 끝없이 움직였다. 이 때문에 고대 그리스 역사가 헤로도토스는 그의 저서 《역사Histories》에서 스키타이인에 대해 '농경민족이 아니라 유목민이다', '아시아에 살던 유목민이다', '도시도 성채도 없이 그들의 집을 직접 끌고 다닌다'라고 썼다. 지금도 몽

몽골 고원의 게르

신장 웨이우얼의 게르촌

골, 투르키스탄, 중앙아시아 등지에서는 '게르ger' 또는 '유르트yurt'(중국 어로는 파오(包))라고 불리는 이동식 주택을 흔히 볼 수 있다.

대초원의 열악하고 엄격한 자연환경 속에서 살아남기 위해 유목민들은 '용감하고 유능한' 독특한 인간 유형을 형성하였다. 우선 열악한 환경을 이겨내기 위해서는 용감해야 했고, 살아남기 위해서는 지혜로워야 했다. 또한 대초원에서 가족이나 소집단을 이루어 독립적으로 유목 생활을 영위하면서 자연과 싸워야 했기 때문에 개개인들이 강한 자부심을 갖는 독특한 가치관을 형성하게 되었고, 사회 전체는 강한 자립심으로 무장하게 되었다. 이들은 평상시에는 가족이나 소집단으로 독립적인 생활을 영위하면서 목축을 하지만 외부 침략 등이 있을 경우에는 즉각 단결하여 집단적인 힘을 발휘해왔다. 특히 걸출한 지도자가 등장하여 세력을 결집하고 외부 세력과 전쟁을 하게 되면 순식간에 집단화해 대규모 기마군단을 형성, 가공할 전투력을 발휘하였다. 이는 BC 8세기경에 흑해와 카스피해 연안 일대에 스키타이가 등장한 이래 지난 2500년에 걸쳐 전개된 유라시아 대초원의 역사가 입증하고 있다.

대초원의 역사를 써온 이들은 민족과 종족이 다양하게 혼재되었으나, 대체로 몽골 고원과 그 주변 일대의 '몽골인', 만주, 한반도, 동부시베리아의 '퉁구스인' 그리고 동·서투르키스탄과 서부시베리아 등지의 '투르크인'이 그 주인공들이라 하겠다. 크리스토퍼 벡위드는 "초기 중세 이후 '전통적 중앙 유라시아'라고 말할 수 있는 지역은 동서로는 압록강 유역과 도나우강 하류 사이, 남북으로는 히말라야 산맥과 북극지방 남부 타이거 숲 지대 사이였다. 중앙 유라시아 사람들은 세계 문명을 형성하는데 가장 기본적이면서도 결정적인 기여를 했다"라고 했다.[1]

1   크리스토퍼 벡위드Christopher Beckwith, 《중앙 유라시아 세계사》, 소와당(2014), pp36~37

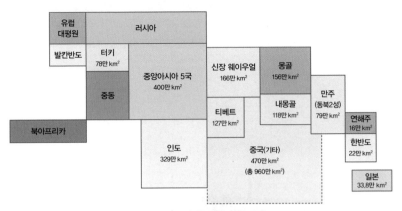

기마유목민이 활약한 주요 지역

초원의 전투 집단, 기마군단

사람이 말을 타는 승마는 기원전 약 2000년경 중앙아시아에서 시작되었다. 초원에서 유목 생활을 하던 유목민들이 말을 키워 이동수단으로 활용하면서 말은 그들 삶의 중심이 되었다. 지금도 몽골에서는 네 살경부터 말을 타는 법을 배우기 시작한다. 몽골 제국 시대에는 두 살 때부터 말에 익숙하도록 가르쳤다고 한다. 나무안장, 고삐와 재갈, 등자(발걸이) 등 마구의 등장은 유목민의 생활과 운명을 송두리째 바꾸어놓는 계기가 되었다. 말을 자유자재로 부릴 수 있게 된 이들은 생활과 사냥뿐 아니라 전투 목적으로 전장에서 활용하게 됐다. 강력한 성능의 복합곡궁, 기마 전용 검 등 무기가 개발되고 전투집단으로 변모하면서 기마군단이 출현하게 되었고, 그에 따라 세계사는 소용돌이에 휩싸이게 됐다. 기마군단은 동서 이동과 교역의 통로였던 초원 실크로드를 질주하며 그 전투력을 유감없이 발휘했다. 이들 기마군단은 처음에는 중앙아시아, 몽골 고원, 동투르키스탄(중국의 신장 웨이우얼 자치구 일대) 지역에서 세력화한 이후

겨울 몽골의 마구간

급속히 동서양에 걸친 대초원 지역으로 확산했다. 수많은 정주민족 국가들을 정복하고 지배하면서 세계사의 주인공이 되었다.

기마군단의 가공할 전투력의 비밀은 다음과 같다.

첫째, 기동성이다. 기마유목민들은 나무안장과 등자를 발명하면서 말위에서 자유자재로 활동할 수 있었다. 이들은 어릴 때부터 말을 타고 생활해 오면서 말에 익숙했다. 말들도 비범했다. 몽골 고원을 비롯한 초원지역에서 길러진 말들은 지구력과 순발력을 갖춘 강인한 말들이었다. 전

몽골의 말

시에 몽골 제국 기병은 병사 1인이 7~8기의 말과 함께 이동하고 전투하
는 놀라운 기동력을 과시했다.

둘째, 복합곡궁이라는 강력한 활에 삼각철 화살을 장착하여 전투 무
기로 활용했다. 나무와 동물 뼈를 접착하여 만든 이 활은 유효 사정거리
가 150m 이상으로, 당시 기동력과 융합하여 공포의 기마군단을 탄생시
켰다.

셋째, 기병이 착용한 전투용 갑옷은 철사를 엮은 쇠그물 형태로 매우

가볍고 강하게 제작하는 등으로 기동성과 전투력을 배가시켰다. 몽골 울란바토르의 몽골 국립박물관에 전시된 철갑옷은 무게가 7kg에 불과해 중세 서양의 기병이 입었던 철갑옷 무게 70kg과 크게 비교된다. 한편, 가야고분에서 발굴된 4세기 초 기병의 철갑옷은 두께 1mm의 얇은 철판을 이어 만든 것으로 무게가 10kg 정도에 불과해 기마군단의 전투력을 상상할 수 있게 한다.

넷째, 병참 기능이 특별했다. 소나 말 등 육류는 건조시키고, 마유는 분말로 만들어 병사 각자가 가지고 다니며 전투 식량으로 활용했다. 소 한 마리를 말리면 작은 부피에도 군사 한 명의 1년분 식량이 되었다. 물론 보조 식량이 있었겠지만, 쉽게 말해서 전투 식량을 자체 수송하는 병참 체제였다고 할 수 있다.

다섯째, 기마군단은 일찍이 십진법의 효율적인 군사 편제와 엄격한 기강으로 대규모 병력을 효율적으로 통솔할 수 있었다. 스키타이 이래로 이어지는 초원 제국은 모두 이 십진법의 군대 편성을 근간으로 했다.

여섯째, 광범위한 역참Jam의 설치다. 몽골은 제국의 교통을 위해 수십 km마다 수백 마리의 말을 두는 역참제를 통해 정보망을 장악하고 중앙에서 군사를 지휘·통제할 수 있었다.

일곱째, 뛰어난 전술·전법이다. 기동성을 바탕으로 한 속도전과 역참을 활용한 정보전에 공격과 후퇴를 반복하는 유연성을 더해 전투력을 극대화했다. 특히 초원 제국의 기마군은 파르티안 사법Parthian Shot이라는, 달리는 말 위에서 뒤를 향해 활을 쏠 수 있는 독특한 기술을 구사할 수 있어 적으로 하여금 공격과 후퇴를 가늠하기 어렵게 하여 더욱 곤혹스럽게 만들었다.

기마군단의 전투력을 잘 보여주는 사례가 1126년에 있었던 금·송간 전투다. 만주에서 발원한 금나라는 중원의 송나라를 공격해 수도 개봉開

몽골 기병의 철갑옷

나무안장

복합곡궁 및 화살

삼각철 화살

등자

고구려 무용총 수렵도

백제금동대향로

돌궐무사도(부조)

훈기병
이탈리아 아퀼레이아Aquileia 성당 벽화

몽골기병 **2**

북위시대 기병
막고굴245호

파르티안사법을 볼 수 있는 회화 · 부조 등

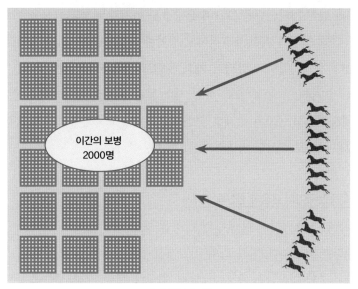

이간의 보병
2000명

기마군단 전투력

封(카이펑)을 포위했고 수세에 몰린 송나라는 화친을 요청했다. 이에 금나라 기병 17기가 강화서신을 본국에 전달하기 위해 화북평원을 달렸다. 이때 미처 소식을 듣지 못한 송나라 장수 이간李侃이 이끄는 2천 명의 보병이 이들을 막아섰고 금측의 설명도 통하지 않게 되자 금나라 기병들은 뒤돌아 후퇴하는 모습을 보였다. 이들은 일정 거리에 달하자 갑자기 뒤로 돌아 공격을 감행했다. 후퇴가 아니라 도움닫기를 한 것이었다. 좌우에 각 다섯 기의 기병이 화살을 날리며 송진영으로 쇄도했고 가운데 일곱 기병은 정면돌파에 나섰다. 송군은 혼란에 빠졌고 미처 대응할 틈도 없이 전열이 흐트러졌다. 송군은 거의 절반이 죽고 절반이 도망갔으며 금군의 희생자는 없었다고 송나라 사서인《삼조북맹회편》이 기록하고 있다.

2 장폴 루Jean-Paul Roux, 《칭기즈 칸과 몽골제국》, 시공사, p58

이와 같이 기마군단은 17~18세기 총포 화기가 전쟁의 근본을 변화시켰던 근대 이전에 가장 효율적이고 강력한 기동군단으로서 전투력을 과시했다. 증기기관이 발명되기 이전, 말을 대체할 에너지원이 없었던 시절에 기마군단은 중국·유럽·중동 지역 등의 농업정착민 군대를 순식간에 압도하면서 공포의 존재로 각인되었고 동·서·중앙아시아 대초원 및 유럽을 무대로 역사를 써내려가게 되었다.

기마유목민 국가의 등장과 한민족 고대사

기마군단은 스키타이 이래로 만주, 몽골, 북중국, 러시아, 중앙아시아, 아나톨리아, 동유럽 등지의 스텝 지역에서 수많은 국가를 건설했다. 서쪽으로 진출한 나라들은 흉노, 훈, 돌궐, 위구르, 토번, 서하, 셀주크 투르크, 오스만 투르크 등으로 이어지고, 동쪽에서는 선비, 5호16국, 수, 당, 요(거란), 금(여진), 원(몽골), 티무르, 무굴, 후금(청) 등 수많은 초원 제국이 건설되었다.

스키타이, 흉노, 훈, 선비 등 AD 5세기 이전에 유라시아 대륙에서 활약한 기마유목 국가들은 자신들이 기록한 역사가 거의 없다. 그들로부터 정복 또는 침략당한 정주민의 기록 속에 남아 있을 뿐이다. 따라서 이들 기록에는 왜곡이 많을 수밖에 없다. 그러나 이들 기마군단이 건설한 국가들은 오랜 기간 세계사의 중심에 서서 그들만의 독특한 삶의 흐름을 뚜렷하게 남겼다.

유럽에서 한반도에 이르는 초원로는 고대로부터 기마유목민의 이동 경로이자 문명 교류의 통로 역할을 해왔다. 선사 시대의 암각화, 고분군 등 유적과 동물장식을 비롯한 청동기 유물 및 금장식품, 금관 등 금 문화 유물은 이들이 공유해온 문화적 유산을 웅변해준다. 뿐만 아니라 서낭당, 솟대, 제천의식 등 초원 지대 곳곳에 남아 있는 우리와 너무나 흡사

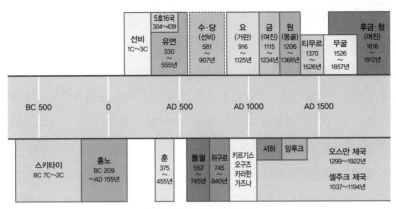

기마유목민이 세운 국가들

한 풍습은 우리 겨레의 삶을 다시 한번 돌아보게 한다.

기마유목민이 건설한 국가들의 역사는 한민족의 역사와 깊은 관계에 있다. 단재 신채호 선생은 일찍이 《조선상고사》에서 몽골 고원에서 서쪽으로 진출한 투르크계 국가의 조상뻘이 되는 흉노가 3천 년 전에는 우리와 형제 동족이었고, 동쪽으로 진출하여 수많은 강국을 건설한 여진, 선비, 몽골도 아我의 동족이라고 밝히고 있다. BC 8세기 무렵부터 역사의 전면에 등장하는 이들 기마군단 국가들은 지역, 인종, 기질, 문화, 정서, 유물 등을 고려해볼 때 BC 2333년 건국된 고조선의 분파 과정과 연관하여 이해하고 연구할 필요가 있다.

유라시아 기마유목민족사의 흐름은 남의 역사로 치부해버리고 실존했던 고조선의 역사가 사라진 데 대해서 주목하지도 않고 사라진 부여사, 중국이 가져간 고구려사와 왜곡된 삼국사 등에 관심을 갖지 않는다면 진정한 한민족의 역사와 삶을 제대로 볼 수 없을 것이다.

2. 최초의 유목민 기마군단 '스키타이'

스키타이 기마군단의 출현

유목민의 기마군단은 2500년에 걸쳐 세계사의 중심 무대에서 주인공을 해왔으나 의외로 기록된 역사가 별로 남아 있지 않다. 정주민에게는 토지 등 재산을 나누고 신분을 상속하는 것이 중요했으므로 일찍부터 기록 문화가 형성되었으나, 광활한 대초원에서 말을 기동력으로 자유롭게 이동하며 생활했던 유목민들은 삶의 형태가 달라 기록 문화가 취약했다. 남아 있는 문자도 6~8세기경 발견된 '돌궐 문자'가 최초의 문자이며, 몽골 고원 오르혼 강가의 돌궐비문에서 발견되어 19세기에 와서야 해독되었다. 유목민이나 기마군단에 대한 기록은 그나마 중국과 서양에 남아 있으나, 중국은 사마천의 《사기》에서부터 중국 중심의 역사를 기록하면서 북방민족을 오랑캐라 치부해 그 역사를 폄하하였고, 서양은 기마유목민에 대해 잘 알지 못해 부실하고 왜곡된 기록을 남겼다.

중앙아시아 지역에는 일찍이 BC 12세기 무렵부터 유목민이 활동했고, BC 9세기 말경에는 말의 기동력을 활용한 전투집단이 등장했다. 남아 있는 역사 기록에 따르면 최초로 등장한 기마군단은 BC 8~3세기에 활약한 '스키타이'이다. 아시아 유목민의 기마군단이 남러시아 초원 지대에 진출하여, 통일된 중앙 집권형의 국가 형태는 아니지만 우크라이나와 중앙아시아 지역에 강대한 유목 부족의 공동체를 건설한 것이다. 스키타이 기마군단은 당시로서는 상상하기 어려운 기동력과 마상궁술을 무기로 드넓은 초원 지역에 산개하여 바람같이 나타나 순식간에 상대를 초토화시키는 위협적인 전술을 구사하면서 역사에 공포의 대상으로 등장했다.

스키타이는 BC 7세기 전반에 흑해 동안에서 강력한 유목민 세력인 킴

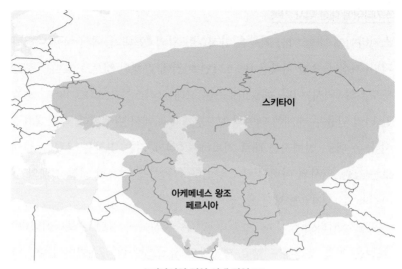

스키타이의 전성 시대 강역疆場

메르를 쫓아내고 이후 흑해 및 카스피해 북안과 서아시아 일대로 강대하고 넓은 세력을 형성했다. BC 514년 페르시아 다리우스 대왕의 70만 대군(헤로도토스의 기록)을 제압했으며 BC 4세기경 전성기를 맞이했다. 스키타이는 흑해 연안에서 카스피해와 북부 돈강 및 볼가강을 건너고, 우랄 산맥을 넘어 몽골 고원 동부의 알타이 산맥 넘어 알타이 지역에까지 이르는 대교역로를 장악했다. 그들은 기마유목민 문화와 서방문화를 융합해 '스키타이 문화'라 일컬어지는 고유의 문화를 창출하고 동서 교역로를 통해 이를 전파했다. 동방 세계와 그리스 세력권을 연결한 이 동서 교역로에서는 가축, 모피, 갑옷, 금속 제품, 장신구, 꿀, 황금, 청동기, 견직물, 올리브유, 포도주, 직물 등 다양한 물품이 오고 갔던 흔적이 남아 있다. 수백 년간을 활약하던 스키타이는 BC 3세기경에 사르마트에 패해 쇠락하기 시작했고, 이후 크림반도 등지에서 농경 생활로 전환해 부족을 유지했으나 로마에 흡수되어 역사에서 사라졌다.

스키타이에 대한 역사 기록

스키타이에 대한 역사 기록은 아시리아 왕의《연대기》에서 처음 나타나지만, 가장 중요한 기록은 BC 424년 이전에 간행된 것으로 보이는 헤로도토스의《역사》이다. 헤로도토스는 고대 그리스인으로 BC 485년 오늘날 터키 남동부 에게해 연안의 보드룸Bodrum에서 탄생했다. 대여행가로서 들은 대로, 전해지는 대로 기록하여《역사》라는 역작을 남겼다. 키케로는 그를 '역사의 아버지'라고 불렀다.《사기》를 저술한 전한 시대의 사마천(BC 145년경 출생)보다 300년 이상 앞섰다.

그는 스키타이에 대해 "스키타이족은 아시아에 살던 유목민이었다", "그들은 씨를 뿌리지도 않고 쟁기질도 하지 않는다", "스키타이족의 나라에는 어디에도 나무가 자라지 않는다", "그들은 우리가 아는 모든 부족들을 능가한다", "그들이 추격하는 자는 아무도 그들에게서 벗어나지 못하고, 아무도 그들을 따라잡을 수 없다", "그들은 도시도 성벽도 없고, 집을 수레로 싣고 다니고, 말을 타고 활을 쏘기에 능하고, 농경이 아니라 목축으로 살아가는데 그런 사람들이 어찌 다루기 어려운 불패의 부족의 되지 않을 수 있겠는가?", "스키타이족의 나라는 정사각형인데 동서와 남북이 각각 4000스타디온(약 800km)이 된다"[3]라고 썼다. 이외에도《역사》는 스키타이의 동방교역로에 대해 소개하는 소중한 기록들을 담고 있다.

스키타이는 성경에서도 언급된다. 선지자 예레미아가 BC 629~588년에 기록한 구약 예레미야 6장은 "보라 한민족이 북방에서 오며 큰 나라가 땅끝에서부터 떨쳐 일어나나니 그들은 활과 창을 잡았고 잔인하여 자비가 없으며… 그들이 말을 타고 전사같이 다 항오를 벌이고 딸 시온 너를 치려 하느니라"라고 기록하고 있다. 신약의 경우 사도 바울은 AD

3　헤로도토스,《역사》, 숲(2009), p374, 379, 393

64년경 기록한 〈골로새서〉 3장에서 "거기는 헬라인과 유대인이나 할례당과 무할례당이나 야인이나 '스구디아인'이나 종이나 자유민이 분별이 있을 수 없나니…"라고 적고 있다. '스구디아'가 바로 스키타이다. 사도 바울이 이 서신서를 쓸 당시 스키타이의 존재는 이미 미미해졌으나 그때까지도 서방 세계에 강력한 인상은 남아 있었던 것으로 미루어 짐작할 수 있다.

스키타이 문화 유적

스키타이는 고대 오리엔트 문화에 그리스 문화를 접목해 고유의 기마유목 문화를 형성해서 동서 교류의 장을 열었다.

스키타이 문화는 초기 철기 문화로, 쿠르간kurgan이라는 고대 무덤이 흑해 북부를 중심으로 다수 발굴되면서 그 흔적을 엿볼 수 있게 되었다. 1700년대 중반 이후 200여 년에 걸쳐 도나우강, 우크라이나, 카프카스, 드네프르강, 알타이로 이어지는 지역 등지에서 스키타이 시대 고분이 다수 발견되어 스키타이의 문화와 동서 교류를 증거하고 있다.

1939~1949년 구소련 조사단은 남러시아 알타이 지역의 파지리크강 계곡에서 BC 5~3세기경에 만들어진 거대한 무덤군을 발굴했다. '파지리크 고분군'이라는 이 무덤들은 매장 방법이나 무덤 조성 형태가 스키타이의 쿠르간과 같고, 무덤 속에서 발굴된 많은 유물들이 스키타이와 흡사하여 스키타이 문화의 동서 교류를 웅변한다. 이들 스키타이는 기념비적인 기마유목 문화를 유산으로 남겼고 이후 기마유목 국가로 이어졌다.

스키타이 문화의 특징을 요약하면 다음과 같다.

① 스키타이 문화는 거대한 고분 쿠르간으로 대표된다. 땅속의 목곽분 위에 돌무지를 덮고 다시 흙으로 덮은 무덤으로, 이러한 형태의 무

덤은 중앙아시아와 내몽골 지역에서도 광범위하게 발견되고 있다. 무덤 속에서는 다양한 부장품이 발견되어 스키타이 문화의 연원이나 전파 경로를 말해준다.

② 스키타이인들은 황금을 숭배했다. 금으로 만든 제기, 장신구, 무기, 도구 등과 금박을 두드려 장식한 유물들이 다수 출토되어 남아 있다. 카자흐스탄과 신장 웨이우얼 북부 지역에서도 스키타이식 금동기구들이 다수 출토되었다. 몽골, 중앙아시아, 북중국 등의 박물관에서는 흉노·돌궐·몽골로 이어지는 기마유목민들의 황금장식 유물이 다수 전시되어 있다.

③ 장식에서 동물 양식이 널리 사용되었다. 무기, 장식품, 장신구, 생활도구 등 다양한 용도로 동물 모양의 장식을 활용했다. 기마유목민들은 말과 더불어 살아갔고, 양, 염소, 낙타, 소는 그들의 생활과는 뗄 수 없는 존재이기에 이러한 동물 양식은 자연스레 그들의 '엠블럼'으로 자리 잡았던 것으로 추정된다. 이후 등장하는 초원 제국에서도 그 영향은 뚜렷하게 이어지고 있다.

④ 고분 등에서 발굴된 수많은 유물들은 스텝 지역 일대에서 살아온 유목민들의 생활과 관습 등을 잘 보여준다. 양면의 날을 가진 아카나케스 단검, 삼각철 화살, 활, 갑옷 등 전형적인 기마군단의 무기와 군장, 안장, 등자, 재갈 등 유목민들이 널리 사용했던 마구 및 스텝 지역 기마군단의 필수품인 청동으로 만든 솥(동복) 등은 기마군단과 유목민들의 생활상을 잘 보여주는 유물들이다. 또 무덤 등에서 나타난 스키타이의 종교의식은 샤머니즘·토테미즘 형태로 추정되며, 북방민족의 유습이었던 순장 풍습도 있었다.

⑤ 바위에 새겨진 그림, 암각화가 스키타이 지역에서 대거 나타났다. 유목민이 본격 활동을 시작한 것으로 추정되는 알타이는 중앙아시

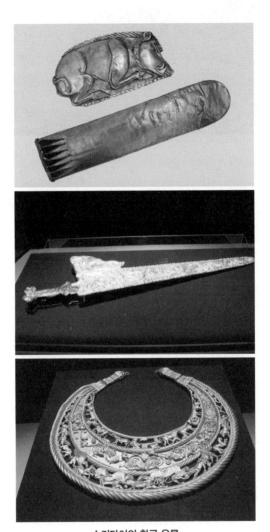

스키타이의 황금 유물

스키타이 암각화

아 고원 지대로 몽골·중국·카자흐스탄·러시아 4국의 국경이 접하
는 지역이다. 이 지역의 고대 도로는 수많은 민족의 이동 경로가 되
었고 지금도 사용되고 있다. 알타이 지역은 쿠르간, 석상, 고대 비문
등이 오래전부터 발견되고 있는데, 이 지역에서 다양한 양식과 기
법의 암각화가 수백 군데에서 발견되고 있다. 알타이 암각화는 거
슬러 가면 기원전 4000년경부터 나타나지만 청동기 시대 및 초기
철기 시대에 집중되어 있고, 초기 스키타이 시대(BC 8~6세기)의 암
각화도 발견되고 있다. 이처럼 스텝 지역에 널리 분포된 암각화는
고대 유목민들의 생활상과 이동 경로를 보여준다.

스키타이와 초원 기마국가와의 관계

스키타이는 BC 8~7세기경 중앙아시아에서 러시아 남부 지역으로 이주한 유목민족이다. 몽골 고원 서북부 러시아 영내 지역의 아르잔Arzhan에서 발견된 BC 9~8세기경의 쿠르간에서는 흑해 북안에서 발굴된 스키타이 전성기의 유물과 흡사한 유물들이 대거 발굴되었다. 이는 스키타이가 중앙아시아 일대에서 흑해 연안으로 이주한 증거라고 볼 수 있다. 스키타이인이 이란계라는 학설 등 여러 견해가 있으나, 헤로도토스는 '아시아 유목민'이라고 단정하고 있다. 알타이 지방에서 거주할 당시에는 몽골형의 모습이었던 것으로 추정된다. 언어를 통해 북방민족의 연원을 밝히고 있는 중국의 주학연 박사는 스키타이, 킴메르, 사르마트 등 유목민족에 대해 《브리태니커 백과사전》에서는 이들이 이란계 종족이라고 주장하고 있지만, 대량의 족명과 언어적 증거들은 이들이 몽골인종에 속한 중국 북방민족들이었다는 사실을 여실히 증명해주고 있다"라고 밝혔다.[4]

스키타이는 최초로 대초원을 지배한 기마유목민 집단으로, 스키토-시베리아 문화는 이후 유라시아 스텝 지역 곳곳에서 나타난다. 스키타이는 이동성, 집단성, 전투력을 특징으로 하는 특유의 군사집단으로, 그들의 전술과 전법은 후대에 등장하는 기마유목민들의 국가인 흉노·선비·돌궐·위구르·몽골 등의 기마군단과 많은 공통점을 갖고 있다. 뿐만 아니라 유물, 유적에서 유추할 수 있는 스키타이의 생활양식 등 문화의 흔적은 이후 스텝 지역에서 광범위하게 나타나고 있으며 한반도와도 연결고리를 갖고 있다.

한반도와 인근 대륙에서 살아온 한민족의 삶과도 역사적인 연관을 맺

---

4   주학연 저, 문성재 역주, 《진시황은 몽골어를 하는 여진족이었다》, 우리역사연구재단(2009), p83

고 있는 것으로 확인되고 있다.

① 한반도 지역에서도 스키타이와 유사한 무덤 양식이 나타난다. 신라 시대 전기 지배층의 무덤 양식인 '적석목곽분(돌무지덧널무덤)'의 무 덤 구조는 알타이 지역의 파지리크 무덤, 남부시베리아의 쿠르간, 카자흐스탄 쿠르간 등과 비슷한 구조이다. 고구려 무덤 양식인 '돌 무지 무덤'도 윗부분에 봉토가 없다는 점이 다를 뿐 큰 차이가 없 다. 경주 등지의 적석총(돌무덤)에서 발굴된 유물에서도 유목민족의 흔적을 뚜렷이 볼 수 있다. 국립문화재연구소는 2015~2017년 사 이에 카자흐스탄 동남부의 카타르토베 고분군을 조사하였는데, 스 키타이 시대의 거대한 돌무지 무덤에서 우리의 고대 무덤과 축조방 식이나 구조 등에서 유사한 연결고리가 존재함을 확인한 바 있다.

② 신라의 황남대총에서 발굴된 금관을 비롯한 화려한 황금 문화는 스 키타이 황금 문화와의 친연성을 유추할 수 있게 한다. 수년 전 서 울에서 열렸던 '스키타이 황금문명전'에서는 신라를 비롯한 한반 도의 황금유물과 맥이 이어지는 유물들을 볼 수 있었다. 스키타이 이후의 아시아 기마유목 국가들도 황금 문명의 전통을 이어왔다. 2016년 국립중앙박물관에서 열린 '아프가니스탄의 황금문화전'에 서는 수많은 고대의 황금유물과 함께 구조나 모양새에서 신라금관 과 흡사한 금관이 선보였다. 아프가니스탄 지역은 월지 등 중앙아 시아 유목민들이 활약하던 땅이다.

③ 울주군 천전리 암각화와 대곡리 반구대 암각화 등 알타이 암각화와 관계가 있다고 보이는 다수의 암각화가 발굴되었다. 암각화는 선사 시대 사람들이 커다란 바위 등 성스러운 장소에 생활양식이나 정신 세계를 새긴 그림을 말하는데, 이러한 암각화는 전 세계적으로 북

동복(스키타이)

쿠르간(스키타이)

카자흐스탄 카타르토베 고분군 무덤(문화재청)

금령총 금관(신라)

황남대총 금관(신라)

금관(아프가니스탄)

금관(돌궐)

금제 장식(흉노)

금제 장식(돌궐)

울주 대곡리 반구대 암각화(문화재청)   반구대 암각화 색상 처리 이미지(문화재청)

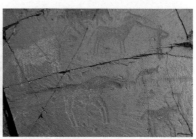

탐갈리 유적지 입구(카자흐스탄)   탐갈리 암각화

고부스탄 유적지 입구(아제르바이잔)   고부스탄 암각화

방문화권과 관련된 유적이다. 그러므로 한반도의 암각화는 우리 민족의 기원과 이동에 관한 중요한 자료라고 할 수 있다.

스키타이는 이렇게 고대에 유라시아 대초원에서 동서 세계를 연결시켰고, 범유라시아 문화인 '스키토시베리아' 문화를 통해 한민족 고대역사와도 긴밀한 연결고리를 갖고 있다.

중앙아시아 등지에서 일찍이 서진하여 활약한 스키타이와 이어지는 흉노, 몽골 고원 동부에서 활약한 정통 고대 국가 체제의 기마국가인 고구려와 몽골 고원과 서부 지역에서 활약한 돌궐, 그리고 이들을 계승한 수많은 기마민족 국가들은 과연 어떤 관계였을까? 또 이들 국가 이전에 존재했던 고조선과 부여 등 한민족 고대 국가들과의 관계는 어떠했을까? 보다 열린 시각으로 유라시아 역사와 세계사를 보면서 관심과 이해의 폭을 넓혀 나가야 할 대목이다. 스키타이 - 흉노 - 한반도로 이어지는 문화적 친연성, 가야 지역인 김해 대성동 고분의 북방계 유물 등은 앞으로 깊은 관심과 많은 연구가 따라야 할 것이라는 점을 시사한다.

2

흉노 제국

1. 유라시아 대초원에 등장한 최초의 스텝 제국 '흉노'

흉노의 등장

흉노는 원래 중앙아시아, 중국 북방 지역과 몽골 고원 서부 등 넓은 지역에 흩어져 살았다. 이들은 광활한 초원길을 장악하고 고대로부터 문명 교류의 장을 열었다. 흉노는 기원전 318년부터 중국의 역사서에 본격 등장하는데 요임금 이전에는 '훈육', 주 왕조에서는 '험윤'이라고 했다가 진한秦漢 때부터는 흉노라고 불렀다고 한다. 사마천의 《사기》 〈흉노열전(권110)〉에 기록된 흉노의 연원에 관한 내용을 요약하면 다음과 같다.

"흉노는 그 선조가 하후씨 후예로 순유淳維라고 불리웠고, 산융·험윤·훈육 등 여러 종족들이 물과 풀을 따라 옮겨 살았다. 그들은 성곽이나 일정한 주거지가 없고 농사를 짓지 않았으나 각자 나누어 갖고 있는 땅의 범위는 경계가 분명했다. 남자들은 자유자재로 활을 다룰 수 있어 모두 무장기병이 되었다. 따라서 평상시에는 목축, 사냥을 직업으로 삼고 긴급한 상황에는 전원이 군사행동에 나설 수 있었다. 싸움이 유리할 때에는 나아가고 불리할 경우에는 물러났는데 달아나는 것을 수치로 여기지 않았다."

이는 유목민의 기마군단 스키타이에 대한 고대 그리스 역사가 헤로도토스의 기록들을 연상시킨다. 기마유목민은 정착민들과 달리 그 삶의 특성상 역사 기록이 취약하다. 흉노도 예외가 아니어서 그들 자신이 기록한 역사 기록은 찾기 어렵다. 그래서 중국 기록에 의존할 수밖에 없는데 중국의 흉노 기록은 기본적으로 적대 관계에서 남긴 것이어서 서술이 부정적이고 편견에 사로잡힐 수밖에 없다는 한계가 있다.

춘추전국 시대 중국북방 지역에는 흉노인들에 의해 거대한 유목민 사회가 등장했다. 흉노의 왕王은 '탱리고도 선우(선우)'라고 불렸는데, 최전성기는 두만頭曼과 그의 아들 묵특冒頓(모돈, 묵돌) 시대였다. 두만은 태자 묵특을 폐하고 이복동생을 태자로 세우려고 묵특을 알타이 지역 동서 교역로의 중심부에 위치한 강국인 월지에 볼모로 보낸 후 묵특을 제거하기 위해 불시에 월지를 공격했다. 그러나 묵특은 가까스로 월지를 탈출하여 흉노에 돌아와 만 명의 기병을 거느리는 장군이 됐다. 묵특은 소리 나는 화살(명적)을 만들어 자기가 먼저 명적을 쏘면 군사들이 그곳을 따라 쏘도록 명령했다. 묵특은 부하들을 철저히 훈련시켰다. 처음에는 사냥터에서 자신의 명령을 따라 쏘지 않은 자를 잡아 죽였다. 다음은 자신의 애마와 애첩에게 차례로 명적을 쏘았고, 차마 따르지 못한 자는 죽였다. 그런 후 두만이 타고 있는 말에 명적을 쏘았을 때 부하들은 다 따라 쏘았다. 마지막으로 아버지 두만 선우에 명적을 날려 그의 부하들이 두만을 죽이게 하고 묵특은 흉노의 왕이 됐다(기원전 209년).

당시 흉노와 더불어 세력을 떨치던 동호가 묵특에게 흉노의 보배 천리마를 달라고 청했다. 신하의 반대에도 묵특은 천리마를 보냈다. 동호는 다시 선우의 연지(후비) 중 한 명을 보내라고 했다. 신하의 반대에도 묵특은 연지를 보냈다. 그러자 동호는 흉노와의 사이에 있는 이천 여리의 버려진 황무지를 차지하겠다고 했다. 신하들은 줘도 좋고 안 줘도 좋다는 식으로 간언했으나 묵특은 크게 화를 내며 말했다. "땅은 나라의 근본이다. 어떻게 그들에게 줄 수 있다는 말이냐." 그리고 주어도 좋다고 한 자들은 모조리 참수한 후 동호를 공격하여 대파했다. 이어 월지, 연 등을 차례로 공격하여 빼앗겼던 땅을 모두 회복했다.

흉노는 어떤 나라인가

흉노는 스키타이를 뒤잇는 유목민의 기마군단으로, 기원전 4세기에 등장하여 기원전 3세기 말 몽골 고원을 통일해 최초의 스텝 제국을 건설하였다. 기마유목민 국가의 원형이라 할 수 있는 흉노 제국은 기마군단의 가공할 전투력을 바탕으로 단기간에 대제국으로 발전했다. 흉노는 중국 최초 통일국가인 진秦, 그리고 이어 한漢과 쟁패하면서 강대한 세력을 형성했으나, 중국 사서에 남은 기록만으로는 흉노의 실체를 알기 어렵다. 흉노의 실제 세력은 과연 어느 정도였을까?

기원전 4세기 후반 몽골 고원은 흉노, 동북 지역(만주)은 동호가 각각 차지하고 있었다. 그래서 전국 시대에 흉노를 호胡, 그 동쪽 세력을 동호東胡라고 불렀다. 흉노 기마군단의 등장은 보병을 주력으로 하는 정주민들에게 엄청난 충격을 주었다. 말의 기동력, 활의 파괴력, 강력한 금속 무기, 대초원을 무대로 전개하는 특유의 기마전술, 광활한 초원을 이어주는 정보망 등으로 대표되는 흉노의 전투력은 공포 그 자체였다. 특히 기마군단의 기동력은 상상을 초월했다. 몽골 제국 시대를 보면, 로마군은 하루에 20~30km를 진군했지만 몽골군은 60~100km를 진군할 정도로 비교 자체가 되지 않았다. 군대의 힘을 역학 공식인 '힘=크기×속도($f=m \times a$)'를 빌려 가늠해보면, 기마군단의 전투력이 얼마나 위협적이었는지를 쉽게 상상할 수 있다.

흉노는 전성기에 동쪽으로는 랴오허, 서쪽으로는 아랄해와 카스피해, 남쪽으로는 황하와 티베트 고원, 북쪽으로는 바이칼 호수에 이르는 대제국을 건설했다. 흉노 제국이 지배했던 영역은 600만 km²를 훌쩍 넘어섰다. 무엇보다 지배하는 땅이 넓어야 강대국이었던 시절이다. 기원전 6세기경 페르시아 제국이나 그 페르시아를 멸망시킨 알렉산드로스의 마케도니아 제국의 최대 영토는 600 km² 안팎이며, 로마 제국의 최대 영토는 기원후 2세기 초 스페인, 터키, 북아프리카를 모두 포함해 650만 km² 정도였다. 중국이 가장 융성했던 한나라 한 무제 시대 최대 영토는 720만 km²였다. 이를 보면 흉노 제국의 세력을 능히 가늠해볼 수 있다.

흉노는 면적뿐 아니라 영향력에 있어서도 막강해 유라시아 양단에 강력한 흔적을 남겼다. 흉노는 진, 한 등 최강의 중국 왕조를 위협하면서

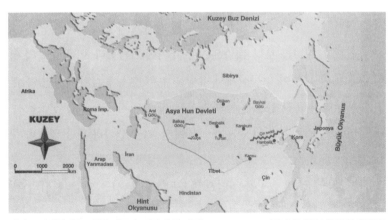

터키 교과서의 흉노 세력 지도 | 아시아 훈 제국(Asya Hun Devleti)이라 표시된 부분으로 연해주, 만주, 몽골 고원, 중국북부·서부, 중앙아시아 일대를 망라하고 있다.

세력을 확장시켰을 뿐 아니라 더 나아가 서진하면서 유라시아 양단에 걸쳐 역사를 바꿔놓았다. 흉노는 기마유목민이 세운 국가의 전형이 되었고, 이후 수많은 국가들이 유목민에 의해 탄생하게 됐다.

흉노와 중국 왕조의 전쟁

기원전 221년 진시황의 중국 통일 무렵, 두만의 지휘하에 부족을 통합한 흉노는 진을 위협하는 존재로 급부상했다. 이에 놀란 진시황은 몽염에게 30만 군사를 주어 흉노에 뺏긴 땅을 되찾고 만리장성을 쌓았다. 흉노와 접한 진, 조, 연나라 등이 쌓았던 기존의 성곽을 기반으로 한, 지구 최대의 건축물이라는 이 장성은 중국의 기마군단에 대한 공포를 단적으로 보여준 것이다. 이후 중국 역사는 장성을 사이에 두고 북방민족과의 대결이 지속되었다.

기원전 202년 황제로 즉위한 한 고조 유방도 바로 이 흉노와 전쟁을 했다는 기록이 있다. 진에 이어 중국 통일을 이룬 유방은 북방을 끊임없이 위협하는 흉노를 정복하기 위해 직접 대군을 이끌고 전쟁에 나섰다. 현재의 산시성 동쪽의 평성에서 공격에 나섰던 때는 겨울이라 매서운 추위와 눈이 엄습했다. 영특한 묵특은 패배를 가장해 한나라 군을 계속 유인했고, 한나라 보병 32만은 모두 추격에 가담했다. 이때 묵특의 정예부대 40만 기병이 백등산에서 유방을 포위했다. 보급과 구원병이 끊긴 절체절명의 순간 유방은 몰래 묵특의 아내 연지에게 후한 선물을 보내 구명운동을 했다. 이에 연지가 묵특에게 "지금 한나라 땅을 얻는다 해도 선우께서 가서 살 수도 없지 않느냐"고 설득하여 흉노 군은 한쪽 포위망을 풀어주었고, 유방은 장안으로 도망쳤다. 역사는 이를 '평성의 치'라고 한다. 이후 흉노와 한 사이에는 ① 한 황실 여인을 선우의 연지로 바친다, ② 매년 한이 비단, 솜, 식량 등을 바친다, ③ 형제의 맹약을 맺고 화친한다, 라는 내용의 한나라로서는 굴욕적인 조약이 맺어졌다. 그만큼 흉노의 세력은 막강했다.

흉노와 한의 화친은 60여 년간 지속되었고, 흉노는 기원전 176년 월지마저 정벌하고 북아시아를 완전 제패하였다. 이후 한나라 7대왕으로 등극한 무제(기원전 140년~기원전 87년)는 굴욕적 화친에서 벗어나 흉노 정벌에 나섰다. 기원전 139년 장건을 서역에 파견하여 월지와의 연대를 모색하는 한편, 기원전 133년에는 흉노와의 결혼동맹을 파기하면서 전쟁상태로 돌입했다. 무제는 흉노에게 병력은 물론 영토, 경제력에 막대한 타격을 입혔다. 결정적인 정벌은 이루지 못했으나, 이후 흉노의 세력은 분열되고 약화됐다.

한 무제가 죽은 뒤, 한과의 전쟁 중에 흉노는 질지가 이끄는 서흉노(기원전 56년), 호한야가 이끄는 동흉노(기원전 58년)로 분열됐다. 서흉노는 기원전 36년 역사에서 사라졌고, 동흉노는 다시 내몽골 및 화북 지역의 남흉노와 외몽골 지역의 북흉노로 갈라졌다(기원후 48년). 그 후 남흉노는 중국에 동화하였고, 북흉노는 후한과 선비의 공격으로 기원후 151년 멸망하면서 잔존 세력은 서쪽으로 이동했다.

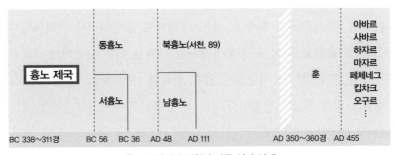

흉노의 분열과 서천에 따른 역사 전개

흉노를 보는 극과 극의 다양한 시각

중국은 《사기》,《한서》,《전국책》 등에 흉노에 대한 기록을 남겼는데, 북쪽 오랑캐로 잔인하고 두렵고 대적하기 어려운 공포의 집단으로 보았다. 진시황, 한 무제 등 국력이 최고조에 달했을 때도 흉노 침공을 제대로 막지 못했기 때문이다. 그들은 기마군단의 전투력을 무서워했고, 대응전술을 찾지 못했다. 만리장성이라는 대역사를 통해 흉노를 막아보려 했으나 바람 같은 기병의 진군을 약간 더디게 하는 효과밖에 없었다. 한 무제는 흉노를 제압하기 위해서는 흉노의 말보다 더 빠르고 강한 말인 한혈마(장건을 통해 알게 된 대원에 있었던 붉은 땀을 흘리는 말)가 필요하다고 판단하여 대원 정벌에 나섰다. 이 원정에서 수만 명의 군사를 잃었으나 한혈마를 얻은 한 무제는 크게 만족했다 한다. 흉노 기마군단의 전투력에 대한 한 무제의 인식을 보여주는 장면이다. 중국의 한족 왕조는 오랫동안 북방민족을 두려워하고 적대시해왔으나 오늘날에는 고대의 흉노, 선비, 여진, 몽골, 거란 등의 북방민족이 중화민족의 일부라고 하면서 그들의 역사도 중국의 역사라고 주장하고 있다. 중국 역사의 기본 골격으로 그동안 주장해왔던 '한족 중심주의'를 포기하고 '통일적 다민족 국가론'으로 바꾼 결과이다. 이것이 중국 역사 공정의 출발점이다.

터키는 초등과 중등 역사 교과서에서 그들은 몽골 고원에서 유래한 투르크족의 후예로, 투르크의 최초 국가는 흉노이며 그 영역은 오늘날 만주, 몽골, 남시베리아, 북중국, 위구르, 티베트, 중앙아시아 지역에까지 이른다고 밝히고 있다. 또 동쪽의 흉노는 대흉노 제국, 서쪽의 훈족국가는 유럽 훈 제국이라 기술하고 있다. 중국의 《주서周書》〈돌궐열전〉은 "돌궐은 대개 흉노의 별종이다"라고 하여 흉노와 투르크는 친연관계가 있다고 추정하고 있다.

몽골에서는 중등 교과서에 흉노, 선비, 유연뿐만 아니라 투르크, 위구

터키 역사 교과서에서 기술하는 투르크계 국가

르, 키르기스, 거란까지도 몽골 영토상의 고대 국가로 규정하고 있다. 특히 흉노는 유목민이 몽골에 세운 최초의 국가로 정치 규범, 경제 생활, 문화면에서 기마유목 국가의 전형이 되는 강력한 대제국이라고 기술하고 있다. 흉노는 중앙아시아, 서북인도, 동유럽까지 진출했는데, 이중 유럽에 세운 나라가 훈 제국이라고 했다.

유럽에서는 흉노의 후예인 훈족의 습격을 받아서인지 흉노를 극도의 공포와 증오의 대상으로 묘사하고 있다. 로마의 역사가 암미아누스 마르켈리누스Ammianus Marcellinus는 《사건 연대기》에서 "그들은 비록 그런 대로 사람의 형상을 하고 있지만 그들의 생활은 그야말로 야만적이다. 그들은 음식을 불에 굽지도 않고 음식에 맛을 내지도 않는다. … 자신의 허벅지와 말 등 사이에 끼워 넣어 따뜻하게 한 뒤에 그냥 먹는다. 그들은 집도 없다. … 그들은 산속을 유랑하며 어릴 때부터 배고픔과 갈증을 견디고 추위에 맞서는 법을 배운다. … 그들은 모두 밤낮없이 말 위에서 거래를 하고 말 위에서 먹고 마시며 말 등에 누워 잠을 자고 꿈을

꾼다. … 행동이 바람처럼 빨라 적들이 미처 발견할 틈도 없이 그들은 어느새 적의 진영 앞에 나타나 있다. … 그들이야말로 세상에서 가장 무서운 전사들이다"라고 기록하고 있다.[5]

유럽인들도 중국 한나라 사가들이 흉노에게 느꼈던 공포와 경외심을 그대로 가졌던 것이다. 이들은 훈족의 예기치 않은 유럽 침공이 게르만 민족의 대이동과 이에 따른 유럽사의 대변혁을 초래한 것으로 보고 있다.

2. 폭풍처럼 유럽 대륙에 등장한 아시아 기마군단 '훈 제국'

사라진 흉노, 훈 제국으로 부활해 유럽 중심부를 강타

흉노는 원래 파미르 고원을 중심으로 한 중앙아시아 지역을 지칭하는 투르키스탄(투르크인의 땅이란 뜻)에서 살아온 민족이다. 기원전 3세기경 몽골 고원을 차지하고 최초의 스텝 제국을 건설한 기마군단 흉노는 대완, 대하, 월지, 오손, 누란 등 동투르키스탄 지역 일대를 정복하고, 기원전 1세기경에는 실크로드 중심축을 장악하는 강대국이 되었다. 중국 최초의 통일 왕조인 진, 그리고 이어 등장한 한과 쟁패하면서 세력을 떨쳐오던 흉노는 몇 차례 내분으로 약화되면서 실크로드의 지배권을 중국에게 빼앗기고 기원전 48년 동·서흉노로 1차 분열됐다. 그 후 질지가 이끄는 서흉노는 몽골 지역으로부터 서투르키스탄으로 이동했다. 이들은 아랄해와 발하쉬 북부 초원까지 진군했으나 기원전 36년 질지가 한의 진탕에 잡혀 죽자 역사 기록에서 사라졌다. 동흉노는 48년경 화북 지역 일

5　장진퀘이, 《흉노 제국 이야기》, 아이필드(2010), pp353~354

대의 호한야가 지휘하는 남흉노와 몽골 고원 일대의 북흉노로 2차 분열됐다. 남흉노는 3세기 초 중국에 동화·흡수되었고, 북흉노는 한과 선비의 세력에 쫓겨서 서쪽으로 이동하여 2세기 초반에는 투르키스탄 일대에 산재해 살았다. 이후 2세기 중반경 톈산 산맥 북부에서 아랄해 지역으로 다시 이동했다. 이와 같이 흉노 세력은 분열·약화되고 서쪽으로 이동하면서 1세기 말에는 중국 역사에서 완전히 사라졌다. 그러나 그로부터 약 300년이 지난 4세기 말(370~375년경) 흉노의 후예들이 이번에는 로마인들 앞에 그 모습을 드러냈다. 이들이 바로 훈 제국을 건설하여 세계사의 전면에 등장한 훈족HUN이다.

유라시아 대초원의 서부 끝으로 가면 벨로루시 남부와 우크라이나 북부의 넓은 지역에 걸쳐 유럽 최대의 습지인 프리페트 습지Pripet Marshes가 나타난다. 이 광활한 늪지대는 사람들이 건널 수 없는 곳이어서 동서양을 가로막는 자연 장벽이 되어왔고, 그래서 드네프르강 서쪽에 살던 이란계 유목민인 알란족들은 동쪽 게르만족의 침입으로부터 자유로울 수 있었다. 4세기경 이 습지의 동쪽인 우크라이나 대초원은 게르만족 일파인 동고트가 차지하고 있었는데 당시 '고트족의 알렉산드로스 대제'라 불리는 에르마나리크 왕이 이끌던 동고트는 주변의 슬라브족을 정복해 거대한 국가를 형성하고 있었다. 대초원을 떠나 서쪽으로 이동하던 훈족은 아랄해 북부 초원 일대에 일시 정착했다가 곧이어 서쪽으로 향해 볼가강, 돈강을 건너 이란계 유목민인 알란족을 정복했다. 그 서쪽으로는 프리페트 대습지가 나타나 잠시 서진을 멈추었지만 마침 사슴 사냥에 나섰던 한 무리의 훈족이 사슴을 따라가다 우연히 습지를 통과하게 되고 드디어 우크라이나 대초원을 발견하게 되었다. 습지를 건너는 길을 찾은 것이다. 훈족은 374년경 발라미르(Balamir, 또는 발람베르 Balamber)의 지휘하에 유럽을 향하여 파죽지세로 진격했다. 할아버지의 할아버지 세대인 그 옛날 조상들과 매우 흡사한 방식, 즉 말, 나무 안장, 등자, 복합곡궁, 삼각철 화살 등으로 중무장한 기마군단의 모습으로 유럽인들의 눈앞에 혜성처럼 나타났다. 발라미르가 이끄는 훈족 기병은 드네프르강을 건너 동고트를 멸망시키고 서고트도 쫓아버렸다. 쫓긴 고트족들은 훈족을 피해 도나우강을 건너 로마 영토로 들어가기 시작했다.

그들은 놀라운 기동성과 뛰어난 기마전술로 게르만족 등 유럽 세력을 순식간에 압도했다. 훈족의 공격은 유럽인들에게는 '신의 징벌' 또는 '신의 채찍'이라 불릴 정도로 공포의 대상이었다. 당시 역사가들은 훈족에 대한 기록을 무엇보다 극도의 공포와 증오로 생생하게 가득 채웠다. 필자가 러시아 타타르 공화국의 수도인 카잔을 방문했을 때 박물관에서 훈족을 마치 귀신과 같이 형상화한 그림을 볼 수 있었는데, 바로 이러한 공포를 형상화한 것이었다. 6세기경에 건설된 베니스는 훈족의 침입에 놀란 상인들이 기마군단이 물을 건너지 못한다는 데 착안하여 물 위에 건설한 수상 도시이다. 바로 훈족의 유럽 진출을 역사적으로 웅변하는 도시이다.

이후 400년경 다시 발라미르의 아들 울딘이 동유럽 평원으로 공격해 들어가자 놀란 고트족이 헝가리, 이탈리아 반도로 이동했다. 이는 역사가 기록하고 있는 '게르만 민족의 대이동'을 촉발시켰다.

아틸라의 등장과 위기에 처한 유럽

수 세대에 걸쳐 훈족은 서쪽으로 이동해 로마 국경 가까이에까지 이르렀으나 로마는 크게 긴장하지 않았다. 이때까지만 해도 로마 제국은 훈족을 직접적인 큰 위협으로 보지 않았다. 오히려 변방의 게르만족을 공격할 때에는 훈족 기병의 지원을 받는 등 때로는 동맹 관계를 가졌다.

훈 제국의 최대 판도

그러나 434년 아틸라가 훈족의 지배권을 확립한 후에는 사정이 완전히 달라졌다. 권력을 장악한 훈족의 왕 아틸라는 우선 주변 지역의 게르만 민족들을 무차별적으로 공격해 나갔다. 그들은 아틸라의 적수가 될 수 없었고, 로마 주변은 아틸라가 완전 장악하게 되었다. 436년 2만의 부르군드군이 아틸라군에 전멸당한 전쟁이 바로 영웅서사시 〈니벨룽겐의 노래〉의 주제이다. 주변을 정리한 아틸라는 441년 동로마 제국에 전쟁을 선포하고 도나우강을 건너 주요 도시를 초토화했다. 이에 동로마 테오도시우스 황제는 442년 아틸라군과 굴욕적으로 강화 조약을 맺을 수밖에 없었다. 447년에는 동로마 제국을 다시 공격하여 콘스탄티노플을 제외한 발칸반도를 거의 초토화시켰다. 451년에는 라인강을 건너 갈리아를 공격하여 메츠를 점령하고 오를레앙을 포위하는 등 공포의 진군을 계속했다. 452년 이탈리아로 쳐들어가자 서로마 황제는 도주하고, 로마 대주교 레오는 화해를 간곡히 요청했다. 그러나 전염병과 병참 문제가 겹치면서 아틸라는 본거지인 헝가리 대평원의 판노니아로 돌아왔다.

이듬해 453년, 세계사를 바꾸는 대사건이 일어났다. 아틸라가 게르만 제후의 딸 일디코와 결혼 첫날밤에 죽었다. 의문의 사망이었다. 지금도 독살, 과음, 복상사 등 다양한 추측이 있다. 이로써 아틸라가 준비 중이던 콘스탄티노플 정복이 무산되었다. 아틸라가 죽자 세 아들이 왕위를 두고 분열을 일으키면서 훈 제국은 약화되었다. 왕위를 이은 장남 엘라크가 이끄는 훈 기병은 454년 판노니아의 네다오Nedao 강변에서 벌어진 대전투에서 게르만 연합군에 패배하고 러시아 초원으로 후퇴했다. 이로써 게르만 부족에 대한 훈의 지배력은 눈에 띄게 줄어들게 됐다. 468년 훈은 전력을 가다듬어 동로마를 공격하지만 실패하고, 잔존 세력은 흑해 북부로 밀려나 세력을 잃게 됐다. 훈족은 혜성과 같이 역사의 전면에 등장하여 단기간에 엄청나게 큰 세력으로 성장했지만, 지도자의 사망과 함께 갑자기 역사의 장막 뒤로 퇴장하는 '초원의 방식'으로 사라졌다.

훈 제국 흥망성쇠의 열쇠

훈 제국은 면적이 370만 km²를 넘는 유럽 최강 국가였으나 아틸라 사후 급격히 혼란에 빠지며 분열됐다. 그 결과 건국하여 세력을 떨친 지 불과 십수 년 만에 붕괴하면서 역사에서 사라졌다.

먼저 훈 제국의 세계사적 위치를 살펴보자.

유럽인들에게 훈족은 유럽 지역에 혜성과 같이 등장하여 질풍노도를 일으키다 바람같이 사라져버린 흉포한 야만 세력으로 인식되고 있다. 훈족은 기록을 남기지 않았고, 침략당한 쪽에서만 기록을 남겼기 때문이다. 그러나 훈 제국은 어느 날 갑자기 아무런 배경 없이 역사 무대에 등장한 신기루와 같은 국가는 결코 아니었다. 그들은 흉노의 후예로 무장·

터키 역사 교과서의 흉노와 훈 | 아시아 지역의 노란색 부분이 흉노 제국, 유럽 지역의 보라색 부분이 훈 제국

편제·전술 등에서 스키타이에 이어 유라시아 대초원 기마군단을 그대로 이어받았다. 놀라운 기동력과 마상궁술로 무장한 훈족기병의 가공할 전투력은 과거 스키타이, 흉노에 비해 절대 떨어지지 않았다. 그들은 유럽 중심부에서 전쟁을 벌인 최초의 아시아 기마유목군단으로, 그들의 유럽 침입은 게르만 민족의 대이동과 이에 따른 유럽사의 대변혁을 초래하는 등 세계사에 엄청난 영향을 미쳤다. 만약 아틸라가 결혼 첫날밤 돌연사를 하지 않았다면 유럽의 역사는 크게 바뀌었을 것이다.

그렇다면 훈 제국의 급격한 성장 배경은 무엇인가.

아랄 초원에서 유목 생활을 하던 흉노 잔존 세력은 발라미르·울딘·아틸라로 이어지는 걸출한 지도자를 배출했다. 초원 제국의 역사를 보면, 흉노(묵특), 돌궐(부민칸), 선비(단석괴), 유연(사륜칸), 거란(야율아보기), 몽골(칭기즈칸), 티무르 제국(티무르), 금(아골타), 청(누르하치) 등에서 알 수 있듯이 뛰어난 지도자가 나타날 때 순식간에 거대 제국을 건설했다. 아틸라는 검소하면서 공정한데다, 담대함과 지략에서도 뛰어나 기마군단 최고 지도자의 하나로 꼽힌다. 다음 훈 제국은 스스로의 강점을 최대한 발휘·

활용했다. 유목민 기마군단으로부터 이어받은 기동성과 전투력·전술을 통해 단시간 내에 최강의 군사력을 갖추었다. 여기에 포용력도 한몫을 했다. 훈 제국은 훈족이 중심이었으나, 우랄·라인강 사이의 사르마트·알란·오스트로고트·게피다이 등 여러 민족을 유연하게 통합하여 세력을 급속히 키울 수 있었다.

그런데 훈 제국은 왜 역사에서 갑자기 사라졌을까?

먼저 아틸라의 영도 아래 통합되었던 민족들이 아틸라 사후 반란을 일으켜 제국의 기초가 뿌리째 흔들린 것이 가장 큰 이유였다. 한마디로 훈 제국은 전성기와 달리 이민족과의 협력·교류·연대를 유지하지 못했던 것이다. 훈 내부적으로도 출중한 리더였던 아틸라가 죽은 후 형제들 간의 세력 분열과 다툼이 겹치면서 국력이 급속히 약화되는 것을 막지 못했다. 그 결과 훈 제국은 초원의 방식으로 단기간에 강대한 세력을 형성했다가 급속하게 역사의 무대에서 사라졌다.

훈족은 누구인가

훈족은 4세기 중반에 유럽 동부에 폭풍이 몰아치듯 등장하고 유럽의 지도와 역사, 나아가 세계사를 순식간에 바꿔버렸다. 이렇게 등장한 정체불명의 유목민들을 두고, 과연 그들은 누구인가에 대해 많은 논란이 있어 왔다. 이들은 문자를 사용하지 않아 기록을 남기지 않았고 유적·유물 또한 많이 남아 있지 않다. 그러나 이들은 아시아 유목민들의 기마군단이며 서진한 흉노 세력의 후예라는 것은 의심할 바 없다. 터키는 물론 중앙아시아의 투르크메니스탄, 코카서스 지역의 아제르바이잔 등 투르크계 국가에서는 훈족을 투르크 유목민이라 한다. 터키의 국사 교과서는 흉노를 그들의 조상이라 하고, 그 후예가 유럽에 진출한 것이 훈 제국이라고 한다. 몽골 교과서는 흉노 제국을 세운 흉노인들이 유럽에서 아틸

기마인물형 토기
(국보 제91호,
국립중앙박물관)

**동복(흉노,
몽골 불간Bulgan주에서 발굴,
몽골국립박물관)**

라의 훈 제국(434~453년)을 세워 드네프르강에서 도나우강까지의 광활한 영토를 차지하였으며, 비잔티움 제국으로부터 공납을 받았다고 설명하고 있다. 나아가 아틸라는 서로마 제국이 멸망하는 데 영향을 끼쳐 수많은 국가가 로마 제국에서 해방되어 독립국으로 발전하는 데 기여했다고 주장한다.

중국 기록에서는 1세기 말경 흉노가 사라졌다. 이들은 그 후 2세기 후반경 유럽의 기록에 훈으로 등장했다. 많지는 않으나 벽화나 기록에 남은 것을 보면, 훈족은 광대뼈가 튀어나오고, 낮은 코, 검은 머리, 납작한

코의 작은 체구를 가진 전형적인 동양인의 외모를 가지고 있었다. 뿐만 아니라 전쟁 수행방법, 무기, 유물 등을 봐도 영락없는 아시아 기마군단이었다. 그들은 스키타이와 흉노에 이어 전형적인 대초원 아시아 기마군단의 전술·전법을 구사했다. 훈족이 사용한 활은 나무와 동물 뿔을 접착해 강도를 극대화한 복합곡궁이었다. 이는 유라시아 대초원 기마군단이 사용하면서 이름을 떨쳤던 무기인데, 바로 고구려의 맥궁과 같은 활이다. 훈족이 사용한 활은 최대 사거리 300m, 유효 사거리 150m나 됐다. 이외에도 말, 등자 등 이들의 출신을 말해주는 수많은 증거가 있다. 또 '동복'이라는 독특한 청동 솥을 사용했는데, 이것은 유목민의 부족장이 제사의식 때 고기를 삶던 용기로 스키타이인과 흉노인들이 다수 제작하고 사용했던 것이다. 동복은 한반도, 만주, 중국 화북 지역, 몽골 고원, 중앙아시아 일대에서 동부유럽으로 이어지는 곳에서 발굴되고 있으며, 유라시아 대초원의 주인공인 기마유목민의 활동 영역을 보여주는 전유물이다. 한반도 남부의 가야 지역 대성동 고분에서도 동복이 발견된 바 있다.

훈족이 유럽에서 위세를 떨치던 시대는 고구려의 광개토 대왕과 장수왕이 정복 전쟁을 활발히 전개해서 동북아의 주인공으로 등장했던 시기이다. 흉노와 우리와의 관계처럼 흉노의 후예인 훈과 우리의 관계 또한 주목의 대상이다. 훈족의 몽고반점, 복합곡궁, 편두·순장 등의 관습, 이동 경로의 많은 유물 등에 대한 해석을 바탕으로 한민족과의 친연관계를 밝히는 연구들이 있다. 훈족이 파괴한 이탈리아 북부 아퀼레이아 Aquleia 시의 성당에는 훈족 기병이 활 쏘는 모습을 그린 프레스코 벽화가 있는데, 이 벽화는 고구려 무용총 벽화와 흡사하다.

독일 제2공영방송인 ZDF TV는 〈역사의 비밀〉 다큐멘터리(1994)에서 "훈족의 원류가 아시아 최동단의 한국인일 가능성이 있다"고 했다. 가야 지방 등에서 발굴된 동복이 훈족의 서쪽 이동로를 따라 다수 발굴되고 있고, 또 경주 금령총에서 발굴된 기마인물상에서 말 등에 동복을 싣고 있는 것들을 들어 한민족과 훈족이 직접적인 관계가 있을 수 있다고 주장했다.

> 비밀스런 아시아의 초기 역사에서 훈족의 실제 역사적 근거를 찾을 수 있다. 세인의 주목을 끈 고고학적 발굴물이 그들의 원래 고향은 아시아 대륙의 최동단일 수 있다는 추측을 가능케 한다. … 한국의 작은 도시 경주 근교의 묘에서 부장품으로 점토상이 발굴되었다. 말을 탄 사람 뒤에 흔치 않게 생긴 솥이 실려 있는 기마상. 이 솥은 똑바로 세워 말 탄 사람의 등에 끈으로 연결되어 있다. 이런 형태의 그릇은 지금까지 이곳과 훈족의 이동 경로에서만 발견되었다. (ZDF TV 다큐멘터리)[6]

아틸라 사후 막내아들 이르네크Irnek가 훈 제국의 잔존 세력을 이끌고 중부유럽에서 흑해 북부로 이동하여 아시아에서 서진해온 투르크계 오구르족(오구즈족과 같은 계통으로 알려짐)과 연합하여 불가르 칸국(482~550년)을 건설했고 이들이 후에 발칸반도 쪽으로 이동하여 오늘날 불가리아의 원류가 된 것으로 알려지고 있다.

한편, 훈 제국 멸망 후 훈족은 대부분 동쪽으로 돌아가 흑해와 카스피해 연안 등지에 정착했으나 일부는 중부유럽에 남아 있다가 후에 다시 유럽으로 서진해 들어온 투르크계 마자르인들과 함께 9세기 후반 헝가리 건국의 주역이 되었다고 한다.

이렇게 흉노는 훈제국에 이르기까지 700년간 동서양을 망라한 대

---

6   한스 크리스티안 후프 엮음, 이민주 옮김, 《역사의 비결》, 오늘의 책(2001)

| 터키 육군 휘장 | 헝가리 국가 문장 | 몽골 국장 |

역사를 기록하였는데 지금도 흉노의 후예라고 하는 국가들이 있다. 터키, 헝가리, 몽골이 그들이다. 터키 육군 휘장에는 B.C 209라고 쓰여 있는데 바로 묵특이 흉노를 통일한 연대이다. 헝가리는 국가 명칭이 'HUN+GARY(땅)'이며 국가문장에는 대초원을 연상케 하는 녹색지대가 돋보인다. 몽골은 국사교과서에서 흉노가 몽골 땅에 세워진 그들의 고대 국가라 한다.

3

선비 제국

1. 흉노에 이어 북중국을 장악한 동호의 기마군단 '선비'

선비족의 기원과 화북 제패

몽골 고원을 근거로 거대 국가를 이루었던 흉노에 이어 역사의 전면에 등장한 기마유목민이 선비鮮卑, Xianbei족이다. 선비족은 몽골-퉁구스계 유목민족으로, 몽골 고원 동부 시라무룬강 유역에서 일어나 몽골 고원과 만주의 경계에 있는 대싱안링 산(일명 선비산)에서 목축과 수렵으로 생활해왔던 민족으로 알려져 있다. 시라무룬강은 중국의 내몽골 자치구에 있는 홍산문화 지역의 중심인 츠펑 시 북부에서 발원하는 강이다. 중국 《사서》는 흉노를 '호胡', 그 동쪽의 북방민족은 '동호東胡'라고 불렀다. 대싱안링 북부의 선비산에 근거한 '선비'와 대싱안링 남단의 오환산에 근거한 '오환'으로 나누어졌으므로, 선비는 동호의 후예이다. 《후한서》〈오환선비열전〉은 "오환은 본래 동호이다. 한나라 초기에 흉노 묵특이

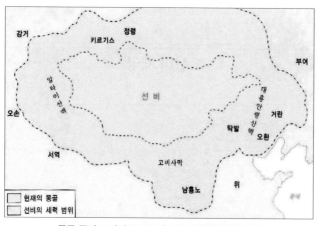

몽골 국사 교과서(번역본)에 실린 선비 제국의 강역

동호를 멸망시키자 남은 무리들이 오환산을 지키며 산 이름을 명칭으로 삼았다. 오환 사람들은 말을 타고 활을 쏘는 재주가 능했으며 새와 짐승 사냥을 주업으로 삼았다. 물과 풀을 따라다니며 방목하였고 일정한 장소에 살지 않았다"라고 설명했다. 또 "선비는 역시 동호의 일부인데, 따로 선비산에 의탁하여 선비라 불렀다. 선비의 습속은 오환과 같다"라고도 했다.

선비족은 1세기 초부터 흉노의 지배를 받았으나, 156년 단석괴란 걸출한 지도자가 나타나 부족을 통합하고 흉노의 옛 땅을 차지하여 거대 국가를 건설했다. 몽골 국사 교과서 《몽골사》는 "단석괴는 현명하고 멀리 내다볼 줄 알았으며 공정한 정치를 펼쳤고 조직력이 뛰어났으며 상을 버리는 것을 주저하지 않고 항상 백성의 이익을 먼저 생각하는 군사·정치 지도자였다"라고 소개하고 있다. 흉노가 남·북흉노로 분열하면서 약화되는 틈을 타 후한과 연합하여 북흉노를 공격하고, 북흉노가 서쪽으로 이동하는 사이에 몽골 고원을 차지해 북아시아의 패자가 됐다. 선비는 동호의 남쪽 일파인 오환까지 통합하여 몽골 고원 - 바이칼 호수 - 만주 - 오르도스 지역 일대를 장악하면서 최대 영토가 490만 km²에 달하는 거대 세력을 형성했다.

　강성해진 선비는 중국(후한)을 침략하는 등 힘을 과시했지만 단석괴가 죽은 뒤 세력이 약화되었고, 이어 등장한 지도자 가비능軻比能마저 죽자 다시 분열되어 내몽골에서 할거했다. 이후 3세기 중반에는 다링허(대릉하) 유역의 모용부慕容部, 시라무룬강 유역의 우문부宇文部, 그 남쪽의 단부段部, 내몽골 지역 현재 후아오터呼和浩特(호화호특) 시 방면의 탁발부拓跋部 등이 두각을 나타냈다. 모용부는 4세기에서 5세기 초에 걸쳐 연나라를 세웠고, 탁발부는 386년 북위를 건국하여 중국의 남북조 시대를 열었다. 916년 거란을 건국한 우문부는 926년 발해를 멸망시키고 후에 요나라가 됐다.

　후한 멸망 후 삼국 시대를 거쳐 280년 진晉이 중국을 통일했으나 '팔

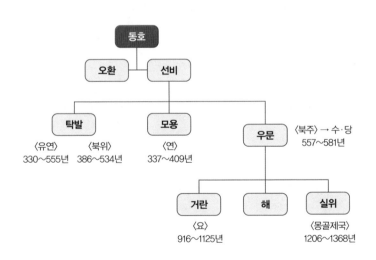

동호와 선비의 분파도

왕八王의 난'으로 혼란을 겪는 가운데 북방 기마민족인 선비를 비롯한 흉노·갈·저·강의 5개 민족이 남하하여 화북 지방에 각기 정권을 세웠다. 이것이 중국 역사의 '5호16국 시대(304~439년)'로, 북방의 이민족인 5호五胡와 한족이 세운 16개 나라가 135년 동안 흥망을 거듭했다.

북방민족인 5호는 다음과 같이 중국북방에서 활약했다.

[흉노匈奴] 흉노 분열 후 내몽골 지역에 있던 남흉노는 북쪽 선비 세력의 압력으로 황허강의 오르도스 지역으로 남하하였다가 만리장성 내 중국 영역에 자리 잡았다. 남흉노의 직계 후손인 유연劉淵은 외척이 한나라 출신이어서 한나라 후예라는 명분으로 오호족 최초 정권인 한漢(前趙)을 건국했다(304년). 유연의 아들 유총劉聰은 '중국의 아틸라'로 불리는데, 진나라 낙양을 점령하고 장안으로 쳐들어가 인구의 절반을 학살한 인물이다. 당시 북중국을 장악한 흉노 세력을 피해서 양자강 이남으로 피난 간 중국 왕조가 동진이다.

[갈羯] 전조의 유총 사후, 흉노의 다른 계통으로 갈족인 석륵이 후조後趙를 세우고 전조를 멸망시켰으나 불과 20년 만에 선비족 모용씨에게 정복당했다(352년).

[선비鮮卑] 선비족 탁발씨 부족은 내몽골 호화호특을 근거로 하다 만리장성 아래로 남하하여 산서북부에 자리 잡고 시조 역미의 손자 의여가 대국代國을 세웠다(310년).

선비족 모용씨 부족은 현재의 랴오닝성 창려를 근거로 만주남부 요동과 요서 지역을 장악하고 모용 황이 연국燕國(전연·후연·서연·남연)의 기초를 다졌다(337~438년).

[저氐] 티베트계 저족은 감숙남부와 사천북부 산지에 근거하다가 부홍이 장안을 수도로 섬서 지역에 전진을 건국했다. 그 후 국가 기반을 확고히 한

선비의 벨트 버클
(3~4세기, 프랑스 국립동양미술관)

국보 89호 평양 석암리 금제 띠고리
(국립중앙박물관)

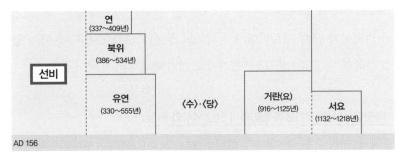

선비의 역사 전개

부견이 모용의 지배 지역을 모두 제압하고 북중국을 장악했으나 후대에 모용씨에 다시 자리를 내어줬다(350~394년).

[강羌] 또 다른 티베트계 강족의 요장은 감숙성을 본거지로 하다가 부견 사후 모용씨가 장악했다가 떠난 장안을 점거하여 후진을 세웠다(386~417년).

이처럼 왕국의 난립이 지속되던 대혼란기는 선비족 탁발부에 의해 다시 통일됐다. 탁발부의 역사는 역미에서 출발해 손자 의여가 대국을 세웠고, 5대손 십익건이 부족 통합과 국가 정비를 이루었는데, 십익건의 손자가 태조 도무제 탁발규다. 386년 즉위한 탁발규는 모용의 후연을 정복하고 위(북위)를 건국하였다. 탁발규는 주위 여러 부족을 정복하여 오르도스에서 몽골 남부를 세력하에 두면서 후연과 맞섰다. 439년 3대 세조 태무제(탁발도)가 화북을 통일하여 거대한 탁발 왕국을 건설해 남쪽 중국 왕조(송)와 남북조 시대를 열었다. 탁발사-도-준-홍-굉-각으로 이어져온 선비족 탁발 왕조는 북방민족의 기풍을 잃으면서 문약해졌고, 동과 서로 분열되었다가 마침내 550~556년 북제 및 북주에 나라를 빼앗겼다.

이후 분열된 중국을 통일하여 수나라를 건국한 양견(문제)은 북주北周의 외척이자 군사 귀족이어서 선비족의 후예라 하겠으며, 수에 이어 당을 건국한 당 고조 이연도 마찬가지로 선비족 출신의 무장이었다.

기마군단 선비족 국가들과 한민족이 만난 역사의 현장

중국의 전국 7웅 중 패자인 연나라(5호16국 시대 모용부의 연과 다름)는 BC 300년경 진개를 앞세워 동호를 공격했다. 단재 신채호 선생은 바로 이 동호가 고조선 중 만주 지역을 다스리던 '신조선'이라고 했다. 이후 중국은 진나라가 전국 시대를 통일하고 한나라가 이어받으면서 BC 200년 한 고조가 흉노 정벌에 나섰으나 기마군단 흉노에 참패하고 오히려 흉노에 조공하게 됐다. 이런 와중에 한나라의 변방국이 된 연에서 고조선 계열 인물로 알려진 위만이 고조선 서부의 일부(신채호 선생이 말하는 불조선) 지역을 점령하여 위만조선정권을 세웠으나(BC 194), 한과의 전쟁 끝에 역사에서 사라졌다.

영토 확장에 나선 고구려는 선비 모용부의 연나라와 대치하게 되었다. 고구려는 고국원왕 때 연왕 모용황의 침공(342년)으로 심대한 타격을 입는 등 연나라는 후연 시대까지 고구려 서북방 팽창 정책에 큰 걸림돌이었다. 그러나 불세출의 영웅 광개토 대왕은 후연의 수차례 공격을 격퇴시키고 대강국 고구려의 기틀을 공고히 했다. 광개토 대왕은 5호16국 시

선비족 무덤벽화 무사도
(연나라 시대, 내몽골 차오양)

고구려 무용총 수렵도
(복원화, 필자소장)

대로 불리는 북중국의 혼란스러운 상황을 적절히 이용해 국력을 최대한 신장시키는 위업을 달성한 것이다. 북위가 통일을 이루고 군사강국으로 등장하자 장수왕은 남북조 등거리 외교로 고구려를 안정시켰다.

고구려는 이후 선비족이 건설한 수와 당과도 국운을 걸고 싸웠다. 수 문제는 대제국을 건설하고 부국강병을 추진했으나, 고구려 침략 전쟁으로 국력을 소진시키는 바람에 결국 실패했다. 598년 문제가 고구려 침략에 실패하자, 양제는 전왕의 실패를 만회하기 위해 113만 대군으로 침공했으나 살수에서 참패하고 평양으로 진공한 4만 명 수군은 몰살되었다. 613년과 614년에 양제는 각각 2차 3차 고구려 침략 전쟁을 일으켰으나 또다시 실패했다. 수나라는 결국 37년 만에 문을 닫았다.

수에 이어 당을 일으킨 태종 역시 북방산서 지역 한족과 선비족 혼합 혈통의 귀족 집안 출신이다. 이는 당 또한 민족 융합이 이루어지는 가운

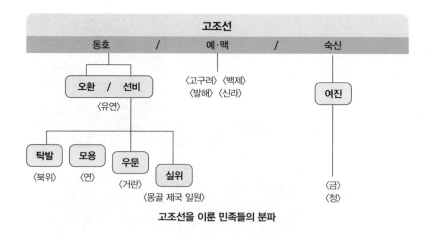

고조선을 이룬 민족들의 분파

데 북방민족이 중원에 진출하는 역사의 흐름 속에서 건국되었음을 말해 준다. 이연의 아들 이세민은 태종으로 즉위한 후 중원을 통일하였으나 두 번에 걸친 고구려 정복에는 실패했다. 그 후 3대 고종이 신라와 연합하여 668년 고구려를 멸망시키고 안동도호부를 평양에 설치했으나 신라가 당을 격퇴하고 이를 차지했다.

2. 동아시아의 패자로 등장한 선비의 후예 '거란 제국'

거란의 건국과 팽창

선비 제국은 건국의 주인공 단석괴 사후에 급격히 약화됐다. 이후 통합의 구심점 역할을 하던 가비능軻比能마저 229년 사망하자 선비족은 와해되어 모용, 탁발, 우문, 단 등 6개 부족으로 분열됐다. 거란은 이 중 우문 가문의 후예로, 대싱안링 산맥 동쪽과 랴오허강 서쪽 그리고 시라무룬강 북쪽에 펼쳐진 평원에 살았다. 거란은 오랫동안 동쪽의 고구려와

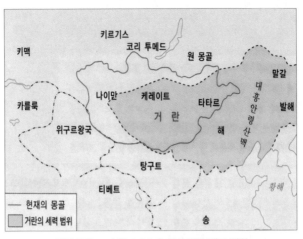

몽골 국사 교과서(번역본)에 실린 거란 제국 영역

서쪽의 돌궐 양대 세력 사이에 끼어 세력을 키워 나갈 수 없었다. 고구려 멸망 후에는 동돌궐과 당나라로부터 압박을 받았다. 당나라 말기에 본격적으로 세력을 키운 거란에 걸출한 영웅 야율아보기가 등장하여 부족을 통합하고 916년 키타이국을 출범시켰다. 우리는 거란契丹(계단)이라 부르나, 그들은 키단Khitan, 또는 키타이Khitai라고 불렀다. 이후 태종 시대에 나라 이름을 대요大遼라고 바꿨다. 홍콩에 근거를 둔 항공사 케세이 퍼시픽Cathay Pacific의 '케세이'는 '키타이'에서 왔고 이는 중국이란 의미인데, 당시 세력을 떨쳤던 거란이 서양에 중국으로 알려졌기 때문이다.

거란이 건국되는 시점은 중국에서는 907년 당나라가 멸망하고 960년 송나라가 건국되기 전의 5대10국五代十國 시대이다. 유목 세계를 통일하고 중원을 차지하려는 야심가 야율아보기는 916년 스스로 황제의 자리에 올랐다. 영토 확장 전쟁에 나선 거란은 924년 몽골 대초원으로 진군하여 알타이 산맥의 동부에서 헤를렌강 북부 초원까지 영토를 확장했다.

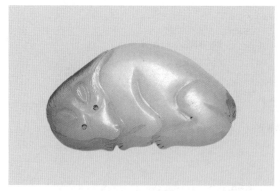

옥제곰장식(요나라)

사슴모양돌베개(요나라)

이후 남은 돌궐 세력과 티베트를 정복해 유목 세계를 장악했다. 야율아
보기는 926년 발해를 정복하고 장남 야율배를 왕으로 삼아 동란국東丹國
(동쪽에 있는 거란국이란 뜻)을 세웠으나 야율배가 귀국길에 병사했다. 이어
등장한 차남 야율덕광(태종)은 936년 5대10국 시대 후당後唐에서 석경당
이 일으킨 반란을 지원하면서 낙양까지 점령하여 후당을 멸망시키고 후
진後晉을 세우게 했다. 이 대가로 거란은 만리장성 이남의 부요한 땅이자
중국 왕조의 수도로 연결되는 전략적 요충지인 오늘날 북경 일대의 연
운燕雲 16주를 얻게 되어 제국의 기반을 확고히 다졌다. 이후에도 정복

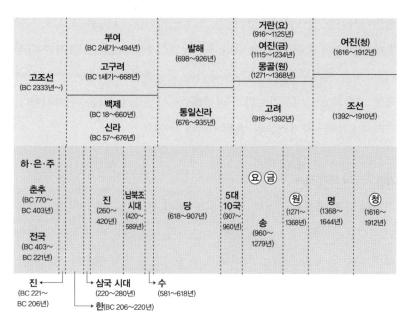

고조선 (BC 2333년~)	부여 (BC 2세기~494년)		발해 (698~926년)	거란(요) (916~1125년) 여진(금) (1115~1234년) 몽골(원) (1271~1368년)	여진(청) (1616~1912년)
	고구려 (BC 1세기~668년)				
	백제 (BC 18~660년)		통일신라 (676~935년)	고려 (918~1392년)	조선 (1392~1910년)
	신라 (BC 57~676년)				

하·은·주

| 춘추
(BC 770~
BC 403년) | 진
(260~
420년) | 남북조
시대
(420~
589년) | 당
(618~907년) | 5대
10국
(907~
960년) | 요 금

송
(960~
1279년) | 원
(1271~
1368년) | 명
(1368~
1644년) | 청
(1616~
1912년) |
| 전국
(BC 403~
BC 221년) | | | | | | | | |

진 ←
(BC 221~
BC 206년)

삼국 시대
(220~280년)

수
(581~618년)

한(BC 206~220년)

고조선을 이은 한민족 국가와 중국 왕조 시대 비교

전쟁을 계속해 탕구트, 토욕혼, 북송 등을 차례로 쳐들어가 대제국을 건설했다. 국호도 스스로 대거란국으로 칭하고, 동경(랴오양, 遼陽, 요양)·상경(임황부)·중경(대정부)·남경(석진부)·서경(대동부) 등 5경을 두었다. 거란은 태평양 연안에서 알타이 산맥까지, 만리장성에서 헤를렌강 북부까지이르는 광대한 땅을 차지했고, 몽골계 유목민과 여진족, 발해유민 등 다양한 민족을 통합하여 대제국을 세웠다.

11세기 말 거란의 세력이 약화되면서 그들의 통치하에 있던 여진이아골타를 중심으로 금나라를 세우고 송과 연합해서 거란에 대항했다. 아골타의 금나라는 거란의 오경을 차례로 함락하고 1115년 야율연회(천조제)를 붙잡아 거란의 역사는 210년 만에 막을 내렸다.

금나라에 의해 거란 제국이 멸망하자 거란인들은 야율대석의 지휘로 중앙아시아로 진출하여 1131년경 카라 키타이Qara Kitai를 건국하고 야율대석이 칸에 즉위했다. 이 나라가 중국에서 서요西遼라고 불리는 나라이다. 이들은 서투르키스탄으로 세력을 확장하면서 1141년 셀주크 제국을 격파하고 사마르칸트까지 진격해 동·서투르키스탄을 다 차지했다. 그러나 1218년 칭기즈칸의 몽골에 의해 망했다.

거란 시대의 국제 정세

거란의 발흥 과정은 이전의 흉노·선비·돌궐 등 북방유목 국가의 그것과 크게 다르지 않았다. 먼저 걸출한 지도자가 나타나고 이어 부족을 통합하며, 다음은 몽골 고원을 차지하고, 최종적으로 중국 왕조와 쟁패했다. 거란을 비롯한 북방민족이 중국을 통치한 것은 북위·요·금·원·청 등 다섯 왕조로, 진·한나라 이래 중국 역사의 3분의 1에 해당한다.

10세기 동아시아는 격동의 무대였다. 북방민족 국가 – 한민족 국가 – 중국 왕조가 격돌하는 시기가 다시 도래했다. 중국 역사상 가장 광대한 영토와 융성한 문화를 자랑하면서 300년 가까이 지속된 당 제국이 사라지고, 5대10국을 거쳐 송나라가 나타났다(960년). 북방에서는 신흥 세력인 거란이 유목 세계를 통일하고 발해를 멸망시켰다(928년). 한반도에서는 고려가 후삼국을 통일한 후 고구려를 계승하여 국호를 고려라 정하고(918년) 북진정책을 추진했다.

7세기 북방민족 – 한민족 – 중국 왕조는 돌궐 – 고구려 – 당의 삼각 구도였으나, 당나라(618~907년)가 돌궐과 고구려를 차례로 멸망시키고 동아시아를 평정했다. 그러나 8세기에는 후돌궐과 후고구려(발해)가 다시 등장하여 당과의 삼각 구도가 이어졌다. 9세기에는 거란이 세력을 키움에 따라 당나라는 발해(698~926년)와 거란이라는 양쪽의 적대 세력과 대치하게 됐다. 10세기에 이르러 다시 거란 – 고려 – 송의 삼국 구도가 재연됐다. 이처럼 북방민족 - 한민족 - 중국 왕조 간에는 시대별로 여러 국가가 등장해 상호 교류, 협력, 투쟁하면서 역사를 이어갔다.

거란과 고려의 전쟁

거란과 고려가 역사의 전면에 등장했을 무렵, 중국은 송나라에 의해 통일되었다. 당시 만주 지역에 있던 말갈족은 여진이라고 불렸는데, 북만주 지역은 동여진, 압록강 하류 지역은 서여진이 각각 차지하였다. 여진이 차지한 압록강 하구는 송나라, 거란, 고려 삼국 사이의 전략적 요충지였다. 이에 거란은 991년 서여진을 정복하고 압록강 하류를 차지했다. 송나라는 이러한 거란을 공격하였으나 실패하였고(986~989년), 고려에 참전을 요청하였으나 고려는 이를 받아들이지 않았다.

거란은 송과의 전쟁을 지속하는 한편, 발해가 멸망한 후 발해 왕족이 압록강의 서경압록부에 세운 정안국과 여진 세력을 제압하여 고려와 압록강을 사이에 둔 접경 국가가 되었다. 이러한 상황에서 거란은 송나라 정복을 위해 고려를 견제하여 송 - 고려의 관계를 단절시키는 전략을 택했고, 이것이 고려 침략으로 연결됐다.

고려 성종 12년(993년), 거란은 동경유수 소손녕의 지휘로 고려에 침략해왔다. 거란이 봉산군을 점령하자, 고려 조정에서는 '항복론'과 서경 이북의 땅을 떼어주자는 '할지론'을 논의하였다.

할지론으로 의견이 기울어진 조정 회의에서 중군사 서희(942~998년)는 우선 항전해보고 여의치 않으면 협상하자는 대안을 제시했다. 서희에 이어 어사 이지백도 할지론에 반대하자 성종은 서희의 의견을 받아들이는 결단을 내렸다. 이에 서희는 홀로 협상을 위해 적진에 가겠음을 성종에게 청했다.

우여곡절 끝에 서희와 소손녕은 역사적인 협상을 벌였다. 대국으로서 대접을 받겠다고 주장하는 소손녕에게 서희는 한 치 양보도 없이 벼랑 끝 전술로 대응해 대등한 대화의 장을 만들었다. 소손녕의 논지는 첫째, 고려는 신라 땅에서 일어났고 고구려 땅은 거란이 소유하고 있는데 고려가 고구려 땅을 침식했다는 것이었고 둘째, 거란이 고려와 접경하는 국가인데도 통교하지 않고 왜 바다 건너 송나라와 교류하냐는 것이었다.

이에 대해 서희는 "첫째, 고려는 고구려를 계승한 나라로 고구려 옛 수도인 평양에 서경을 두고 있고, 거란의 동경(라오양)도 원래 고려의 땅이다. 둘째 압록강 양안이 고려 땅이지만 여진이 가운데 있어 거란과 교류가 어렵다"고 대응했다. 이 외교 담판의 결과, 고려는 전쟁을 피했음은 물론 여진 정벌을 핑계로 280리에 달하는 강동 6주를 얻어 고려 국경을 압록강까지 확대했다. 거란이 고려를 침략한 목적은 고려 정벌이라기보다 고려와 송의 관계를 단절시키는 것이었으므로 이러한 협상이 이루어진 것이다.

고려가 송과의 관계를 지속하자 거란 성종은 1010년 직접 40만 대군을 이끌고 제2차 고려 침략에 나섰다. 거란은 고려 목종을 폐위한 '강조의 난'에 대한 책임을 묻는다는 구실로 침략했으나, 송나라와의 교류를 재차단하고 전략 요충지인 강동 6주를 다시 찾는 것이 목표였다. 개전 초 거란군에 의해 개경이 함락되고 현종이 피난하는 등 거란군은 승승장구하였으나, 멀리 원정 중인 거란군의 병참 문제 등으로 전쟁이 지지부진해지자 현종의 친조를 조건으로 회군했다.

거란은 그 후 고려가 약속과는 달리 현종이 친조를 거부하고 강동 6주도 돌려주지 않은 상황에서 1013년 고려가 거란과 단교하고 송나라와 교류를 재개하자 제3차 고려 침략을 단행했다. 1018년 소배압이 이끄는 10만 군사에 맞서 상원수 강감찬, 부원수 강민첨의 20만 고려군은 홍화진 전투에서 승리했다. 거란은 개경 공격에 실패하고 퇴각하려 했으나,

고려는 10만 거란군을 귀주에서 공격하여 불과 수천 명만 돌려보냈다. 이른바 '귀주대첩'으로 고려와 거란 전쟁은 막을 내렸고, 양국의 국교는 이후 회복되어 교류가 재개되었다.

4

돌궐 제국

1. 유라시아 대초원에 등장한 거대 제국 '돌궐'

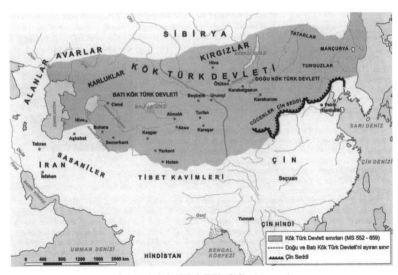

터키 교과서의 전성기 돌궐 영역(분홍색 지역)

석인상
(돌궐시대, 6~8세기, 높이 83cm
몽골국립박물관)

은제사슴
(돌궐시대, 6~8세기, 빌게카간 제사유적,
몽골국립박물관)

유라시아 지역 동서에 걸쳐 대제국을 건설한 돌궐

흉노는 유라시아 대초원 지역에서 기마유목민이 건설한 최초의 스텝 제국으로, 기마유목 국가의 원형이라 할 수 있다. 흉노는 유라시아 대초원에 강력한 흔적을 남겼으나, 한나라와 쟁패하는 가운데 분열되면서 또 다른 유목민, 선비에 패배해 역사에서 사라졌다(151년). 선비족은 몽골 고원 일대를 장악하고 대제국을 건설하였으나, 단석괴 사후 다시 분열되고 중국의 화북 지방으로 남하하여 5호16국 시대(304~439년)와 남북조 시대(420~589년)를 열었다. 선비의 남하로 생긴 공백을 틈타 선비 일파인 유연이 몽골 고원을 차지하고 150년 가까이 지배했으나, 또 다른 유목민 돌궐突厥에 의해 멸망했다. 돌궐은 투르크Türk의 음을 딴 한자어다.

중국《주서周書》에서는 돌궐을 '흉노의 별종'이라고 이른다. 돌궐은 흉노의 후예란 뜻이다. 쉴레이만 세이디는 〈터키민족 2천년사〉에서 '돌궐은 흉노를 계승한 나라'라고 하고 있다. 투르크족에서 부민Bumin 카간

Kagan(유목민 집단의 수장)이란 걸출한 인물이 나타나 돌궐을 건국(552년)했다. 그 나라의 정식 명칭은 'Kök Türk(쾩투르크-푸른 투르크)'인데 이는 '하늘의 신성한 투르크'란 뜻이다. 부민 카간을 이은 무한Mukhan 카간(553~572년)은 최고 전성 시대를 열었다. 돌궐 비문에 "사방에 군대를 보내 모든 종족을 복속시키고, 머리를 가진 자는 머리를 숙이게 하고, 무릎을 가진 자는 무릎을 꿇게 하였다"라고 기록될 정도로 위세를 떨쳤다. 그의 장례식에는 중국, 티베트, 비잔티움, 유연, 거란, 고구려 등에서 사신이 왔다는 기록이 남아 있다.

돌궐은 유라시아 지역 동서와 남북에 걸쳐 건설된 최초의 대제국이다. 최대 영토가 1,000만 km²를 넘었고, 중국을 통일한 수와 당나라와 쟁패하면서 역사의 중심에 등장했다. 그러나 돌궐은 세력이 커지면 분열되는 초원 제국의 전례를 벗어나지 못하고, 몽골 고원을 중심으로 하는 동돌궐과 중앙아시아 지역으로 진출한 서돌궐로 분열됐다(582년). 둘로 나뉜 돌궐은 국력이 쇠잔해지면서 동돌궐은 630년, 서돌궐은 651년에 각각 당나라에 의해 멸망했다. 그 후 30년 암흑 시대 동안 당에 대해 끈질긴 독립투쟁을 전개했고, 마침내 682년 쿠틀룩이란 뛰어난 지도자가 나타나 거의 완전하게 돌궐을 재건하여 후돌궐 시대를 열었다. 후돌궐은 720년경 빌게 카간 때 최전성기를 맞이했는데, 이 시기에 세워진 오르혼 비문은 유라시아 기마유목민족사의 기념비적인 유물이다. 빌게 카간 사후 급속히 약화된 후돌궐은 745년 위구르·당·티베트의 협공을 받아 멸망했다.

동돌궐에 속했던 유목민족은 전통을 유지했으나 불교의 영향으로 불교화했고, 이후 원의 지배하에 들면서 역사에서 사라졌다. 서돌궐은 초원 지역에서 유목과 오아시스 농경 생활을 병행하다가 압바스 왕조의 지배하에서 이슬람을 받아들이면서 일부 세력은 터키 지역으로 계속 서진했다. 이들 서돌궐 세력은 960년경 셀주크 장군의 지휘로 실크로드를 따라 부하라·사마르칸트로 이주했고, 1037년 토그릴이 셀주크 제국(1037~1194년)을 건국했다. 서진을 계속한 셀주크 투르크 일족은 아나톨리아 지역(터키)에서 비잔티움 제국을 격파하고 룸셀주크를 건국했다(1077년). 룸셀주크 세력이 약화된 후 서부 아나톨리아 지역에서 오스만 1세가 오스만 공국을 건국(1299년)했는데, 이것이 오늘날 터키의 전신인 오스만 제국의 출발이다.

최초로 문자 기록을 남기고 실크로드를 경영한 돌궐

유라시아 기마유목민은 약 2500년에 걸쳐 세계사의 중심 무대에서 활약했다. 돌궐도 바로 이 기마유목민이다. 기마유목민들은 정주민족과는 달리 오랜 기간 자신의 문자를 갖지 못했고, 그 결과 기록 문화가 취약하다. 그래서 이들에 관한 기록은 정주민족의 시각에서 쓰인 것들뿐이다. 스키타이는 고대 그리스 역사가 헤로도토스가 그 존재를 처음 기록했고, 흉노에 대해서는 사마천이 《사기》에서 언급했다. 이들이 본 스텝 지역의 기마유목민은 매우 호전적이고 잔인할 뿐 아니라, 더 나아가 비문명과 비문화의 대명사로까지 다뤄지기도 했다. 이것이 오늘날 북방 민족의 역사가 왜곡되고, 세계사에서 소홀히 다뤄지는 하나의 원인이 아닐까 한다.

돌궐 시대 비단 교역의 흐름

그런데 돌궐은 예외였다. 그들은 유라시아 스텝 민족 중에서 최초로 자신들의 문자를 가졌고, 기록을 남겼다. 몽골북부 오르혼Orkon강 주변에서 720~735년경 세워졌으며 돌궐 문자로 쓰인 비석이 발견됐다. 이 비석은 후돌궐 지도자들의 업적을 기념하는 것인데, 돌궐 제국은 물론 유라시아 기마유목민의 잊힌 역사를 다시 꺼내어 새롭게 보게 만드는 기념비적인 문화유산이다. 이 비석의 비문에는 돌궐 제국의 건국, 역대 카간들의 업적, 주변국과의 관계, 군사 및 사회제도, 법과 관습 등 스텝 지역 기마유목 사회에 대한 전반적인 내용이 기록되어 있다. 이 비석은 1709년 러시아-스웨덴 전쟁에서 포로가 된 스웨덴 장교 슈트라흐렌베르그J. von Strahrenberg가 발견하여 1730년 학계에 소개하게 되면서 알려졌다. 19세기 말에 본격적 연구가 진행되어 덴마크 학자인 톰센V.Thomsen이 판독했다.

이 비문은 현존하는 가장 오래된 돌궐어 문헌이다. 그런데 이 비문 중 퀼테긴 비문에 흥미로운 기록이 있다. 바로 고구려에 대한 것으로, 572년 무한 카간이 사망하자 고구려가 사절을 파견했다는 기록이다. 이 비문 동쪽 면 40줄 중 네 번째 줄에는 "동쪽의 해 뜨는 곳으로부터 뷔클리(bükli〈bök〈kö〉li, mäkkoli(맥코리)로도 읽는다) … 에서 문상객이 와서 애도했다"고 적혀 있다. '뷔클리'는 '맥족 고구려'라고 해석되고 있다. 이는 투르크족이 서방으로 진출하면서 고구려의 존재를 '코리'라는 이름으로 알렸다는 것을 말해준다. 당시 돌궐과 교류하던 동로마 문헌에 고구려가 등장하는 배경이기도 하다. 이후 10세기 왕건이 고구려를 계승하여 고려라 이름 지었고, 고려가 남송 및 아랍 세계와 교역하면서 '코리아'라는 이름으로 널리 소개됐다. 따라서 코리아라는 명칭은 고구려에서 비롯된 것이다. 이처럼 고구려는 민족 구성과 언어, 관습, 문화 등은 물론 이름까지 명백한 한민족 고대 국가여서 중국이 시비할 사안이 아닌 것이다.

퀼테킨 동상의 두상 부분　　　**퀼테킨 비문**

중앙아시아를 지배하게 된 돌궐은 중국과 비잔티움 제국간의 교역로인 실크로드를 장악했다. 실크로드에서는 소그드인이 동서 교역을 맡고 있었고, 돌궐의 보호 아래 교역이 이뤄졌다. 돌궐은 교역 확대를 위해 비잔티움 제국과 직접 무역을 위한 협정을 체결했다. 이를 계기로 돌궐과 비잔티움 간에 우호 관계가 맺어져 페르시아를 동·서에서 견제하는 구도가 됐다. 이는 중국의 수·당에 대항하는 고구려와 돌궐이 우호 관계를 갖게 되는 상황과도 비교해볼 수 있다. 고구려를 이어 발해를 건국한 대조영도 돌궐과는 외교 관계를 수립했다.

북방민족 돌궐과 통일중국의 대결

돌궐이 건국되던 시기에 중국은 5호16국 시대를 지나 남북조 시대에 들어섰으며, 돌궐은 북위가 분열되는 상황에서 무력으로 북조를 압박하는 등 우월한 지위를 견지했다. 그러던 가운데 589년 중국은 수나라가 통일하고, 돌궐은 동·서로 분열되는 큰 정세 변화가 일어났다. '통일'과 '분열'은 향후 양국의 역사 전개를 단적으로 보여주는 키워드이다. 통일 수나라는 돌궐과의 전쟁을 피하기 위해 돌궐 분열을 더욱 조장하고, 그 결과 더욱 약화된 돌궐을 압도하는 위치에 서게 되었다.

수나라에 이은 강력한 왕조 당나라는 이어 돌궐에 대적하게 됐다. 당나라는 290년간 존속한 통일 왕조로, 중국은 한나라에 이어 제2의 전성시대를 구가했다. 자신을 진시황과 한 무제에 비견했던 당 태종 이세민(627~649년)은 끊임없는 팽창 정책을 추구했으며, 따라서 그에게 가장 큰 위협이며 숙제는 바로 고구려와 돌궐이었다. 고구려는 수나라 대군을 격파해 결과적으로 멸망에 이르게 했고, 돌궐은 수시로 중국 영역을 공략하면서 국력을 과시했다. 그러나 당 태종의 집념으로 630년 동돌궐이, 651년에는 서돌궐이 당에 멸망했다. 이어 668년에는 고구려 또한 나당 연합군에 패해 700년 역사를 마감했다.

당나라의 국력은 대단했다. 당은 선비계가 세운 왕조로, 당나라 사람은 남북조 시대 이전의 중국 한족의 후예라기보다는 한족과 이민족이 융합한 새로운 공동체라 할 수 있다. 당나라는 주변 이異민족의 새로운 피를 수혈하고 문화를 교류하는 등 개방 정책을 통해 융성했고, 전성기에는 교류한 국가가 70여 개국에 달하는 등 중국 왕조의 대명사가 되었다. 수도 장안은 전 세계 정치·경제·문화의 중심인 국제 도시로서 문명과 교통 교류의 허브 역할을 훌륭히 수행했다.

당나라 현종은 서역 장악을 위해 고구려 유민의 후예인 명장 고선지로 하여금 서역 원정을 하게 했다. 고선지는 11년간(740~751년) 다섯 차례 출전했다. 747년 출병 시에는 해발 4,600m의 탄구령을 넘는 전설의 진군을 했고, 중앙아시아, 파미르, 실크로드를 관장하는 안서도호부의 책임자가 됐다. 그러나 연전연승하던 고선지 장군은 751년 중앙아시아와 실크로드의 패권을 두고 타슈켄트 부근 탈라스강 유역에서 압바스·티베

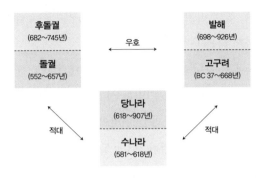

기원후 6~7세기 동아시아 3국 관계

트·돌궐의 이슬람 연합군과 맞선 대전투에서 처음이자 마지막으로 패했다. 고선지 군대는 중국의 중앙아시아 지역으로의 마지막 진출 세력이었고, 이 전투의 패배로 중앙아시아 지역에 이슬람 세력이 뿌리를 내리게됐다. 고선지 장군은 그 후 안록산의 난을 진압하는 과정에서 모함을 받아 죽었다.

대제국 돌궐과 동아시아 최강의 기병국가 고구려

돌궐 건국 전 몽골 고원과 내륙 아시아 지역은 150년간 몽골계 유연이지배했으며, 유연은 고구려와 우호 관계를 유지했다. 그러나 돌궐이 유연을 멸망(552)시키고 동진하면서 여러 유목민족과 거란을 복속시킴에따라 고구려의 서북국경에 전운이 감돌게 됐다. 돌궐은 고구려와의 사이에 있는 거란 및 말갈족에 대한 정벌 전쟁을 계속하는 과정에서 고구려와 적대적 관계에 서게 된 것이다. 전성기 돌궐의 무한 카간은 고구려를침공했으나 고구려는 이를 격퇴했다. 당시 돌궐은 동로마 제국과 교류하였다. 7세기 초 동로마 역사가 시모카테스T. Simokattes는 고구려인들에대해 "위험에 대처하는 강인한 정신력과 매일매일의 혹독한 신체단련으로 투지가 매우 높다"라고 기술하고 있다.[7] 고구려의 국력과 고구려인의 기상을 실감하게 하는 대목이다.

그러나 중국에서 수나라가 건국되고, 돌궐이 동서로 분열되는 582년경 이후에는 고구려와 돌궐은 긴밀한 상호 우호 관계를 유지하게 됐다. 강력한 수나라의 등장이 돌궐과 고구려의 관계를 우호적이고 긴밀하게 바꿨다. 수나라가 중국을 통일한 반면, 돌궐 세력은 약화되면서 고구려는 홀로 수와 대적하게 되나 끝내 수를 격파하고 침공을 막아냈다. 이어 등장한 당나라는 동·서돌궐을 멸망시킨 후 팽창 정책을 지속했고, 돌궐 없이 홀로 남은 고구려는 영류왕과 연개소문 시대에 단독으로 최강의 당을 상대하다가 668년 결국 멸망했다. 강한 북방유목민족 국가가 존재할 때는 중국을 견제하여 고구려가 안정될 수 있었으나, 북방 세력이 쇠퇴할 때는 강국 고구려도 어쩔 수 없었던 것이다.

그런데 682년 돌궐이 당의 지배에서 벗어나 후돌궐을 건국하자 당이다시 돌궐과 전쟁에 돌입하면서 세력의 공백기가 생겼다. 이를 이용해 고구려 후예들은 만주 일대에서 발해를 건국하여 한민족사의 남북국 시대(신라+발해)를 열었다.

중국 통일 후 돌궐의 분열과 멸망은 고구려의 멸망으로 이어졌고, 후돌궐의 부활은 고구려의 부활(발해의 건국)로 연결됐다. 이는 초강대국의 등장에 따른 인접 국가의 운명과 이에 맞서는 전략에 관한 중요한 시사를 하고 있는 대목이어서, 오늘날의 동아시아 정세를 판단할 때도 참고할 필요가 충분히 있다고 본다.

중국의 통일 왕조인 한나라 시대에는 고조선과 흉노의 협력을 경계했고, 수·당 시대에는 고구려와 돌궐의 동맹을 경계했다. 이것이 강력한

---

7   T. Simokattes, 《The History of Theophylact Simokatta》, Oxford University Press(1986)

중앙집권 국가인 통일중국 왕조의 대외 전략에 면면히 흐르고 있는 외교정책의 기본인 것이다.

2. 기마유목민의 새로운 역사를 전개한 '위구르 제국'

위구르인은 누구인가?

기마유목민의 진원지 몽골 고원은 흉노(기원전 3세기~기원후 2세기), 선비(기원후 1~3세기), 유연(기원후 4~6세기), 돌궐(기원후 6~8세기) 등이 차례로 지배하다 위구르가 이어받았다. 위구르는 돌궐 시대까지는 몽골 고원에서 활동하였으나 이후 중앙아시아까지 활동 무대를 넓힌 민족이다. 이들은 기원전 3세기경 진秦시대에 몽골 고원에 살던 정령丁零부족에 이어 5세기경 남북조 시대 톈산 산맥 일대에 살던 철륵鐵勒 부족에서 유래했다고 알려져 있다. 수·당 시대에는 회흘回紇(위구르), 회골回鶻, 송·원 시대에는 외오아畏吾兒로 불렀다. 《구당서》〈회흘전〉은 다음과 같이 위구르에 대해 설명하고 있다. "회흘回紇은 그 선조가 흉노인데 후위 시대에 철륵 부락이라고 불렀다. 그 무리는 아주 작았으나 그 습속이 용맹하고 강했는데 고차高車에 의탁했다가 돌궐에 속하게 되면서 근래에는 특륵特勒이라고 한다. 군장이 없이 주거가 일정하지 않게 물과 풀을 따라 옮겨 다니는데 사람들의 성격이 흉악하고 잔인하나 말을 타고 활을 쏘는 것을 잘했으며 탐욕이 아주 심해 도둑질하는 것을 생업으로 삼았다. 돌궐이 나라를 건국한 이래 동쪽과 서쪽으로 정벌을 할 때 모두 그의 힘을 밑천으로 삼아 북방의 땅을 제압할 수 있었다."[8]

---

8   동북아역사재단, 《구당서 외국전 역주(상)》, 동북아역사재단(2011)

이 기록은 기마유목민 위구르의 조상은 흉노족이라고 밝히고 있는 것과 동시에 기마군단에 대한 당시 중국인들의 두려움과 적대감을 적나라하게 담고 있다.

1930년대 들어 중국 신장성新疆省 정부는 위구르인들에 대해 웨이우얼維吾爾(유오이)이라는 호칭을 정했다. 위구르인은 현재 중국의 신장 웨이우얼 자치구(면적 약 166만 km²)에 약 880만 명이 거주하고 있는데, 중국 내 위구르인의 99%에 해당한다. 이들은 중국 소수 민족 가운데 인구 규모로 보면 장족, 만주족, 회족, 묘족에 이어 다섯 번째다. 위구르인들은 신장 웨이우얼 자치구 내의 타림 분지, 투르판, 하미, 이리, 우루무치 등 텐산 산맥 북부에 다수 거주하고 있으며, 중국 외에 중앙아시아 지역에도 일부 산재해 살고 있다.

돌궐을 멸망시키고 초원 강자로 등장한 위구르 제국

위구르는 설연타, 돌궐 등에 복속하다가 8세기 초 후돌궐 혼란기를 틈타 세력을 키웠다. 744년 돌궐 제국을 멸망시키고 쿠틀루그 빌게 카간骨力裵羅이 즉위하여 위구르 제국을 건설했다.

이즈음 당나라에서는 안사의 난(755~763년)이 일어났다. 현종 때 소그드 출신의 안록산과 사사명이 반란을 일으켜 현종과 양귀비가 피신한 사이에 장안을 점령하고 황제의 자리에 올랐다(756년). 그러나 반란 우두머리 두 사람이 모두 살해되면서 실패한 유명한 사건이다. 당나라는 반란 진압을 위해 주변국들에 지원을 요청했고, 이에 위구르는 강력한 기마군단을 보내 반란군을 격파하고 낙양과 장안을 수복해 당나라를 구했다. 다시 왕권을 회복한 당나라는 공주를 위구르 카간에게 시집보내고, 방대한 공물로 보답할 수밖에 없었다. 이로써 위구르는 동방 세계의 최강세력으로 급부상, 100년 가까이 존속한 초원 제국으로 역사에 이름을

투르판 벽화(베를린국립박물관)

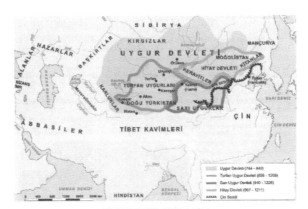

터키 교과서의 위구르 지도

올렸다.

위구르 시대에는 유목민 문화에 농경 문화가 도입되면서 도시화와 정착화가 이루어지기 시작했고, 이를 토대로 유목민 최초로 성곽도시가 건설됐다. 몽골의 오르혼강 상류에 있는 위구르 제국의 수도 카라발가순은 초원로의 행정 및 교역 요충지로 비문과 성벽이 발굴되어 그들 문명의 흔적을 짐작하게 한다. 이 일대는 이전의 돌궐, 이후의 몽골의 중심지이기도 하다. 몽골 제국의 초기 수도였던 카라코룸이 이곳에서 수십 킬로미터 불과한 곳에 있다. 위구르인들은 실크로드의 중심지에서 동서 교역에 큰 역할을 했을 뿐 아니라 유목과 농경, 동서 문화의 융합을 통해 새로운 위구르 문화를 구축했다. 그들은 초기에는 돌궐 문자를 썼으나 소그드인의 영향을 받아 스스로 위구르 문자를 만들어 사용했고, 높은 수준의 문화 예술을 꽃피우면서 쿠차·둔황·투르판 등지에 문서와 벽화 등 다수의 문화 유적을 남겼다.

위구르 제국은 840년 투르크계 키르기스에게 멸망했으나, 위구르인들은 제국의 멸망 후에도 간쑤, 둔황, 투르판 등 실크로드의 오아시스 지역과 중앙아시아에 투르크계 국가들을 건설했다. 9세기 중반 위구르인들은 실크로드의 허시후이랑 서부 지역에 하서 위구르를 세웠으나 1026년 티베트계 탕구트에 멸망했고, 비슷한 시기에 더 서진하여 톈산 산맥 일대에 톈산 위구르 세력을 형성했으나 13세기 초 칭기즈칸 군에 멸망했다.

중앙아시아에서 전개되는 기마유목민의 역사

중앙아시아 지역은 투르키스탄Trukistan이라 불렸고, 이는 '투르크인Turk의 땅Stan'이란 뜻이다. 투르키스탄은 톈산 산맥과 파미르 고원을 경계로 동서로 나누어지는데, 동투르키스탄은 지금의 중국 신장 웨이우얼 자치구이며, 서투르키스탄은 중앙아시아 지역이다. 신장 지역은 1760년 청

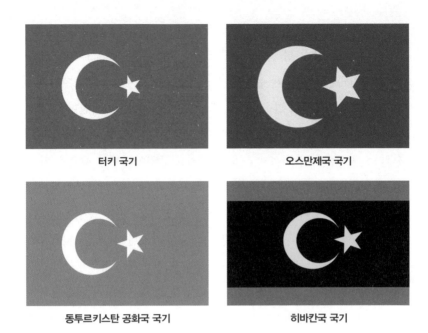

터키 국기 / 오스만제국 국기 / 동투르키스탄 공화국 국기 / 히바칸국 국기

나라 건륭제 때 중국으로 편입되었으나 그 후에도 민족적 전통을 유지하며 분리 독립운동을 계속했다. 1930~1940년대 두 차례 동투르키스탄 공화국이란 이름으로 일부 지역이 독립을 선언하였으나, 1949년 중국이 재점령하여 독립이 무산되었다. 서투르키스탄은 오늘날 카자흐스탄, 키르기스스탄, 타지키스탄, 우즈베키스탄, 투르크메니스탄, 아프가니스탄 등이 있는 땅으로, 이들 국가는 1990년대 초 소련이 해체되면서 독립했다. 이 여파로 동투르키스탄 지역인 중국의 신장 웨이우얼에서도 분리 독립 움직임이 나타나고 있다.

중앙아시아 지역은 오래전부터 기마유목민이 활동해오던 지역이다. 몽골 고원을 평정한 흉노 제국은 중앙아시아 지역 일대까지 정복하여 실크로드를 장악했다. 흉노 이후 이 지역은 유연, 돌궐, 위구르 등이 지배했는데, 특히 9세기부터 위구르인들이 중앙아시아 오아시스 지대에 본격적으로 이주 정착하면서 투르키스탄이라 불리는 계기가 됐다. 10~11세기에는 투르크계 유목민인 카라한 왕조가 중앙아시아에서 세력을 떨쳤으나, 11세기 말~12세기 셀주크 제국과 거란이 서진한 세력인 카라 키타이의 지배를 받았다. 이후 13세기에는 몽골 제국의 차가타이 칸국, 15세기에는 티무르 제국 등이 차례로 중앙아시아의 패권을 차지했다. 그러나 16세기 이후 기마유목민 국가들의 세력이 약화되면서 청·영국·러시아 등이 이 지역을 놓고 각축을 벌였다. 그 결과 동투르키스탄 지역은 1760년대 청나라가 차지했고, 서투르키스탄 지역은 1880년대 러시아가 대부분 장악했다.

중앙아시아에서는 위구르인들의 이동 등으로 투르크화가 이루어지면서 동시에 종교적으로는 이슬람화가 진행됐다. 8세기에 당나라는 실크로드를 지배하기 위해 중앙아시아에까지 세력을 확장하여 힌두쿠시 산맥까지 정복했고, 이슬람화한 아랍 세력도 부하라, 사마르칸트까지 진출하는 등 양쪽 세력은 중앙아시아의 패권을 두고 격돌할 수밖에 없는 상황이 되었다. 751년 톈산 산맥 서북쪽 탈라스강에서 벌어진 전투에서 고구려 출신 고선지 장군이 이끄는 당나라 군대가 압바스의 이슬람 연합군에 패퇴함에 따라 이후 파미르 고원 서쪽의 중앙아시아 지역은 급속히 이슬람화했다. 당나라 시대에 위구르는 회흘回紇, 회골回鶻로 불렸는데, 위구르인들이 이슬람화하면서 이슬람교가 중국에서 회교回教 또는 회회교回回敎로 불리게 되었다.

위구르 – 중앙아시아와 한민족의 교류

중앙아시아 지역은 한민족과 뿌리를 같이하는 기마군단이 활약해온 땅이자 실크로드의 관문으로 18세기까지 동서간 문명 교류의 중심이었다.

이 실크로드는 스텝 지역 중심을 통해 동서를 연결하는 통로로, 한반도는 유라시아 실크로드의 출발점이자 종착역이라 할 수 있다. 오래전부터 이 지역은 우리와도 많은 교류가 있었다. 신라, 발해, 고려 시대에 줄곧 실크로드에서 활약한 상인인 소그드인을 통해서 중앙아시아 및 서방과 교류해왔고, 이러한 흔적은 우리 문화 곳곳에서 나타나고 있다. 한반도의 수많은 고분과 유물은 스텝 지역 기마유목민과 한반도의 교류를 말해주고 있는데, 이를 통해 우리와 뿌리를 함께 하는 고대 북방유목민의 생활·관습·문화 등에 주목할 필요가 있다. 수·당나라와 고구려가 대항할 때 중앙아시아를 지배하던 돌궐이 고구려와 동맹 관계였다는 사실은 군사적 이해관련뿐 아니라 알타이 민족으로서의 친연성이라는 측면에서도 살펴볼 필요가 있다.

신라는 실크로드를 통해 페르시아 등 서역 문화권과도 활발하게 교류했다. 신라의 무덤에서는 북방계는 물론 다양한 서역 문화의 흔적이 나타난다. 신라에서 발굴되는 유리 제품은 로마 문화권 등 서역에서 유래했고, 경주의 괘릉(원성왕릉)에서는 서역인의 모습을 한 무인상이 있다. 〈처용가〉의 처용도 신라 헌강왕 때 귀화한 이슬람계 사람이라는 설이 있다.

고구려 벽화에서도 중앙아시아인을 볼 수 있으며, 사마르칸트에 있는 아프라시압 궁전 벽화에는 고대 한민족 특유의 복식을 한 두 명의 사신이 그려져 있다.

고려에서도 위구르인들이 활약했다. 몽골 제국은 몽골인과 위구르인의 연합정권 성격으로, 위구르인들은 준지배계층을 형성했다. 이 위구르인들은 몽골군의 한반도 침입 때 참전하거나, 이후 고려가 몽골의 영향력하에 있을 때 관리와 역관 등으로 한반도에 와서 정착하기도 했다. 고려에 들어온 위구르인들은 대부분 이슬람교도로 《고려사》 등에 회회인 回回人으로 표현되었는데, 개경에 이들의 집단 거주지가 있을 정도였다.

아프라시압 궁전 벽화

옆 벽화의 복원 묘사도

원성왕릉

원성왕릉무인상

고려가요 〈쌍화점〉에 등장하는 회회아비는 이들을 일컫는다. 설장수라는 위구르인은 고려 관리가 되어 정몽주와 고려 왕조를 지키기 위해 노력하기도 했으나 이후 조선조 때도 등용되어 외교에 공을 세웠다. 몽골과 고려의 혼인 정책으로 고려 왕비가 된 몽골 공주는 대규모 시종들을 대동하였는데, 이때 다수의 위구르인들이 포함되었다. 충렬 왕비가 된 쿠빌라이의 막내딸 제국대장 공주를 따라와 귀화한 장순룡은 장군에까지 이르러 덕수 장 씨의 시조가 되었다. 세종 때 학자 설순은 고려 말 귀화한 위구르인의 후손이다.

돌궐이 위구르에 멸망한 후 투르크인들이 서진하면서 중앙아시아와 서아시아 등지에 여러 나라를 세웠다. 그런데 북방사학자인 전원철 박사가 이들 투르크 국가의 연원을 밝히고 있다. 다수의 북방언어에 능통한 문헌사학자이자 북방사학자인 전원철 박사와 한민족, 그 후예 기마민족들이 유라시아 동부와 서부에 차례로 세운 나라들의 관계에 대해서는 뒤에 기술하고자 한다. 여기서는 우선 위구르 제국과 이어서 등장하는 셀주크 제국과 오스만 제국에 대한 전 박사의 연구, 분석, 고증 내용을 결론만 간략히 소개한다. 전 박사의 연구에 따르면 이 내용은 《사국사》, 《집사》,《투르크의 계보》등의 사서에 나오는 내용이다.

돌궐 제국은 잘 알려진 대로 아시나 가문이 건설한 국가이며 745년 위구르의 공격으로 멸망한다. 그런데 돌궐을 제압한 위구르의 왕가는 아시나 가문이 아닌 오구즈Oguz, Oghuz 가문이라 한다. 오구즈 가문의 시조는 오구즈칸으로, 바로 이 오구즈칸이 고주몽을 시조로 하는 고구려 왕가의 후예이다. 또한 오구즈칸의 사촌형제들 후손들이 위구르 왕조를 세웠고, 오구즈칸에게 있었던 6명의 아들들 후손들이 수많은 몽골 투르크 국가들을 세웠다고 한다. 다음 장에 소개하는 셀주크 제국, 오스만 제국 역시 오구즈칸의 후예들이 세운 나라라고 한다.

3. 두 번째 밀레니엄 시대를 연 '대셀주크 제국'

투르크 세력의 서진과 '대셀주크 제국'의 건국

알타이 산맥 일대에서 기원한 것으로 알려진 투르크족은 지난 천년 이상의 기간에 걸쳐 아시아를 중심으로 유럽과 아프리카 등지에 100여 개의 크고 작은 국가를 건설했다. 기원전 2천년에 등장한 흉노는 투르크족과 몽골족이 혼재된 유목민 집단이므로 흉노는 투르크의 선조라고 할

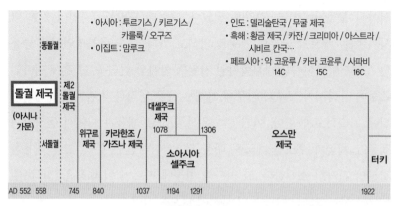

돌궐의 역사 전개

수 있다. 투르크족은 아시아동부 알타이 산맥과 톈산 산맥 일대 지역으로부터 몽골 고원을 장악했고, 오랜 기간 서진하면서 유라시아 전체로 그 영역을 확대했다. 터키의 역사 교과서는 최초의 투르크족 국가가 BC 3세기의 '흉노(아시아 훈 제국)'라고 서술하고 있다. 흉노가 분열되면서 서진한 세력은 4세기경 '훈(유럽 훈 제국)'을 건국하고 질풍노도와 같이 유럽을 엄습하여 세계사를 뒤흔들었다. 동유럽 지역에서는 훈 제국 이외에도 아바르, 사바르, 하자르, 킵차크 등의 투르크 국가들이 세워졌다.

이후 6세기 중엽에 몽골 고원을 통일하고 등장한 '돌궐(괵투르크)'은 투르크라는 이름을 쓴 최초의 투르크 국가이다. 745년 돌궐이 멸망하고, 알타이 산맥에 살던 또 다른 투르크계 '위구르'가 몽골 고원을 차지하고 새로운 제국을 건설했다. 이 시대를 전후하여 투르기스, 키르기스, 카를룩 등 투르크 국가들이 세워졌다. 투르크족은 오아시스를 따라 계속 서진하면서 이슬람화해 카라한조, 가즈나 제국 등 이슬람 투르크 국가들이 중앙아시아 일대에 세워졌다.

이어 10세기 후반기에 등장하는 투르크족의 거대 국가가 '대셀주크 제국'이다. 대셀주크 제국은 오구즈Oghuz 투르크계의 셀주크족이 세운 나라이다. '오구즈 셀주크족'은 '크늑 셀주크족'이라고도 알려져 있다. 셀주크가家의 지도자 '셀주크 베이'는 투르크 일파인 오구즈족의 군지휘관으로, 960년경 자신의 부족을 이끌고 중앙아시아에서 남쪽 시르다리아 강변의 잔드 지역으로 이주해 독자적인 세력을 키워나갔다. 당시 서쪽으로 이미 이주한 투르크족들은 이슬람으로 개종했었고, 새로이 이주해온 셀주크가 이끄는 오구즈족도 960년 이슬람으로 개종했다. 투르크족과 이슬람이 만남으로써 '투르크의 이슬람화'라는 역사적인 대전환기를 맞이하게 됐다. 당시 중앙아시아와 중동 지역 일대에서는 이란계 이슬람 왕조인 사만 왕조(874~999년)와 투르크계 카라한 왕조(999~1232년)가 격렬하게 대치하고 있었고, 이슬람으로 개종한 셀주크는 이슬람의 사만 왕조를 지원했다. 이에 대한 보상으로 사만 왕조는 부하라와 사마르칸트 사이 지역을 할양하여 986년 셀주크 세력이 이곳으로 이주하고 세력을 키워나갔다. 셀주크 베이 사후에는 손자 토그릴이 사막 원정과 소아시아 동부 원정에 나서 가즈나 제국을 격파하고 1037년 대셀주크 제국을 출범시켰다.

대셀주크 제국의 흥망

토그릴은 제국 출범 후에도 이슬람 압바스 왕조의 칼리프에 대한 권위를 인정하고 이슬람 세력의 일원으로 남겠다고 선언했다. 이후 셀주크 제국은 토그릴의 영도하에 수많은 전쟁을 통해 영토를 확장해 나가면서 페르시아를 정복하고 지금의 테헤란 부근인 '레이Rey'로 수도를 옮겼다. 또한 바그다드로 들어가 압바스 왕조를 지원하면서 칼리프의 보호자로서 술탄의 칭호를 받았다. 이 시기 셀주크 제국은 아무다리아강에서 유프라테스강에 이르는 방대한 영토를 가진 명실상부한 아시아 대제국으로 성장했다.

1063년 토그릴 사후 그의 조카 알프 아르슬란이 권력을 장악하고 2대 술탄이 되어 정복 전쟁을 이어나갔다. 2차에 걸친 코카서스 원정으로 아제르바이잔, 아르메니아, 그루지야(조지아) 등을 차지했고, 동방원정에 나서 투르키스탄 지역으로 영토를 확장했다. 이어 1069년 파티마 왕조의 이집트 원정에 나서 소아시아로 진군하다 소아시아 지역의 지배 세력이었던 비잔티움 제국의 견제를 받았다. 이에 셀주크 군은 이집트 원정 계획을 바꾸고 곧바로 비잔티움 제국과 격돌했다.

1071년 지금의 터키 동쪽 끝에 있는 반Van 호수 인근에 있는 '만지케르트Manzikert'에서 셀주크 군과 비잔티움 제국 사이에 역사에서 길이 남을 기념비적인 전투가 벌어졌다. 셀주크 제국 2대 왕 알프 아르슬란이 이끄는 셀주크 군이 황제 로마누스 4세가 이끄는 비잔티움 제국군을 격파하고 로마누스 4세를 포로로 잡았다. 바로 이 '만지케르트 전투'의 승리가 투르크족이 소아시아를 영구적으로 점령하는 계기가 되었다. '만지케르트 전투' 이후 대셀주크 제국은 계속해서 소아시아를 정복해 나가면서 대규모로 투르크인들을 이주시켰다. 소아시아 정복이 완성될 무렵에는 '소아시아 셀주크'를 비롯한 여러 투르크계 국가들이 소아시아에 들어서게 되었다. 이것이 오늘날 터키가 소아시아에 자리 잡게 된 배경이다. 알프 아르슬란 사후 그의 아들 말리크샤는 제3대 술탄이 되어 소아시아 정복 전쟁을 계속하여 영토를 확장했다. 서부 해안을 제외한 소아시아 전 지역을 차지했고, 팔레스타인, 예루살렘, 트리폴리, 다마스커스, 시리아, 예멘 등 중동 지역을 복속시킨 데 이어, 동쪽으로는 카라한조까지 정복하여 중국과 접경하게 되었다.

1092년 말리크샤가 죽은 뒤 제국 내부의 권력 투쟁이 계속되면서 셀주크 제국은 흔들리기 시작했다. 1141년 카라 키타이(서요) 군에게 참패

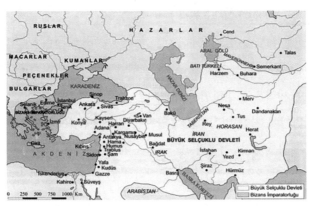

터키 교과서의 대셀주크 제국의 최대 영역(노란색 부분)

만지케르트 전투(이스탄불 군사 박물관)

하면서 세력이 급속히 약화되고 여러 지역의 셀주크 국가로 분열되면서 1194년 대셀주크 제국은 막을 내렸다. 소아시아에 세워진 소아시아 셀주크는 대셀주크 제국 멸망 후에도 지속됐지만 1308년 몽골군에 의해 멸망했다.

대셀주크 제국의 서진과 십자군 원정

10세기 이후 기독교인들은 개인 또는 집단으로 예수 그리스도가 생애를 보냈던 예루살렘 지역으로 성지순례를 했다. 이 시기에 이슬람화한 셀주크 투르크 세력은 서진하면서 비잔티움 제국을 격파하고 이 지역을 차지했다. 위기에 처한 비잔티움의 알렉시우스 1세는 교황 우르반 2세에게 지원을 요청했다. 이로써 1071년 '만지케르트 전투' 이후 비잔티움 제국이 쇠락하는 시기에 기독교 성지회복을 명분으로 한 '십자군 원정 crusades'이 시작됐다.

로마가톨릭 교회의 교황 우르반 2세가 주창하여 서유럽 세력은 예루살렘, 안티오크 등 이슬람의 점령하에 있는 기독교 성지를 회복하기 위한 목적으로 십자군을 모집해 원정에 나섰다. 그러나 성지 회복은 명분일 뿐, 각 집단은 서로 다른 목적이 있었다. 로마 교황은 동방정 교회에까지 영향력을 확대하고자 했고, 유럽 각국의 영주들은 영지 확보를 노렸다. 서유럽 상인들은 시장 개척에만 관심을 두었다. 1095년 교황 우르반 2세는 클레르몽에서 종교회의를 소집하여 가톨릭 교인들을 설득하여 십자군 원정을 결정했다. 이 과정에서 소위 '군중 십자군'이라는 일컬어지는 집단이 예루살렘 원정에 최초로 나섰다. 그러나 원정 취지와는 달리 이들은 구심점이나 전술 전략이 전무한 상태에서 학살과 약탈을 곳곳에서 일삼다 정작 셀주크 투르크 군을 만나서는 참패를 당했다.

이후 1096년부터 1099년까지 이루어진 제1차 십자군 원정은 어느 정도 성과를 냈다. 셀주크 제국의 이슬람 지도층이 분열한 사이에 십자군은 안티오크, 예루살렘, 자파 등 주요 도시를 정복하고 중동 지역에 유럽식 봉건체제를 도입해 십자군 국가를 여러 곳에 세웠다. 그러나 셀주크 군이 재정비하여 십자군 국가를 압박해오자, 서유럽 세력은 다시 십자군을 모집하여 제2차 십자군 원정(1147~1149년)에 나섰으나 기동력을 발휘한 셸주크 군의 경기병에 패배하여 성과 없이 끝났다. 1187년 예루살렘이 다시 이슬람 측에 점령되자 예루살렘 재정복을 위해 잉글랜드, 프랑스, 신성로마 제국의 황제까지 지휘에 나선 제3차 십자군 원정(1189~1192)이 이루어졌다. 이 원정은 잉글랜드의 사자왕 리처드가 사실상 총지휘했다. 리처드 왕은 대셸주크 제국 영역에 있는 예루살렘을 빼앗는다 해도 계속적으로 점령하는 것은 사실상 어렵다고 판단했고, 기독교인의 예루살렘 방문이 보장되도록 셸주크 제국과 휴전 협정을 체결하고 철군했다. 일련의 십자군 전쟁에서 셸주크 제국의 술탄 살라딘은 서유럽 세력의 십자군에 맞서 이슬람 세계를 지켰다. 이후 1290년까지 200년에 걸쳐 총 8차례의 십자군 원정이 이루어졌으나, 십자군 원정은 결국 실패로 막을 내렸다.

십자군 원정 초기에는 기독교 성지 지역을 차지한 이슬람 세력이 정치적으로 분열된 상황이어서 십자군이 어느 정도 전투력을 발휘하고 성지를 정복하는 데 성공하기도 했으나, 이후 살라딘 등 걸출한 셸주크 제국의 지도자가 등장하면서 이슬람 세력이 결집하자 전세는 완전히 역전되었다. 더구나 원정에 참여한 서유럽 국가간 대립과 십자군 자체 내의 내분과 분열, 참여 세력 간 경제적 이해 상충, 십자군의 횡포에 따른 민심의 이반 등으로 십자군 원정은 초라한 성적표로 역사에 기록되고 말았다. 결국 십자군 원정은 서진하는 이슬람 세계와 신흥 서구 세력 사이의 세력 다툼과 이권 쟁탈전으로 귀결되어 버렸다.

대셸주크 제국과 세계 역사, 그리고 우리 역사

대셸주크 제국은 10세기경 100년 남짓 존속한 투르크 국가로 세계 역사에 지대한 영향을 끼쳤다. 첫째, 흉노, 훈, 돌궐 등에 이어 거대한 투르크 제국을 건설했고, 이후 오스만 제국이 등장하는 데 바탕이 되는 등 투르크 국가 2천년 역사의 중심부를 장식했다. 둘째, 투르크족은 서진하면서 압바스 왕조의 이슬람을 받아들여 대셀주크 제국이 이슬람의 확장과 세계 종교화하는 데 중심 역할을 하게 하였다. 셋째, 셀주크 투르크 세력이 예루살렘 등 기독교 성지를 점령하면서 서유럽 기독교 국가들의 십자군 원정이 시작됐다. 이 십자군 원정은 유럽과 중동 지역의 역사와 문화에 큰 영향을 끼쳤다. 동서 문명 교류의 장이 열렸으며, 전쟁 중에 지중해 도시 국가들이 경제적으로 성장하여 후일 르네상스 시대가 등장하는 데 밑거름이 되었다. 또한 십자군 원정 실패는 교황권의 약화와 중세 시대의 종언에 대한 신호탄이 되었다. 특히 이때 시작된 기독교와 이슬람의 종교적인 대립은 십자군 전쟁 이후 지금까지 이어지는 양대 종교간 갈등의 계기가 되기도 하였다.

한편 앞서 위구르 제국에서 설명한 바대로 북방사학자 전원철 박사의 연구에 따르면 셀주크 제국의 왕가 가문은 오구즈칸의 손자 '크닉'의 후손들이다. 그에 따르면 오구즈칸이 고구려 왕가의 후손이며 발해 건국자 대조영의 선조이므로 셀주크 제국과 한민족간에도 특별한 연결고리가 있다. 이에 대해서는 후에 다시 기술하겠다.

4. 지중해를 내해로 삼은 600년 역사의 '오스만 제국'과 오늘의 '터키'

오스만 제국의 성립

투르크족이 투르크라는 이름으로 최초로 세운 나라가 '돌궐'이며, 돌궐 소멸 후에도 투르크 세력은 서진을 계속하면서 중앙아시아와 서아시아 지역에 여러 투르크 국가를 세워 나갔다.

9세기경 중앙아시아 일대에서 이란 방면으로 이주해온 투르크족의 한

터키 교과서의 오스만 제국 영토 지도

지파인 오구즈 투르크족은 대셀주크 제국을 건설하고 소아시아 동부에 정착했다가 서진을 계속하여 비잔티움(동로마) 제국의 서부 국경 지대까지 진출했다. 여기서 오구즈 투르크족의 일파인 카이족 족장 '에루투그룰'의 아들 '오스만'이 일족을 이끌고 1299년 소아시아 셀주크로부터 독립해 오스만 공국을 세웠다. 오스만 공국은 같은 투르크족이자 이슬람 국가인 소아시아 셀주크와 세력 대결하기보다 먼저 이교도 국가인 비잔티움 제국과 영토 확장 전쟁에 나섰다. 오스만 공국은 1206년 출범한 칭기즈칸의 대몽골 제국 세력의 압박으로 서쪽으로 대거 이주해온 투르크족들과 합세해 급속히 세력을 확장할 수 있었다. '오스만 1세'는 소아시아 동북부 지역을 확보하면서 제국의 기초를 마련하고 1326년 사망했다.

그를 이어받은 아들 '오르한'은 부르사, 이즈닉을 차례로 점령하고, 이어 터키 서부에서 지중해로 연결되는 차낙칼레와 다르다넬스 해협을 장악하여 유럽 진출의 교두보를 마련하였다. 터키가 오늘날 유럽 지역에 영토를 가진 것은 이때부터였다. 이후 오스만은 유럽을 향해 발칸 지역으로 영토를 확장해 나갔다. 점령한 지역에는 우선 소아시아 지역의 투르크족을 이주시켜 살게 하면서 점령지를 차례로 영토화해 나갔다. 동시에 점령 지역에 거주하던 기독교도 등 비이슬람 교도들에게도 생명과 재산, 그리고 종교의 자유를 보장하는 회유 정책을 펴나감으로써 그동안 봉건제도하에 착취당하던 토착민들로부터 호응을 얻었다. 이렇게 전략적으로 발칸 지역에 진출하면서 국가 체제를 정비해 나갔고, '무라드 1세(1359~1389년)' 시대에 이르러서는 드디어 제국의 면모를 갖추게 되었다.

세계 제국으로의 확장

오스만 제국은 무라드 1세 사후에도 발칸 지역에서의 영토 확장을 지속하면서 주변의 비잔티움 세력을 격파하고 동로마 제국의 수도인 콘스탄티노플을 위협했다. 그즈음 중앙아시아 일대에서 혜성과 같이 나타나 '티무르 제국'을 건설한 '티무르'가 오스만 제국을 공격했다. 티무르는 몸소 전쟁터를 누비며 단 한 번도 패배하지 않아 '전쟁의 신'이라 불리는 최고의 인물이다. 1402년 앙카라 일대에서 벌어진 전투에서 오스만 제국의 '바예지드 1세'는 티무르에게 참패를 당하고 포로로 잡혀 끝내 자결했다. 이 전쟁으로 오스만은 세계 제국을 향한 발걸음에 급제동이 걸리고 붕괴 위기까지 처하게 됐다. 이후 약 50년 동안 오스만은 세계사에서 거의 잊힌 국가가 되었다.

1421년 즉위한 '무라드 2세'는 앙카라 전쟁 패전 후 벌어진 오스만 계파간 내전을 극복하고 비잔티움, 헝가리, 십자군 등 유럽 세력과 크고 작은 전쟁을 벌여 국가를 재건해 나갔다. 1451년 메흐메드 2세는 왕위를 계승하면서 소아시아를 완전 장악하고 흑해 일대를 차지한 데 이어

1453년에는 비잔티움 제국의 수도 콘스탄티노플(이스탄불)을 점령했다. 이로써 천년 역사의 비잔티움 제국은 멸망하고, 오스만 제국은 동서를 망라한 세계 제국으로서 전성기를 맞이하게 됐다. 메흐메드 2세는 동로마 정복에 이어 서로마 제국의 본거지인 이탈리아 정복 전쟁에 나섰으나 1481년 사망해 뜻을 이루지 못했다.

이후 오스만 제국은 베네치아 등 지중해 주변 세력과의 전쟁을 거치면서 강력한 해군력까지 확보하게 되었고, 아프리카에 진출하여 이집트의 이슬람 국가인 맘루크를 정복했다. 맘루크를 정복한 술탄 '셀림 1세'는 압바스 왕조로부터 칼리프 지위를 이어받아 이슬람교의 수장이 됨으로써 정교일치의 '술탄 칼리프' 시대를 열었다. 1520년 즉위한 술레이만 1세는 46년간 제국을 통치하면서 지중해에서 로도스 기사단을 몰타로 쫓아낸 후 튀니지 등 북아프리카 전역을 점령한 데 이어 포르투갈, 스페인 함대를 제압하고 지중해의 주인공이 되었다. 유럽 지역에서는 헝가리와 오스트리아를 공략하여 합스부르크 왕가와 대치했고, 동방 지역에서는 시아파 무슬림 국가인 사파비 왕조를 제압하는 등 오스만 제국의 황금기를 열었다. 이 시기의 오스만 제국은 발칸, 아나톨리아 등 동로마 제국의 영토, 서아시아 및 우크라이나, 중동, 북아프리카 일대를 지배하면서 지중해를 내해로 삼은 대제국으로 성장했다. 오스만 제국은 17세기 중반까지 정복을 계속하여, 서쪽으로는 합스부르크 왕가, 동쪽으로는 사파비 왕조, 북쪽으로는 러시아 세력과 대치하는 등 17세기까지 세계 최강의 국가로 자리 잡았다. 영토는 아시아 유럽 아프리카 3개 대륙을 아우르는 560만 km²(한국의 56배)에 달했고, 경제적으로는 동서 교류의 중심 역할을 하면서 최대의 번영기를 구가했다. 문화적으로는 비잔티움 문화와 이슬람 문화를 융합하여 새로운 다원적 문화를 창출했다.

오스만 제국의 쇠락과 터키 공화국의 출범

1571년 레판토 해전을 고비로 오스만 제국은 기울어지기 시작했다. 근대화한 유럽 세력에 밀리던 오스만 제국은 다시 오스트리아 원정에 나서 1683년 오스트리아의 빈을 공략했다. 그러나 폴란드의 기독교 연합군에 패배하여 헝가리, 우크라이나 등을 상실하면서 유럽에서의 세력이 꺾이게 되었다. 18세기 초 남진하는 '피오트르 대제'의 러시아군에게 승리하였으나, 오스트리아와 베네치아가 연합함에 따라 발칸반도에서도 세력이 약화됐다. 18세기 후반 오스만 제국은 지중해로 세력을 확장해오는 '예카테리나 2세'의 러시아와 6년에 걸친 전쟁(1768~1774년) 끝에 불리한 조약을 체결하게 되어 흑해와 인근 유럽 지역에서도 영향력을 잃어버렸다. 러시아는 오스만 제국의 보호령이었던 크리미아 칸국을 러시아 제국에 흡수해 다르다넬스 해협을 통과하여 지중해로 나갈 수 있는 길을 열었다. 크림반도의 세바스토폴항이 러시아 흑해함대의 기항으로써 흑해-다르다넬스 해협-지중해에 이르는 거점이 된 것은 바로 이때이다.

19세기에 들어, 힘을 잃은 오스만 제국에 프랑스와 영국 등 유럽 열강들이 침범해왔고, 내부에서도 기독교인들의 반란, 그리스의 독립 등 민족주의 반란이 이어져 '유럽의 병자'라고까지 불릴 정도로 쇠퇴했다. 한때 개혁운동을 통해 국권 회복의 노력을 기울였으나, 러시아와의 크림전쟁(1854~1856년) 이후 국력은 급격히 약화되었다. 1877년 러시아가 발칸을 침공하면서 오스만 제국의 발칸 영토는 자치, 분할 등으로 떨어져 나갔다. 오스만 제국은 20세기 들어 발칸 전쟁(1912~1913년)과 제1차 세계대전(1914~1918년)을 거치면서 해체기에 돌입했다. 이후 오스만 제국의 투르크인들은 치열한 건국 투쟁을 벌였고, 1908년 청년 터키혁명을 거쳐 1923년 무스타파 케말 아타튀르크에 의해 터키 공화국이 세워져 오늘날에 이르고 있다.

터키는 어떤 나라인가

터키는 국토의 3%가 유럽 지역인 발칸반도 남단에, 97%가 아시아 지역인 아나톨리아 반도에 위치하고 있다. 인구는 8천만 명, 면적은 78만 km²(우리나라의 약 8배)로, 8대 자원국, 6대 관광국이다. 6·25 참전국가이며, 투르크족의 후예가 세웠다.

터키는 1950년 6·25 당시 한 개 여단병력을 파병했는데, 유엔군 중 네 번째로 많은 군대였다. 참전 결정 당시 터키 신문은 '우리는 형제를 위하여 피를 흘리러 간다'는 제목의 기사를 실었고, 출정식에서 터키군 여단장은 "장병여러분, 한국은 우리와 피를 나눈 혈맹국 …"이라는 인상적인 연설을 했다. 즉 유엔군으로 참전하여 형제국가가 된 것이 아니라, 형제국가이므로 참전한다고 선후관계를 분명히 했다.

유엔군 중 가장 용맹했던 군대로 알려진 터키군은 1만 5,000명 참전하여 미국, 영국에 이어 3번째로 많은 741명이 전사했다. 터키군은 6·25의 10대 전투 중 2개 전투를 해냈다. 청천 강변에서 중공군을 저지하고 유엔군의 후퇴를 지원한 '군우리 전투', 지금 용인시 김량장역 인근에서 중공군이 구축한 진지를 백병전으로 분쇄하여 중공군 1,900명을 섬멸한 '금양장리 전투' 등이 그것이다.

스키타이, 흉노, 선비, 돌궐 등 과거 몽골 고원에서 유래한 기마군단은 하루에 수십 킬로미터를 진군하는 놀라운 기동력과 강궁으로 공포의 전투력을 과시했고, 이후 거란·여진·몽골도 마찬가지였다. 이런 것들이 터키군에게 그대로 이어진 것이 아닌가 하는 생각도 해봄직하다.

필자가 터키 여행 때 들은 얘기다. 터키 국민들은 축구를 너무 사랑하는데, 혼자 TV를 보는 것이 아니라 광장에서 모두 모여 응원을 하는 유별난 문화를 갖고 있다. 터키는 유럽축구 리그에 참가하고 있고, 터키 게임은 대다수 국민이 열광적으로 응원한다. 2002년 한일월드컵 때 예선

전인 '터키-브라질전'이 한국에서 열렸고, 한국인이 주심을 맡았다(브라질은 강력한 우승 후보국이었고, 실제 한일 월드컵의 우승을 거머쥐었다). 그동안 유럽리그에서 편파적인(?) 대우로 가슴앓이를 해온 터키 국민은 이 소식을 접하고 기쁨을 감추지 못했다. 전반전은 터키가 리드했으나 후반 동점이 되었고, 종료 직전 브라질 선수의 할리우드 액션으로 한국 주심이 터키 선수를 퇴장시키는 사태가 일어났다. 결국 터키는 역전패했다. 터키인들의 실망은 이루 말할 수 없었고, 한국에 대해 극도의 서운함을 나타냈다.

그런데 브라질전 이후 다행히 터키는 선전을 거듭하여 사상 처음 4강까지 진출했다. 모든 터키 국민이 TV로 지켜보는 가운데 시작된 한국과의 3·4위전에서 터키 국가와 함께 초대형 터키 국기가 한국 관중석을 뒤덮으면서 내려왔다. 한국 관중은 열화와 같이 터키를 응원했다. 바로 그 순간 모든 TV 앞의 터키인들은 기립하여 울었다. "역시 피는 물보다 진하다"라고 외치면서.

아무튼 터키인들이 한국인과 한국문화에 대해 가지는 심정적 태도는 애틋하고 특별한데, 이는 과거 역사에 대한 인식에 기초하기 때문인 것으로 보인다. 이제 그 배경이 되는 과거 역사를 돌아보자.

터키인들의 역사 인식

터키는 기마민족이 세운 국가이다. 터키에서는 그들의 조상이 몽골 초원에서 유래한 투르크족이며, 흉노와 돌궐뿐 아니라 대셀주크 제국과 오스만 제국까지 자기들의 역사로 인식하고 있다. 1952년 터키는 건국 1400주년 기념제를 가졌는데, 그 건국기념 년도가 '부민 카간'이 돌궐을 건국한 AD 552년이다. 돌궐 건국이 오늘날 터키 건국이란 뜻이다. 터키인들은 이런 인식을 공유하고 있고, 자기들의 유래에 대해 강한 자부심을 갖고 있다.

아야소피아
(이스탄불)

6·25 참전 터키군

　터키 초등 6학년 사회 교과서는 투르크의 최초 국가는 흉노Asian Hun Empire이며, 그 영역은 만주 – 몽골 – 남시베리아 – 북중국 – 위구르 – 티베트 – 중앙아시아 지역까지 포괄한다고 소개하고 있다. 그리고 투르크라는 이름으로 건국한 최초의 나라는 돌궐the Gök Turk Empire(AD 552~744년)이고, 위구르가 돌궐을 멸망시켜 투르크를 이어받았다고 기술하고 있다.

　초등 7학년 과정에서는 투르크가 아나톨리아 반도에 진출한 과정과 오스만 제국의 건국에 대해 가르친다. 초등 8학년 과정에서는 '아타튀르크 케말 파샤'의 현대 터키 건국, 제2차 세계대전 및 한국전쟁 참전에 대해 자세히 설명한다. 중급 9학년 역사 교과서에서는 투르크가 중앙아시아에서 동서로 확장되는 과정, 그들이 과거에 건국했다는 흉노, 돌궐, 위구르 제국의 영역에 대해 자세히 기술하고 있다. 중급 12학년 역사 교과서에서는 제2차 세계대전과 한국전쟁에 대해 자세히 풀이하고 있다.

이와 같은 터키인들의 역사 인식 바탕 위에 한국과 터키의 남다른 관계가 형성되고 있다. 우선 몽골 고원에서 유래한 흉노 제국을 터키의 고대사로 보기 때문에 한민족은 혈통적으로 매우 가깝다는 인식을 갖고 있다. 역사적으로 볼 때도 돌궐이 당나라와 대결할 당시 이웃한 고구려와는 동맹 관계에 있어 지금도 한국을 형제국가로 생각해 '칸카르데시(피를 나눈 형제)'라고 표현하고 있는 것 같다.

1965년 동돌궐의 영역이었던 지금의 우즈베키스탄 사마르칸트의 아프라시압 궁전에서 발견된 7세기경의 벽화에 고구려인 사신 두 명의 모습이 보이는데, 이는 우리 민족이 중앙아시아 지역과 활발히 교류했던 역사를 입증하고 있다.

오스만 제국은 아나톨리아, 흑해, 발칸반도, 헝가리, 중동, 이집트는 물론 지중해를 장악하는 대제국을 건설하였다. 발칸반도는 16세기부터 오스만 제국이 400년간 지배했는데, 395년 로마 제국이 동서로 분리될 당시 이 지역을 경계로 하여 서부는 서로마의 가톨릭, 동부는 동로마의 정교 영향권에 있다가 오스만 제국 지배로 이슬람화했다. 그 이후 이 지역은 종교와 민족이 복잡하게 혼재된 문명충돌의 화약고가 되었다. 크로아티아와 보스니아, 코소보 등지에서는 1990년대까지 현대사에서 가장 참혹한 전쟁이 벌어지기도 했다. 지금도 이 지역을 여행하다 보면, 총과 포탄 자국이 남아 있는 건물들을 곳곳에서 볼 수 있다.

5

몽골 제국

1. '팍스 몽골리카'를 실현한 칭기즈칸의 '대몽골 제국'

기마유목군단의 발원지 몽골 고원

몽골 고원은 면적 272만 km²(남한의 약 27배), 해발고도 1.5km의 고원 지대이다. 동쪽으로는 대싱안링 산맥을 경계로 만주, 서쪽으로는 알타이 산맥 넘어 중앙아시아와 고비 사막, 남쪽으로는 중국과 바이칼 호수, 북쪽으로는 러시아와 각각 접하고 있다. 오늘날의 몽골(156만 km²)과 중국 내몽골 자치구(118만 km²)에 대부분 속한다. 사방이 산지로 둘러싸인 준평원 지역으로, 남부에는 고비 사막 지대가 100만 km²를 넘고, 중앙과 동부 지역은 상대적으로 강수량이 많아 넓은 초원을 이루고 있다. 바로 이 몽골 고원이 북방 기마유목민이 유라시아 대초원의 역사를 써내려간 출발지이자 동시에 한민족 성장 DNA 탐구 여행의 길라잡이다.

　몽골 고원에서 펼쳐진 역사를 개관하기 위해 몽골 중등 국사 교과서

겨울의 몽골 고원

여름의 몽골 고원

를 살펴보자. 기원전 3세기 이후 6세기 중엽까지 몽골 고원에서 일어난 고대 국가로 흉노(BC 209~AD 93), 선비(1~3세기), 유연(330~555년) 등을 소개하고 있다. 6세기 중반 이후부터 몽골 제국 건국 전인 12세기 초반까지 활약했던 국가로 투르크(돌궐, 552~745년), 위구르(745~840년), 키르기스(840~923년), 거란(901~1125년) 등을 기술하고 있다. 이후 몽골 제국이 등장하였고, 북원을 거쳐 청나라의 지배하에 있다가 1921년 몽골인민정부가 독립을 선포했다. 제2차 세계대전 후 외몽골은 몽골 인민공화국으로, 내몽골은 중국의 자치구로 각각 운명이 나뉘었다.

대몽골 제국의 건설과 흥망

흉노가 쇠락하여 떠나버린 몽골 고원에서는 선비족이 선비 제국을 건설했고, 이후 그들의 후예가 유연·북위·전연·후연 등을 각각 세웠다. 6세기 중엽 이후 돌궐·위구르·키르기스 등 투르크족이 몽골 고원을 장악하면서 선비족은 몽골 고원 외곽으로 밀려났으나, 투르크 세력이 약화되는 8세기 중반부터 다시 점차 고원 중심부로 돌아왔다. 10세기에 들어서는 선비족의 후예인 거란이 몽골 고원을 완전히 차지했다.

　10~11세기 고비 사막 남북 초원에 많은 몽골계 부족연합체가 형성되었고, 11~12세기에는 타타르, 케레이트, 나이만, 메르키트, 홍기라트, 옹기라트, 전몽골 등의 부족이 몽골 고원의 큰 세력으로 자리 잡았다. 전몽골족은 몽골 고원 동부의 '에르구네 쿤'의 몽골인, 유연의 후예인 '타타르 소칸국'의 몽골인, 선비계 '실위인' 등 다양한 집단에서 유래했다. 바로 이 전몽골족에서 '테무친 보르지긴'이란 영걸이 나타나 케레이트의 지지를 받아 메르키드를 정복하고, 이후 타타르, 홍기라트, 케레이트, 옹기라트, 나이만을 차례로 격파하여 몽골 초원을 통일했다. 테무친은 1206년 44세의 나이로 몽골의 대칸에 올라 칭기즈칸이라 불렸고, 이로

칭기즈칸

대몽골 제국

대몽골 제국 영토

써 대몽골국이 출범했다. 서른두 차례에 걸친 전쟁과 전투의 결과였다. 이상이 몽골의 역사 교과서가 소개하는 몽골 제국의 성립 과정이다.

칭기즈칸은 몽골의 기마군단을 이끌고 금나라, 호라즘, 탕구트를 궤멸시키는 등 공포의 정복 전쟁을 거듭하여 대몽골 제국을 건설하고, 1227년 66세를 일기로 파란만장한 생애를 마감했다.

1229년 칭기즈칸에 이어 칸에 오른 셋째 아들 우구데이는 카라코룸으로 천도하고 금을 멸망시킨 후 서역 정복 전쟁을 전개했다. 몽골 통일 전 나이만족의 수도였던 오르혼 강변의 고대 도시 카라코룸은 이후 30년간 몽골 제국의 수도로 중국 원정의 본거지 역할을 했다. 우구데이는 킵차크, 러시아, 폴란드, 헝가리 등 유라시아 지역을 차례로 정복하여 태평양 연안에서 동유럽·시베리아·페르시아만에 이르는 세계 최대 제국을 건설했다. 1246년 우구데이의 큰아들이 제3대 대칸으로 옹립되나 원정 중에 사망하고, 1251년 칭기즈칸의 막내아들인 톨루이의 큰아들 뭉케가 제4대 대칸으로 등극했다. 뭉케의 동생 쿠빌라이와 훌라구는 형의 정복사업을 돕다가 뭉케가 죽은 뒤 1260년 쿠빌라이가 제5대 대칸에 올랐다.

쿠빌라이는 1271년 국호를 대원大元으로 정하고 원元제국을 출범시켰

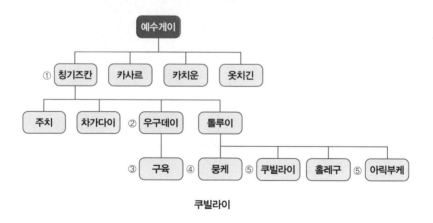

쿠빌라이

다. 다음해 수도를 대도(오늘날 베이징北京)로 옮기고 남송을 멸망시켜 중국 전토를 장악했다. 쿠빌라이의 원나라는 동아시아 전역을 지배했고, 4대 칸국까지 아우르는 아시아와 유럽에 걸친 대제국을 건설했다. 4대 칸국 중 러시아 지역의 킵차크 칸국은 칭기즈칸의 큰아들 주치와 그 아들 바투가, 페르시아 지역의 일 칸국은 뭉케의 동생 훌라구가, 중앙아시아 지역의 차가타이 칸국은 칭기즈칸 둘째 아들 차가타이가, 위구르 지역의 우구데이 칸국은 우구데이의 남은 일족들이 각각 지배하도록 분봉했던 땅이다.

원나라의 쿠빌라이는 몽골의 옛 제도에 중원 왕조의 전통 정치체제를 적절히 접합시켜 유라시아에 걸친 대제국의 기틀을 확고히 했다. 이로써 칭기즈칸의 대몽골국은 100년 이상 융성할 수 있었다.

쿠빌라이의 사후에는 황실의 후계 다툼이 지속되면서 14세기 중엽에는 국정이 극도로 해이해지고, 사회적 모순이 심화됐다. 이에 따라 지방에서 폭동이 일어나기 시작했고, 이 폭동들은 한족에 의한 민족적 반란

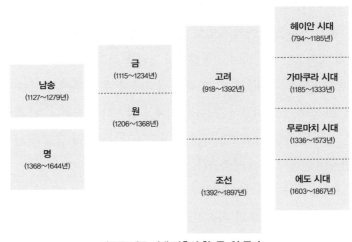

대몽골 제국 시대 전후의 한·중·일 국가

으로까지 이어져 주원장에 의한 명나라가 출현하게 됐다. 1368년 원나라는 수도 대도를 명나라에 빼앗기고 몽골 본토로 쫓겨나 북원北元으로 명맥을 잇다가 마침내 나라마저 없어지고 말았다.

몽골 제국 시대의 주변국 정세

1206년 칭기즈칸이 대칸으로 추대될 당시 남중국은 남송, 만주와 북중국은 금나라, 한반도는 고려, 일본은 가마쿠라 시대였다. 몽골 서남부는 탕구트, 서부는 호라즘 제국이 자리 잡고 있었다. 13세기 당시 몽골 인구는 약 200만 명에 불과한 반면, 최대 국가인 금나라는 5,000만 명에 달했다. 그럼에도 칭기즈칸은 1211년 금나라와 천하를 다투는 23년간의 대전쟁을 시작하여 1215년 금의 수도와 주요 거점을 정복했다. 이어서 인구 2,000만 명의 호라즘과 탕구트(서하)마저 정복했다.

칭기즈칸이 금나라를 치고 황하 이북을 차지하면서 금나라는 황하 남부로 쫓기게 됐다. 게다가 내분까지 일어나 금나라가 차지했던 만주 지역에는 세력의 공백이 생기게 됐다. 과거 요나라를 세웠던 거란족은 이 틈을 타서 여진과 연합하여 '대요국'을 세웠다. 이에 몽골은 거란을 공격하고, 쫓긴 거란은 고려의 평안도 지방인 강동 지역으로 들어오게 됐다. 당연히 고려군이 출병하여 강동성에서 거란을 격퇴했다. 이때 몽골군이 고려군과 협공하게 되었는데, 거란이 격퇴된 후 몽골 측에서 협력한 대가를 과도하게 요구하면서 두 나라 관계는 급속히 악화됐다. 이 와중에 1225년 몽골 사신 저고여가 국경 지대에서 피살되면서 국교가 단절됐고, 마침내 여몽 전쟁이 시작됐다.

고려에 승리한 원나라는 남송과 일본의 연합을 원천 봉쇄하기 위해 일본의 가마쿠라 정권 또한 복속시키고자 했다. 일본이 복속을 거부하자 원나라는 1274년 고려와 연합군을 편성해 일본 정벌에 나섰지만 태풍으로 실패했다. 몽골은 기마군단이 진격하기 어려운 바다와 정글이 있는 일본과 베트남, 아시아 기마군단 맘루크가 지키던 이집트를 제외하고는 모두 정복에 성공했다. 쿠빌라이는 1279년 인구 3,000만의 남송까지 멸망시켜 마침내 세계 제국을 완성했다.

몽골 기마군단의 가공할 전투력

칭기즈칸은 BC 4세기의 알렉산드로스, 18~19세기의 나폴레옹, 20세기의 히틀러가 다스렸던 제국을 모두 합한 것보다 더 넓은 777만 km²의 땅을 정복해 세계 역사상 유일한 세계제국을 건설했다.

로마가 제국을 건설하는 데 약 400년 가까이 걸렸지만, 몽골의 기마군단은 아시아와 유럽에 걸친 세계제국, 대몽골국을 건설하는 데 불과 25년밖에 걸리지 않았다. 13세기 초 몽골 인구는 많아야 200만 명 안팎으로, 칭기즈칸이 지휘한 몽골군 전체 규모는 9만 5,000명 정도였다. 그런데도 몽골 기마군단은 가공할 전투력을 발휘하여 유라시아 대부분을 순식간에 정복했다.

그 비밀은 바로 뛰어난 기동성에 있었다. 작지만 초원에서의 전투에 능한 조랑말을 앞세운 민첩성, 활이라는 강력한 무기, 병사 스스로 해결한 식량 등의 병참 체제, 여기에 효율적인 군사편제와 탁월한 군사 전략 및 전술 등이 더해져 최강의 군사집단으로 등장했다.

이런 몽골 기마군단 앞에 동서를 막론하고 수많은 나라가 제대로 싸워보지도 못하고 무릎을 꿇었다. 몽골은 태풍으로 일본 정벌에, 열대밀림으로 베트남 정벌에 실패한 것 등 이외에는 대부분의 지역을 초단기간에 점령해 버렸다.

기마군단의 위력과 관련하여 북송사에 전설적인 기록이 남아 있다. 1126년 송나라 보병 2,000명이 여진족의 금나라 기병 17명을 포위 공격하다가 처참하게 패배한 사건이 그것이다. 《조선왕조실록》에도 기록이 있다. 병자호란 당시 경상좌병사 허완과 우병사 민영이 지휘하는 약 4만으로 추정되는 조선군이 인조를 구하기 위해 남한산성으로 진군했다. 1637년 지금의 경기도 광주시 초월읍 인근의 쌍령에서 청나라 팔기병 300명과 전투를 벌인 끝에 조선군은 궤멸했다(쌍령 전투).

몽골군의 한반도 침공과 고려의 항쟁

1231년 칭기즈칸을 이은 우구데이칸 때 몽골은 고려를 침공했다. 칭기즈칸은 한때 맏아들 '주치(후엘룬이 메르키트에 납치되었다가 돌아와 낳은 아들)'를 후계자로 삼고자 했으나, 차남인 '차가타이'는 주치를 '메르키드의 잡놈'이라며 격렬하게 반대했다. 차가타이는 아버지의 노여움을 샀고, 타협책으로 삼남 우구데이가 대권을 이어받았다. 당시 고려는 무신정권으로, 최우가 집권하고 있었다.

고려는 몽골군의 침입에 대해 끈질기게 항전했다. 몽골 기병은 전쟁이 없을 때는 하루 200km, 전쟁이 있을 때에도 40km 이상 진군할 정도로 놀라운 기동력을 발휘해서 전광석화처럼 전쟁과 전투를 끝냈다. 그러나 고려와는 화의를 맺는 1259년까지만 해도 28년, 개경에 환도한 1270년까지 계산하면 39년이라는 긴 기간이 필요했다. 1273년까지 이어진 삼별초 항쟁을 더하면 무려 42년에 이른다. 이는 몽골이 가장 어렵게 치른 전쟁이었다. 다른 나라와 달리 고려가 오랜 기간 항쟁을 할 수 있었던 배경은 무엇이었을까?

고려는 전통적으로 해상강국이었다. 고려 해군은 우수한 전함 건조 기술과 해전 능력을 보유했다. 고려 후기 최무선 장군(1325~1395년)은 화약과 화기를 개발하고 화포를 전함에 장착하여 왜구를 격퇴했다. 약 200년 후 임진왜란 때 이순신 장군이 화포를 앞세워 왜군을 섬멸한 바 있다. 고려

조정은 몽골군이 침공하자 강화도로 천도하고 산성을 쌓았다. 몽골군이 해전에 약하기 때문이었다. 몽골군이 강화도를 점령하기 위해서는 고려 해군의 저지선을 돌파하고, 빠른 물살의 강화 해협과 넓은 갯벌 등 자연의 강력한 방어진지를 통과한 후, 강화도 산악 지형에 삼중으로 쌓은 성을 넘어야만 했다. 백성들의 대몽 항쟁은 계속되었고, 정부도 육지 전 지역에 대한 통제력을 어느 정도 확보해 항전을 독려할 수 있었다. 게다가 몽골은 금, 송과 큰 전쟁을 하고 있어 고려 침공에만 집중하기 어려운 상황이었다.

그렇다고 해도 과연 몽골이 다른 나라와 벌인 전쟁과 비교해볼 때 전력을 다해 싸웠을까? 몽골은 고려를 정벌하겠다는 확고한 의지를 갖고 있었을까? 해전海戰에 약하다는 점도 몽골과 같은 유목민(여진)이 세운 청나라가 병자호란(1636~1637년) 때 강화도를 함락한 점을 감안하면 충분한 설명이 되지는 못한다.

몽골은 다른 점령국은 초토화하거나 나라를 아예 없애버리고 직할령으로 했으나, 고려에 대해서는 유례없이 국체를 유지하는 부마국으로 삼았다. 고려는 1259년 강화 조약을 맺은 이후에도 130년 이상 존속했다. 이와 관련하여 원나라 역사元史 등에는 몽골의 고려에 대한 특별한 정서를 읽을 수 있는 부분이 많다.

2. 몽골 제국의 후예가 이어받은 아시아 기마군단 '티무르 제국'

몽골 제국의 붕괴

유라시아 전역을 정복한 몽골 제국은 3,000만 km²를 넘는 광활한 영토를 4개 국가ulus로 나누어 통치했다. 중국 본토와 동아시아 전역에 걸친 칭기즈칸 손자 쿠빌라이의 '원元'을 필두로, 칭기즈칸의 맏아들 '주치'와

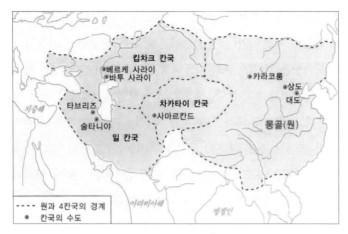

몽골 제국의 4칸국[9]

그 아들 '바투'는 러시아 지역에서 '킵차크 칸국'을, 둘째 아들 '차가타이'는 중앙아시아 지역에서 '차가타이 칸국'을, 셋째 아들 '뭉케'의 동생 '훌라구'는 페르시아·중동 지역에서 '일 칸국'을 각각 지배했다. 그러나 칭기즈칸 사후 내분이 일어나면서 이들 4개 국가는 사실상 분리된 개별 국가가 되어 관계가 단절됐다.

칭기즈칸과 그 후손이 건설한 이 세계 제국은 14세기 중반경 정치적 분열과 내분·봉기에 의해 차례로 쇠락의 길을 걸었다. 지도자의 리더십이 제국의 운명을 좌우하는 기마군단 국가의 전례가 그대로 이어진 것이다. '원'은 쿠빌라이의 전성기 이후 1330년을 전후하여 중앙정부의 통제력이 약화되면서 결국 1368년 '명明'에 나라를 넘겨주고 몽골 고원으로 쫓겨났다. 일 칸국도 1330년대부터 전쟁과 혼란이 이어지다 1353년 80년 만에 막을 내렸다. 러시아를 250년간 지배하면서 비교적 오랜 기

9 강톨가 등저, 김장구·이평래 공역, 《몽골의 역사》, 동북아역사재단(2009)

간 존속한 킵차크 칸국 역시 내분과 피정복 민족의 반란 등으로 1480년 멸망하고 말았다.

동서 교역로인 비단길에 위치한 차가타이 칸국은 유목민족이 주류를 이룬 데다, 중앙정부의 지배력이 약하던 차에 권력 투쟁으로 인해 혼란과 불안정이 지속되다 1334년 이후 분열됐다. 이에 따라 동서를 잇던 비단길마저 차단됐다. 차가타이 칸국의 '카간 칸' 사후, 톈산 산맥 북방 초원의 '모굴리스탄' 부족에서 '투글룩 테무르'가 칸으로 등장하여 오늘날의 신장 웨이우얼 지역 일대에 '모굴Moghul 칸국'을 세웠지만, 그가 죽자 후손들이 분열되면서 다시 혼란에 빠졌다. 그러나 칭기즈칸의 후손들은 몽골 제국을 이어받아 유라시아 대초원과 중앙아시아 지역에서 여러 나라들을 건국해서 곳곳에서 그 명맥을 이어갔다.

중앙아시아에서 몽골 제국을 재건한 '티무르 제국'

혼란의 와중에 있던 차가타이 칸국에서 1336년 '철의 군주'라 불리는 '아미르 티무르Amir Temur, Tamerlane'는 실크로드의 중심지인 사마르칸트 부근 케쉬에서 태어났다. 그는 몽골 귀족 바를라스계 가문이었으나, 그의 선조가 차가타이의 통치자에 대항하다 몰락하는 바람에 사마르칸트 지역에 정착해 살면서 이슬람화된 투르크인의 영향을 많이 받았다.[10]

티무르는 타고난 용맹과 지략을 바탕으로 어릴 때부터 부족간 투쟁이 지속되는 혼란 속에서 전쟁터를 전전하며 성장했다. 그는 몽골 제국 재건을 기치로 고난과 역경을 이겨내고 중앙아시아의 트랜스옥시아나 일대의 유목집단을 통합하여 1370년 '티무르 제국'을 세웠다. 이후 티무르

10　르네 그루세Rene Grousset는 티무르가 투르크 혈통이라 하지만, 티무르 제국의 후예로 자처하는 우즈베키스탄 학자들까지도 티무르의 혈통을 몽골로 보고 있다.

아미르 티무르(티무르 박물관)

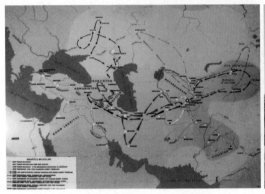

티무르 제국 지도(우즈베키스탄 박물관)

울룩벡(사마르칸트)

제국의 기마군단은 티무르의 지휘하에 끊임없는 원정에 나섰다. 1370년 모굴 칸국 원정에 이어 1372~1373년에는 호라즘 원정, 1375~1377년에는 킵차크 원정, 1381년에는 아프간 원정, 1384~1386년에는 이란 원정에서 연이어 승리하면서 제국을 확장해 나갔다.

티무르는 칭기즈칸이 이루었던 실크로드의 대통일을 다시 이루기 위해 정복 전쟁을 계속했다. 실크로드와 제국을 보호하기 위해 1398년 북인도의 델리를 정복한 데 이어 1399년부터는 서아시아 지역을 향해 진군하면서 7년에 걸친 대원정에 나섰다. 티무르 군은 중동 일대를 점령한

티무르 제국 영토

후 드디어 당대 최강의 오스만 제국과 격돌하여 1402년 앙카라에서 벌어진 대전투에서 오스만 군을 섬멸해버렸다. 10만의 유럽 십자군을 격파하고 유럽으로 진격하면서 유럽을 공포에 몰아넣던 오스만 제국의 제4대 술탄 바예지드Bayezid는 이 전쟁에서 패전하여 포로가 됐다. 이로 인해 유럽은 오스만 제국의 공격에서 살아남았고, 오스만 제국으로 인해 끊어졌던 실크로드도 다시 부활하게 됐다.

티무르는 연이어 1404년 실크로드의 또 다른 핵심 축인 명나라 원정에 나섰으나, 1405년 67세의 일기로 시르다리야 강변의 오트라르에서 병사하고 말았다. '전쟁의 신'이라 불리는 그의 무기는 천재적인 군사 전략과 탁월한 리더십이었다. 그가 직접 지휘한 강력한 기마군단은 적지에

아미르 티무르 벽화
(우즈베키스탄 국립박물관)

아미르 티무르 부조
(티무르 박물관)

서 치러진 총 170일간 전투에서 단 하루도 패배하지 않았다. 그는 33세 때부터 원정을 시작하여 34년간을 말 위에서 직접 전쟁을 진두지휘했다. 그의 군대가 이동한 거리는 지구 둘레에 해당하는 4만 km에 이르렀다. 병사들은 전쟁에서 승리하면 공적에 따라 엄청난 전리품을 받았고, 전쟁에서 사망한 병사의 가족들은 평생 국가가 먹여 살렸다. 때문에 병사들은 티무르의 지휘에 일사불란하게 따랐고, 그들의 전투력은 상상을 초월했다.

티무르 사후에 그의 후계자들 사이에 내분이 일어나면서 티무르 제국은 급속히 분열됐다. 티무르의 아들 할릴 술탄, 아들 샤루흐, 이어서 샤루흐의 아들이자 티무르의 손자인 울룩벡이 왕위를 이어받았으나 제국은 형제간에 분할되어 약화됐다. 이후 1526년 티무르의 5대손인 바부르에 의해 인도에 무굴 제국이라는 또 다른 몽골 제국의 나라가 세워졌다.

티무르 제국의 역사적 의의

티무르는 동서를 잇는 실크로드의 부활이라는 꿈을 이루기 위해 군사력을 동원해 끊임없는 원정에 나섰던 인물이다. 그는 기존의 기마군단에 페르시아 등지에서 도입한 포병 기술을 접합해 경기병, 중기병, 포병, 보병으로 이루어진 강력한 티무르 군을 조직했다. 강력한 군사력을 바탕으로 티무르는 유럽과 아시아를 연결하는 실크로드의 중심부를 장악하고 세계 최대의 시장을 열었다. 당시 유럽을 공략하던 오스만 제국으로 인해 실크로드가 막혀버리자, 오스만 제국을 앙카라 전투에서 궤멸시키고 실크로드를 부활시켰다.

그러나 티무르의 꿈은 여기서 그치지 않았다. 유목민의 군사력과 정주민의 경제력을 통합하여 칭기즈칸 이후, 최초이자 최후의 대륙 지배자가 되었다. 티무르 제국은 중앙아시아·이란·아프가니스탄을 지배했다. 남북으로는 러시아 내륙에서 북인도까지, 동서로는 중국 변경에서 아나톨리아 반도까지 정복했다. 티무르 제국의 수도 사마르칸트는 유럽과 아시아를 연결하는 실크로드의 중심으로, 14세기 당대 최고의 도시로 발전했다.

티무르는 전쟁에서 승리한 후 점령 지역의 건축가나 설계자 등 기술자들을 대거 데려와 제국의 수도 사마르칸트를 건축적으로 뛰어난 계획도시로 건설하는 데 진력했다. 비비하늠 모스크, 샤히진다 성묘, 구르 에미르 등 수많은 기념비적인 건축물들이 사마르칸트의 영광을 오늘날까지 증거하고 있다. 티무르의 건축 사랑은 후손들에게까지 이어져 사마르칸트는 물론 부하라 등 주요 도시에 티무르 제국의 문화를 자랑하는 건축

티무르 박물관(타슈켄트)

티무르 무덤(구르 에미르, 사마르칸트)

물들이 세워졌다.

에드워드 크리시는 《오스만 제국사》에서 인류 역사에서 알렉산드로스, 카이사르, 아틸라, 칭기즈칸, 나폴레옹조차도 그와 비교할 수 없다며 높이 평가했다. 그러나 대몽골 제국의 칭기즈칸처럼 아미르 티무르도 오랫동안 역사 속에 파묻힌 존재였다. 유라시아 제국 건설을 위한 위대한 설계자이자 실행에 앞장섰던 이 지도자는 1991년 소련 붕괴 전까지 600년간 잊히고 묻혔다. 중앙아시아가 실크로드의 중심 지역으로 다시 부상하면서 티무르의 존재도 재조명되고 있다.

3. 몽골 – 티무르 제국을 이어받은 인도의 이슬람 왕조 '무굴 제국'

인도에 진출한 칭기즈칸의 후손 바부르

대몽골 제국의 칭기즈칸은 네 아들에게 영토를 분봉하였다. 둘째 아들 차가타이의 칸국은 지금의 신장 웨이우얼 지역인 톈산 산맥 남북의 중가리아 분지와 타림 분지에서 우즈베키스탄의 아무다리야강에 이르는 지역을 차지했다. 차가타이 칸국 출신인 티무르는 칭기즈칸의 후손으로 자처하면서 칭기즈칸의 대몽골 제국을 재건한다는 기치로 차가타이 칸국을 멸망시키고 중앙아시아 일대에 티무르 제국을 건설했다.

티무르 제국이 멸망한 뒤, 노마드의 영걸 '바부르Babur'가 등장했다. 그는 티무르의 후손으로, 1483년 중앙아시아 안디잔에서 출생해 트랜스옥시아나의 페르가나를 물려받았다. 야심찬 바부르는 선조 티무르가 심

타지마할

혈을 기울여 건설한 도시 사마르칸트를 빼앗기 위해 정복 전쟁에 나섰다. 그러나 중앙아시아 정복이 여의치 않자 인도 정복으로 방향을 전환했다. 북인도 지역에는 11세기 초부터 투르크 기마군단이 진출하여 왕국을 세웠다. 이후 북인도는 투르크계 노예 왕조, 할지 왕조 등을 거쳐 티무르가 제국을 세웠으나, 16세기 초에는 힌두교나 이슬람교의 군주가 지배하는 여러 왕국으로 분열되어 있었다. 1398년 티무르는 비단길과 티무르 제국을 보호한다는 명분으로 북인도를 점령하고, 그 땅을 손자인 술탄 무하마드에게 물려줬다. 그로부터 1세기도 더 지난 후에 바부르가 조상의 연고권을 내세우면서 델리로 진군한 것이다.

바부르는 카불에서 지배권을 확립하고 라호르를 거쳐 1526년 델리 북쪽에서 벌어진 파니파트Panipat 전투에서 승리했다. 바부르는 1만 2,000명의 기마군을 이끌고 코끼리 1,500마리를 앞세운 18만 명의 술

무굴 제국 영토

1대 바부르	(1526~1530년)
2대 후마윤	(1530~1540년 / 1555~1556년)
3대 악바르	(1556~1605년)
4대 자한기르	(1605~1627년)
5대 샤 자한	(1627~1658년)
6대 아우랑제브	(1659~1707년)

무굴 제국의 건설자들

탄 이브라힘 로디의 대군을 격파하고 델리를 점령해 무굴 제국을 세운 것이다. 무굴Mughul은 '몽골에서 온 사람들'이란 페르시아어에서 기원한 것으로, 몽골 제국은 중앙아시아에서는 티무르 제국, 이어 인도 땅에서는 무굴 제국으로 역사에 재등장했다.

바부르는 몸소 전쟁터를 지키고 전투에 앞장서는 등 기마군단 특유의 강인한 리더십을 발휘했다. 그는 편안한 잠자리를 거부하고 병사들과 같이 야영하면서 동고동락했다. "병사들이 눈과 폭풍 속에 있는데 어떻게 편안하게 따뜻한 곳에서 잘 수 있겠는가", "친구와 더불어 죽는 것은 결혼식과 같다"고까지 말할 정도였다. 바부르의 무굴 제국 재위 기간은 4년에 불과했으나, 영토를 확장하고 반란을 평정하는 등 제국의 기초를 공고히 했다. 그는 유라시아 역사에서 중요한 위치를 차지하는 왕조를 세웠으나, 사마르칸트마저 차지하여 티무르 제국을 복원하려는 꿈은 이루지 못하고 1530년 사망했다.

바부르의 후계자들에 의한 대무굴 제국의 건설

1530년 바부르 사후 장남 '후마윤Humayun'이 왕위를 계승했다. 후마윤도 영토 확장 전쟁을 지속했으나 1540년 아프간 왕조에 패배하여 페르시아로 망명했다. 그러나 절치부심 끝에 페르시아의 도움으로 1555년 델리를 수복하여 무굴 제국 재건의 초석을 놓았다.

후마윤에 이어 1556년 제3대 '악바르Akbar'가 왕권을 이어받았다. 악바르는 일찍이 선왕의 정복 전쟁에 참전해 용맹을 자랑하는 등 무굴 제국을 대제국의 반열에 올려놓은 인물이다. 북인도 전역과 라자스탄, 구자라트, 펀잡, 벵골, 인도 중남부 지역, 아프가니스탄 등지에까지 영토를 확장하여 대제국을 건설했다. 그는 페르시아어를 공식 언어로 채택하고 국가 제도를 개혁하여 중앙집권적 왕정으로 기반을 확고히 다졌다. 동시에 무굴 제국의 힘을 과시하는 건축물들을 곳곳에 세워 예술과 수공업의 꽃을 활짝 피게 했다. 그는 델리의 명물 '시크리'의 궁전 등 수많은 기념비적인 건축물을 남겼다. 무굴 제국을 50년간 통치한 후 1605년 사망했다. 악바르 이후 150년간이 무굴 제국의 전성 시대였다.

악바르의 뒤를 이어 아들 '자한기르'가 즉위하여 오랜 숙원인 중남부의 데칸 지방 공략에 나섰으나 오히려 서북의 아프간 지방을 잃어버렸다. 그의 사치와 연이은 실정으로 제국의 확장은 이루어지지 못했다.

4대 자한기르에 이은 5대 '샤 자한Shah Jahan'은 결단력 있는 지도자로, 데칸을 무력으로 굴복시키는 등 제국의 전성기를 구가했다. 당시 세계 인구의 4분의 1에 해당하는 1억 3,000만 명의 대제국 지배자가 되었다. 그러나 그 또한 선조 때부터의 꿈인 사마르칸트 정복은 이루지 못했다. 하지만 상업과 수공업으로 경제적 번영을 누리면서 지금의 올드 델리를 건설하고 수많은 기념비적인 건축물을 남겼다. 오늘날 전 세계인을 감동시키는 '레드 포트', '자마 마스지드', '타지마할' 등이 대표적이다. 아그

자마 마스지드

레드 포트

라의 타지마할은 열네 번째 아들을 낳다 죽은 부인 '뭄타즈 마할'을 위해 세운 찬란한 건축물로, 뒤에 인도의 시성 타고르는 "황제가 시간에 마술을 걸려 했다"고 읊었다.

황혼을 맞이하는 무굴 제국

30년간 통치한 샤 자한이 자리에 눕자 네 아들 중 '아우랑제브Aurangzeb'가 아버지 샤 자한을 감금하고 무력으로 정권을 차지했다. 그는 즉위 직후부터 원정에 나서 1687년에는 데칸 지역까지 정복하고 인도 전역을 지배했다. 선왕들의 종교유화 정책을 버리고 엄격한 수니파 이슬람으로 복귀하여 비이슬람교도에 대한 세금 부활 등 종교차별 정책을 취했다. 이에 힌두교, 시크교 등 비이슬람 세력이 반발하여 반란이 일어났고, 이에 대응해 종교 탄압이 가속화됐다. 무굴 제국은 아우랑제브 때 가장 넓은 땅을 지배했으나, 중남부의 마라타 세력과 오랫동안 전쟁을 벌이는 등 수많은 전쟁으로 국고가 바닥나고 비이슬람교도 차별로 분열되었다. 이런 상황에서 1707년 아우랑제브가 원정 도중 죽자 후계 싸움으로 분열이 이어지며 급격히 쇠퇴하기 시작했다. 게다가 페르시아, 아프가니스탄의 침공이 이어져 제국은 더욱 급격히 약화됐다.

무굴 제국의 세력 약화는 유럽 세력의 침투를 가속화했다. 1498년 '바스코 다 가마'가 희망봉을 거쳐 캘리컷에 이르는 인도 항로를 개척한 후 포르투갈을 선두로 영국, 네덜란드, 프랑스 등 유럽 각국의 진출과 침투가 이어졌다. 1600년 동인도 회사를 세운 영국은 무굴 제국이 약화되는 18세기 이후 프랑스를 제압하고 식민지배 영역을 급속히 넓혀 나갔다. 그러다 마침내 1857년 무굴 제국의 힌두교와 이슬람교도로 이루어진 군대 '세포이'가 마지막 황제를 복위시키기 위해 일으킨 전쟁(세포이 항쟁)을 진압하는 과정에서 무굴 제국을 완전히 멸망시키고 인도를 차지했다.

무굴 제국의 역사적 의의

인도를 대표하는 왕조인 무굴 제국은 이슬람 왕조이나 그 근원은 티무르 제국-몽골 제국으로 거슬러 올라간다. 국명 또한 몽골을 이어받았고, 초원 제국의 역사를 19세기 중엽까지 이어왔다. 대몽골 제국이 세운 원나라는 1368년, 명에 의해 멸망했다. 그러나 칭기즈칸 후예들이 건설한 제국들은 그 이후에도 오랫동안 지속되었다. 킵차크 칸국은 러시아를 250년간 지배했고, 차가타이 칸국을 이은 티무르 제국은 1526년까지 존재했으며, 티무르 제국을 이은 무굴 제국은 1857년까지 330년간 유지되었다.

티무르는 칭기즈칸의 후손으로 자처했다. 칭기즈칸의 4대 선조인 '카불칸'의 형제인 '카츌리 바하두르'의 8대손이기 때문이다. 말하자면 티무르는 칭기즈칸의 종 5대손이 된다. 그리고 바부르는 티무르의 직계 5대손이다. 티무르 제국과 무굴 제국 모두 기마군단의 강력한 전투력을 바탕으로 영토를 넓혀 나갔다. 티무르 제국은 몽골 제국을, 무굴 제국은 티무르 제국을 롤 모델로 하여 '옛 제국의 영광을 회복'이라는 꿈을 키워 나갔던 것이다. 무굴 제국의 멸망으로 12세기에 출범한 몽골 제국은 대단원의 막을 내렸으나, 이들 초원 제국은 역사에 길이 남게 될 것이다.

무굴 제국은 무력으로 인도를 정복했으나, 문화적으로는 이슬람-힌두 문화를 융합하고 실크로드를 통해 동서 교류를 주도하여 찬란한 건축과 회화 등을 자랑하는 예술의 시대를 열었다. 특히 악바르 대제 시대에는 종교간 화합 정치로 민족적 화해가 지속되어 힌두-이슬람 문화가 공존하면서 국가의 안정과 번영을 이룰 수 있었다. 그러나 악바르 대제 후 황제들은 시아파에서 수니파로 기울어지고, 아우랑제브 때에는 힌두교를 불법화하고 사원과 학교를 폐쇄하는 등 종교탄압을 하면서 피정복민들의 반발과 반란을 초래해 제국의 근본까지 흔들리게 되었다.

무굴 제국은 정복자 이슬람과 토착 힌두 문화는 물론 실크로드를 통해
유입된 페르시아 문화 등 다양한 문화가 융합된 새로운 문화를 창출했
다. 궁전, 성, 탑, 사원 등 지금도 남아 있는 무굴 제국의 수많은 기념비적
인 건축물들, 그리고 회화 등 예술품들은 실크로드가 무엇을 전하고 전
해받았는지를 웅변하고 있다.

여진인들이 세운 제국

1. 고구려, 발해를 계승한 여진이 만주에서 일으킨 '금'

여진의 나라 금의 기원과 흥망

여진족은 만주에 살던 퉁구스계 민족을 지칭한다. 중국 사가들은 이들의
이름을 시대에 따라 다르게 불렀다. 춘추전국 시대에는 숙신肅愼[11], 한
나라 때는 읍루挹婁[12], 남북조 시대에는 물길勿吉, 수·당대에는 말갈靺鞨,
송·명대에는 여진女眞, 청대에는 만주족이라고 이름 지었다.

6세기 말 수·당 시대에 광범위한 만주 지역의 말갈은 속말·백산·백
돌·불열·호실·흑수·안차골 등 크게 7부족으로 나뉘어 살았으며, 흑수

---

11 중국 사서에서 북방민족은 시대에 따라 여러 이름으로 불렸다. 호胡(흉노·돌궐 등), 동호東胡(선
비·거란·몽골 등), 숙신肅愼(한韓·여진 등)으로 나누거나 호, 동호로 나누기도 했다.

12 김운회 교수는 '읍루'는 아무르강 하류에서 연해주에 살던 종족으로, 길랴크나 아이누 같은 고아시
아족이며, 숙신과의 혼돈은 잘못 기록된 것이라 한다.

부족을 제외한 6부족은 발해 건국 시에 합류했고, 흑수부족은 발해북부 지역에서 발해에 대항하다 발해 무왕 시대에 복속했다. 중국 사가들은 대체로 이처럼 만주 지역에 살던 이민족을 926년 발해 멸망 후를 기준으로 해당 지역은 여진으로, 살던 사람은 여진족이라고 불렀다.

여진은 발해가 멸망한 10세기 초 이후 요나라遼(거란)의 지배를 받았다. 요의 호적에 편입된 요양 일대(랴오닝성) 부족은 숙여진, 편입되지 않은 송화강 이북(헤이룽장성) 및 두만강 유역(지린성) 부족은 생여진이라 불렀다. 이 시기 200년간 여진은 역사에서 눈에 띄지 않았으나, 12세기 초 만주 하얼빈 남동쪽의 생여진 완안부의 세력이 커지고, 영걸 아골타阿骨打가 흑수말갈을 통합하고, 1115년 상경회령부에서 금나라金를 건국하면서 본격적으로 역사에 등장했다. 금 태조 아골타는 요를 공격하여 영토를 넓히고 1120년 송宋과 동맹을 맺은 후 만주에서 요를 쫓아내고 북경까지 진출했다. 1125년 2대 태종 때 마침내 요를 멸망시켰다.

금은 요를 공격하는 과정에서 동맹국이었던 송과 마찰이 일어나자

금나라 지도   금 태조 아골타

1127년 송의 수도 카이펑開封(개봉)을 공격하여 황제를 사로잡고 송을 강남으로 몰아냈다. 이로써 금은 만주·내몽골·화북 지역에 걸친 대제국을 건설하였고, 해릉왕은 1153년 상경회령부에서 연경(오늘날 북경)으로 천도하여 중국 중심부를 장악하고 여진인들을 이주시켰다. 남쪽으로 간 송은 이후 남송으로 이어지면서 금의 신하국이 됐다. 해릉왕을 쫓아내고 왕위에 오른 세종은 거란의 반란을 진압하고 남송과 국교를 회복한 후 내정을 개혁해 금나라 최고의 명군이 됐다. 12세기 말 전성기를 구가하던 금은 남송·서하·몽골 등의 공격에 시달리다가 1214년 수도를 카이펑으로 옮겼다. 그러나 1234년 몽골과 남송 연합군에 의해 아골타 이후 10대를 이어오다 120년 만에 멸망했다.

금나라 시대 동아시아 국제 정세의 흐름

금은 발해 멸망(926년) 후 약 90년이 지난 1115년 발해 영역에서 건국해 120년간 존속했다. 당시 중국 본토에는 송(960~1127년)과 남송(1127~1279년)이, 만주와 몽골, 화북 지방에는 요(916~1125년)가, 한반도에는 고려(918~1392년)가 각각 세워졌다. 이 시기 돌궐(투르크)은 위구르에 멸망한 후 서진하여 셀주크 제국을 건국했다(1037~1194년).

① 여진과 거란의 관계

기본적으로 여진金과 거란遼은 대적 관계이다. 선비의 후예인 거란족이 세운 나라인 요가 발해를 멸망시킨 후 발해 지역에 있던 여진은 여러 부로 나뉘어졌지만, 대체로 거란과 속국 관계에 있어 거란의 착취와 여진의 반발이 이어졌다. 아골타는 금을 건국한 후 요에 수교를 요구했지만 거절당하자 만주 각지에서 요를 격파했다. 이때 송과 금은 요나라 협공을 위한 조약을 맺었다. 금은 요를 파죽지세로 공격하여 상경·중경·서경을 함락하고 수도 연경에 입성(1122년)한 후 1125년 부패로 국력이

| 북송
(960~1127년) | ←적대→ | 요
(916~1125년) | →멸망→ | 발해
(698~926년) |
| 남송
(1127~1279년) | ←멸망→
←적대→ | 금
(1115~1234년) | →침입→
←우호→ | 고려
(918~1392년) |

요·금 교체기의 국제 관계

쇠잔한 요를 멸망시켰다.

② 여진과 송의 관계

송宋은 거란과 대치하면서도 여진과 바다를 통해 교역을 지속했으나 여진을 큰 세력으로 여기지는 않았다. 아골타 등장 이후 강성해진 금이 요를 격파하고 만주를 장악하자 송은 과거 거란에 빼앗긴 연운 16주를 수복하기 위해 이이제이以夷制夷 정책을 들고 나왔다. 금과 송이 연합하여 요를 친 후, 금은 장성長成 이북의 중경을 차지하고 송은 장성 이남의 남경을 차지하기로 한 것이다. 금은 대군을 동원하여 요를 전면 공격했으나 송은 출병 약속을 지키지 않았다. 이에 금 태조는 대규모 배상을 받아냈을 뿐 아니라 남진정책의 빌미를 얻게 됐다.

1125년 금은 송을 공격했다. 송은 나약하게 대항하다 모든 방어 기회를 놓치고 1127년 왕실이 포로가 되면서 멸망했다(정강의 변). 그러나 휘종의 아홉째 아들이 살아남아 남경에 도읍하여 이후 남송으로 이어졌다. 남송 시대에도 양국의 전쟁은 지속됐다. 남송은 금이 가장 두려워하는 걸출한 장군 악비岳飛를 모함 끝에 처형하는 등 국력을 낭비한 끝에 1141년 금과 화의하고 종속하는 국가로 전락했다.

③ 여진과 고려의 관계

당초 여진은 고려와 거란에 귀속하였으나 복속과 배반을 되풀이했다. 고려와 여진은 두만 강변 등 국경 지대에서 분쟁이 끊이지 않았고, 이에

윤관은 금 건국 이전인 1107년 침입하는 여진을 정벌하고 천리장성 9성을 쌓았다. 금이 건국된 후 요가 멸망하고 금이 만주를 차지한 후에는 금과 고려 사이에 긴장과 마찰이 생겼다. 그러나 금은 적대 관계인 거란은 정복했지만 고려에 대해서는 회유하는 입장을 견지했다. 금과 고려는 전형적인 책봉조공 관계를 유지했다. 1135년 묘청이 서경으로 도읍을 옮기고 금나라를 정벌하자는 서경천도 운동을 일으켰으나 김부식의 관군에 진압된 이후 금과는 큰 전쟁 없이 사대 관계를 지속했다.

④ 여진과 한민족 국가의 관계

고조선 이래 만주에 거주하는 다수 주민은 조선민족이었다. 부여, 고구려도 그러하며 발해 역시 다르지 않았다. 때문에 누구나 이들 역사를 우리 역사라고 생각한다. 그런데 발해가 멸망한 이후가 문제다. 발해 멸망 후 그 지역과 사람들은 여진(족)으로 불렸으며, 여진인들이 금을 세웠다. 그러면 금나라 역사는 누구의 역사인가?

1900년대 들어서까지도 금나라 역사를 우리 역사에서 다루었다. 《신단민사》[13]에서는 발해·요·금·청까지 포함해 민족사의 흐름을 밝히고 있고, 《배달조선정사》[14]에서도 요사遼史·금사金史·청사淸史를 한국사에 포함시켰다. 《민족정사》[15]에서는 제6장 남북조시대사의 제1절 북조사北朝史에서 발해사·요조약사遼朝略史·청조약사淸朝略史를, 제2절 남조사南朝史에서 고려·조선사를 다루고 있다. 《조선유기》[16]·《조선사》[17] 및 《조선역사》[18]에서는 조선역대전수도(朝鮮歷代傳受圖)에서 고조선으로부터 한韓

---

13 김교현 저(1923), 고동영 옮김, 《신단민사》, 한뿌리(2006)

14 신태윤, 《배달조선정사》, 순천선화당(1945)

15 윤치도, 《민족정사》, 대성문화사(1968)

16 권덕규, 《조선유기》, 경성상문관(1941)

17 권덕규, 《조선사》, 정음사(1945)

18 이창환, 《조선역사》, 세창서관 편집부(1945)

청나라 발상지 허투알라 성터 (무순시 신빈)

(마한·진한·변한 → 백제·신라·가야 → 신라·고려·조선), 부여夫餘(북부여·동부여·북옥저·동옥저 → 고구려·발해), 숙신肅愼(읍루 – 물갈 – 말갈, 여진 → 금·청)으로 나누어진 것으로 쓰고 있다.

여진인들은 시대와 지역에 따라 명칭이 다양하게 나타나고, 기원에 대한 기록은 별로 없으나, 고구려·발해 등 한민족 국가의 구성원이었으므로 우리와는 형제민족이라 할 수 있다. 발해는 고구려 멸망(668년) 후 고구려 유민이 건설(698년)한 나라이고, 신라 멸망(935년) 후에는 신라 유민들도 옛 발해 영역으로 다수 이주하였으며, 이들의 후예가 세운 나라가 금이다. 금은 송과는 끊임없이 전쟁을 벌였으나 고려와는 대체로 큰 전쟁 없이 형제국가로 지냈다. 여진은 금 건국 전에는 고려를 부모나 형으로 여겼고, 금 건국 후에는 스스로 형이라 칭했다. 고려는 물론 조선 시대도 많은 여진인이 귀화했고 통혼도 했다. 이는 서로 남이 아니라는 역사적 인식을 공유했기 때문이 아닐까.

2. 북방민족이 중국 대륙에 건설한 마지막 제국 '대청'

북방민족 여진이 세운 나라 '청'의 기원과 흥망

16세기 말 임진왜란과 반란, 부패 등으로 '명'의 국력이 쇠퇴일로를 걷는 가운데 만주 일대에서는 해서·건주·야인 등 여진족이 세력을 키우게 되었다. 건주여진의 영웅 누르하치努爾哈赤는 여진족을 통합하여 1616년 허투알라赫圖阿拉(혁도아랍)[19]에서 '칸'으로 즉위, 국호를 '대금大金'이라 했다. 이것이 12세기 여진족이 세운 '금'을 이은 후금이다. 누르하치는

19　1634년 흥경(興京)으로 높여 부름. 지금의 랴오닝성 무순시 신번

이름이며, 성은 아이신교로愛新覺羅이다. 만주어에서 아이신愛新은 금金, 교로覺羅는 일족을 의미하므로 김씨金氏라는 뜻이다.

누르하치를 이어받은 홍타이지皇太極는 만주족의 팔기군을 장악하고 외몽골과 내몽골까지 병합하여 만주·몽골·한족의 다민족 국가를 출범시켰다. 그는 국호를 '대청大淸'이라 고치고 1636년 황제로 즉위하여 청나라의 기초를 다졌으나 명나라 정복의 꿈을 이루지 못하고 사망했다.

홍타이지 사후, 아들 순치제가 다섯 살의 나이에 황제 자리를 이어받으면서 정치적 혼란이 지속되었지만 누르하치의 14번째 아들 도르곤의 섭정으로 안정을 찾게 됐다. 도르곤은 북경을 점령하는 등 중국 정복의 발판을 마련했으나 사냥터에서 돌연 사망해 순치제의 친정이 이루어졌다. 순치제는 명나라를 멸망시키고 청 왕조 중국 지배의 기초를 닦았다.

순치제를 이어받은 강희제는 61년을 재위하면서 눈부신 내치와 외정의 업적을 쌓아 청의 중국 지배를 완성했고, 이후 옹정제·건륭제로 이어지는 청 전성기의 토대를 마련했다. 그는 명의 반란을 진압하고 대만을 정벌하는 한편, 러시아의 남하를 저지하고 외몽골·티베트에 이르는 정복 전쟁을 계속했다. 강희제가 죽은 뒤에는 치밀하고 성실한 성격의 소유자인 옹정제가 반대파를 제압하고 즉위하여 황권 강화와 내정 개혁을 통해 절정기인 건륭 시대의 기반을 닦았다. 그는 외치에서도 티베트 원정을 마무리하고, 운남·귀주·광서 등 중국남부까지 평정하여 최대 영토의 기틀을 마련했다. 6대 건륭제는 63년 재위하면서 내정을 안정시키고 문화를 융성시키는 한편 준가르, 위구르, 타이완, 미얀마, 베트남, 네팔 등 광범위한 주변국 원정과 평정에 나서 청淸 대통일 시대를 구가했다.

건륭 말년 이후 정치부패와 국정혼란이 이어지면서 '백련교도의 난'

전성기의 청나라 영토

등 각처에서 반란과 봉기가 일어났다. 이러한 가운데 1·2차 아편 전쟁
(1840, 1856년)에서 청일 전쟁(1894년)에 이르기까지 외국 세력의 중국 침
탈이 가속화되면서 거대한 청은 와해됐고, 1912년 '마지막 황제' 선통제
푸이가 퇴위하면서 276년 역사는 막을 내렸다. 이에 중국 마지막 왕조
이자 선비, 요遼, 금金, 원元에 이은 마지막 북방민족 여진의 중국 지배는
종지부를 찍었다.

누르하치 동상(무순시 신빈)

선양고궁, 봉황루

선양고궁, 대정전

청 태조와 황후의 복릉(선양)

청 태조 누르하치 묘소(선양)

고려 말 함경도 지역에는 여진인들이 섞여 살고 있었다. 이들은 4대조가 동북면으로 이주했고, 나중에 조선의 태조가 된 병마사 이성계를 군사적으로 뒷받침한 배후 세력이 되었다. 태조는 개국 후 여진족 동화 정책을 강력히 추진했다. 그 이후 여진족에 대해 조선 조정은 강·온 양면의 정책을 교차했다. 16세기 중반까지 중국의 분열 정책으로 만주 일대에서 흩어져 살던 여진족은 누르하치가 등장하면서 세력이 규합된다. 누르하치는 명나라가 임진왜란(1592~1598년)으로 조선에 원병을 보내는 시기에 여진족을 통합해 후금을 건국하게 된다.

후금이 건국되던 1616년은 조선 광해군 8년으로, 명·청 교체기라는 대륙의 큰 소용돌이가 한반도에도 높은 파도를 일으켰다. 당시 광해군은 동북아 국제 정세를 대신들과 달리 정확히 꿰뚫어보고 명을 일방적으로 의존하기보다 등거리 외교 전략을 택했다. 후금이 요동 지방으로 진격해오자, 명은 임진왜란 당시 지원에 대한 보답을 명분으로 조선군 파병을 요구(1618년)해왔다. 광해군은 마지못해 파병했지만 명·청의 패권 전쟁인 사르후 전투[20] 패전 후 추가 파병은 묵살했다. 이후 후금과 큰 마찰 없이 지냈으나, 광해군 15년 반정으로 집권한 인조가 명과의 관계 개선과 향명배금向明排金 정책을 내세우면서 후금과의 관계는 급속히 악화됐다.

이러한 상황에서 후금은 명 정벌에 앞서 배후의 조선을 미리 제압하기 위해 광해군의 원수를 갚는다는 구실을 내세워 1627년 3만 병력으로 조선을 침공했다(정묘호란). 조선군은 후퇴를 거듭하여 인조는 강화도로 피

20　1619년 명·후금의 접경지 무순(지금의 랴오닝성 무순시)에서 벌어진 전투로 6만(추정) 명의 후금군은 10만 5천 명의 명·조선·여진 연합군을 대파했다. 포로가 된 조선군 도원수 강홍립은 후금에 조선의 입장과 상황을 설명했다.

오스만 제국 (1299~1922년)	티무르 제국 (1370~1526년)	명 (1368~1644년)	조선 (1392~1897년)	무로마치 시대 (1336~1573년)
				에도 시대 (1603~1867년)
	무굴 제국 (1526~1857년)	청 (1616~1912년)	대한제국 (1897~1910년)	메이지 시대 (1868~1912년)

14세기 이후 투르크·중국·한국·일본 지역의 국가

신했고, 이어지는 후금의 전방위 압력으로 '형제의 맹약'을 맺고 전쟁은 끝났다.

이후 후금의 국경침입, 신속臣屬과 파병 요구 등이 이어지면서 인조의 조선에서는 척화배금斥和拜金 분위기가 고조되었다. 이에 국호를 청으로 바꾼 태종 홍타이지는 1636년 12월 1일 직접 12만 대군을 이끌고 조선 침공에 나섰다. '병자호란'으로 불리는 이 전쟁에서 청군은 선양을 떠나 10여 일 만에 수도에 육박하는 전광석화 같은 작전으로 조선을 압박했고, 급한 나머지 일단 남한산성으로 피신했던 인조와 조정은 청군에 포위되어 끝내 강화도로 가지 못하고 다음해 1월 30일 청 출병 후 2개월 만에 한강 동편 삼전도에서 항복했다. 이때 있었던 '쌍령 전투'의 패배는 앞서 기마군단의 전력을 설명하며 기술한 바 있다. 이후 양국관계는 1895년 청일 전쟁에서 청이 패배할 때까지 지속됐다.

17세기 말에서 18세기에 이르는 강희·옹정·건륭 시대(1661~1799년)는 청나라 최전성기였고, 조선은 현종·숙종·경종·영조·정조(1659~1800년)가 재위하였다. 이 시기에 청은 대제국을 완성하고 세계와 교류하면서 문물을 발전시켰고, 조선은 청을 통해 문물 교류 기회를 확대했다.

현대 중국의 영토는 몽골, 연해주, 카자흐스탄 일부, 대만 등을 제외하

정충묘. 경기도 광주시 초월읍 대쌍령리에 있는 사당 │ 남한산성으로 몽진한 인조를 구하기 위해 북상하던 중 쌍령전투에서 순국한 장졸들을 기리기 위한 '정충묘제향'이 이곳에서 열린다.

고는 청 제국을 그대로 이어받은 것이다. 100만 명도 안 되는 만주족이 1억 명이 훨씬 넘는 한족을 지배한 청은 다민족 국가를 형성해 강대한 국가로 성장했다. 중국 헌법 전문을 보면 "중화민국은 전국 각 민족 인민이 공동으로 건설한 다민족 통일국가"라고 규정하고 있다. 이민족의 청이 현대 중국의 모태가 된 것이다. 바로 이 중국이 지금 세계 2위 경제대국으로 역사 무대에 등장했고, 한국과의 교역도 크게 늘어났다. 중국은 한국의 제1 교역국이며, 한국은 단일국가 중 미·일에 이어 중국의 세 번째 교역국이다. 양국은 병자호란 이후 청일 전쟁까지 이어진 259년간의 관계에 종지부를 찍고 새로운 교류와 협력의 시대를 열어왔다.

3장

북방 기마민족과 한민족의
관계

1

한민족의 기원과 추정 이동 경로

세계 인류는 몽골로이드Mongoloid(황인종), 코카소이드Caucasoid(백인종), 니그로이드Negroid(흑인종)로 크게 나뉘며 몽골인종은 다시 북몽골인, 중앙몽골인(중국의 화화족 등), 남몽골인(인도차이나반도인 등)으로 나뉜다. 북몽골인은 구몽골인과 신몽골인으로 나뉘는데 구몽골인에는 축치, 길리약 등이 있고 신몽골인에는 알타이계인 투르크, 몽골, 퉁구스인들과 우랄계인 위구르, 핀 등이 있다. 한국인은 바로 알타이계인 신몽골인에 속한다. 그러면 한민족은 어떠한 범위의 사람들을 포괄하며 그들은 어디로부터 왔을까? 이에 대해 유물과 유적을 토대로 한 고고학적 연구와 미토콘드리아 DNA, Y염색체와 같은 유전자 분석을 통한 연구, 언어학적 연구 등을 참고할 수 있다. 먼저 이러한 연구 결과를 통해 한민족의 뿌리와 출발점을 보고, 이어 역사학자들이 보는 견해를 소개하고자 한다.

1. 고고학과 DNA 유전자 분석으로 본 한민족

국립중앙박물관 고고부장으로 일하다 순직한 고고학자 한영희는 한반도와 그 주변 지역에서 살았던 구석기·중석기 시대의 주민이 채집경제에 바탕을 둔 이동생활을 영위했고, 발견된 유적이 적은 것으로 보아 인구 밀도가 극히 낮았을 것이라고 주장했다. 그는 신석기 시대에 와서 수렵과 어로, 채집과 농경에 바탕을 둔 정착생활이 이뤄졌으며, 이전 시기와 문화가 전혀 다르고 인구도 급격히 증가했다는 점, 그래서 기존의 인종들을 동화, 흡수시킨 점들을 근거로 들어 신석기인들이 한민족의 직접적인 조상이라고 주장했다. 또 한민족의 뿌리로서 신석기인들이 살던 지역에 대해서는 현재의 국가 개념으로 한반도만을 대상으로 하는 것은 맞지 않고, 신석기 시대의 한반도 문화와 동질성을 갖고 있는 지역권인 중국 동북 지방, 발해 연안, 만주 일대, 연해주, 연해주 남부 지방 등을 포함시키는 것이 타당하다고 말했다. 요약하면 신석기 시대의 주민을 한민족의 직접적인 조상으로 보아야 하며 신석기 시대 주민의 거주 지역을 한반도 및 그 주변 지역까지 포함시켜 그 주민 전체를 하나로 묶어 논의를 해야 한다는 것이다.

한편 신석기 시대의 주민 형성과 관련해서는 북방계설과 자체형성설 등으로 나뉘는데 그는 우리나라 신석기 문화의 한반도 발생설을 부정한다. 즉 신석기 시대 우리나라 각지에 서로 다른 문화의 인종이 살고 있었던 점을 볼 때 계통이 다른 인종이 길을 달리하여 한반도로 유입해 내려온 것으로 보며 그 기원지는 시베리아의 어느 한 지점이 아니라 여러 지역에서 문화적 동질성에 의해 따로 형성된 집단들이라고 보고 있다.[1]

1　한영희 외, 《한국민족의 기원과 형성(상)》, 소화(1997)

박선주 충북대 교수는 우리 겨레의 뿌리와 관련하여 발굴된 구석기 시대, 신석기 시대, 청동기 시대, 철기 시대의 사람의 머리뼈와 현대인을 비교하는 형질인류학적 연구를 통해 "우리 겨레의 뿌리는 추운 시기에 동북아시아에 퍼져 있던 후기 구석기 사람의 한 갈래로, 빙하기가 끝나면서 한반도에 고립된 이 갈래에 새로운 유전인자가 유입되었으며, 바로 신석기 시대에 우리 겨레가 처음 형성되기 시작하여 청동기 시대에 이른 후 이웃하는 다른 집단과 오랫동안 떨어져 한 유전집단을 이루었기에 다른 주변집단과 구별되는 특징을 지녔다고 생각된다"라고 결론지었다.[2]

근간의 DNA 분석과 화석 연구에 따르면 현생인류(신인류)는 20만 년 전 아프리카에 나타나서 후기 구석기 문화를 만들어낸 사람들이다. 그들이 5~6만 년 전에 아프리카를 떠나 세계로 퍼져 나간 것으로 밝혀졌고, 이전의 일반적인 견해였던 '다지역 기원설' 대신 '아프리카 기원설'을 정설로 받아들이게 되었다. 미국 애리조나 대학의 테드 괴벨Ted Goebel이 정리한 후기 구석기 유적의 분포에 따라 작성한 인류의 이동 경로 지도를 보면 인류는 아프리카에서 출발하여 아시아 쪽으로는 ① 중동 지역 → 카스피해 남부 → 중앙아시아 → 몽골 고원 → 바이칼 호수 → 만주(→ 한반도), 베링해(→ 아메리카) ② 아라비아 해안 → 인도 해안 → 인도차이나 반도 → 중국 → 인도네시아 및 남태평양섬으로 향했고, 유럽 쪽으로는 중동 → 아나톨리아 반도, 코카서스 지역 → 동부유럽 → 서부유럽으로 이동한 것으로 볼 수 있다.

이러한 이동에는 기온과 해수면의 변화가 큰 영향을 주었으며 4만 3000년 전, 중앙아시아로 사람들이 이동해갔으며 1만 5000년 전에는

---

2 한영희 외, 《한국민족의 기원과 형성(상)》, 소화(1997)

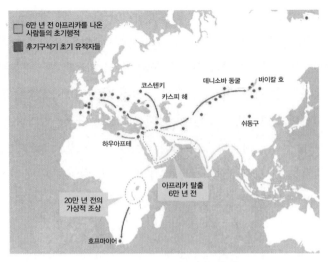

테드 괴벨이 그린 인류의 이동 경로[3]

북미대륙으로까지 이동한 것으로 추정된다고 한다. 빙하기가 끝나고 1만 년 전 마지막 지질 시대인 홀로세Holocene가 시작되면서 기후가 온화해지고 인류가 급격히 팽창하게 되었다고 한다.

일본의 인류학자 시노다 켄이치는 중국의 동북부 집단과 한반도, 그리고 본토 일본인은 거의 비슷한 미토콘드리아 DNA의 하플로 그룹 구성을 하고 있다고 말한다. 특히 유전자 계통 분석을 통해 하플로 그룹 C는 한반도에서 중국북부, 중앙아시아 집단의 큰 그룹 안에 변이가 있으며 이러한 지역을 중심으로 한 중앙아시아 초원 지대에 그 분포의 기원이 있다고 주장한다.[4]

김욱 단국대 교수는 동아시아인 집단간 미토콘드리아 DNA 변이 분석

---

3   이홍규, 《한국인의 기원》, 우리역사연구재단(2010), p149
4   시노다 켄이치, 《DNA가 밝혀주는 일본인, 한국인의 조상》, 보고사(2008), p159~160, 168

결과에 대해 다음과 같이 말한다.

- 한국인 집단이 주로 북방 계통의 유전자풀과 남방 계통의 유전자풀이 복합적으로 구성된 다기원적인 집단이라는 최근의 Y염색체 DNA 연구 결과와 일치한다.
- 한국인 집단은 중국 조선족과 만주족 그리고 일본인과 가장 가까운 것으로 분석된다.
- 한반도와 만주 일대에서 활동했던 과거 고구려인의 유전적 특성은 중국 한족 집단보다 한국인과 더 가깝다고 판단된다.[5]

이홍규 서울대 교수는 그의 저서 《한국인의 기원》[6]에서 유전학을 중심으로 한 고고학과 언어학 등 다양한 접근 방법으로 한국인의 기원을 밝혔다. "한국인은 대략적으로 남방해안 루트를 거쳐 먼저 정착한 남방계 사람들의 유전자를 30% 정도 가지고 있고, 중앙아시아와 시베리아 대륙의 북방 루트를 거쳐 나중에 정착한 북방계 사람들의 유전자를 70% 정도 가지고 있다고 말할 수 있다."

그의 분석에 따르면 인류가 가진 미토콘드리아 DNA 유전형을 분석하면 6~7만 년 전 아프리카를 떠난 사람들은 그림에서 L3유전형의 후손이고 모두 큰 하플로 그룹 M, N, R에 속한다. 그림의 큰 하플로 그룹 M은 유럽에서는 나타나지 않고 동아시아에서 나타나며 해안 루트를 통해 한반도와 동아시아로 온 것으로 추정한다. 큰 하플로 그룹 N의 후손들(하플

5　김욱·김종렬 공저, 《미토콘드리아 DNA변이와 한국인 집단의 기원에 관한 연구》, 고구려연구재단 연구총서 13(2005), p49

6　이홍규, 《한국인의 기원》, 우리역사연구재단(2010)

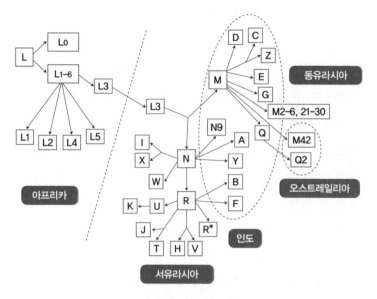

미토콘드리아 DNA 하플로 그룹의 대륙별 분포도[7]

로 그룹 A, N9, X등)은 동남아 지역에서는 나타나지 않고 동아시아와 서부 유라시아에 나타나므로 인더스강을 따라 북상하여 중앙아시아를 거쳐 동아시아로 들어간 유전형으로 추정하고 있다. 이들 중 일부가 베링해를 거쳐 아메리카 대륙으로 들어간 것으로 보고 있다.

또 이홍규 교수는 남성 유전자인 Y염색체 유전 분포 연구에 의해서도 약 3만 년 전에 동아시아의 주류 세력인 O형 유전자를 가진 사람들이 북방에서 형성되어 남으로 내려왔고 따뜻한 남쪽 지방에서 다시 그 수가 크게 늘어났다는 결과에 도달하며 O형의 확장 장소가 바이칼 호수

---

7   이홍규, 《한국인의 기원》, 우리역사연구재단(2010), p97.

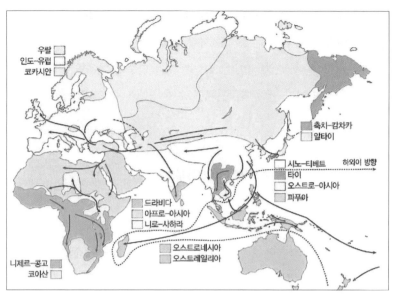

우랄 ☐
인도-유럽 ☐
코카시안 ☐

축치-캄차카 ■
알타이 ☐

시노-티베트 ■
타이 ☐
오스트로-아시아 ☐
파푸아 ■

하와이 방향 →

드라비다 ■
아프로-아시아 ■
니로-사하라 ☐

오스트로네시아 ■
오스트레일리아 ■

니제르-콩고 ■
코이산 ☐

재러드 다이아몬드와 피터 벨우드가 제시한 언어의 전파 경로[8] │ Diamond J, Peter Bellwood
P. Farmers and Their Languages : The First Expansions. Science 300 : 597, 2003

주변이라고 추정하고 있다.

 한편 유전자 분석 외에 언어를 통해서도 민족의 이동 경로를 추정할
수 있는 연구도 다수 있다. 잘 알려진 대로 언어학적으로 한국어는 알타
이어에 속하는데 알타이어 분포 지역은 한반도·일본–만주·연해주–몽
골 고원·시베리아–중앙아시아–동부 코카서스–아나톨리아 반도 등
유라시아 대초원 지역과 그 인접 지역을 망라하고 있다는 점을 주목할
필요가 있다.《총·균·쇠》,《문명의 붕괴》 등으로 유명한 재러드 다이아
몬드는 피터 벨우드와 함께 세계 언어지도를 제시하였는데 한국어는 알
타이어 계통으로 중국어(시노-티베트어)와는 다른 언어권임이 확연히 나

8   이홍규,《한국인의 기원》, 우리역사연구재단(2010), p228.

타난다. 이 자료와 인류의 이동 경로를 참고해보면 한국어는 일찍이 동남아 해안을 통해 이동해 정착한 사람들의 언어와 중앙아시아 지역에서 알타이 지역, 몽골 고원, 바이칼 호수를 지나 만주와 발해만 일대로 이동한 사람들의 언어가 만나 이뤄진 것으로 추정해볼 수 있다.

2. 한민족 출발에 대한 역사학자들의 견해

단재 신채호 선생은 한민족의 동래東來를 주장하면서 "대개 조선족이 최초에 서방 파미르 고원 혹은 몽고 등지에서 광명의 본원지를 찾아서 동방으로 나와서 불함산不咸山(지금의 백두산)을 바라보고 명월明月이 출입하는 곳─곧 광명의 신이 쉬고 잠자는 곳으로 알고 그 부근의 토지를 '조선'이라고 불렀다. '조선'도 고어의 광명이란 뜻으로 후세에 와서 '조선'은 이두자吏讀字로 '朝鮮'이라 쓰게 되었다"고 말했다.[9]

최남선 선생은 "흑해에서 裏海(카스피해)를 거쳐 파미르의 북동 갈래인 텐산 산맥으로 하여 알타이 산맥·사얀 산맥·아블로노이 산맥을 따라 다시 남으로 轉하여 興安산맥·大行산맥 이동의 地, 조선·일본·琉球를 포괄하는 一線에는 Pärk(붉, 태양을 의미 : 저자 주) 중심의 신앙·사회조직을 가진 민족이 분포하여, 그 종족적 관계는 且置하고 문화적으로는 확실히 一連鎖를 이루고 있었다"고 밝혔다.[10]

즉 흑해─카스피해에서 중앙아시아, 몽골 고원 북부, 바이칼 호수 남부, 만주·한반도·일본 열도로 이어지면서 문화적으로 연결된 민족이 분

9 신채호 저, 박기봉 옮김, 《조선상고사》, 비봉출판사(2007), p89
10 최남선, 《六堂崔南善全集2》, 현암사(1973), p75

포하고 있다는 뜻으로 한민족이 중앙아시아와 그 서부 일대에서 동쪽으로 이동해왔을 것으로 추정하고 있는 내용이다.

단국대 윤내현 교수는 한민족은 고조선 시대에 출현했고, 한반도와 만주의 거주민들이 오랜 기간에 걸친 연합 과정의 결과로 형성된 것이라고 주장했다. 한반도와 만주의 각 지역에는 구석기 시대부터 많은 사람들이 거주하였는데, 지금으로부터 1만 년 이전에는 떠돌이 생활을 하는 무리사회였고, 1만 년 전에 이르러 신석기 시대가 시작되면서 씨족이 단위가 된 농업과 목축을 하는 마을사회를 이루었다고 보았다. 또 6000여 년 전 후기 신석기 시대에 이르러서는 일정한 지역의 씨족마을들이 연맹을 맺어 고을나라를 형성하여 종족을 이루었다고 주장하며, 한민족을 형성했던 주체 세력은 일찍부터 한반도와 만주에 거주했던 토착인들이라고 보고 있다.

김정배 교수는 "우리는 지난날 요녕 지역과 우리나라의 청동기 문제를 깊게 연관시켜 고찰을 해왔으나 최근에는 지린, 창춘에서도 비슷한 계통의 청동 유적들이 나타나고 있어, 고대의 여러 사회 모습을 다시 검토할 수 있는 계기를 만들고 있다. 이와 같이 무문토기 문화 위에서 청동기 문화의 분포와 범위가 일정한 한계를 긋고 있고, 계통론에서도 그 성격이 분명해졌다는 것은 우리 민족의 기원을 그와 같은 상한선에 이르게 하는 데 흡족한 자료가 된다"고 한다. 또 "우리 민족에 대한 최초의 지칭어는 '예맥'·'예'·'맥' 등으로서 서주西周 초기부터 중국측 문헌에 보인다. 우리 학계에서는 동북아시아 민족이동의 관점에서 고아시아족과 알타이어족의 이동을 염두에 두고, 청동기 문화의 주역으로서 예맥족이 신석기 문화의 담당주민이었던 고아시아족을 흡수·통합하는 과정이 우리 민족의 형성 과정이라고 인식하고 있다"고 밝혔다.[11]

11 　김정배, 《한국고대사와 고고학》, 신서원(2000), p78, 148

이병도, 김재원 박사는 "우리 민족도 결코 온전한 단일 인종(협의)으로 형성된 것은 아니다. 그중에는 역시 수 개 이상의 다른 요소가 섞여 있다. 즉 한인, 몽고인, 만주인, 왜인 기타의 요소가 포함되어 있다 … 우리 민족의 근간은 중국 고전에 나타나는 貊 혹은 濊貊 그것으로서… 貊 혹은 濊貊의 명칭은 원래는 우리 先民들을 총칭하는 일반적인 호칭이었다"고 한다.[12]

비교언어학자인 단국대 강길운 교수는 언어학적 연구를 통해 "韓民族은 인종적으로 볼 때, 한민족의 대종을 이룬 토착민에, 소수이지만 강한 武力을 지닌 알타이계 민족인 – 터키·몽고·만주·퉁구스族 – 족과 높은 文化·海運術을 가진 드라비다族(印度의 中南部·스리랑카·파키스탄 등지에 居住)이 流入하여, 土着民인 韓族의 協力을 얻어 各王朝의 支配層을 形性하여 왔다"고 주장했다.[13]

한신대 박상남 교수와 우즈베키스탄 국립 타슈켄트 동방학대학교의 나탈리야 카리모바 교수는 자신들의 저서에서 러시아의 한국학 학자인 유가이 교수의 주장을 인용하였다. "현대 한국인의 조상이 수만 년 전 알타이–몽골 지역에서 한반도로 이주해 왔으며 현대 한민족은 신석기 시대(기원전 5000년~1000년)와 청동기 시대(기원전 1000년~300년)에 중앙아시아에서 이주했던 몽골계 민족의 후손이며 중앙아시아와 우랄 인근, 알타이 지역이 한민족의 기원이 시작된 주요 장소"라고 하면서 한국의 고대 문명은 중국의 황하 문명과는 분명히 다른 북방 문명과 알타이 문명에 뿌리를 두고 있고, 한반도 북부와 만주와 몽골, 시베리아, 알타이 산맥 부근, 중앙아시아로 이어지는 북방 기마민족과 맥이 닿아 있다고

12　이병도·김재원, 《진단학회 한국사 고대편》, 을유문화사(1980), p7
13　강길운, 《고대사의 비교언어학적 연구》, 새문사(1990), p1

썼다.[14]

인류와 역사, 언어학적으로 북방민족을 연구해온 중국의 주학연 박사는 "몽골 인종의 조상은 아프리카에서 유래하였다. 그러나 이들의 신체적 특징들은 남아시아 지역에 체재하는 동안 형성된 것이었다. 이들은 빙하기가 끝나자 중원 지역으로 북상한 후 다시 북아시아, 중앙아시아, 남아시아, 근동, 나아가 유럽 대륙과 아메리카 대륙까지 전 세계로 이동해 갔다"고 말했다. 이는 한민족의 이동 경로에 대해 추론해볼 수 있게 하는 대목이다.[15]

이처럼 고대역사, DNA 유전자 분석, 고고학적 유물 분석, 그리고 역사학자들의 인식과 연구를 종합하여 한민족의 개념에 대해 다음과 같이 결론지을 수 있다.

첫째, 한민족의 활동과 역사 범위를 한반도뿐 아니라 만주 지역과 발해만 일대를 포괄적으로 보는 것이 타당하다. 우리의 유전자, 언어, 선사시대로부터의 유적·유물 등을 분석한 결과를 보면 한반도를 따로 떼어 한민족으로 규정하는 것은 맞지 않을 뿐 아니라 고조선과 부여, 고구려, 발해로 이어지는 역사를 보더라도 더욱 그러하다.

둘째, 한민족은 단일민족이라 하기보다는 선사 시대와 역사 시대를 거치면서 민족간 융합이 있었던 것에 주목해야 한다. 즉 선사 시대 아프리카에서 이동한 인류의 이동 경로를 볼 때 한반도 등지에는 동남아 해안루트를 통해 이동한 사람들이 등장했고 후에 중앙아시아-알타이 지역-몽골 고원-바이칼 호수-만주-발해만-한반도로 이동한 사람이 융합되어 한민족이 형성된 것이라 볼 수 있다.

---

14   박상남·나탈리야 카리모바 공저, 《역사 속의 한국과 중앙아시아》, 이매진(2013)

15   주학연 저, 문성재 역주, 《진시황은 몽골어를 하는 여진족이었다》, 우리역사연구재단(2009), p20

셋째, 한민족은 유전자 분석, 언어, 고고학적 유물 등을 통해 볼 때 중국 북방과 유라시아 대초원 지역에서 오랫동안 활약해 왔던 북방민족과 혈연·문화적으로 가깝고 이들과 교류·이동도 활발히 이루어졌다.

넷째, 한민족은 한반도와 북방대륙의 만주·발해만 일대에서 오랜 기간 역사와 문화를 공유하면서 고조선이라는 고대국가를 세웠고, 이를 기반으로 민족 공동체로서의 정체성이 형성되어 오늘에 이르렀다.

2

북방 기마민족과 한민족의 관계

앞서 기술한 대로 스키타이 이래 흉노·선비·돌궐·몽골·여진 등 북방 기마군단은 각각 700~1000년 이상에 걸친 오랜 기간 동안 유라시아 대초원과 중국북방에서 맹활약했다. 그들은 활동 영역을 만주·몽골·중원에서 세계로 확장하면서 지난 2500년간 세계사에서 중심 역할을 했던 것이다. 그런데 이들 북방 기마유목민들은 유적과 유물, 언어, 신앙, 정치·사회·군사제도, 생활관습, 문화 등 여러 측면에서 한민족과의 유사점이 많이 나타나고 있다. 이들은 이처럼 고대로부터 깊은 연결고리를 갖고 있기 때문에 이 관계에 대한 기록들도 다수 있다.

먼저 단재 신채호 선생의 《조선상고사》를 보자. 단재 선생은 조선독립운동을 하던 중 1928년 49세 때 일제에 체포되어 1931년 만주 다롄법정에서 10년형을 선고받고 여순감옥에서 수감생활을 하면서 그해 6월

10일부터 10월 14일까지 103회에 걸쳐 〈조선일보〉에 〈조선사〉[16]를 연재했다. 이 글에서 신채호 선생의 뛰어난 혜안을 볼 수 있다. 그는 "조선민족의 태어나고 자라고 발달해온 역사를 서술하는 데 있어 다음을 과제로 하였다"고 쓰고 있다.

○ 여진·선비·몽고·흉노 등은 본래 아我(조선민족)의 동족이었는데 어느 때에 분리되었으며, 분리된 뒤에 영향은 어떠하였으며…

○ 我에서 분리된 흉노·선비·몽고와 我의 문화의 강보에서 자라온 일본이 我의 한부분이 되었던 것이 현재는 그리되어 있지 않은 사실과…

○ 흉노·여진 등이 일단 我와 분리된 뒤에는 다시 합해지지 못한 이유가 무엇인지…[17]

이는 중국 사서에서 북방 오랑캐라고 치부하는 북방 기마민족과 한민족의 관계를 고찰해 보겠다는 것이다. 그는 이어 언어와 풍속에 대해 살핀 후 다음과 같이 한민족과 북방민족의 관계를 요약했다.

○《사기》〈흉노전〉을 보니 (성씨, 풍속, 관직, 제도 등이 신라, 고려, 백제, 마한 등과 같아…) 조선과 흉노가 3천 년 전에는 한 집안 내의 형제였을 것이라는 의문을 가지고 그 해결을 구해보았다.

○ …제1단계로 조선·만주·몽고·터키 네 종류 언어는 동어계라는 억단을 내리고, 다시 중국 이십사사二十四史의 선비·흉노·몽고 등지에 관한 기록을 가져다가 그 종교와 풍속의 같고 다름을 참조하고, 서양사를 가지고

---

16 후에 '조선상고사'로 이름을 바꿈

17 신채호 저, 박기봉 옮김, 《조선상고사》, 비봉출판사(2006), pp27~29

흉노의 유종이 터키·헝가리 등지로 이주한 사실을 고열考閱하였다. 그리하여 제2단계로 조선·만주·몽고·터키 네 민족은 같은 혈족이라는 억단을 내리게 된 것이다.

o 조선이나 만주나 몽고·터키·헝가리나 핀란드가 3천 년 이전에는 적확히 하나의 혈족이었다. 그러나 혹은 아시아에 그대로 머물러 살고, 혹은 구라파로 이주함으로써 그 사는 주가 동과 서로 달라졌으며, 혹은 반도로 혹은 대륙으로, 혹은 사막 혹은 비옥한 땅, 혹은 온대나 한대 등지로 분포함으로써 그 사는 땅의 멀고 가까움이 달라졌으며, 목축과 농업, 침략과 보수 등 생활과 습속이 해와 달을 지내면서 더욱 현격하게 달라져서 각각의 자성을 가지게 되었는바, 이것이 즉 환경에 따라서 성립한 민족성이라 할 것이다.

o 조선족이 분화하여 조선·선비·여진·몽고·퉁구스 등의 종족이 되고 흉노족이 흩어져서 돌궐·헝가리·터키·핀란드의 종족이 되었는데…

o 지금의 몽고·만주·터키·조선 네 종족 사이에 왕왕동일한 말과 물명이 있는 것은… 고사를 참고하면, 조선이나 흉노 사이에도 관명·지명·인명이 같은 것이 많은데, 이는 상고에 있어서 이들이 동일한 어족임을 증명하는 것이다.[18]

또한 단재 선생은 〈대한매일신보〉에 연재하였던 〈독사신론讀史新論〉 '인종' 편에서 "비록 불완전한 우리의 고대사이지만 이를 자세히 고찰해 보면 동국東國의 주족인 단군의 후예들이 발달해온 실제 자취가 훤히 드러난다"고 하며 동국민족을 선비족, 부여족, 지나족, 말갈족, 여진족, 호족의 여섯 종류로 나눌 수 있다고 썼다. 요약하면, 북방민족이 한민족과

---

18 신채호 저, 박기봉 옮김, 《조선상고사》, 비봉출판사(2006), pp65~67, 81, 88

끊을 수 없는 친연관계를 갖고 있다는 것이다.[19]

《만주원류고》는 한국민족사와 관련해 빼놓을 수 없는 자료이다. 이 사서는 1777년 청나라 건륭제가 지시하여 43명의 학자가 편찬한 것인데 만주족의 선대, 그리고 관련이 있는 여러 민족의 중요한 역사에 관한 내용이 담겨 있다. 이 책은 건륭제의 유지諭旨와 부족, 강역, 산천, 국속國俗 등 4개 부문으로 나누어 쓰였는데 부족편에는 만주·숙신·부여(권1)·읍루·삼한·물길(권2)·백제(권3)·신라(권4)·말갈(권5)·발해(권6)·완안·건주(권7) 등 만주 일대를 중심으로 살아오고 역사를 써온 북방민족을 포괄하고 있다. 먼저 책머리에는 건륭제의 지시인 유지(諭旨)에서는 청나라가 금나라를 이은 북방민족 혈통의 왕조라 규정하고 만주 일대의 한민족 고대 국가를 직접 언급하고 있다.

○ 사책에서 또 이르기를 '금나라의 선조는 말갈부에서 나왔는데 옛 숙신의 땅이다'라고 하였다.

○ 우리 왕조가 처음 일어났을 때 구칭인 만주滿珠에 소속된 것을 "주신珠申"이라 하였다. 나중에 만주滿珠라는 칭호를 고쳐 한자로 그대로 번역하는 과정에서 말과 글이 그릇되어서 만주滿洲로 되었지만 사실은 옛 숙신이요. "주신"은 숙신이 조금 변하여 달리 나는 소리이니 강역이 같은 것임이 더 한층 분명하게 증명되었다고 하겠다.

○ 당나라 때 계림으로 일컬어졌던 곳은 당연히 오늘날의 길림으로 생각되는데 말이 그릇되어서 이렇게 된 것이요, 따라서 신라·백제 등 여러 나라들도 역시 모두 그 부근 지역에 있었다.

○ 우리 왕조가 얻은 성씨는 애신각라愛新覺羅라 한다. 우리나라 말로는 금金

19　신채호 저, 박기봉 옮김, 《조선상고문화사 외》, 비봉(2007)

을 "애신愛新"이라고 하니 금원金源(금나라)과는 갈래가 같다는 증거가 될 수 있다고 하겠다.

○ 삼한三韓의 이름이 다만 진한·마한·변한으로 나열만 되었지(중국 사서가) 그 뜻을 제대로 이해하지도 못했다.[20]

이어 부족편에서는 "옛날 옛적을 상고한바, 숙신·부여·삼한·말갈·백제·신라·발해·여진 등과 같은 여러 나라의 연혁은 검증 가능하다 할 수 있으며,《회남자淮南子》에는 이르기를 '동방에는 군자국이 많다'고 하였는데 믿을 만하다고 할 것이다"라고 하여 만주 일대의 민족과 한민족의 관계를 짐작하게 한다.

《금사》는 북방민족인 여진이 세운 중국 왕조에 대한 정사로 "금나라 시조 함보는 처음에 고려에서 왔는데 나이 이미 60세였다", "여직과 발해는 본래 한 집안"이라고 기록하고 있다.

북한의 사학자 리지린은 그의 저서《고조선 연구》에서 "중국 고대문헌에 보이는 '숙신'은 곧 '고조선'을 말한다고 추단한다. 정약용도 일찍이 고대 '숙신'을 '조선'이라고 인정하였다"고 한다.[21]

동양대 김운회 교수는 그의 저서《대쥬신을 찾아서》에서 북방민족과 한민족의 관계를 밝혔다. 그는 한민족 역사를 형성하는 주류 민족이라 할 수 있는 예맥, 동호, 숙신은 서로 '구별이 안 된다'는 표현이 적합하다고 한다. 즉《한서》에 따르면 우리 역사의 본류라 할 수 있는 예맥은 오환, 선비라는 이름으로 등장하는데 오환, 선비는 동호의 대표적인 민족이므로 결국 동호와 예맥은 구별하기 어렵다고 한다. 또 예맥과 숙신

---

20 장진근 역주,《만주원류고》, 파워북(2008), pp34~37
21 리지린,《고조선 연구》, 과학원출판사(1963), p213

도 구분이 어렵고, 한나라 이전의 숙신의 영역은 고조선의 영역과 대부분 겹치고 있으며 조선과 숙신이 같이 나오는 기록이 없어 숙신은 조선의 다른 표현이라고 보는 것이 타당하다고 한다. 즉 그동안 동호나 숙신을 예맥과 다른 별개의 민족처럼 본 것은 잘못이며 한민족의 뿌리라 할 수 있는 예맥이 동호, 선비, 거란, 숙신, 말갈, 물길, 여진 등으로 다른 이름으로 바뀌어 간 것뿐이라는 뜻이다. 또 그는 흉노는 특정한 종족집단이 아니라 알타이 산맥 동남쪽 일대에 거주했던 유목민의 총칭이며 쥬신(한민족)은 흉노의 일파로 주로 알타이 동부 지역인 몽골 – 만주 – 한반도 – 일본 등지에 거주하던 민족이라고 정리하고 있다. 한편 8세기경 몽올실위라는 이름으로 등장한 몽골은 동호에서 나왔으며 남쪽에 있는 동호는 거란이 되었고 북쪽에 있는 동호는 몽골이 되었다고 한다.[22]

윤치도는 1960년대 후반에 저술한 《민족정사》에서 조선족과 흉노족이 같은 언어군에 있고, 조선족은 조선, 선비, 여진, 몽골, 퉁구스, 왜 등으로 세분되며, 흉노족은 돌궐, 헝가리, 터키, 핀란드 등으로 나눠진다고 했다.

- ○ 조선족(배달민족, 환족) : 우리 민족은 … 동부아세아 종주민족을 형성한 것이다.
- ○ 만주족은 시베리아 지방과 북만주 및 동만주 지방에 고착한 부족으로서… 거란족 등과 함께 조선의 판도 내에서 지방부족이었으나 고구려조 이래로 고구려에 복귀하였던 동족이었다.
- ○ 몽고족은 토이기土耳其족과는 한층 근친등의 형제족인 조선족이며, 전술의 흑룡강 유역정착에서 다시 그 상류지대를 경유하여 몽고 평원 지대로

---

22 김운회, 《대쥬신을 찾아서 1, 2》, 해냄(2006)

그리고 3대 가륵 단군 시대에 요동태수 삭정을 징계하여 약수(헤이룽
강)변에 유배하였는데 그들이 후에 흉노족이 되었다고 했다. 즉 흉노가
고조선을 구성하던 민족의 하나라는 설명이다. 《민족정사》 제6장에서는
남북조 시대사를 다루고 있는데 제1절이 북조사인데 발해사, 요조약사
遼朝略史, 금조약사金朝略史, 청조약사淸朝略史 등을 다루면서 금·요·청의
역사를 우리 역사의 방계역사로 편입하고 있다. 제2절은 남조사인데 고
려사와 이씨조선사를 다루고 있다.

《규원사화》는 1675년 조선 숙종 때 북애北崖가 전국 방방곡곡을 누비
며 《진역유기震域遺記》 등 40여 권의 사서를 참고하여 썼다. 《진역유기》
는 고려 공민왕대 이명李茗이 쓴 책인데[24] 〈단군기檀君記〉 편에서 한민족
과 북방민족에 대해 다음과 같이 쓰고 있다.

○ 말갈이란 옛날 숙신의 후예이며 또 단군의 자손이다.
○ 치우씨 후손에게는 남서쪽 땅을 주었는데 들이 넓고 바다와 하늘이 푸르
러 남국藍國이라 하여… 신지씨 후손에게는 북동쪽 땅을 주니 산하가 장
엄하고 풍세가 강하여 속진국 또는 숙신이라 했으며…. 고시씨 후손에게
는 동남쪽 땅을 주었는데 산하가 아름답고 초록이 무성하여 청구국이라
하여… 주인씨 후손에게는 개마국을 주고…
○ 단군조선 전 세대를 통해서 보면 큰 나라는 아홉, 작은 나라는 열둘로 나

23　윤치도, 《민족정사》, 대성문화사(1986), pp30~31
24　《조대기朝代記》를 보고 쓴 책이라 함

누어 천하의 여러 주를 다스렸으나 지금은 자세히 알 수 없다.[25]

《단군세기》는 고려 시대의 행촌 이암 선생이 전한 것으로 알려진 사서
인데 1911년 계연수가 《삼성기》, 《북부여기》, 《태백일사》 등과 함께 4개
사서를 묶어 《환단고기》라는 이름으로 편찬했다. 《단군세기》는 '1세 단
군왕검으로부터 47세 단군 고열가'까지 2096년 동안 각 단군의 재위 기
간 중 주요 사건을 기록한 책인데 흉노와 몽골이 고조선에서 분파된 민
족이라고 밝히고 있다.

- 3세 단군 가륵 시대 갑진 6년(BC 2177년) 열양의 욕살 색정索靖에게 명하
  여 약수로 옮기게 하고 종신토록 갇혀 있도록 하였다. 뒤에 이를 용서하
  시고 곧 그 땅에 봉하니 그가 흉노의 조상이 되었다.
- 4세 단군 오사구 시대 갑신 원년(BC 2137년) 황제의 동생 오사달을 몽고
  리한蒙古里汗으로 봉하다. 어떤 사람은 지금의 몽고족이 바로 그의 후손
  이라 한다.[26]

발해 건국자 대조영의 동생 대야발이 편찬한 《단기고사檀奇古史》에서
도 비슷한 내용이 나온다. 《단기고사》는 727년 발해문으로 쓰여진 후
825년에 황조복이 한문으로 옮겼고, 1949년 김두화·이관구가 국한문으
로 발간한 바 있다. 1912년 만주에서 출간하려 했을 때 신채호 선생이
쓴 서문이 남아 있다.

25 북애, 《규원사화》, 한뿌리(2005)
26 임승국 옮김, 《한단고기》, 정신세계사(1986)

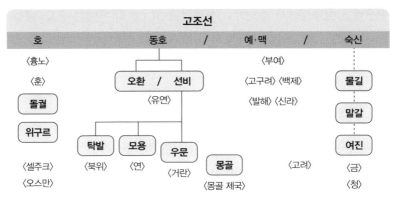

고조선				
호	동호	/	예·맥 /	숙신

〈흉노〉 〈부여〉

〈훈〉 오환 / 선비 〈고구려〉〈백제〉 물길

돌궐 〈유연〉 〈발해〉〈신라〉 말갈

위구르 탁발 모용 우문 여진

〈셀주크〉 〈북위〉 〈연〉 〈거란〉 몽골 〈고려〉 〈금〉

〈오스만〉 〈몽골 제국〉 〈청〉

고조선과 북방민족의 분파

○ 제3세 가륵 단군(45년간 재위) 6년에 요동태수 색정의 치적이 덕스럽지 못하므로 임금께서 진노하시어 색정을 약수로 유배시켰더니 나중에 흉노족이 되었다.

○ 제4세 오사구단군(38년간 재위) 첫해에 맏아들 구을을 태자로 삼고, 아우 오사달을 몽고리왕으로 삼으니 그 자손이 몽고족이 되었다.[27]

내몽골대학 교수 장지우허는 13~14세기 세계 역사의 주역이었던 몽골족의 기원을 실위인에서 찾고 있으며, 실위는 대싱안링 지역의 동호의 후예들에 대한 범칭으로 실위부락 가운데 몽올실위가 점차 오논강 유역으로 들어가 몽골족의 원형을 형성했다고 한다. 즉 몽골족이 고조선의 후예인 동호에서 나왔다는 말이다.[28]

앞에서 여러 사서들을 정리해 보았는데, 고조선은 일찍이 고대 국가를

27 대야발 저, 고동영 역주, 《단기고사》, 한뿌리(1986)
28 장지우허 저, 주채혁 등 북방사연구팀 옮김, 《몽골인 그들은 어디서 왔나?》, 소나무(2009)

형성했고 고조선에서 흉노가 파생되었고 고조선의 후예는 동호·예맥·숙신으로 분파되었으며 이로부터 선비·몽골·여진 등 북방민족들이 파생된 것으로 볼 수 있다.

기록이 없는 선사 시대는 물론, 역사 시대에 와서도 기록하는 데 인색한 기마유목민들의 특유한 문화로 인해 북방민족들의 뿌리 찾기는 쉬운 과제가 아니다. 그러나 북방민족이 삶의 흐름을 추정할 수 있는 수많은 단서가 있다. 북방 기마민족이 활약했던 유라시아 대초원 지역에서 암각화, 무덤, 유적, 유물 등 수많은 흔적이 발굴되었다. 또 내몽골·만주 일대에서 한민족 최초 국가인 고조선과 직접 관련되는 것으로 추정되는 수많은 유적과 유물 발굴이 계속되고 있다. 뿐만 아니라 과학기술의 발달로 근간에는 한민족의 기원과 형성에 대해 DNA 등 유전자 분석을 비롯한 과학적인 다양한 연구도 활발히 진행되고 있다. 이러한 여러 분석을 종합해보면 한민족과 북방민족의 관계를 추정하고도 남는다. 한민족은 단일민족이 아니라 북방민족과 한반도인들이 융합된 민족이라고 보아야 할 것이다. 앞으로 보다 열린 시각에서 한민족 기원에 대한 심도 깊은 고고학·역사학적 연구가 이루어졌으면 하는 것이 필자의 바람이다.

지난 2500년간 동서 8,000km에 달하는 유라시아 대초원에서 맹활약하면서 동부아시아에서부터 유럽에 이르기까지 대제국을 건설하면서 세계사를 써온 기마군단의 주인공들은 '흉노 – 선비 – 돌궐 – 몽골 – 여진'이다. 이들은 단지 한 시대만을 풍미했던 북방의 이민족 집단이 아니다. 짧게는 700여 년에서 길게는 1400여 년에 이르는 오랜 기간에 걸쳐 세계사의 전면에 등장했던 주인공들이다. 이렇게 중요한 역할을 해왔던 사람들이 세계 역사 속에서 제대로 알려지지 않은 것은 서구의 역사학자들의 무지와 중국 역사학자들의 역사 왜곡과 폄하 때문이었다. 이제 고대부터 한민족과 밀접하게 관련되어온 그들의 역사적인 실체를 정리해 보고자 한다.

1. 흉노

흉노는 기원전 3세기 후반 몽골 고원을 통일하고 최초로 제국을 이룬 북방기마유목 세력이다. 그들은 연, 진, 한 시대에 중국을 끊임없이 침략했던 위협적인 존재였다. 중원을 처음 통일한 진시황이 흉노 정벌에 나섰으나 지지부진하자 흉노의 침략을 제어하기 위해 몽염으로 하여금 만리장성을 쌓게 했다. 진에 이은 한나라의 고조 유방은 30만 대군을 이끌고 흉노를 치기 위해 나서나 백등산 전투에서 대패하면서 흉노군에 포위당하고 만다. 결국 흉노 선우의 애첩에게 뇌물을 주고 포위망을 풀어 간신히 살아 돌아왔다. 한 고조는 흉노에 공주와 공물을 바치고 형제지국의 조약을 맺는 치욕을 당하고 흉노가 얼마나 두려웠던지 후손들에게 흉노와 다시는 전쟁하지 말 것을 유언으로 남겼다. 이후 한나라의 7대 무제 (BC 156~BC 87년) 때 이르러 흉노는 내분과 한나라의 공격으로 약화된다. 이후 동·서흉노로 분열되었다가 서흉노는 멸망하고 동흉노는 다시 북·남흉노로 분열된다. 남흉노는 중국에 동화되어 없어지고 북흉노는 북방 초원길을 따라 서쪽으로 이동하면서 역사 속에서 사라졌다.

이후 약 200년간 역사에 남을 만한 큰 움직임이 없던 흉노는 AD 350~360년경 다시 화려하게 재등장한다. 동쪽에서 온 아시아 기마군단이 볼가강, 돈강, 드네프르강을 건너 유럽을 파죽지세로 공략하면서 그 존재를 드러냈다. 유럽인들을 두려움에 떨게 했던 훈 제국이 바로 그들이다. 5세기 중반 '아틸라'가 왕으로 등극하면서 훈 제국의 위세는 절정에 이르렀다. 동로마 제국을 제압하고 라인강에 이르는 대제국을 건설한 데이어 서로마 제국과 갈리아를 공략하고 라인강을 건너 메츠까지 점령했다. 그러나 게르만 제후의 딸과 결혼한 아틸라가 첫날밤에 의문의 죽음을 맞이하면서 위기에 처했던 유럽의 운명에 대반전이 일어난다. 아틸라 사후 훈 제국은 내분으로 약화되고 얼마 못 가서 역사 속으로 사라져버린 것이다. 흉노는 이렇게 약 700년간 아시아와 유럽에 걸쳐 대제국의 흔적을 역사에 남겼다.

이렇게 북방사를 주도했던 흉노가 한민족 고대사와 끊을 수 없는 관계가 있다. 우리의 국사 교과서에는 흉노에 대한 서술이 없다. 《한국사신론》(이기백)에는 '이방족속 흉노'라는 표현이 단 한 군데 나온다. 그러나 단재 신채호 선생은 《조선상고사》에서 "흉노, 선비, 몽고는 아我에서 분리…, 여진, 선비, 몽고, 흉노 등은 본래 아我의 동족이었다, 흉노는 조선의 속민이었다", "조선족이 분화하여 조선, 선비, 여진, 몽고, 퉁구스 등의 종족이 되고, 흉노족이 흩어져 돌궐, 헝가리, 터키, 핀란드 등의 종족이 되었다"라고 썼다. 윤치도의 《민족정사》는 "3대 가륵단군 시절에 요동태수 삭정을 징계하여 약수변에 유배하였는데 그들이 후에 흉노족이 되었다"고 했다. 위서 논쟁이 있지만, 《단군세기》는 3세 가륵단군 시대에 지방장관 삭정을 유배에서 풀어 약수지방에 봉한 것이 흉노의 시조라고 했다.

흉노와 한민족의 유적, 유물, 언어, 풍속 등에 있어 친연성을 추정할 단서는 여러 곳에 있다. 흉노의 문화와 전통을 가장 많이 나타내는 나라가 한국이라 한다.

첫째, 흉노를 돌궐의 조상으로 보는 역사학자나 언어학자들의 연구가 있으며 터키인들도 흉노를 자기들의 선조로, 돌궐을 투르크라는 이름으로 건설한 투르크인의 최초 국가로 간주하고 있다. 그러나 흉노는 당시

흉노의 무덤(몽골)

북방유목민 집단을 지칭하는 말로 '흉노'라는 나라는 있어도 특정 민족
은 없었다는 주장도 있다. 고대에 중국북방에서 활약하던 북방민족의 후
예들은 후에 퉁구스, 몽골, 투르크어를 사용하는 민족으로 나누어졌다
고 볼 수 있는데, 중국의 역사·언어학자인 주학연 박사는 "흉노는 다혈
연·다민족적인 부락연맹체"라 하고 "흉노족의 언어가 몽골어와 퉁구스
어에 보다 가까우며, 이들의 지배집단의 혈연과 언어가 퉁구스적 요소를
보다 많이 내포하고 있었다. … 흉노의 지배집단은 퉁구스계 부락이었던
것으로 보인다. … 흉노의 언어가 단지 투르크어족만의 조상이라고 속단
한다면 그것은 엄청난 오판일 수밖에 없다. 흉노족의 인종과 언어는 이
미 후세 몽골족의 형태에 보다 근접해 있었다"라고 말했다.[29]

둘째, 신라와 가야 지역에서 발굴된 고분들의 대표적인 형태는 적석목

29   주학연 저, 문성재 역주, 《진시황은 몽골어를 하는 여진족이었다》, 우리역사연구재단(2009),
pp177~189

흉노동복(높이 21cm,
몽골 고비 알타이 주에서 발굴,
몽골국립박물관)

흉노동복(높이 15.4cm,
몽골 불간 주에서 발굴,
몽골국립박물관)

가야동복(높이 18.8cm,
김해대성동47호분에서 발굴,
국립중앙박물관)

가야동복(높이 18.2cm,
김해대성동29호분에서 발굴,
국립김해박물관)

곽분으로 스키타이-흉노로 이어지는 북방민족의 무덤 양식일 뿐 아니라, 매장된 부장품 또한 이들의 친연성을 웅변하고 있다. 사적 제341호 김해대성동 고분군은 4~5세기에 번성했던 금관가야가 소재했던 지역의 무덤으로, 3~6세기경의 유물들이 발굴되었다. 이곳에서 북방민족과의 연관을 추측해볼 수 있는 유물인 토기, 마구, 갑옷, 투구, 철제무기 등이 다수 등장하여 세인을 놀라게 했다. 특히 29호분, 47호분 등에서 청동솥인 동복이 발견되었는데, 동복은 잘 알려진 대로 북방민족의 전형적인 유물이며 특히 흉노의 주요 거점에서 발굴되는 유물이다. 6세기 초무덤인 경주 금령총에서 1924년에 발굴된 기마인물형 토기에서도 말 뒤에 동복을 얹고 있는 모습이 뚜렷하게 나타나고 있다. 이렇게 한반도 남부에서 발견된 동복은 북방민족인 흉노가 한반도 남부, 가야, 신라 지역으로 이주했다는 가설을 뒷받침하고 있다.

셋째, 고대 북방유목민들에게는 금으로 치장하는 풍습이 널리 퍼져 있었고, 이는 알타이를 고향으로 하는 북방민족의 상징이었다. 알타이 지역은 지금도 중요한 금의 산지이다. 신라는 금을 세공하여 금관과 다양한 장신구를 만들었으며 세계적으로 동물형 장식 등 고대 금세공 기술은 스키타이와 신라가 세계적으로 가장 뛰어났다. 고대 한국은 금관의 나라라고 부를 만큼 우수한 기술로 금관을 제작했다. 고대에 금으로 왕관을 만든 것은 북방민족밖에 없다. 경주 황남대총에서 발굴된 신라금관은 영락없는 유목민 기마군단의 유산이다. 중앙에 우뚝선 나무 형상, 양옆의 사슴뿔형상, 그리고 관 상단의 새의 형상, 수많은 곡옥 등 금관 전체가 유목민의 엠블럼으로 그득하다. 얼마 전 국립중앙박물관에서 전시되었던 아프가니스탄의 금관도 형상과 구조가 신라금관과 흡사하다.

넷째, 가야와 신라에서는 고구려나 백제에는 없는 순장하는 풍속이 있었다. 왕의 시종이나 동물 등을 함께 무덤에 묻는 순장은 흉노 등 북방민족의 전통이었다. 뿐만 아니라 흉노는 다른 민족에 흡수되어 사라졌으나, 우리에게는 씨름, 언어, 습속, 의복, 풍습 등을 통해 그들의 흔적이 남아 있다. 한국어에는 북방 알타이계 언어들과 연결된 다수의 일상 어휘가 나타나며, 삼국 시대에도 왕을 뜻하는 간干, 각간角干 등을 비롯한 관직 명에서도 알타이계 명칭이 쓰였다. 신라시조 박혁거세의 '혁거세'는 돌궐어로 통치자 즉, 천자天子라는 뜻이라고 한다. 이외에도 우리말에는 흉노어가 다수 남아 있다는 연구도 있다. 고대로부터의 연결고리인 암각화도 눈길을 끈다. 남부 시베리아의 스키타이 지역, 중앙아시아, 몽골 고원 그리고 한반도로 이어지는 곳곳에서 발견되는 바위에 새겨진 암각화에서 북방민족의 삶의 흐름을 유추해볼 수 있다.

다섯째, 통일신라를 완성한 30대 문무왕의 묘비이다. 682년 건립된 이 비석은 1796년경 경주에서 발견되어 청나라 유희해의 '해동금석원'에 탁본이 남아 있고 서울대에도 탁본이 남아 있으나 비석 자체는 한때 사라져버렸다. 이후 1961년 경주 동부동 민가 근처에서 농부가 밭일을 하던 중 비석 하단부가 기적적으로 발견되어 국립경주박물관에 소장되어 있다. 그런데 그 비문에 의하면 신라 김씨 왕족은 투후秺侯의 후손이라 한다. 투후에 대해서는 기록이 상세히 남아 있다. 《사기》에 의하면 지금의 중국 감숙성과 돈황 등 서역 지역을 지배하던 흉노의 휴도왕이 암살된 후 태자인 김일제金日磾 등 일족은 한 무제에게 포로로 잡혀갔다. 김일제는 노예 신분으로 마부 생활을 하다 한나라 황실에 대한 역모가 일어나자 한 무제를 구하고 반란을 진압하는 데 결정적 공헌을 했다. 이에 감읍한 무제는 투후秺侯라는 관작을 만들어 김일제에게 부여하고, 흉노인들이 금으로 사람을 만들어 하늘에 제사하는 풍습을 보고 김金씨 성을 하사하였다. 이렇게 해서 김일제는 최초의 김씨가 된 인물이다. 이후 투후 김일제는 수만 명의 흉노인들을 이끌고 산동의 하해현 지역에 땅을 받아 '투국'이라는 이름으로 살아갔다. 그런데 문무왕비는 신라 김씨 왕족이 바로 이 흉노인인 투후 김일제의 후손이라고 명백히 밝히고 있는 것이다. 비문에 나타나는 투후 김일제가 바로 신라왕가 김씨의 시조 김알지와 동일인물이라고 추정하는 근거이다. 한편 《흉노인 김씨의 나라 '가야'》의 저자 서동인은 왕망이 한나라를 멸망시키는 과정에 김일제의 가문이 직접 연루되었고, 이후 왕망의 신新이 멸망하면서 이들이 후한의 압박을 피해 한반도로 이주하게 된 것으로 주장하고 있다. 그 내용을 간단히 정리하면 다음과 같다.

흉노에는 선우가 직접 다스리는 중심부와 동·서부 지역을 다스리는 좌현왕·우현왕 제도가 있었는데, 이는 고조선 등 한민족의 고대정권 구조와 유사하다. BC 174년 흉노의 영걸 묵특 선우는 돈황 넘어 서역을 정벌하고 실크로드를 장악한 후, 우현왕을 두어 다스리게 했다. BC 121년 흉노의 우현

옥기(흉노)   토기(흉노)

암각화(흉노)

왕(휴저왕) 사후 태자 김씨 형제(김일제, 김륜)가 중국으로 들어와 한 왕실에
서 활약했고, 전한 멸망 후 세운 것이 신나라다(왕망은 원래 김망이라 한다).
이들 후예가 김해와 경주 일대에 들어와 신라·가야를 형성했다. 따라서 한
국과 중국의 모든 김씨는 흉노인이며 김해 가야는 흉노인 김씨의 나라였
다. 또한 신라로 진출한 것은 김씨 왕국을 확대한 것으로 이해할 수 있다.[30]

30   서동인, 《흉노인 김씨의 나라 '가야'》, 주류성(2011), pp10~11, 87~134

문무왕비와 맥락을 같이하는 기록이 또 있다. 1954년 시안 교외에서 출토되어 현재 비림박물관에 소장 중인 '대당고김씨부인묘명'이라고 새긴 금석문이 발견되었는데, 여기에는 서기 864년 사망한 신라인 김씨부인에 관한 기록이 있다. 이 기록은 신라김씨의 뿌리를 동이족의 조상인 소호금천씨에서 시작해 흉노 출신 한나라 투후 김일제에서 찾고 있다. "먼 조상의 이름은 일제시니 흉노조정에 몸담고 계시다가 서한에 투항하시어 무제아래서 벼슬하셨다."

《삼국사기》〈김유신열전〉에서도 신라인들은 스스로 '소호금천'씨의 후예라고 생각하여 성을 '김'이라 한다고 하였고, '유신'의 비문에도 '헌원'의 후예이며 '소호'의 종손이라 하였다고 기록하고 있다.

흉노 스스로의 문자 기록은 없으나 수많은 고고학 유물과 유적이 남아 있고 또 발굴됨에 따라 흉노가 세계사에 미친 영향은 점차 더 많이 밝혀질 것이다. 이와 함께 유목민에 대한 기록도 투르크, 위구르, 몽골, 만주, 티베트어 등으로 다수 발견되고 있어 앞으로 한민족을 포함한 기마민족의 활약상과 친연관계가 더욱 밝혀질 것이다. 그러면 우리 민족 형성에 흉노, 선비 등 북방계 민족의 비중이 크다는 논의도 검증되지 않을까 기대한다.

2. 선비

흉노가 서쪽으로 이동하자 기마군단의 요람인 몽골 고원을 차지한 것은 선비족이었다. 고대 중국에서는 흉노를 오랑캐라 하여 '호胡'라 불렀고 그 동쪽의 오랑캐를 '동호東胡'라 불렀다. 동호가 흉노의 공격으로 쇠락하면서 오환과 선비로 나눠진 후 선비는 선비산(대싱안링 산)과 시라무룬 강 유역에서 목축과 수렵 생활을 해왔다. 선비족에서 단석괴라는 영걸이

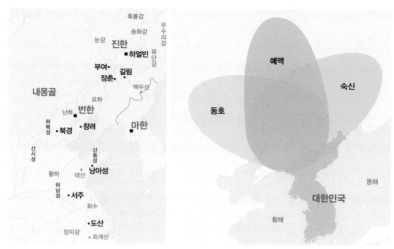

고조선 도읍 중심지　　　　　**사서에 기록된 동호·예맥·숙신 범위**

나타나 한과 연합하여 흉노가 분열한 후 몽골 고원에 남은 북흉노를 축출하고 AD 156년 몽골 고원에 선비 제국을 건설했다. 단석괴 사후 가비능軻比能이 이어받았으나 위魏의 자객에 암살된 후 선비는 분열되어 내몽골에서 할거하게 된다. 이후 선비의 후예 중 탁발, 모용, 우문, 단 등의 지파가 두각을 나타내게 되는데 탁발부는 북위(386~534년)를 건국하여 남북조 시대를 열고 모용부는 연나라(337~409년)를, 우문부는 거란(후에 요나라, 916~1125년)을 세웠다. 요 멸망 후에는 중앙아시아에서 동·서투르키스탄 전역을 지배했던 서요(카라 키타이, 1132~1218년)로 이어졌다. 이렇게 선비는 1000년 이상 몽골 고원, 만주 지역, 중앙아시아 일대에서 세력권을 형성했다.

선비는 흉노에 비해 한민족과 더 깊은 역사적 관계를 갖고 있다.

중국 사서는 고조선 후예를 지역에 따라 동호, 예맥, 숙신으로 기록하고 있으며 동호는 오환, 선비로 다시 나뉘었다. 선비의 후예가 북위, 연나라, 거란(요나라)을 건설하였으며 거란은 자신들이 고조선의 옛땅에서 유래했다 하며 고조선의 여러 전통을 유지했다. 선비족의 군장은 단檀씨다. 박달나무 '단'자는 단군의 '단'자이다. 선비가 고조선의 후예라 볼 수 있는 대목이다.

단재 신채호 선생은 《조선상고사》에서 "조선족이 분화하여 조선, 선비, 여진, 몽고, 퉁구스 등의 종족이 되었다"고 했다. 고조선에 대해서는 만주 지역은 하얼빈을 수도로 대단군 '신한'이 다스렸고, 한반도는 평양을 수도로 대단군을 보좌하는 '말한'이, 발해만 일대 요서 지역은 개평을 수도로 역시 대단군을 보좌하는 '불한'이 각각 다스렸다고 주장했다. '신한·말한·불한'은 이두 문자로는 '진한辰韓·마한馬韓·변한卞韓'이라 쓴다. 이들 삼한은 이후 기원전 4세기경에 각각 '신조선', '말조선', '불조선'으로 분립하게 되었는데, 위만이 차지했던 곳이 바로 발해만 일대의 '불조선'으로, 이곳이 후에 한나라에 의해 한사군이 설치되었던 곳이다. 또 중국의 《사기》는 위만이 차지한 '불조선'을 '조선', '신조선'은 '동호'라고 이름하여 〈흉노전〉에 넣었다. 말하자면 고조선의 중심부이자 만주 지역에 소재했던 신조선을 동호라고 이름하고 있으니, 동호의 후예인 선비는 결국 만주 지역 고조선의 후예란 뜻이 되는 것이다. 즉 단군조선 후예들인 동호·예맥·숙신 중 동호는 선비·오환으로 나누어지고, 예맥은 고구려를 건국하고, 숙신이 후에 금나라를 건국하게 된다.

동양대 김운회 교수는 거란의 원류인 동호의 영역이 고조선과 일치하며 예맥, 동호, 숙신은 구별이 안 된다고 하면서 동호, 숙신, 말갈, 물길, 거란, 선비 등은 예맥이 다른 이름으로 바뀌어 간 것에 불과하다고 주장했다.[31] 역시 선비가 고조선의 후예란 의미이다.

---

31   김운회, 《대쥬신을 찾아서 1》, 해냄(2006)

몽골의 국사 교과서에서는 선비의 기원에 대해 '흉노와 같은 기원인 동호의 주된 구성원'이라 하고 선비의 인구는 흉노와 선비인으로 구성되었다고 기술하고 있다. 말하자면 흉노·선비가 같은 조상에서 유래하였고 선비는 흉노인과 선비인의 통합국가라고 보고 있는 것이다. 선비족 지역과 한반도에서 발굴되는 유물 또한 예사롭지 않다. 북위 시대 선비족 무덤에서 다수의 유물이 발굴되어 산시성 태원시의 산서박물원山西博物院(중국 국가1급 박물관)에 보관되어 있는데, 여기서도 기마유목민의 전유물로 한반도 남부에서 발굴되고 있는 동복을 볼 수 있다. 또한 가야시대 무덤인 김해대성동 91호 고분에서 4세기경의 청동허리띠 등 금속 공예품이 여러 점 발굴되었는데, 같은 시대 북방 선비족 무덤인 랴오닝성 차오양 시와 허난성 안양 시에서 발굴된 고분의 유물과 흡사하여 학자들을 놀라게 했다. 그런데 근간에 랴오닝성 라마동 유물은 선비가 아니라 부여 사람들이라는 학설도 제기되고 있으나, 부여 또한 선비와 같이 고조선의 후예라는 점을 간과해서는 안 될 것이다. 참고로 〈KBS역사스페셜〉은 2012년 10월 18일 이러한 내용이 포함된 '대성동 가야고분의 미스터리-가야인은 어디에서 왔는가'를 방영한 바 있다. 경상남도 김해시 대성동 금관가야 고분군 유적에서는 91호분 이외에도 29, 47호분의 동복, 88호분의 파형동기 등 북방민족과 연결된 고대유물이 다수 발굴된 바 있다. 선비족이 세운 국가들도 고구려와 형제국가라 할 만큼 가까운 관계에 있다. 기원후 566년 북주의 중신 두로공豆盧公의 사적을 기리기 위해 세워진 비문은 고조선 발상지가 시라무렌강 유역의 대륙이며, 전연을 건국한 선비의 뿌리 역시 고조선임을 보여주고 있다.[32] 서한시대에 양웅揚雄이 광범위한 지역의 방언을 집대성하여 지은 《방언方言》에서

32 심백강, 《잃어버린 상고사 되찾은 고조선》, 바른역사(2014)

는 선비족 모용부와 고구려는 말이 서로 통했다 한다. 또 북사北史 등에 따르면 선비가 세운 북위 7대 선무제의 어머니인 문소태후가 고구려인이며 일가인 고조, 고현이 정권을 장악하기도 했었으며 이후에도 고구려인이 북위의 고위관직에 등용되었다는 기록이 있다.

한편 언어적 측면에서 볼 때에는 중국사서 등의 기록에 따르면 선비의 모용부족은 고구려와 서로 말이 통했다 하며, 고구려 왕족이 선비족의 국가를 세우거나(북연) 고구려 귀족들이 북위의 최고위관직 등에 등용되기도 하는 등 깊은 역사적 관계에 있었다.

거란과 한민족 역사

선비의 후예인 거란도 한민족 역사에서 뗄 수 없는 관계에 있다. 앞서 선비와 한민족 역사에서 언급한 바와 같이 동호는 만주 지역 고조선(신조선)의 후예이다. 이 동호가 선비와 오환으로 나누어졌으니 선비 또한 고조선의 후예이다. 또 선비 부족 중 우문씨 가문이 거란을 건국하였으므로 거란 또한 고조선의 후예인 것이다. 거란의 요나라 역사를 기록한 정사가 원나라 때 기록된 《요사遼史》이다. 여기에 한민족과 관련된 특별한 기록이 있다. 요사 지리지인 권38에 다음과 같이 동경요양부東京遼陽府(지금의 랴오닝성 요양)에 대한 주요 내용이 있다.

① 동경요양부는 본래 조선 땅이다.
  - 여기서 조선은 물론 고조선을 의미한다. 고조선의 존재와 영역에 관한 기록이다.
② 조선은 40여 대를 전해 내려왔다.(傳四十餘世)
  - 단군은 신화가 아닌 역사이며, 단군은 한 사람이 아니고 왕조의

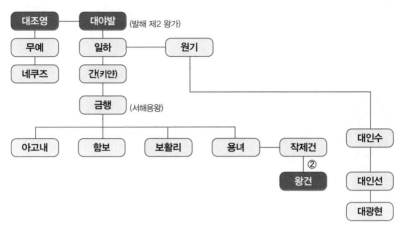

발해 건국자 대조영의 가문과 고려와의 관계 [33]

수장으로 이어져왔음을 말해준다.

③ 연나라 사람 위만이 옛 공지에서 왕이 되었다.

   - 이는 위만의 땅이 동경(요동) 지역으로 고조선 전체를 의미하는 것이 아니라는 것을 보여준다.

④ 한 무제가 조선을 평정하고 한사군을 설치했다.

   - 이는 요동 지역에서 일어난 사건으로, 한사군이 한반도에 존재하지 않았음을 말해준다.

⑤ 요나라 동경이 고구려 수도인 평양이다.

   - 고구려의 수도가 현재의 평양 지역이라고 우리가 알고 있는 것과 명백히 다른 기록이다.

이러한 기록들은 북방 기마민족 거란 역시 한민족과 고대로부터 깊은

---

33   3장 3. '한 북방사학자가 찾아낸 북방제국과 한민족의 놀라운 연결고리' 참조

발해 상경용천부 유지

발해 상경용천부 유지
박물관

관계였음을 말해주고 있다. 또, 몽골국립박물관 도록은 '거란은 몽골계의 한 종족으로 언어와 문화가 몽골과 유사하다'고 밝히고 있다. 앞으로 북방민족과 한민족 간의 관계에 대한 광범위한 연구에 의해 역사적 실체가 밝혀져야 할 부분이다.

한편, 고려 태조 왕건은 거란을 극도로 적대시했다. 우선 《고려사절요》를 보면 942년 거란 태종이 고려와의 화친을 위해 사신 30명과 공물로 낙타 50필을 보내왔다. 왕건은 사신들은 섬으로 귀양을 보내고 낙타는 개경의 만부교 아래 묶어서 굶겨 죽였다. 이로써 양국의 외교 관계는 단절되었다. 동아시아의 대국으로 등장하는 거란에 대해 왕건과 같은 국가 대통일의 위업을 달성한 노련한 정치가가 이렇게까지 극단적으로 반응한 배경은 무엇일까? 태조 왕건은 거란을 발해를 멸망시킨 무도한 나라라 여겨 강경 노선을 지속했다. 다음해 몸소 지은 〈훈요십조〉 중 4조에서 "거란은 금수의 나라이므로 풍속과 말이 다르니 의관 제도를 본받지 말라"고 이를 정도였다. 왕건은 발해는 친척의 나라라고 했다. 발해가 멸망하자 발해 마지막 왕 대인선의 세자 대광현에게 왕씨 성을 하사하고 왕족에 편입시켜 벼슬을 주었고, 10만 명에 달하는 발해 유민도 받아들였다. 그러면 이 '친척의 나라'는 무슨 뜻일까? 《자치통감》은 "발해와 고려는 친척이나 혼인한 사이"라고 했다. 그 뜻을 보기 위해 발해의 족보 기록을 살펴볼 필요가 있다.

북방사학자인 전원철 박사에 의하면 발해의 건국자인 대조영과 그 동생이자 발해 제2 왕가 시조인 대야발의 가문에 그 비밀이 있다고 한다. 대야발의 4대손은 금행이라는 인물인데, 우리 역사서에 '서해용왕'이라고도 기록되었다. 이 금행에 세 아들과 딸이 있는데, 그 딸의 사위가 작제건이며 그 손자가 왕건이다. 따라서 왕건은 발해 왕가와 인척으로 연결된다. 이것이 왕건의 거란에 대한 정책과 대응을 이해하는 열쇠가 된다는 것이다. 실제로 왕건은 발해 멸망 후 고려로 귀부한 발해세자 대광현에게 왕王씨 성과 이름(왕계)을 하사하고 고려 왕실의 종친으로 적籍에 올렸다.

앞서 살펴본 대로 거란 또한 선비의 후손으로 고조선 역사와 깊은 연결고리가 있다. 한반도, 만주 지역 및 발해만 일대에서 전개되었던 고조선의 역사는 부여에 이어 '고구려 - 백제 - 신라의 삼국 시대'로 이어지고, 다시 '발해 - 통일신라의 남북국 시대', 그리고 북방 정책을 추진하는 '고려 - 고조선 후예 거란(요)·여진(금)·몽골(원)의 시대'로 역사의 고리가 이어지게 되는 것이다.

3. 돌궐

흉노의 뒤를 이었던 선비 제국과 선비의 후예가 세운 유연(330~555년)이 멸망하자 돌궐이 몽골 고원을 차지하게 되었다. 552년 영걸, 부민 카간이 나타나 유라시아 대초원 동서와 남북 일대를 차지한 돌궐 제국을 세웠다. 당시 돌궐이 차지한 영역이 1,000만 km²에 달했다. 582년에는 몽골 고원과 중앙아시아 두 지역을 분할해 동·서돌궐로 분열되었다가 659년경 당에 의해 멸망했다. 이후 영웅 쿠틀룩의 지휘하에 30년 가까운 독립전쟁을 통해 국가를 재건하여 종래의 돌궐 영토를 거의 회복하는 기적을 이뤘다. 돌궐은 이후 745년 위구르, 당, 티베트 연합 세력에 멸망했다. 그러나 돌궐 멸망 후 투르크인들은 서진을 계속하면서 중앙아시아와 아랍 등지에서 수많은 나라를 세웠다. 카를룩, 셀주크, 호라즘, 카라한, 가즈나, 맘루크, 악 코윤루, 카라 코윤루, 오스만 등이 바로 그들이다.

이 시대에 서진하던 투르크인들은 대거 이슬람을 받아들였다. 이슬람을 수용하면 국적과 관계없이 동등한 대우를 받을 수 있다는 것이 그 주요 원인이었다. 어찌됐든 투르크인들은 이슬람 세계의 주인공이 된 것이다. 한편 8세기경에는 압바스 왕조의 이슬람 세력이 동쪽으로 세력을 확장하고 있었고 당나라가 실크로드를 장악하려 서진하면서 두 세력이 충돌하게 됐다. 751년 이슬람 연합군과 고선지 장군이 지휘하는 당나라의 7만 대군이 탈라스 강가에서 대전투를 벌였다. 이 전투에서 당나라의 동맹군인 카를룩군이 배신하여 고선지 부대는 패하였고 그 결과 중앙아시아 일대가 이슬람 세력권에 들어가게 됐다.

투르크인들은 약 1400년에 걸쳐 그 세력을 이어왔는데 그들이 세운 국가 중 당대의 대제국으로 대셀주크 제국과 오스만 제국을 들 수 있다. AD 960년경에는 셀주크 베이가 지휘하는 투르크 세력이 실크로드를 따라 사마르칸트, 부하라로 이주하였고 1037년 토그릴이 대셀주크 제국을 출범시켰다. 이들 중 술레이만샤가 일부 세력을 이끌고 아나톨리아 반도에서 '소아시아 셀주크'를 건국했다(1078년). 이후 셀주크 제국이 서진하면서 기독교 성지를 모두 차지해버리자 기독교와 이슬람교가 충돌하는 십자군 전쟁이 일어난다. 1194년 셀주크 제국 멸망 후에는 투르크인들이 또 다른 대제국 오스만 제국을 이어갔다. 1299년 오스만 1세가 세운 오스만 공국에서 출발하여 오스만 제국은 중동, 우크라이나, 북아프리카, 중·남부 유럽 등지를 지배하는 대제국으로 성장했다. 오스만 제국은 1923년 터키 공화국으로 전환하여 오늘에 이르고 있다.

돌궐은 흉노와 선비에 이어 몽골 고원을 차지하여 유라시아 초원에서 대제국을 건설했고 유럽까지 이동하면서 1400년 가까이 역사를 이어갔다.

첫째, 흉노 - 돌궐 - 터키로 이어지는 투르크의 역사는 우리 고대사와도 연관이 깊다. 단재 신채호 선생은 1931년 〈조선일보〉에 연재한 〈조선사〉(오늘날의 《조선상고사》)에서 "조선족 흉노족은 우랄어족으로 조선족이 분화하여 조선, 선비, 여진, 몽고, 퉁구스 등의 종족이 되고, 흉노족이 흩어져서 돌궐, 헝가리, 터키, 핀란드 등의 종족이 되었는데…", "여진, 선비, 몽고, 흉노 등은 본래 아我의 동족", "조선, 만주, 몽고, 터키 네 민족은 혈족", "조선이나 만주나 몽고, 터키, 헝가리, 핀란드가 3천 년 이전에는 적확히 하나의 혈족"이라고 밝히고 있다. 행촌 이암선생의 《단군세기》[34]는 단군시대 초기에 흉노와 몽골이 고조선으로부터 분리되어 나간 것으로 기록하고 있다. 기마민족 국가인 고조선에서 흉노와 돌궐이 분파되었고, 이들 일파가 터키로 이어지게 되어, 오늘날 우리와 터키가 남다

34 《환단고기》를 구성하고 있는 사서

른 깊은 관계가 있다는 것이다.

이를 좀 더 부연한다면, 단군조선은 BC 2333년에 건국되었고, 단군조선 건국 세력인 고조선족은 세월이 흐르면서 유라시아 대륙 동부에서는 부여, 선비, 몽골, 오환, 거란, 여진 등으로 이어지고, 유라시아 대륙 중부·서부에서는 흉노와 훈제국, 돌궐, 위구르, 셀주크 제국, 오스만 제국, 터키 등으로 이어지게 된 것으로 보아야 할 것이다.

둘째, 사마천의 《사기》에서는 흉노를 '호胡'로, 선비 등 그 동쪽 민족을 '동호東胡'로 칭하고 있다. 당시 문헌에서는 호와 동호의 구별이 분명치 않으나, 대체로 '호'는 투르크계, '동호'는 몽골 퉁구스계로 보고 있다. 이들이 지내온 곳, 살고 있는 곳에서는 언어는 물론 생활풍습, 사회 체제, 전쟁 양식 등에서 너무나 많은 유사점들이 나타나고 있어, 고대로부터 그들의 관계가 남다르지 않다는 것을 충분히 상상할 수 있다.

또 터키인들은 자기들의 선조는 흉노이며 그 후예가 돌궐 제국을 세웠고, 그들이 서진하여 오늘날의 터키의 모체가 되었다고 한다. 앞서 흉노와 고조선의 관계를 보면 돌궐과 한민족의 연결고리도 추정이 가능하다.

한편 돌궐족의 유래에 대해서《수서隋書》〈돌궐전〉은 "돌궐의 선조는 평랑 일대의 잡호였는데 성은 아사나阿史那 씨였다. 후에 북위의 태무제가 저거 씨를 멸망시키자, 아사나는 500호를 이끌고 여여로 도주하여 대대로 금산에 살면서 쇠를 벼리는 일에 능하였다. 금산은 형상이 투구처럼 생겼는데, 민간에서는 투구를 '돌궐'이라 했기 때문에, 이를 족명으로 삼았다"라고 썼다. 아사나 씨는 돌궐의 지배 집단인데 중국 학자 주학연 박사는 "아사나는 애신 또는 오손의 발음이 변형된 경우로 저거에서 유래했으니, 여진족인 김씨 씨족의 일파라고 할 수 있겠다"라고 말했다.[35]

35　주학연 저, 문성재 역주, 《진시황은 몽골어를 하는 여진족이었다》, 우리역사연구재단(2009), p220

셋째, 돌궐은 당과는 적대 관계였으나 고구려와는 우호·동맹 관계였다. 고구려를 이은 발해 역시 돌궐과는 우호 관계였다. 《구당서》는 대조영이 동모산에서 세력을 모아 진국왕振國王에 올랐고 돌궐에 사신을 보내어 통교通交하였다고 쓰고 있다. 또 보장왕이 죽자 고려(=고구려)의 옛 왕가와 유민은 돌궐과 말갈로 들어갔다고 기록하고 있다. 고구려와 돌궐은 동맹국으로 함께 당나라를 견제하고 압박하였으나 기원후 657년 돌궐이 내분 등으로 멸망하자 고구려 또한 얼마 후(668년) 멸망하게 된다. 그러나 돌궐은 20여 년 후인 682년 독립·재건되었고 고구려 역시 30년 만에 부활하였다. 그 나라가 바로 발해이다.

넷째, 이후 서진한 셀주크 제국과 오스만 제국이 성립하면서 투르크의 지배 집단이 아사나 씨에서 오구즈 씨로 바뀌게 된다. 프랑스 파리 4대학의 발레리 베린스탱 교수는 저서에서 오구즈 후예의 나라에 대해 다음과 같이 설명한다. "10세기에 바그다드의 칼리프가 약화되자, 중앙아시아의 많은 투르크족이 독립을 쟁취하여 국가를 세웠다. … 그러나 점차로 투르크족은 몽골족에게 쫓겨 이란으로 향했다. 그곳에서 11세기에 오구즈족은 셀주크 왕조를 낳았고, 13세기에 오구즈족의 일원인 오스만은 소아시아에 오스만 왕조를 세웠다. 그리고 나머지는 인도로 갔다."[36]

위구르 제국, 셀주크 제국뿐 아니라 오스만 제국 역시 오구즈 가문이 세운 나라이다. 즉 오구즈칸의 손자 중 '크늭'의 후손이 11세기에 셀주크 제국을 세웠고, '카이'의 후손이 13세기 말 오스만공국과 이어지는 오스만제국을 세웠다.

그런데 놀랍게도 이 오구즈 씨는 고구려 왕가 가문의 후예이다. 북방 사학자 전원철 박사는 오구즈 가문의 시조 오구즈칸은 고주몽의 후예란

36 발레리 베린스탱 저, 변지현 옮김, 《무굴 제국》, 시공사(2011), p15

것을 사서를 통해 밝히고 있다. 돌궐 후예인 투르크가 서진하면서 고구려 후예들이 주축이 되어 중앙아시아 등지에서 여러 나라를 건설하였던 것이다.

주 터키 한국대사관 공관 홈페이지에는 "우리나라와 터키는 중앙아시아 부근 이웃에서 같이 활동하다가 우리나라는 동진하여 한반도에 정착하고, 터키는 서진을 거듭하여 약 8,000km 떨어진 아시아 대륙의 서단 아나톨리아 반도와 유럽의 동남쪽 끝인 트레스 반도에 정착하게 된 먼 역사적 배경을 공유하고 있습니다. 고려 말에는 원나라를 통하여 들어온 투르크계 위구르인들이 한반도에 정착하여 현재 3만 명 가까운 후손들이 한국에 살고 있습니다. 이러한 역사적 관계는 6.25 전쟁을 통하여 다시 맺어지게 되었습니다"라고 쓰여 있다.

기마군단이 맹활약하던 유라시아 대초원(동서 스텝 지역)의 양단에 지금까지 건재한 국가가 한국과 터키가 아니겠는가? 터키인들이 민족의 기원과 자기 역사에 대해 인식하고 후손에 교육하고 있는데 반해, 오랜 고대사를 가지고 있는 우리는 오히려 한민족의 활동 무대를 한반도 중심으로 축소하고 우리 역사를 고구려, 백제, 신라의 삼국 시대 이후로 위축시키는 교육을 하고 있지 않은가? 근간에 일부 학자들을 중심으로 고조선사와 부여사를 비롯한 한국 고대사에 대한 연구와 저술 활동이 계속되는 것은 다행스러운 일이다. 역사는 왜곡되어서도, 과장되어서도 안 된다. 그러나 보다 넓은 시야로 역사의 흐름을 꿰뚫어보는 노력은 필요하다.

4. 몽골

돌궐이 서쪽으로 떠난 후 몽골 고원에는 새로운 세력이 자리를 잡게 된다. 10~12세기 즈음에는 케레이트, 나이만, 메르키트, 타타르 등의 유력한 기존의 부족이 몽골 고원을 분할하고 있었는데 여기에 새로운 세력이 등장한다. 바로 몽골족이다. 세기의 영웅을 훌쩍 뛰어넘어 천년의 영웅 밀레니엄맨이라 칭해지는 테무친이 등장하여 부족을 통합했다. 그리고 1206년 대몽골 제국을 출범시키면서 칭기즈칸이라는 칭호를 부여받게 된다. 칭기즈칸은 기마군단의 기동력, 복합곡궁과 삼각철 화살 등 강력한 전투 무기, 10진법의 능력 중심의 중앙집권적 조직과 군율, 파발마·역참·상인 정보망을 활용한 정보 네트워크, 자유자재로 전개되는 위장·매복·후퇴·반격의 전술, 전공에 따라 전리품을 분배하는 공평한 상벌제 등으로 인류사 최강의 기마군단을 등장시켰다. 몽골 제국은 동아시아의 화북, 금, 서하, 남송을 정복하고 중앙아시아에서는 호라즘 등 기라성 같은 투르크 국가들, 서아시아에서는 이슬람 세계를 정복했고 유럽에서는 러시아·헝가리·폴란드를 정복하는 등 세계 문명권의 80%를 지배했다. 대몽골 제국은 인류 역사상 유일한 세계 제국을 건설했고 세계화를 달성했다.

칭기즈칸의 대몽골 제국은 후손에 의해 원나라, 차가타이 칸국, 일 칸국, 킵차크 칸국으로 승계되었다. 이 중 중국 일대를 지배한 원나라는 1368년 명나라에 의해 멸망하지만 중앙아시아와 인도 대륙에서 그들의 역사는 지속된다. 차가타이 칸국 멸망 후 칭기즈칸의 후손 티무르가 중앙아시아 일대에서 티무르 제국(1370~1526)을 세웠고 티무르의 후손 바부르는 인도에서 무굴 제국(1526~1857)을 세워 1857년까지 존속했다. 칭기즈칸 때부터 약 700년에 달하는 기간 동안 몽골 제국이 이어졌다.

다음의 대몽골 제국과 한민족의 관계를 추정할 수 있는 자료를 보면 그야말로 놀라운 대목들이 나타난다.

① 몽골 등 북방민족들의 친연성에 대한 상호인식

북방 기마민족인 선비(북위·연), 거란(요), 여진(금, 청)은 만주에서, 몽골(원)은 몽골 고원에서 각각 발흥하여 당나라 이후 천여 년 동안 중국의 전부 또는 상당 부분을 지배했다. 이들 북방민족 간에는 혈통에 기인한 문화·관습 그리고 정서적 유대가 있다. 동북아역사재단의《만주 그 땅, 사람 그리고 역사》는 "초원의 유목민족과 만주의 소위 반유목민족은 문화의 차이가 많지 않았다. 오히려 그들은 국가 형성 과정, 제국적 이데올로기, 국가 의례, 그리고 한족을 통치하는 구조와 패턴에서 많은 유사점을 보여주고 있다"고 밝히고 있다.

몽골인의 선조로 알려진 실위室韋는 6세기경 중국 사료에 나타나기 훨씬 이전부터 대싱안링 산맥에서 활동해온 민족으로 선비계에 속한다. 이들 가운데 몽올실위가 10세기 이후 몽골 고원 오논강 유역에서 몽골족의 원형을 이루었다는 분석이 있다. 북방민족사에 대한 여러 저서를 쓴 중국의 주학연 박사는 '몽골은 동호계 선비족의 후예'라고 말한다.[37]

그는 몽골족의 퉁구스 혈연에 주목하고 몽골족과 퉁구스계 민족이 보다 밀접한 관계에 있다고 주장했다. 또 거란어가 몽골어와 상당히 유사하다는 점을 지적했다. 그는《요사》가 기록하고 있는 거란의 옛 여덟 부락 중 '실만단悉万丹(또는 심말단)'이 몽골 부락일 것으로 보고 있다. 그는 "고대의 동호는 거대한 집단이었으며 동시에 몽골계 민족의 주요한 직계조상이기도 하였다"고 결론지었다.[38] 이러한 내용은 고조선-동

---

37 주학연 저, 문성재 역주, 《진시황은 몽골어를 하는 여진족이었다》, 우리역사연구재단(2009), p26

38 주학연 저, 문성재 역주, 《진시황은 몽골어를 하는 여진족이었다》, 우리역사연구재단(2009), p263

호-선비-거란-몽골의 관계가 이어진다는 점을 함축하고 있다고 볼 수 있겠다.

동양대 김운회 교수는 세계적인 몽골인 학자 한출라 교수가 한국에 도착하자 "어머니의 나라에 왔습니다"라고 하여 세상을 놀라게 했다는 일화를 소개하며 그에 대해 다음과 같이 말하고 있다. "몽골의 시조신인 알랑-고아의 아버지가 고주몽이기 때문이다. 일찍 과부가 된 알랑-고아의 삶은 참으로 고달팠으며 칭기즈칸의 어머니도 알랑-고아와 비슷한 삶을 살았다. 칭기즈칸을 정신적 지주로 삼는 몽골에게는 칭기즈칸의 어머니가 바로 알랑-고아이며 민족신이라고 볼 수 있다. 그러나 그 어머니의 나라가 한국일 수밖에. 한국은 바로 고주몽의 나라이니까." 또 두 민족의 관계에 대해 다음과 같이 말하기도 했다. "몽골은 또 다른 한국이고 한국은 또 다른 몽골이다.", "칭기즈칸의 후예로 알려진 바이칼의 부랴트족들은 바이칼 일대를 코리(고구려족 또는 구리족 또는 고리국의 구성원)족의 발원지로 보고 있으며 부랴트족의 일파가 먼 옛날 동쪽으로 이동하여 만주 부여족의 조상이 되었고 후일 고구려의 뿌리가 되었다고 믿고 있다."

몽골의 원나라는 통치하는 주민을 ① 지배민족인 '몽골인', ⑪ 위구르 등 준몽골인인 '색목인', ⑩ 금나라 치하의 거란·여진·중국인 등 '한인', ⑭ 남송의 유민인 '남인' 등으로 나누면서 유목민족을 우대했다. 반면 한족 왕조인 명나라는 몽골과 여진을 분리하여 격리함으로써 세력화를 막는 방어 전략을 썼다. 다음에 등장한 북방민족의 국가 청나라는 만주족과 한족의 통혼을 금지시켰을 뿐 아니라, 심지어 만주 일대에 봉금 지역을 설치하여 한족의 이주를 막는 등 만주족의 발상지를 성지화했다. 이외에도 북방민족들 간에는 공유하나 한족과는 분명히 다른 정서적 관계를 보여주는 수많은 기록과 흔적이 있다.

② 단재 신채호가 본 고대 북방민족과 한민족

단재 신채호 선생은 《조선상고사》에서 여진·선비·몽골·흉노 등은 본래 '아我'의 동족이었다고 밝혔다. 그는 언어와 풍속을 연구한 결과, 조선·만주·몽골·터키 등 네 언어는 동어계이며, 같은 혈족이라고 결론내렸다. 조선·만주·몽골·터키·헝가리·핀란드가 3천 년 전에는 하나의 혈족이었으나, 환경과 시대에 따라서 각자의 자성自性을 가지게 된 것이라 했다.

《조선상고문화사》에서는 흉노를 옛 몽골 땅에서 목축을 하던 일족으로서, 진한(고조선)의 속국이 되었다가 진한이 쇠하자 자립하여 중국 전국 시대 말에 강성해져 자주 중국을 쳤다고 했다. 〈독사신론讀史新論〉에서는 동국東國민족을 대략 선비족·부여족·지나족·말갈족·여진족·토족의 여섯 종류로 나눌 수 있는데, 부여족이 단군의 자손들로 다른 종족을 흡수하여 동국 역사의 주류가 된 것이라고 썼다. 이러한 역사적 고찰은 몽골을 비롯한 북방민족과 한민족의 관계를 다시 돌아보게 한다.

③ 한민족과 몽골족에 대한 여러 기록과 견해

몽골 – 만주 – 한반도 – 일본 등 광범위한 지역에서 유전학적으로 가까운 특성이 나타나고 있다. 한민족의 기원과 관련, 한국인의 70~80%는 북방계이고 나머지 20~30%는 남방계이며 기타 유럽인 등이 섞여 있다는 연구가 있으며[39], 유전자를 분석한 결과 한국인의 주류는 바이칼 호수에서 온 북방계 아시아인이라는 연구도 있다.[40]

김운회 교수(동양대)는 초기 한반도 정착인들은 소수의 남방계로서 주로 해안을 따라 이동했으며, 한반도에 이주한 북방계는 주로 동몽골·만주에서 넘어와 소수의 남방계를 압도하고 한반도의 주류 민족으로 성장

39　김욱, 《미토콘드리아 DNA 변이와 한국인 집단의 기원에 관한 연구》, 고구려연구재단(2005)
40　이홍규, 《한국인의 기원》, 우리역사연구재단(2012)

몽골 제국	킵차크 칸국	호라즘 제국 카잔 칸국 크림 칸국 우즈베크 칸국	티무르 제국 카자흐 칸국
	원나라	오이라트 북원 (명나라)	준가르 칸국
	차가타이 칸국	티무르 제국	히바 칸국 부하라 칸국, 코칸트 칸국 무굴 제국
	일 칸국	티무르 제국 카라 코윤루	카라 코윤루 악 코윤루

몽골 제국 영토에 후손들이 세운 국가

한 것으로 분석하고 있다. 그는 또 선비족을 일컫는 '동호'는 예맥, 숙신과 넓게는 같은 개념이라 한다.

조선 시대 청나라 사절단 일원인 최덕중은《연행록》에서 조선이 미래를 도모하기 위해서는 몽골과 군사연합을 맺어야 한다는 조·몽 연합의 필요성을 역설하기도 했다.

몽골 부랴트족은 자신들과 뿌리를 같이하며 바이칼에서 발원한 코리족의 일파가 동쪽으로 가서 고구려를 건국했다고 믿는다. 바이칼의 부랴트족 마을에서 한국인과 가장 닮은 외국인을 볼 수 있다. 그들은 한국인에 대해 특별한 감정을 갖고 있다. 필자가 수년 전 바이칼을 방문했을 당시 이르쿠츠크 공항에서 한국인으로 보이는 사람이 반가워 인사를 건넸더니, 자기는 부랴트인으로 이르쿠츠크 시의 문화국장으로 일하고 있는 공직자라고 하면서 몹시 반가워했던 기억이 난다. 부랴트족은 바이칼의 부랴트 공화국을 비롯한 러시아에 약 45만 명, 몽골 헨티주·내몽골 등에 약 5만 명이 살고 있다.

몽골 헨티에서 만난 부랴트인

바이칼 호수 인근의 부랴트족 마을

박원길 교수(칭기즈칸 연구센터)는 고구려는 코리족이 남하하여 만든 국가로, 몽골과 친연성을 가진 민족이라고 한다. 또 고대에는 우리 민족이 동몽골에서 몽골족과 어울려 살았는데, 지금은 이렇게 떨어져 살면서 먼 나라로 생각하고 있다고 했다.

그에 따르면, "몽골과 고구려는 형제 관계였으며 멀리 대싱안링大興安嶺 남단에서 발원하는 할흐 강이 보이르 호수로 흘러 들어가는 곳에 '할힌 골솜'이라는 곳이 있고 여기에는 석상石像이 하나 있는데 이것이 '꼬우리 (꾸리:Khori - 고구려, 고리, 구리)'족의 조상으로 알려져 있다. 이 석상을 중심으로 서쪽은 몽골이 살고 있고 동쪽은 코리족이 살았다고 하는데 이들은 서로 통혼通婚하며 같은 풍습과 민족 설화를 가지고 있었다"라고 한다.[41]

몽골인들은 한국을 무지개의 나라라는 뜻인 '솔롱고스'라 한다. 몽골인들은 한국을 사랑한다. 몽골은 외모, 언어, 풍습, 인종 등에서 한국과 너무나 흡사한 점이 많다. 나열하기 어려울 정도이다. 무지개 색깔의 색동옷, 씨름, 서낭당, 귀신 쫓는 나무인 복숭아 나무는 불태우지 않는 관습, 백색 숭상, 비석치기, 윷놀이, 엄마 뱃속부터 나이를 세는 관습(한국 나이처럼) 등등이다.

④ 고려와 대몽골제국의 특별한 관계

몽골 제국군이 세계를 정복할 당시에 상상을 초월하는 전투력으로 거대 국가인 남송을 제외하고는 거의 대부분의 나라를 최단 시간에 정복했다는 사실은 잘 알려져 있다. 그런데 고려는 당시 여몽 전쟁을 장장 39년간 치렀다. 물론 당시 고려는 강력한 기병과 해군을 보유하는 국가였으나 세계를 제패한 대몽골 제국을 이길 수 없는 상황임이 명백한데도 강화도로 천도하면서까지 끝까지 저항했다. 당시 몽골군에 저항했던 모든 나라

41　김운회, 《대쥬신을 찾아서 2》, 해냄출판사(2006)

들은 처참한 보복을 당했고 대몽골 제국에 편입되었다. 그런데 고려의 경우 전쟁 후에도 형제지국兄弟之國이라 하여 사실상 독립국의 지위를 유지하게 했고 원 세조 쿠빌라이는 딸인 황녀를 고려 태자(후에 충렬왕)와 혼인하도록 했다. 칭기스칸 시대부터 성종까지 몽골·고려의 전쟁 등 관계를 정리한 책(청말 문정식 저)인《원고려기사》를 보면 세조가 고려와 관련해 다음과 같이 지시하고 있다. "의관은 본국의 풍속에 따르고 위아래로 모두 고치거나 바꾸지 말라. 조정에서 파견한 사신 이외에 나머지 사신은 금하여 다니지 못하도록 하라. 옛 수도로 천도하는 일은 더디하거나 역량을 헤아려야 함이 마땅하다."(1260년, 한국사데이터베이스) 이렇게 전쟁에 이긴 나라, 특히 세계 제국 원나라가 고려에 대해 유례없는 대우를 하는 등 고려 – 몽골의 관계는 한마디로 특수했다고 밖에 설명이 안 된다.

이렇게 몽골과 우리가 오래전부터 공유해온 친연성은 문화·관습·정서 등 많은 분야에서 엿볼 수 있다.

그런데 대몽골 제국을 건설하고 지구를 하나의 세계로 만든 인물 칭기즈칸이 어디에서 왔는지 제대로 알려져 있지 않다. 몽골 부락은 칭기즈칸 이전부터 당연히 존재했겠지만 칭기즈칸 시대 이전까지는 북방에서 이름 없이 조용히 있던 작은 민족이었다. 몽골은 원래 선비의 일파인 실위계의 작은 부락으로 알려져 있으며 역사서에 등장하는 몽골족은《구당서舊唐書》에 몽올실위蒙兀室韋라는 이름으로 처음 등장하며 이후《신당서新唐書》에서는 몽와蒙瓦,《요사遼史》에서는 맹고盟古 등으로 기록되어 있다.

⑤ 칭키즈칸의 출생 비밀

북방사학자 전원철 박사의 분석에 의하면 칭기즈칸은 발해 건국자 대조영의 동생이자 발해 제2 왕가를 이루게 되는 대야발의 후손이다. 또 고려의 건국자 왕건 역시 발해 왕가의 사위이다. 그래서 고려 건국자 왕건은 '발해는 내 친척'이라 했고, 발해를 멸망시킨 거란(요)과는 통교하지 않았다. 거란이 보낸 사신은 귀양 보내고 공물로 보낸 낙타는 만부교에 묶어 굶겨 죽게 했다. 만부교 사건이 바로 그것이다. 또 거란과는 통교하지 말 것을 유언과 〈훈요십조〉에 남겼다. 고려와 몽골의 관계를 다시 볼 수 있는 대목이다. 후에 상세히 기술하겠지만 고려와 몽골 왕가가 족보로 연결된다는 얘기다.

5. 여진

여진은 중국인들이 발해가 멸망 후 발해 땅에 붙인 이름이다. 이들은 시대에 따라 숙신肅愼, 읍루挹婁, 물길勿吉, 말갈鞨鞨, 여진女眞이라 불렸으며 청대에 이르러서는 그들 스스로 만주족이라 불렀다. 여진은 중국 기준에서는 북방 오랑캐 민족에게 붙여준 이름일 따름이다. 고구려는 당나라 시대에 고구려와 돌궐이 당을 견제했다. 그런데 돌궐이 멸망하자(659년) 이어 고구려가 멸망하게 되었다(668년). 돌궐이 독립전쟁 끝에 다시 (후)돌궐을 건국하자(682년) 고구려 역시 멸망 후 30년 만인 698년에 발해를 건국했다. 그런데 228년간 지속된 발해가 926년에 멸망하자 중국인들은 발해 옛 땅을 여진, 그 땅에 살던 사람들을 여진족이라 불렀다. 이것이 여진과 여진족의 실체다.

여진족의 여러 부락 중 함흥, 길주이북에 있던 완안부의 지도자 아골타가 등장하여 흑수말갈까지 통합하여 금나라를 건국했다. 금은 송과 연합하여 거란의 요나라를 멸망시키고 이어 송을 강남으로 쫓아내버리고 수도를 상경(하얼빈)에서 연경(베이징)으로 천도했다. 이때 베이징은 처음 왕조의 수도가 된다. 금은 1234년 승승장구하는 몽골과 남송 연합군에 패배하여 멸망에 이른다. 한편, 1616년 여진부족을 통합한 누르하치는

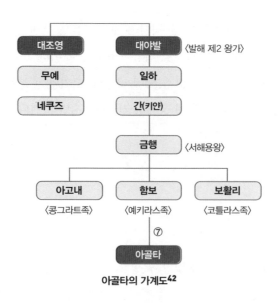

| 대조영 | 대야발 | ⟨발해 제2 왕가⟩ |

아골타의 가계도[42]

금나라에 이어 후금後金을 건국한다. 이어 즉위한 청 태종(홍타이지)은 대청으로 국호를 바꾸고 순치제는 중국 지배의 기초를 확립하고 강희제는 중국 영토 전체를 통일한다. 이어 등장한 옹정제 때 청나라의 지배체제가 확립되고 건륭제 때는 최대 영토를 지배하게 된다. 청은 1912년 마지막 황제 선통제까지 지속된다.

근세사에 이르기까지 청나라로 우리와 연결되었던 여진의 역사는 한민족 역사와 무관하지 않다. 여진과 한민족 간의 관계에 대해서는 주목할 만할 기록이 있다.《금사金史》는 "아골타가 여진과 발해는 본래 한 집안이라고 했다"라고 썼다. 이 내용은 여진족이 세운 금나라의 왕가가 발해의 대조영 – 대야발 가계와 같다는 의미이다. 또 금나라의 기원과 관련하여 "금의 시조는 이름이 함보로 고려에서 왔다(여기서 고려는 고구려, 발해

42   전원철, 《고구려 – 발해인 칭기스 칸 1, 2》, 비봉출판사(2015)

를 의미)"라고 했다.《금지金志》,《대금국지大金國志》,《삼조북맹회편三朝北盟會編》등은 초기 여진 추장이 신라인이라 밝히고 있다.《흠정만주원류고》에서는 금나라 시조는 합부(함보)인데 고려에서 왔으며, 금의 국호가 신라 왕성에서 비롯되었다고 했다.《고려사》에는 "아골타의 시조가 고려에서 나왔다"라고 쓰여 있다. 종합하면 금 시조가 신라인, 고려인 또는 여진이라 불린 발해계 인물이란 말이다.

여기에서 고려에서 왔다는 '함보'라는 인물에 대한 북방사학자 전원철 박사의 연구를 주목할 필요가 있다. 알려진 대로 함보는 '아골타'의 7대조이다. 함보의 선대는 '금행'이며, 그에게는 '아고래', '함보', '보활리'라는 세 아들이 있었다. 그런데 금행은 발해의 건국자 대조영의 동생 대야발의 4대손이다. 그래서 아골타는 대야발의 12대손이 된다. 대조영과 대야발은 고구려 왕족으로 주몽의 후예이므로, 결국 아골타는 고구려 가문의 후손이 된다. 이로써《금사》를 비롯한 여러 사서의 기록이 이해가 된다. "송나라 사서인《삼조북맹회편》에서는 "여진은 옛 숙신의 나라. 고구려 주몽의 후예"라 하고 있다."

북한의 사회과학원의 리지린은 "중국의 고대문헌에 보이는 '숙신'은 곧 고조선을 말하는 것이라고 추단한다. 정약용도 일찍이 고대 '숙신'을 '조선'이라고 인정하였다"[43]라고 한다. "즉 여진이 고조선의 후예라는 것이다."

청을 세운 만주족과 한민족의 연결고리

여진족을 통일한 누르하치는 12세기에 여진족이 세운 나라 금을 잇는다는 의미로 나라 이름을 대금大金이라 했다. 119년간 존속한 금은 여진족 추장 아골타가 세웠으며, 그는 고려(고구려)에서 온 김함보의 후예이

---

43 리지린,《고조선연구》, 과학원(1963)

다. 전원철 박사에 의하면 누르하치는 아골타의 약 20대 후손이다. 발해 건국자 대조영의 동생인 대야발의 4대손인 금행의 둘째 아들이 함보이 며 함보의 7대손이 아골타, 아골타의 약 20대손이 청나라를 건국한 것이 다. 만주 일대에서 활약한 여진족의 실체는 앞서 기술한 대로 고대로부 터 만주 일대에 살던 사람들로, 그 지역이나 민족에 대해 중국은 시대별 로 이름을 바꿔 불렀을 뿐이다. 이들의 명칭은 청대에 와서 홍타이지에 의해 '여진족'에서 '만주족'으로 바뀌었다.

《금사》와 《만주원류고》에는 그들과 한민족 간의 관계를 시사하는 내 용들이 다수 있다.

* 金史(世紀)

○ 金의 조상은 말갈씨에서 나왔다. 말갈족의 원명은 물길勿吉이라 불렀다.

○ 물길은 고대 숙신肅愼 땅을 말한다.

○ 金태조 아골타는 '여직女直과 발해渤海는 본래 한 집안'이라 했다.

* 만주원류고(청 건륭황제 때 황실 역사서)[44]

○ 사책史冊에서 또 이르기를 '금나라의 선조는 말갈부鞨部에서 나왔는데 옛 숙신肅愼의 땅이다'라고 하였다. 우리 왕조가 처음 일어났을 때, 구칭 舊稱인 만주滿珠에 소속所屬된 것을 "주신珠申"이라 하였다. 나중에 만주滿 珠라는 칭호를 고쳐 한자로 그대로 번역하는 과정에서 말과 글이 그릇되 어서 만주滿洲로 되었지만 사실은 바로 옛 숙신이요, "주신珠申"은 숙신肅 愼이 조금 변하여 달리 나는 소리이니 강역疆域이 같은 것임이 더 한층 분 명하게 증명되었다고 하겠다.

44 장진근 역주, 《만주원류고》, 파워북(2008), pp34~35, 37

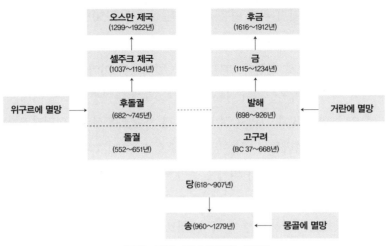

고구려 – 돌궐 – 당과 이어지는 왕조들

○ 우리 왕조가 얻은 성씨는 애신각라愛新覺羅라 한다. 우리나라 말로 금金을 "애신愛新"이라고 하니 금원金源(금나라)과는 갈래가 같다는 증거가 될 수 있다고 하겠다.

○《금사金史·세기世紀》에는 "당나라 때 말갈에 발해왕渤海王이 있어 10여 대를 전하였으며 문자文字와 예악禮樂(문화)이 있었다"고 하였던바, 말갈은 곧 금나라의 선대이니 문자를 가지고 있었다는 말이다.

여진족이 활동한 만주 일대는 고조선·부여에 이어 고구려의 땅이었다. 당나라 시대 돌궐과 고구려는 동맹 관계로 당을 양쪽에서 견제했다. 돌궐이 분열 등으로 멸망한 후 고구려가 나당연합군에 의해 멸망했다. 그러나 돌궐에서는 독립운동이 치열하게 전개되어 돌궐 멸망 30년 만에 영웅 쿠틀룩이 후돌궐을 일으켰다. 한쪽에서 당의 견제 세력이 다시 등장하자, 고구려가 멸망한 만주 지역에서도 30년 만에 후고구려 세력이 일어났다. 이 나라가 바로 영웅 대조영의 발해이다. 30년 만에 당, 후돌궐, 발해의 삼각관계가 다시 형성됐다.

발해의 건국으로 한민족 역사가 만주 일대에서 이어지게 됐다. 우리 역사의 핵심을 이루는 고구려를 이어받은 발해는 이후 거란에 의해 멸망했으나, 발해 땅과 그리고 그 땅에 살던 사람들은 사라져버리지 않았다. 그 땅과 그 사람들이 여진이란 이름으로 불렸다. 그래서 여진족이 세운 금나라, 나아가 청나라 역사를 우리 역사와 뗄 수가 없다는 것이다. 이러한 맥락에서 여진족을 단순히 중국적인 시각으로 북방민족의 하나, 또는 오랑캐로 생각해서는 역사를 제대로 볼 수 없다. 박은식, 김교헌 선생은 금사金史를 한국사에 포함시켜야 한다고 주장했고, 손진태 교수는 여진사와 금사를 한국사에 포함시켰다. 이는 우리의 역사는 한민족의 삶의 흐름이라는 관점에서 시사하는 바가 크다 하겠다.

더 거슬러 올라가보자. 우리 민족의 본류라 인식되고 있는 예맥은 동호, 숙신과 같은 이름으로 만리장성 이북의 동북아시아 지역에 거주하는 민족의 총칭이었다. 이들 중 만주 지역에 남아 있던 숙신은 후일 물길, 말갈, 읍루, 여진, 만주족 등으로 불렸다. 단재 신채호 선생은 《조선상고사》에서 《사기》〈흉노전〉에 등장하는 '동호'는 고조선古朝鮮을 지칭하는 것이라고 밝히고 있다. 그래서 선비는 동호의 후예이고, 선비에서 유연, 북위, 거란, 몽골이 유래한다는 사서와 연구는 우리의 고대사와 관련해 주목해야 할 대목이다. 단재 선생은 "조선족이 분화하여 조선·선비·여진·몽고·퉁구스 등의 종족이 되고, 흉노족이 흩어져서 돌궐, 헝가리, 터키, 핀란드 등의 종족이 되었는데…"라고 쓰고 있다. 청나라를 건국해서 오늘날 중국이 있게 한 여진족 역시 과거 우리와 친연관계가 있다는 것이다.

북방민족은 만주·몽골 일대에서 흥기하여 중원을 지배해온 중추세력으로, 야율아보기의 요나라, 아골타의 금나라, 칭기즈칸의 원나라, 누

발해 토기(좌)와 금나라 토기(우)
(블라디보스토크 박물관)

르하치의 청나라 등으로 맥을 이어왔다. 그 최후의 나라가 청나라이다. 1912년 선통제를 끝으로 청이 망하자, 북방민족의 만주와 중원 지배도 그 막을 내렸다.

이와 같이 지난 2500년간 기마군단으로 활약하면서 세계사를 써온 흉노, 선비, 돌궐, 몽골, 여진의 5개 북방 기마민족이 우리 한민족의 역사와 결코 무관하지 않고 한민족과 끊을 수 없는 관계에 있다는 점에 주목해야 할 것이다.

3

한 북방사학자가 찾아낸
북방제국과 한민족의 놀라운 연결고리

이 장에서는 한민족과 북방민족의 연결고리를 보다 구체적으로 찾아볼 수 있도록 북방민족사학자 전원철 박사의 연구 내용을 함께 소개하고자 한다. 전 박사는 서울대 외교학과를 졸업한 후 미국 아이오와대JD, 뉴욕주립대LLM에서 수학한 미국 변호사로 UN난민판무관실 체첸전쟁 현장주재관으로 일했고 유네스코 한국위원회에서도 근무했다. 그는 29개국의 언어를 구사하는 발군의 언어 능력으로 수많은 고대 및 중세 사서들을 해독하여 한민족과 북방민족과의 관계를 밝히는 데 기여했다. 2015년 6월에 그는《고구려 - 발해인 칭기스 칸 1, 2》을 출간했다.

그는 1240년경에 출간된 현존하는 최고의 몽골역사서《몽골비사》, 몽골 제국의 칸국인 일 칸국의 재상이었던 페르시아인 '라시드 웃딘'이 1310년경 저술한《집사集史》, 몽골 제국의 후예 티무르 제국의 4대 칸 '울룩벡'이 15세기 전반에 저술한《사국사四國史》, 히바 칸국의 '아불가지 바하디르칸'이 17세기에 지은《투르크의 계보》, 그리고 동양 사서 등 수많은 기록들을 연구하고 분석하여 대몽골 제국의 창시자 칭기즈칸을 비롯한 몽골 제국 후예들이 건설한 나라들의 왕가 계보를 밝히고 있다.

뿐만 아니라 돌궐이 몽골 고원에서 물러나 서진하면서 건설한 수많은 투르크 국가의 왕가 계보, 여진이 세운 발해의 후예 금나라와 청나라의 왕가 계보를 일목요연하게 밝혀냈다. 그는 서방 사서에 기록된 칭기즈칸 선조의 '계보'를 동방 및 우리 사서들과 교차 체크하고 그 인물들의 이름 소리, 그들이 살았던 곳의 지명, 활동 시기와 연도, 행적, 족보상의 계보 까지도 하나하나 구체적으로 사서에서 확인하여 칭기즈칸의 계보를 추적했다. 그 결과 사서들의 내용이 서로 정확히 일치했다고 한다.

이러한 연구 결과는 그동안 필자가 연구해온 '흉노-선비-돌궐-몽골-여진' 등 2500년간 세계사를 써온 북방 기마군단이 고조선과 연결되고 고조선의 후예인 한민족과도 깊은 관계에 있다는 내용에 대한 문헌학적인 고증이 될 수 있다고 확신한다.

현재 전원철 박사는 울룩벡이 쓴 《사국사》를 한국어로 번역하는 작업을 하고 있고 필자가 출간을 지원하고 있다. 이 사서는 중세 페르시아어로 쓰였고 그 원본은 하버드대와 옥스퍼드대 도서관이 소장하고 있으며 1994년에 세계 최초로 우즈베키스탄에서 우즈벡어로 번역된 바 있다. 현재 하버드대 도서관으로부터 받은 페르시아어 원본과 우즈벡어 본을 대조하면서 번역을 진행 중이다. 다음은 앞서 언급한 사서들을 통해 전원철 박사가 밝혀낸 사실을 필자가 종합한 내용이다.

기원전 1세기에서 시작하여 700년간 동아시아의 강국으로 중앙아시아와 페르시아, 서방 세계에는 '무크리Mukri' 혹은 '코라이Koorai'라는 이름으로 알려졌던 고구려는 나당연합군의 공격으로 668년 멸망했다. 마지막 왕 고장高藏과 직계 가족은 모두 당나라 장안으로 잡혀갔다. 이때 고구려 땅 백산白山과 속말粟末의 '말-고을鞨羯', 즉 '말 키우는 고을'의 지방통치자 대조영 일가도 포로로 잡혀 당나라 영주(현재 차오양)에서 포로생활을 했다.

거란 추장 이진충李盡忠과 손만영孫萬榮이 반란을 일으키자 이 틈을 타 대조영 일가는 동쪽으로 탈출했고 698년 동모 산에서 진국고려震國高麗(후에 발해)를 세웠다. 대조영은 고구려 왕족의 후예인데 서자 가문이기 때문에 고씨高氏(커씨) 대신 걸씨乞氏(클씨), 곧 대씨大氏를 성으로 사용했다.

건국한 지 채 30년이 못 되어 발해가 고구려 영토를 대부분 수복하자 당 현종은 발해를 약화시키기 위해 흑수말갈(오늘날 아무르강 저편의 러시아 하바롭스크 주)을 발해로부터 분리시켜 당이 직접 통치하려 하였다. 이에 발해 무왕(대무예)은 동생 대문예로 하여금 흑수말갈을 치게 하였으나 친당파인 대문예는 전쟁에 반대하다가 당나라로 망명해버렸다. 이후 대무예의 맏아들이자 왕위 계승자인 대도리행이 당나라에 사신으로 갔다가 갑자기 사망하는 등 두 나라의 관계는 악화일로를 걸었다.

드디어 732년 9월 발해무왕 대무예는 당나라에 전쟁을 선포하고 선

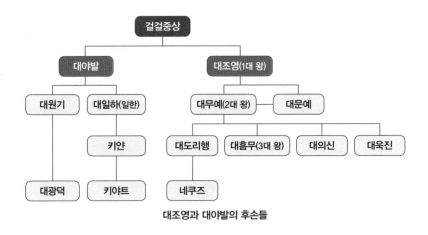

대조영과 대야발의 후손들

제 공격에 나섰다. 압록강 하구에서 출발한 발해군은 장문휴의 지휘하에 당나라 등주登州를 공격하여 등주자사 위준韋俊을 전사시켰다. 이듬해인 733년 당 현종은 당나라로 귀부한 대문예를 앞세워 발해 본토를 공격하게 하고 신라로 하여금 발해 남쪽 국경을 공격하게 하는 등 대반격에 나섰다. 개소문의 증손자인 개복순이 이끄는 당-신라의 연합군과 무왕 대무예의 사촌 대일하(일한)가 이끄는 발해군이 발해의 남쪽 접경 지역에서 맞서게 되는데 전세의 반전으로 대일하가 전사하고 말갈군(발해군)도 전투에서 대패하여 '일한(일하)' 일족이 전멸할 지경에 이르렀다. 이때 '키얀(간)'과 '네쿠즈(님금)' 두 사람이 살아남아 '아르가나 쿤(압록강의 군, "발해서경 압록군")'으로 도망가게 되었다.

오랜 세월이 흐른 뒤, 키얀과 네쿠즈의 자손이 불어나자 '아르가나 쿤'에서 빠져나와 모골(몰골, 말갈, 후에 몽골)의 고향으로 돌아가 칭기즈칸 선조의 부락이 되었다. 이때 키얀의 후손인 '콩그라트(큰고려씨)' 종족이 먼저 '아르가나 쿤'에서 나왔고 이어 나머지 모골(몽골) 종족이 나왔다고 한다.

그런데 콩그라트 종족의 전설적인 시조는 페르시아어로는 '황금 항아리'라는 인물인데 투르크어로는 "알툰 칸(황금 칸)"이고, 그는 바로 《고려사절요》에 나오는 '금행金幸'이다. 금행은 《고려사》에는 "우리나라 평주승 금행今幸"이라고 기록되어 있는데 바로 키얀澗의 손자라고 한다. 기록에 의하면 금행에게는 세 아들이 있는데 '아고래', '함보', '보활리'이다. 이 세 아들이 《고려사》에 나오는 금행의 세 아들이자, 《금사》에 나오는 금金나라 시조 삼형제다.

맏아들 아고래(하고라이, 고구려)는 콩그라트 종족의 시조가 되었고 가장 먼저 '아르가나 쿤'을 나온 콩그라트 종족은 발해의 남쪽 국토 회복을 위해 발해가 신라를 상대로 벌인 전쟁에 참여했다. 칭기즈칸의 부인 부르테 우진('부여 대 부인'의 몽골식 소리)도 이 종족 출신이다.

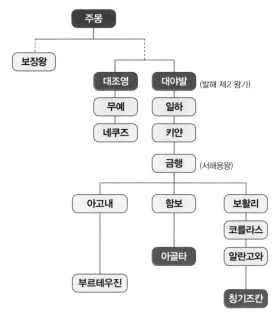

고주몽과 칭기즈칸이 연결되는 가계도

둘째 아들 함보는 예키라스役擎氏 종족의 시조가 된 인물이다. 발해 반안군(길주)으로 들어가 반안군왕이 되었는데 바로 이 함보의 7대손이 후일 금나라를 세우는 '완안 아골타'이다.

셋째 아들 보활리는 함보와 함께 고향 평주를 떠나 함흥으로 들어갔다. 보활리의 3대손이 '코를라스(고려나씨)'인데 이때부터 이 가계는 코를라스족으로 불리게 된다. 이 코를라스 지파에서 '모든 몽골인의 어머니'라고 불리는 몽골인의 조상 '알란고와'가 나왔는데 코를라스의 딸이다. 바로 이 알란고와의 10대손이 세계의 정복자 칭기즈칸이다. 그러므로 칭기즈칸은 대조영의 19대손이 되며 고구려 – 발해의 후손이 되는 것이다. 놀라운 역사적 사실이 아닐 수 없다.

전원철 박사에 의하면 몽골이 고구려 – 발해를 이어받았다는 것은 이름에서도 나타난다고 한다. 몽골은 칭기즈칸 선조의 나라인 '말갈(=물길)', 즉 '말 고을'의 옛 소리인 '몰-고을', 곧 '말馬-고을邑, 城'에서 생긴 말이다. 고구려는 여러 개의 고을(구려)과 '일곱 개의 말갈(말갈)'로 이루어져 커진高 나라 '커구려(고구려)'였고, 결국 '말갈', 곧 옛 소리로 '몰골'이 몽골의 어원이라 한다. 전 박사는 "칭기즈칸은 당시까지 돌궐-투르키스탄으로 불리던 땅의 여러 종족들을 통일한 뒤 자신의 나라 이름으로 '고구려-말갈' 가운데 후자를 선택하여 '말골(몽골, 모골)'이라고 했다"며, "그 이유는 자신의 선조가 바로 말갈(발해) 왕족이었고, 또 그가 나라를 세울 당시에 동쪽에서는 자신과 같은 선조에서 나와 혈통을 나누는 왕건의 '고려(고구려)'가 이미 존재해 있었기 때문"이라고 설명했다. '고려'라는 국명과의 혼동을 피하기 위해 '몰골(말갈)'의 전음인 '몽골'을 자기 국명으로 택했다는 것이다.

몽골 제국이 사라진 후 몽골 제국의 재건을 기치로 중앙아시아에서 티무르 제국을 세운 '티무르'와 인도에서 무굴 제국을 세운 '바부르' 또한 칭기즈칸의 가계이다. 티무르는 칭기즈칸의 3대조 '카불칸'의 형제인 '카촐리 바하두르'의 8대손이다. 따라서 티무르는 칭기즈칸의 방계 5대손이 된다. 바부르는 티무르의 직계 5대손이며 바부르의 모계 또한 칭기즈칸 가문이다. 이렇게 고구려-발해 왕가는 몽골 제국과 티무르 제국, 무굴 제국으로 이어진다.

고려 또한 고구려-발해의 가문이다. 금행에는 금시조 함보 등 세 아들 외에 '용녀'라는 딸이 있었다. 그녀는 '작제건'과 결혼했고 그 손자가 고구려를 건국한 왕건이다. 따라서 왕건 또한 고구려-발해의 후손이다. 그래서 왕건은 "발해는 내 친척의 나라"라고 하고 발해를 멸망시킨 북방의 강력한 신흥마군단 세력인 거란이 보낸 사신을 귀양 보내고 공물로 보내온 낙타는 만부교 다리 아래 묶어 굶겨 죽이면서까지 거란과의 통교를 거부했다. 그는 거란과 통교하지 말 것을 유언으로 남겼고, 〈훈요십조〉에도 포함시켰다. 망명해온 발해 세자 대광현 일행을 자신의 왕씨 족보에 올린 것도 그러한 연유에서다.

금나라를 건국한 함보의 7대손 '아골타'뿐 아니라 후금(후에 청나라)을 건국한 '아이신교로愛新覺羅 누르하치'도 고구려 – 발해의 후손이다. 누르하치는 아골타 가문의 약 20세손이 된다. 청나라 건륭제의 명으로 지은 《만주원류고》에서 청나라 황실은 발해 말갈의 대씨와 금나라 왕가인 완안씨(곧 고려말로 왕씨)의 후손이라고 자처하고 있는데 이는 금의 건국자 아골타가 발해 후손이며 동시에 누르하치의 조상이기 때문이다.

한편 아골타의 7대조 함보에 대해서는 일부 학자가 신라 왕족이라 하는데 함보와 그 부친 금행은 대야발의 5대손 및 4대손으로 신라가 멸망할 시점인 936년대 인물이 아니며 발해가 존재할 당시인 840~850년대의 발해 왕족이라고 한다. 이러한 분석을 종합하면 동아시아에서 나라를 세운 '고구려 – 발해', '고려', '금나라', '대몽골 제국(원나라를 포함하여 4칸국)' 그리고 '청나라'가 모두 한 가계에서 나왔다는 의미가 된다.

한편 고구려 – 발해의 후손들은 서쪽으로 진출하면서 세력을 규합하여 여러 제국을 건설했다. 돌궐 제국은 서쪽으로 이동해 가면서 수많은 투르크 국가들을 건설했는데 이들 중 고구려 – 발해 가계가 리더가 되어 왕조를 세운 나라가 다수 있다. 대조영, 대야발의 4대조는 '오구즈칸'이라는 인물인데 그의 사촌형제들의 후손이 세운 나라가 '위구르 제국'이다. 그리고 오구즈칸의 직계 후손들이 투르크인들을 지휘하여 서진하면서 세운 나라들이 '카를룩', '셀주크 제국', '호라즘샤 제국', '카라한 제국', '가즈나 제국', '맘루크 왕조', '악 코윤루', '카라 코윤루', 그리고 '오스만 제국' 등이라는 것도 밝혀졌다.

셀주크 제국은 960년경 '셀주크 베이'가 오구즈족 일파를 지휘하여 중

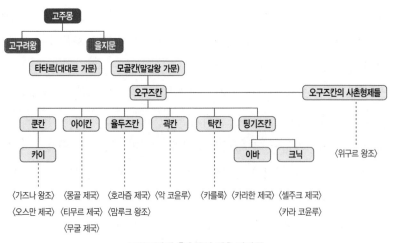

오구즈칸의 후손들이 세운 나라들

앙아시아 일대로 진출했고 '토그릴'이 중동 지역까지 영토를 확대하여 1037년 대셀주크 제국을 출범시켰다. 셀주크는 오구즈칸의 손자인 크닉의 후손이며 토그릴은 셀주크의 손자이다. 이렇게 셀주크 제국은 고구려-투르크계 기마유목민 세력이 중앙아시아와 중동 일대를 지배한 수니파 무슬림 왕조라 한다.

맘루크 왕조는 이집트에 맘루크국을 세워 1250년부터 1517년까지 약 270년간 지배했다. 맘루크국은 흔히 노예 왕조라고 불리는데 이슬람 세계에서는 싸움을 잘하고 용맹한 투르크 군인을 왕가의 노예로 사서 쓰는 관행이 있었다. 이들이 왕조까지 세운 사례가 이집트 이전에도 아프가니스탄의 가즈나 제국(977~1186년), 인도의 노예 왕조(1206~1290년) 등에도 있었다.

전투력을 자랑하는 아시아 기마군단 투르크가 서진하면서 이집트에서는 왕실을 경호하는 군인 용병으로 활동하게 되었는데 맘루크 군단의 '아이벡'이 이집트 술탄을 죽이고 그 자리에 올랐다. 투르크 노예 출신이 이집트의 지배자가 되자 끊임없는 저항이 뒤따랐으나 맘루크 군이 공포의 몽골군단의 침략을 막아내자 왕조의 기반이 확고히 다져졌다.

칭기즈칸의 손자이자 일 칸국의 초대 칸인 훌라구는 이라크를 굴복시키고 연이어 시리아와 이집트를 정복하기 위해 1260년 최강의 기마군단을 이끌고 남하해 왔다. 당시 몽골 제국 입장에서는 시리아와 이집트를 정복하는 것은 세계 정복을 마무리하는 것이었다. 그런데 서방으로 간 고구려 - 발해 왕가 일부가 투르크화한 가문인 호라즘샤 제국을 만든 후 몽골군에 망하자, 그 가문의 일원인 맘루크의 술탄 쿠투즈는 오히려 몽골군을 '아인 잘루트'로 유인해 대승을 거두었다.

이 싸움의 승리로 이슬람 세계는 몽골 제국의 파괴로부터 구원받았고, 유럽에서 닥쳐온 십자군 전쟁도 끝남으로써 카이로는 바그다드를 대신해 이슬람 세계의 중심이 되었다. 1299년에는 일 칸국의 카잔칸이 다시 맘루크국 정복에 나서지만 '나세르 무함마드'가 몽골의 침략을 다시 막아냈다. 전 박사가 분석한 이 왕가들의 '샤자라(족보)' 연구 결과에 따르면 고구려 - 발해 가문의 후예인 칭기즈칸이 대몽골 제국을 건설했고 이들 몽골군단이 이집트에까지 진출하려 했으나 또 다른 고구려 가문의 후예인 맘루크가 이를 막아냈던 것이다. 지금도 이집트 최대의 항구도시 알렉산드리아에 가면 지중해 해변에 '카이트 베이'라는 맘루크 왕조 시대에 세운 기념비적인 성채가 지중해의 파도를 막아내며 위용을 자랑하고 있다.

뿐만 아니다. 오스만 제국은 1299년부터 1922년에 이르기까지 600년 이상 지속된 최강의 투르크 국가였다. 오스만 제국의 시조 오스만 1세는 오구즈칸의 아들 '카이'의 후손으로 오스만 제국 역시 고구려 후예인 오구즈 가문의 나라이다. 오스만 제국은 1402년 앙카라 전투에서 칭기즈칸의 후예 티무르에게 패배한 이후 약 50년간 극심한 침체기를 겪었으

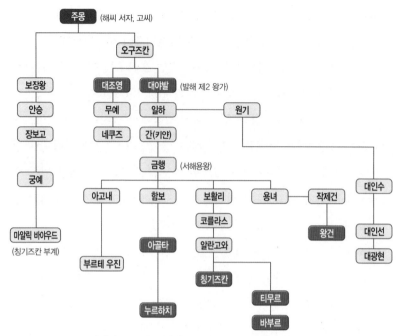

고구려 후손 대조영·대야발에서 몽골·여진으로 이어지는 가계도

나 1453년 무하마드 2세가 동로마 제국을 정복했고, 이후 1517년에는 메카를 점령하여 칼리프의 지위에 올랐다. 술레이만 1세 때 세계 제국을 건설했지만, 18세기 말 이후 쇠락하면서 1차 세계대전 패전 후 오스만 제국의 막이 내린다. 바로 이 오스만 제국의 후예가 1923년 건국된 오늘 날의 터키이며 터키인들이 한국을 '형제의 나라'라고 인식하는 것도 이와 같은 DNA의 배경이 있기 때문일 것이다. 세계 방방곡곡에서 인류의 역사를 바꾼 제국들과 왕국들의 역사에서 놀라운 한국인 DNA 역사가 발견되는 것이다.

고대사를 통해서 보는
한민족

1

한민족 역사 기록의 시작 : 환국, 환인

한민족 역사와 관련한 기록에 처음 나타나는 나라와 통치자라 할 수 있는 이름은 '환국桓國', '환인桓因'이다. 아직까지 유적이나 유물, 관련 사서들에 의해 나라의 존재 시기나 위치 등을 확증할 수는 없으나 여러 사서에서 이 이름에 대한 기록들을 남기고 있다. 따라서 한민족 상고 역사에서 반드시 짚고 넘어가야 할 부분이다.

고려 충렬왕 때 일연(1206~1289년)이 지은 《삼국유사》에서는 다음과 같이 고조선 이전에도 나라 또는 통치자가 존재했다고 기록하고 있다.

"옛 기록에 이르기를, 옛적에 환인桓因이 있었다(제석을 이른다). 서자부에 환웅께서 계셨다. 항상 천하에 뜻을 두었으며, 인간 세상을 탐구하였다. 아버지께서 자식의 뜻을 아시고 삼위태백을 살펴보시니 가히 인간을 널리 이롭게 할 만한 곳이라. 이에 천부인 삼개를 전수하시고, 그 이치로써 다스리게 하였다. 환웅께서 무리 3천 명을 이끌고 가셨다. 태백산 정상(즉 태백은 현재의 묘향산), 신단수 아래로 내려가셨다. 이름하여 신시이며,

환웅천왕이시다."[1]

이 기록은 사학자이자 고고학자인 손보기 교수가 보관하다 연세대에 기증한 조선 초기 간행본인 《삼국유사》 파른본의 내용이다. 한편 서울대 규장각에 보관된 조선 중종 때 간행된 정덕본正德本에는 환인이 환국으로 기록되어 있다.

이와 같이 조선조에 발간된 《삼국유사》의 판본들에서는 두 가지 기록 (환인-환국)이 나타나고 있다. 아마도 조선 시대에는 상고 역사의 시작인 환인, 환국을 같이 인식하고 있었던 데 기인하는 것으로 생각된다.

수산修山 이종휘는 조선 후기 영조·정조 때의 학자로 《수산집》이라는 문집을 남겼다. 이 문집의 일부인 《동사東史》에서 고조선, 삼한, 부여·고구려의 역사와 문화를 다루고 있는데 한국사에서 처음으로 〈단군본기檀君本記〉를 서술했다. 그는 고조선을 신화가 아닌 실존했던 나라로 인식하고 고구려 중심의 고대사를 전개했다. 그리고 환인-환웅-단군檀君-부루夫婁로 이어지는 세계世系를 밝혔다. 고조선 이전에도 세계가 있었다는 얘기다. 다음은 《동사》 〈단군본기〉의 기록이다.

"조선왕 단군의 할아버지는 신인神人 환인桓因이다. 환인에게는 환웅이라는 서자가 있었다. 환웅은 태백산에 살았는데 신웅神熊의 이적으로 박달나무 아래서 (단)군을 낳았기 때문에 단군檀君이라고 이름하였다."[2]

1462년 조선 세조 8년 권람이 쓴 《응제시주應製詩註》는 다음과 같이 기록하고 있다.

"옛 기록에 이르기를 상제上帝 환인에게 서자부에 대인 아들이 있었는데 웅雄이라 불렀다. 아래 세상으로 내려가 교화하고자 뜻이 있었기에

1   전문규, 《실증 환국사 I》, 북랩(2015), p127, 133
2   이종휘 저, 김영심·정재훈 역주, 《동사》, 소명(2004), pp23~24

천부인을 받으시고 3천 명을 거느리고 신단수 아래로 내려 오셨으니 이름하여 환웅천왕桓雄天王이라 불렀다."[3]

영의정을 지낸 조선 후기 현종·숙종 때 문인 남구만은《약천집藥泉集》에서《삼국유사》를 인용하여 환국의 존재를 기록하고 있다.

"《삼국유사》에 실려 있는 옛 기록의 설명에 이르기를 옛적에 환국이란 나라가 있었다. 제석을 이른다. 서자부 환웅께서 계셨다."[4]

조선 영조·정조 시대의 성리학자 유광익은 그의 호를 따서 지은《풍암집화楓巖輯話》에서도《삼국유사》의 환국을 인용하고 있다. 내용은《약천집》과 같다.

조선 중기 중종·인종 시대의 문신인 정황의《유헌집遊軒集》에는 다음의 기록이 있다.

"책상 위의 티끌은 3년의 세월이 두텁게 쌓였구나. 나라의 근본이 하나의 깃발로 휘날리는구나. 어찌 환국을 삼가 기억하지 않겠는가?"[5]

조선 후기 영조·정조 시대의 문신 이복휴는 상고 시대부터의 우리 역사를 시로 읊은《해동악부海東樂府》에서 환국을 기록했다.

"옛 기록에 이르기를 옛적에 환국이란 나라가 있었다. 서자부 환웅께서 계셨다. 환국에는 환인이 계셨고, 환인에게는 환웅께서 계셨다. 부친께서 자식에게 명하기를…."[6]

조선 시대 후기 순조·헌종 시대의 문신 홍경모는 그의 문집《관암전서冠巖全書》에서 다음과 같이 쓰고 있다.

"잡기에 이르기를 조선 이전에 환국이 있었으며, 제석의 서자부에 환

---

3   전문규, 《실증 환국사 I》, 북랩(2015), p36
4   전문규, 《실증 환국사 I》, 북랩(2015), p154
5   전문규, 《실증 환국사 I》, 북랩(2015), p159
6   전문규, 《실증 환국사 I》, 북랩(2015), pp161~162

웅께서 계셨다. 천부삼인을 전수받으시고 그 무리들과 더불어 태백산 아래로 이주하시니라. 그 산 위에 신단수가 있었다. 옛날에 환웅은 신시의 천왕이셨다. 그리고 환웅의 자손이 단군이라 불렀다."[7]

이외에도 고려 충렬왕 13년 1287년에 이승휴가 쓴《제왕운기》,《조선왕조실록(세종, 단종, 성종, 선조, 현종, 영조, 정조편)》,《세종실록지리지》등에도 환인에 대한 기록이 나온다.

아래는 위서 논란이 있으나 주목할 만한 사서들이다. 여기서 환국과 환인의 기록을 살펴보자.

신라 시대 승려 안함로가 지은《삼성기 상三聖記 上》과 고려 공민왕 때 원동중이 지은《삼성기 하三聖記 下》, 고려 말 행촌 이암李嵒이 지은《단군세기檀君世記》, 이암의 현손이며 조선 연산군 - 중종 시대 학자인 이맥李陌이 편찬한《태백일사太白逸史》, 고려 공민왕 때 범장范樟이 저술한《북부여기北夫餘記》등의 사서를 일제강점기인 1911년 계연수가 한 권의 책으로 엮어《환단고기桓檀古記》라고 이름 지었다. 이 사서들에서 기술한 내용은 다음과 같다.

먼저《삼성기 상》의 기록이다.

"우리 환국을 세운 것은 아주 오랜 옛날이다. 한 신이 사백력의 하늘에 있으면서 유일한 신이 되어 밝은 빛을 우주에 비추었다. 이에 권능으로 형체를 변하여 만물을 생기게 하였으며 오래 살면서 그것을 보고 항상 즐거워하였다. 지극한 기를 타고 다니니 묘함이 자연과 어울렸고, 형체가 없이도 보며, 하는 것이 없어도 만들며, 말하지 않고 행하였다.

어느 날 동녀 동남 800명을 흑수와 백산 땅에 내려 보냈다. 이때 환인은 감군이 되어 하늘에 살면서 돌을 쳐서 불을 만들어 음식을 익혀 먹는

7　전문규, 《실증 환국사 I》, 북랩(2015), p163~164

법을 가르쳤다. 이것을 환국이라 하며 환인을 천제환인씨 또는 안파견이라고도 한다. 7세를 이어 내려왔으나 그 햇수는 알 수가 없다."[8]

《삼성기 하》에도 다음의 기록이 있다.

"옛날에 환국이 있었는데, 백성들이 부유하고 또 수도 많았다. 처음에 환인이 천산에 살면서 도를 얻어 오래 살고 몸에는 병이 없었다. 하늘을 대신하여 사람을 교화하여 싸움이 없게 하고 사람들은 스스로 힘을 내어 일을 하므로 굶주림과 추위가 없었다. 혁서 환인, 고시리 환인, 주우양 환인, 석제임 환인, 구을리 환인으로 이어져 지위리 환인에 이르렀다. 지위리 환인을 혹 단인이라고도 한다. 고기에 말하기를, 파내류 산 아래에 환인 씨의 나라가 있었다. 천해 동쪽 땅을 파내류국이라 한다. 그 땅의 넓이는 남북이 5만 리, 동서가 2만여 리인데 이것을 모두 환국이라 한다. … 7세를 이어 그 역년이 모두 3301년인데…."[9]

또 《태백일사》에도 환국 기록이 있다.

"전에 말하기를, 삼신의 뒤를 환국이라 하고 환국은 하느님이 사는 나라라고 하였다. 또 말하기를, 삼신은 환국보다 먼저 있었으며 나반이 죽어서 삼신이 되므로 삼신은 영원한 생명의 근본이다. 사람과 만물이 다 같이 삼신으로부터 나왔기 때문에 삼신을 한 뿌리의 조상으로 삼는다고 하였다. 환인이 삼신을 대신하여 환국의 천제가 되었다." 《삼성밀기》에는 이렇게 기록하고 있다. '파내류 산 밑에 환인 씨의 나라가 있었다. 천해의 동쪽 땅도 파내류국이라 하는데 그 땅의 넓이는 남북이 5만 리 동서가 2만여 리이다. 이것을 통틀어 환국이라 한다'." 《조대기》에 이런 기록이 있다. 옛날에 환국이 있었는데 백성들의 생활이 부유하고 풍족하였

8　계연수 엮음, 고동영 옮김, 《환단고기》, 한뿌리(2006), p14
9　전문규, 《실증 환국사 I》, 북랩(2015), p22

다. 처음에 환인이 천산에 있으면서 도를 얻어 오래 살고 몸을 다스려 병이 없었다."[10]

1675년 조선 숙종 때 북애北崖가 쓴《규원사화揆園史話》에도 관련된 기록이 있다. 《규원사화》는 고려 공민왕 때 이명李茗이《진역유기震域遺記》와 40여 사서를 바탕으로 쓴 것이라 하는데《진역유기》는 예로부터 존재하던 고대 사서《조대기朝代記》를 보고 썼다고 한다. 이 사서는 1972년 국립중앙도서관의 이가원, 손보기, 임창순 3인의 고서심의위원이 1675년에 작성된 진본임을 확인하고 귀중본으로 지정한 책이다.

"상계上界에는 문득 하나의 큰 神(신)이 있었으니 그는 환인이요 온 세상을 다스리는 무량無量한 지혜와 능력을 가지고 있었다."[11]

발해 건국자 대조영의 아우 대야발이 727년에 저술한《단기고사壇記古史》에는 다음과 같이 기록되어 있다.

"환씨전桓氏典에, 동방에 부여족이 태백산 부근에 흩어져 살았는데, 그 중 환인은 관대하고 도량이 커서 가옥의 건축과 의복제도를 시작하고, 아들 환웅을 낳으니, 그 뛰어난 모습을 호걸이라 했다."[12]

이상에서 본 바와 같이 우리나라 상고사와 관련하여 고조선 건국 이전 최초의 나라 또는 통치자로 생각해볼 수 있는 환국 – 환인에 대해 여러 기록이 남아 있다. 한편, 일제강점기의 임시정부 관련 기록에서도 환국桓國이 등장한다. 상해임시정부의 한국독립당 당강黨綱을 보면 국호를 대한민국으로 하고 있는데《삼국유사》의 환국이 바로 韓國이라 한다.(당강해석, 1942년, 조소앙) 또한 상해임시정부 제23주년 3.1절 선언(1942.

---

10   계연수 엮음, 고동영 옮김, 《환단고기》, 한뿌리(2006), p122, 129~130
11   북애 저, 신학균 옮김, 《규원사화》, 대동문화사(1968), p23
12   대야발 지음, 고동영 역주, 《단기고사》, 한뿌리(1986), p23

3. 1.)에서 우리민족은 처음 환국으로 창립한 이래 단군조·부여·삼한·삼국·고려·조선 및 대한민국으로 계승되었다고 밝히고 있다.

단군을 군장으로 하는 고대 국가인 고조선마저도 한편의 민족설화나 신화로 치부되는 상황에서 기록이 남아 있는 단군 이전의 상고 역사는 어떻게 평가받아야 할 것인가 다시 한번 생각해볼 대목이다.

고조선 이전의 동북아 국가의 기록 : 배달국

한민족은 배달민족이라 불린다. 한국학중앙연구원이 편찬한《한국민족문화대백과사전》을 보면 배달은 우리 민족을 지칭하는 용어로 그 연원은 확실하지 않으나 조선 숙종 때 북애가 지은《규원사화》에서 단군檀君은 '박달나라의 임금檀國之君'을 말하며 우리말에 '단檀'을 '박달', 혹은 '백달'이라 한 데서 유래한 것으로 보인다고 설명한다. 또 일각에서는 배달은 밝다는 뜻인 '배(밝)'와 땅을 의미하는 '달'을 합친 말로 동쪽으로 향해 간 것을 의미한다고 한다.

그동안 우리 역사에서 BC 24세기에 건국했다는 고조선을 신화로 취급하고 있으나 고조선 이전에 존재했던 한민족 국가에 대한 기록들이 엄연히 우리 사서에 남아 있다. 배달국의 존재를 나타내는 '배달 - 신시(도읍지) - 환웅(임금) - 청구(국명 또는 지명)' 등에 대한 기록은 일연(1206~1289년)의《삼국유사》, 권람(1416~1465년)의《응제시주》, 유희령(1480~1552년)의《표제음주동국사략》, 홍언필(1530년)의《신증동국여지승람》, 권문해(1534~1591년)의《대동운부근옥》, 허목(1595~1682년)의《기언》, 남구만(1629~1711년)의《약천집》, 홍만종(1643~1725년)의《해동이적》, 유광익(1713~1780년)의《풍암집화》, 이종휘(1731~1797년)의《동사》, 홍경모(1774~1851년)의《관암전서》, 안정복(1778년)의《동사강목》, 이복휴의《해동악부》등이 있다.

앞서 소개한 위서 논쟁이 있는《환단고기》의《삼성기 상·하》,《태백일사》와《규원사화》에는 좀 더 상세한 기록들이 있다.

《삼성기 상》은 "환웅 씨가 그 뒤를 이어 일어나서 하느님의 명을 받들어 백산과 흑수 사이에 내려와 천평에 자정과 여정을 파고 청구에 정지를 만들었다. 천부인을 가지고 다섯 가지 일을 주관하였으며 세상이 하늘의 이치에 맞도록 교화되어 사람을 널리 유익하게 하였다. 도읍을 신시에 세우고 나라 이름을 배달이라 하였다"고 기록하고《삼성기 하》는 "이때 환웅이 무리 3천을 거느리고 태백산 꼭대기 신단수 아래에 내려왔다. 이곳을 신시라 하며 이분을 환웅천왕이라 한다. 풍백·우사·운사를 시켜 곡식과 임금의 명과 형벌과 질병과 선악 등 인간의 360여 가지 일을 맡아 다스리게 하여 세상을 이치에 맞도록 교화하여 인간을 널리 유익하게 하였다", "배달은 환웅이 하늘을 열면서 있은 호칭이다. 도읍한 곳은 신시이며 뒤에 청구로 옮겨 18세를 이어 전하였다. 역년은 1565년이다"라고 한다.[13]

《삼성기 하》는 18세에 걸친 임금(환웅)의 이름과 역년도 소개하고 있다.

《태백일사》는《진역유기》,《삼성밀기》,《삼한비기》,《조대기》등 고대 사서와 중국 사서를 인용했음을 밝히면서 배달국의 역사를 상세히 소개하고 있다. 첫 임금인 환웅천황의 건국기, 태고문자의 시작, 치우천황의

13　계연수 엮음, 고동영 옮김,《환단고기》, 한뿌리(2006), p14, 30

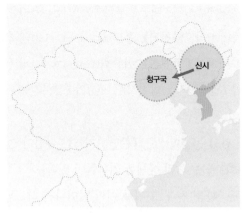

배달국의 추정 위치

탁록대전 등을 기록하고 배달국의 시작인 신시의 개천으로부터 18세를
이어 1565년이 지나 고조선을 건국한 단군왕검이 일어났다고 한다.[14]

《삼성기 상·하》와《태백일사》등의 기록은 고조선 건국 이전에 배달
국이 존재했고 다수의 임금이 대를 이었으며 도읍지가 처음에 신시에서
청구로 옮겼다고 하는 고대 국가의 존재를 설명하고 있다. 이와 관련하
여 중국 랴오닝성과 내몽골 자치구 일대에서 발견된 고조선 이전 문화
인 홍산문명은 이 일대에 존재했던 고대 문명과 고대 국가에 대해 엄청
난 역사적 사실을 증거하고 있어 주목을 끌고 있다. 홍산문화에 대해서
는 후에 다시 기술하겠다.

한편, 배달국 기록과 관련해서 '치우천황'을 빼놓을 수 없다. 치우천황
은 고조선 건국 이전에 동북아에 존재했던 나라의 통치자로 알려져 있
다. 치우천황에 대해서는 중국 사서에도 기록들이 있다. 한나라 무제 시
대의 사관 사마천(BC 145~BC 86)은 중국 역사 25사의 첫 시작인 《사기》

---

14 계연수 엮음, 고동영 옮김, 《환단고기》, 한뿌리(2006), p147

의 〈오제본기〉에서 "치우가 반란을 일으키고 황제의 명을 따르지 않자 황제가 제후들의 군사를 징발하여 탁록의 들판에서 치우를 사로잡아 죽였다"고 기록하고 있다. 유명한 '탁록대전'에 대한 내용인데 치우천황과 전쟁했다는 황제 헌원은 중국 신화에서 삼황三皇에 이어 중국을 다스렸다는 오제五帝의 첫 번째 왕이다. 이 외에도 중국 사서에 치우에 대한 많은 기록이 있다. 《사기》를 비롯한 《관자》, 《태평어람》, 《산해경》, 《후한서》 등에서는 '치우의 형제가 81명이며 몸은 짐승이나 사람 말을 하였다', '구리머리와 쇠로 된 이마를 가졌다', '모래와 돌을 먹었다', '칼·창·큰 활 등 병장기를 만들었다', '쇠를 제련하여 창등 무기를 만들었다'는 전해오는 이야기와 치우 무덤의 존재 위치, 제사 관례를 기록함으로써 치우가 실존 인물이며 철제무기로 무장한 군대를 이끌고 중국과 전쟁을 한 이민족 국가의 통치자라는 것을 밝히고 있다.

《삼성기 하》는 18대 환웅 중 14번째 환웅인 치우천황에 대해 다음과 같이 기록하고 있다.

"또 몇 대를 지나 자오지환웅이라는 분이 있었는데, 신령스러운 용맹이 있어 크게 뛰어났다. 구리 머리에 쇠 이마를 하고 큰 안개를 일으켰으며 구야를 만들어 광석을 캐고 쇠를 녹여 병기를 만들었다. 이에 천하가 크게 두려워하였다. 세상에서는 이를 치우천황이라고 한다. 치우는 천둥치고 큰 비가 내려 산하를 바꾸어놓는다는 뜻이다. 치우천황이 염제신농이 쇠해 가는 것을 보고 큰 뜻을 품고 자주 서쪽으로 군사를 일으켰다. 또 색도로부터 군사를 진격시켜 회대 사이의 땅을 점령하였다. 헌후가 일어나자 즉시 탁록들로 나아가 헌원을 사로잡아 신하로 삼았다. 뒤에 오장군을 서쪽에 보내어 고신을 쳐서 공을 세우게 하였다. 이때 천하는 셋으로 대치하고 있었다. 탁록의 북쪽에는 대요가 있고 동쪽에는 창힐이 있고 서쪽에는 헌원이 있었다. 서로는 자기의 병력을 가지고 오로지 이기고자 하였으나 뜻을 이루지 못하였다. 처음에 헌원이 치우보다 늦게 참전했기 때문에 싸울 때마다 불리하여 대요에 의지하려 하였으나 뜻을 이루지 못하고 또 창힐에 의지하려 하였으나 뜻을 이루지 못하였다.[15]

다음은 《태백일사》에서 밝히는 황제 헌원과의 탁록대전의 내용으로, 중국 사서 내용과 전쟁 결과가 다르다.

"천황은 먼저 항복한 장수 소호를 시켜 탁록을 포위하게 하여 멸망시켰으나 헌원은 그래도 굴하지 않고 끝까지 싸우고자 하였다. 천황은 구군에 동원령을 내려 네 길로 나누어 진격하게 하고 스스로 보병과 기병 3천을 거느리고 곧장 헌원과 탁록 유웅들에서 계속 싸웠다. 이때 군사를 풀어 사방으로 조여 들어가게 하여 베어 죽이기를 수없이 하였다. 또 큰 안개를 일으켜 지척을 분간할 수 없게 하고 싸움을 독려하였다. 적군은 두려움에 손을 떨며 목숨을 걸고 도망쳤다. 100리 사이에는 적의 병마를 볼 수 없었다.", "치우천황이 군대의 진용을 정비하여 사면으로 진격한 지 10년 동안 헌원과 싸운 것이 73회나 되었다. 그런데도 장수들은 피로한 기색이 없었고 군사들은 뒤로 물러설 줄 몰랐다. 뒤에 헌원은 여러 차례 싸워 천황에게 패하고도 더욱 군사를 크게 일으켰다. 심지어 우리 신시를 본받아 새로운 무기와 갑옷을 만들고 또 지남거를 만들어 백번이나 싸움을 걸어왔다. 이에 천황은 불같이 노하여 형제와 종친에게 싸움 준비에 힘쓰도록 하고 위세를 떨쳐 헌원의 군사가 감히 싸울 뜻을 갖지 못하게 하기 위하여 한 판 크게 싸워 한 개의 진을 여지없이 무찌른 뒤에야 싸움을 그쳤다. 이 싸움에서 우리 장수 치우비가 공을 급히 세우려 하다가 불행히 진중에서 죽었다. 《사기》에서 치우를 사로잡아 죽였다는

15   계연수 엮음, 고동영 옮김, 《환단고기》, 한뿌리(2006), pp25~26

것은 이를 두고 하는 말이다."[16]

《규원사화》에는 다음과 같은 기록이 남아 있다.

"이때 헌원이란 사람이 유망이 패하여 달아나고 치우씨가 제위에 올랐다는 소식을 듣고 대신 임금이 되고자 했다. 헌원은 군사를 일으켜 치우씨에게 도전했다. 치우씨는 탁록들에서 헌원을 맞아 크게 싸웠다. 이때 군사를 풀어 사방을 치니 죽은 자가 헤아릴 수 없었다. 또 큰 안개를 일으켜 적군의 마음이 흐려지고 손이 떨려 급히 달아나 겨우 목숨을 건졌다."[17]

치우가 누구인지에 대해서는 《사기》 등에서 '구려九黎의 임금', '구려임금의 호칭은 치우'라고 하고 있다. 즉 중국과 전쟁한 이민족 국가의 통치자로 인식하고 있다. 한국학중앙연구원 박성수 명예교수는 고조선의 역대 단군이 치우를 만고의 무신武神으로 우러러 제사를 지냈고 중국조차 산둥성 궐향성에 있는 치우의 능에서 매년 제사를 올렸다는 기록이 있다고 말한다. 그는 또 귀면와의 도깨비상 주인공은 치우상이며 한국인이 국난이 있을 때마다 우러러 숭상하던 한국인의 장군상이자 병신兵神이라 한다.

치우천황은 탁록대전이 기원전 2600년경의 사건이기 때문에 실존했다면 고조선 이전 인물일 수밖에 없다. 따라서 탁록대전에 관한 역사 기록은 고조선 이전에 동북아에 국가가 존재했다는 것을 시사하고 있는 것이다. 고조선조차 신화로 치부해버리는 우리의 기존 역사 인식의 틀에서는 배달국을 실존 역사로 받아들이기 쉽지 않을 것이다. 그러나 중국은 달라진 태도를 보이고 있다. 그동안 역사 시대를 기록이 남아 있는 주나라 시대인 기원전 9세기경으로 보다가 동북공정을 시작하면서 '하상주단대공정夏商周斷代工程'을 통해 이제는 하나라의 시작을 기원전

16   계연수 엮음, 고동영 옮김, 《환단고기》, 한뿌리(2006), pp145~146
17   북애 저, 고동영 옮김, 《규원사화》, 한뿌리(2005), p37

치우상이 들어 있는 귀면와鬼面瓦
(신라 시대)

중화삼조당: 치우, 황제, 염제상(왼쪽부터)
(데일리월간조선 2010. 10)

2070년으로 설정했고, 치우와 황제가 전쟁을 벌인 탁록대전을 기원전 2600년 전에 있었던 역사적 사실로 인정했다. 1995년 베이징 인근 탁록현에 귀근원歸根苑이라는 절을 세우고 중화삼조당中華三祖堂이라는 사당을 지었다. 이 사당에는 치우, 황제, 염제의 상이 나란히 앉아 있다. 원래 중국인들은 염제, 황제를 자기들의 조상으로 하여 '염·황 후예'라고 해왔다. 중국 하남성 정주시에는 2007년 20년이라는 대역사 끝에 염황 이제二帝의 조각상이 세워진 바도 있다. 그러나 역사 공정의 진행 과정에서 동이족의 왕이자 한민족의 조상인 치우천황을 염제, 황제와 함께 중화 문화의 공동 시조로 영입해버렸다. 우리가 기원전 24세기에 존재했던 고조선을 신화로 인식하고 있는 사이에 고조선 이전 배달국 시대에 활약했던 동이족 지도자를 중국인의 조상으로 둔갑시켜버린 것이다. 물론 이러한 역사 공정의 배경은 황하 문명 등 중국이 주장해온 그들의 고대 문명보다 훨씬 앞선 시기에 꽃피웠던 홍산문화의 유적이 내몽골, 랴오닝성 일대에서 발견되었기 때문이다.

3

한민족 최초의 국가, 고조선

1. 고조선에 대한 우리 사서의 기록들

고조선에 대한 역사 기록, 특히 단군에 대한 기록은 남아 있는 것이 별로 없다. 고려 때 일연이 지은 《삼국유사》에서 기록한 단군 기록은 다음과 같다.

"2000년 전쯤 단군왕검이 아사달에 도읍을 세웠다. 나라를 열어 조선이라 불렀는데, 요 임금과 같은 때이다. … 그때 곰과 호랑이가 굴에 같이 살고 있었다. 그들은 늘 환웅 신에게, '우리를 사람으로 만들어 주세요'라고 빌었다. 환웅 신은 신령스런 쑥 한 다발과 마늘 스무 낱을 주고서, '너희들이 이것을 먹고 100일 동안 햇빛을 보지 않으면 사람의 모습을 얻게 될 게야'라고 말했다. 곰과 호랑이는 받아서 그것을 먹고 21일을 꺼렸다. 곰은 여자의 몸이 되었다. 그러나 호랑이는 제대로 꺼리지 못해 사람의 몸이 되지 못하였다. 곰 아가씨는 누구와 혼인할 상대가 없었다. 잉태하고 싶어 늘 신단수 아래에서 빌었다. 이에 환웅이 사람의 몸으로 나타나 혼인하고 잉태하여 아들을 낳으니, 단군이라 불렀다. … 단군왕검은 요 임금이 즉위한 지 50년 곧 경인년에 평양성에 도읍을 정하고, 비로소 조선이라 불렀다. 또 도읍을 백악산 아사달로 옮겼는데, 궁홀산弓忽山이라고도 하고 지금은 달達이라고도 한다. 1,500년 동안 나라를 다스렸다. 주나라 무왕이 즉위한 기묘년(기원전 1122년)에 기자箕子를 조선의 왕으로 보냈다. 단군은 이에 장당경藏唐京으로 옮겨 가고, 뒤에 아사달로 돌아와 숨어 산신이 되었는데, 1,908세를 살았다."[18]

고려 충렬왕 13년(1287) 이승휴가 저술한 서사시 《제왕운기》의 〈전조선기前朝鮮記〉 내용은 다음과 같다.

"처음에 어느 누가 나라를 열었던고
석제의 손자로, 이름은 단군일세
요임금과 같은 무진년에 나라 세워
순임금 시대 지나 하나라까지 왕위에 계셨도다
은나라 무정 8년 을미년에
아사달산에 들어가서 신선이 되었으니
향국이 1천 하고 스무여덟 해인데
그 조화 상제이신 환인桓因이 전한 일 아니라."[19]

한편 앞서 소개한 대로 영·정조 시대의 학자 이종휘는 기전체 사서인 《동사》에서 〈단군본기〉를 설정하고 다음과 같은 내용을 기록하고 있다.

---

18 고운기, 《정말 우리가 알아야 할 삼국유사》, 현암사(2006), pp14~18
19 김경수 역주, 《제왕운기》, 역락(1999), pp134~135

"단군 시대에는 동쪽 문명국인 우리나라에 임금이 없어서 백성들이 어리석은 상태였고 금수와 더불어 무리지어 살았다. 이때에 단군이 백성들에게 편발개수를 가르치니 비로소 임금과 신하, 남자와 여자의 분별과 음식과 거처에 절도가 있게 되었다. 이때는 도당시가 중국에서 나라를 세운 때인데, 비로소 단군이 개국하게 되었으니 대체로 무진년이라 한다. 9년 동안 이어지는 홍수를 당하여 팽오에게 높은 산과 큰 내를 정하게 하고 우수에 이르러 백성의 터전을 정하였다. 단군은 대체로 나이 수천 세에 죽었다. 아들 부루扶樓가 왕이 되어 갑술년에 도산에서 하우씨에게 조회하였다. 부루 이후는 세계와 연보가 없어져 전하지 않는다. 어떤 기록에서는 단군이 죽지 않고 상나라 무정 을미년에 아사달산에 들어가 신선이 되었다고 하였다. 또 어떤 기록에서는 주나라 때에 당장지경으로 기자를 피해갔고, 나이는 천여 세였다고 하였다. 단군은 평양에 거처하였는데, 은주의 교체기에 후세 자손이 백악산 아래로 옮겼으니 단군이 즉위한 지 1,508년이었다. 기자가 8조의 가르침으로 동쪽 문명국인 우리나라를 이어서 다스리니 우리나라의 풍속이 바르게 되었다."[20]

이외에 앞서 소개한 위서 논쟁이 있는 고대 사서들에는 단군조선의 역사가 보다 구체적으로 기록되어 있다.《단군세기》(《환단고기》의 일부),《규원사화》,《단기고사》에는 단군이 47대를 이어왔다 하며 역년과 치적을 기록하고 있는데 서로 상이한 내용들도 있다. 예를 들면,《단군세기》,《단기고사》에서 고조선 역년은 2096년, 규원사화에서는 1205년이라 기록하고 있다.《한국민족문화대백과》에서는《환단고기》는 한국상고 시대의 정치와 종교를 서술대상으로 하는데 이 책을 어떠한 관점에서 수용하는가에 따라 한국 고대사에 대한 인식은 현저한 차이가 나게 된다고

20 이종휘, 《동사》, 소명출판(2004), pp24~26

한다.《규원사화》는 주로 전승되어온 민속자료에 의해 엮어진 것으로 상고사의 역사 자료로서 가치를 지닌다기보다는 한국 문화의 저류를 이어온 민속적 역사 인식의 한 모습을 보여준다는 점에 가치를 지니고 있다고 한다.《단기고사》는 발해본과 한문본이 전하지 않고 국한문본만 남아 사료적 가치가 의문시되고 있으나 다른 상고 사서와 비교해 그 기본 틀이 다르지 않아 면밀한 분석과 재평가가 요망되는 사서라고 한다.

2. 한국사 교과서에 통용되어온 고조선 역사

우리나라 학계에서는 고조선이나 단군에 대한 기록이나 역사는 신화라는 관점에서 인식되어 왔다. 먼저 그동안 주류 사학계에 의해 지지되어 왔고, 우리가 국사 교과서에서 배워온 고조선의 영역과 연대, 한사군의 위치에 대해 소개한다.

가장 오래된 역사학술단체인 진단학회가 편찬한《한국사(고대편)》에서는 고조선에 대해 '단군설화의 해석과 아사달사회', '재래 소위 기자조선의 정체와 주위 제종족 및 연·진·한의 관계', '위씨조선과 한 제국의 동방침략'의 순으로 설명하고 있다. 여기서는 단군의 개국 시기가 요堯시대라는 것은 민족적 자존심이나 비슷한 고대 명칭을 꼬투리로 삼은 것이라 설명하고 단군이 도읍하였다는 '아사달'은 지금의 평양 부근으로 비정하고 있다. 따라서 한나라에 의해 위씨조선이 멸망하고 한사군을 세운 위치 또한 대동강 지역을 비롯한 한반도 북부라 한다.[21] 이것은《삼국유사》등이 말하는 기원전 24세기 고조선 개국설은 설화이며 고조선은 훨

---

21 진단학회 − 이병도·김재원 편저, 《한국사(고대편)》, 을유문화사(1980), pp67~91

썬 이후에 한반도 북부에 있었던 군
소세력이라는 뜻이다. 진단학회를
이끌어온 전 서울대 이병도 교수는
《한국고대사연구》에서 한사군이 한
반도 북부에 위치하고 있는 '동방
한사군현도'를 싣고 있다.

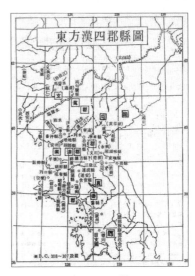

전 서강대 이기백 교수가《한국
사신론》에서 밝히는 고조선도 크게
다르지 않다. 그는 한반도와 만주
등지의 청동기 시대는 대체로 기원
전 10세기에서 기원전 4세기까지
계속되었다고 보았다. 부여, 예맥,

한사군 위치[22]

임둔, 진번 등과 더불어 여러 성읍국가의 하나인 랴오허와 대동강 유역
의 고조선은 기원전 4세기경에는 중국에까지 그 존재가 알려질 정도로
성장했다고 한다. 고조선은 기원전 4세기 말 연의 세력에 밀리면서 점점
쇠약해갔고 기원전 194년 위만이 고조선의 준왕을 축출하고 스스로 왕
이 되었다. 그 후 기원전 108년 한이 위만조선을 멸망시키고 한사군을
설치했으며 그 위치는 낙랑군이 대동강 유역의 고조선 지방, 진번군이
자비령 이남 한강 이북의 옛 진번지방, 임둔군이 함남의 옛 임둔지방, 현
도군이 압록강 중류·동가강 유역의 예 지방이었다.[23]

전 서울대 한우근 교수는《한국통사》에서 다음과 같이 기술하고 있다.

"청동기 문화가 遼河 유역에서 대동강 유역으로 번져감에 따라서 이

22   이병도, 《한국고대사연구》, 박영사(1981), p98
23   이기백, 《한국사신론》, 일조각(2015), pp30~36

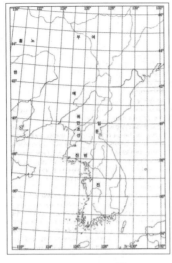

위만조선 시대도[24]

지역의 여러 부족 국가는 하나의 부족 연맹체를 형성하게 되었다. 遼河 유역을 중심으로 하여 대동강 유역에까지 걸쳤던 이 부족 연맹 세력은 '檀君王儉'이라고 일컫는 군장을 그들의 시조로 받들게 된 곰 토템 씨족의 족장 세력이 그 맹주가 되었던 것이다. 이것이 古朝鮮의 부족 연맹 왕국이었다. 이 세력은 그 지역에 있어서의 지석묘 건조연대에 비추어, 늦어도 기원전 4세기 경에는 형성되었으리라고 생각된다.", "이때에 燕人인 衛滿은 천여 명을 이끌고 고조선으로 망명하여 왔다. 고조선의 北境을 수비하겠다는 그의 약속에 따라 고조선 왕準은 그에게 그 지방을 봉하여 주었다. 그가 이같이 하여 북방 수비의 임무를 맡고 있는 동안에 유이민 집단의 세력을 키워서 그것을 배경으로, 드디어 고조선 왕을 몰아내고 스스로 고조선 지방의 지배자가 되었다. 왕準은 남하하여 '辰國'으로 가서 스스로 '韓王'이라고 일컬었다고 한다. 이것은 대체로 기원전 194년에서 108년 사이에 일어난 일이다.", "이 4郡의 위치에 대해서는 고조선의 그것과 마찬가지로 지금으로서는 매우 유감스러우나 확실하게 단정하기가 어렵다. 어떤 학자는 樂浪郡의 治所가 된 고조선의 수도王儉城는 바로 平壤이라 하고, 따라서 한사군의 영역을 한강 이북의 지역으로 보는 데 대하여, 고조선과 한사군의 영역을 요동 지방에 비정하는 주장이 여러 학자에 의해서 강조

---

24   이기백, 《한국사신론》, 일조각(2012), p35

되고 있기 때문이다."

그는 고조선의 연대를 기원전 4세기경으로 보고 있으며 한사군의 위치에 대해서는 평양 부근설과 요동 지방설을 다 소개하고 있다.

전 서울대 변태섭 교수는 《한국사통론》에서 다음과 같이 설명하고 있다.

"우리나라에서 가장 먼저 국가 형태를 갖춘 것은 대동강 유역에 자리잡은 고조선이었다. 이곳은 이미 청동기 시대에 성숙한 군장 국가를 이루고 있었으니, 그것은 檀君朝鮮의 건국 건설로부터 알 수 있다. 단군신화에 대한 기록은 고려 후기 一然이 지은 《三國遺事》가 처음이지만 그 신화는 고대로부터 古記의 내용이었을 것으로 짐작된다.", "고조선의 정치적 중심지를 대동강 유역으로 본 종래의 전통설에 대하여 근래에는 만주의 요령 지방으로 보는 견해가 대두되고 있다. … 그러나 위씨조선의 수도 왕검성이 함락되고 漢이 설치한 樂浪郡의 郡治와 그 관하인 조선현이 대동강 유역임은 부정할 수 없는 사실이다. 이에 따라 고조선 이동설이 제기되어 처음 요령 지방에 있었던 중심지가 뒤에 대동강 유역으로 옮겨졌다는 것이다. … 이것은 초기의 고조선 중심지는 요령 지방이었지만 뒤에 대동강 유역으로 옮겨왔다는 견해인데 상당히 설득력이 있다. 고조선이 초기 국가 형태로 발전한 것은 청동기 시대 말기인 기원전 5~4세기경으로 생각된다."[25]

요약하면 고조선은 기원전 24세기 국가가 아니라 기원전 5~4세기에 형성된 국가이며 고조선 후기 영역은 대동강 유역이라는 것이다. 한국교원대학교에서 지은 《아틀라스 한국사》는 고조선의 존재 시기에 대하여 다음과 같이 말한다.

25　변태섭, 《한국사통론》, 삼영사(1998), pp60~62

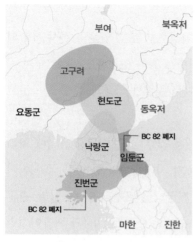

한사군 위치(BC 108)

"고조선은 기원전 7세기 무렵부터 기원전 108년 한나라에게 멸망할 때까지 존속한 우리 민족 최초의 나라를 가리킨다"라고 한다. 또 고조선의 위치에 대해서는 "처음 한반도 대동강 유역에 자리잡은 고조선은 점차 국가로 성장하면서 세력을 넓혀 요동 지역까지 관장하게 되었다"라고 하며 한사군에 대해서는 "한나라는 고조선 땅에 '군'이라는 식민지, 즉 한군현을 만들었다. 군 밑에는 현을 두고 한인漢人 군 태수와 현령을 보내 식민 통치를 하였다"라고 기술하고 있다.[26]

이상과 같이 그동안 주류 사학계에서는 대부분 고조선이 대동강 중심의 한반도 북부 지역에 존재했다고 보고 있다. 고조선의 국가 형성 연대도 《삼국유사》 등이 밝힌 기원전 24세기를 인정하지 않고(따라서, 신화일 수밖에 없다고 주장) 기원전 4~5세기경에 와서야 국가가 성립된 것으로 보고 있다.

3. 고조선에 대한 주류 학계의 학설을 부정하는 학설

그동안 통용되어온 주류 사학계의 고조선에 대한 역사적 시각과 전혀 다른 논리를 전개해온 연구들이 있다. 고조선의 연대, 영역, 한사군의 위

---

26 한국교원대학교 역사교육과, 《아틀라스 한국사》, 사계절출판사(2009), p22, 25

치 등 우리 고대사의 주요 이슈와 근본적으로 다른 연구 내용이다.

단재 신채호 선생은 1931년에 저술한 《조선상고사》에서 단군왕검의 년대를 기원전 2천년 이전으로 기술한다.

"乃往二千載, 有檀君王儉, 立都阿斯達(내왕이천재, 유단군왕검, 립도아사달:2000년 전에 단군왕검이 아사달에 도읍을 세웠다)'이라고 하였으므로, 고구려 건국 이전 2000년이 단군왕검의 원년元年이고, 삼국 시대 중엽까지도 '신수두'를 신봉하여 단군이 거의 정치상 반半 주권을 가져서 그 시작에서 끝날 때까지가 2천 몇백 년은 될 것이니, 어찌 1000년만으로 계산하겠는가."

영역과 관련해서는 고조선에는 3인의 대단군이 있어 대왕大王인 '신한'은 하얼빈을 중심으로 만주 지역, 부왕副王인 '말한'은 평양을 중심으로 한반도 북부, 또 다른 부왕인 '불한'은 개평을 중심으로 발해만 지역을 다스렸다고 한다. 신·말·불 세 한이 삼경에 나뉘어 주재하면서 조선을 통합 운영하였다는 것이다.

"대단군의 삼경三京은, 그 하나는 지금의 하얼빈哈爾濱이니, 고사古史에 부소갑扶蘇岬 혹은 비서갑非西岬 혹은 아사달阿斯達로 기록된 곳이며, 그 둘은 지금의 해성海城·개평蓋平 등지로서 고사에 오덕지五德地 혹은 오비지五備旨 혹은 안지홀安地忽 혹은 안시성安市城으로 기록된 곳이며, 그 셋은 지금의 평양平壤이니, 고사에 백아강百牙岡 혹은 낙랑樂浪 혹은 평원平原 혹은 평양平壤으로 기록되어 있는 곳이다."

한편, 기원전 10세기경부터 대략 500~600년 동안은 대단군 조선의 전성 시대였으며 기원전 4세기경에 삼조선으로 분립되었다 한다. "삼조선三朝鮮은 곧 세 '한'이 분립한 뒤에 서로 구별하기 위하여 '신한'이 통치하는 지역은 '신朝鮮'이라 하였고, '말한'이 통치하는 지역은 '말朝鮮'이라 하였으며, '불한'이 통치하는 지역은 '불朝鮮'이라 하였던 것이다.",

"삼조선三朝鮮이 분립하기 이전에는 '신한'이 전 조선을 통치하는 대왕大王이 되고 '말'·'불' 양 '한'은 그 부왕副王이었으므로, '신한'이 '으스라'에 주재할 때에는 '말'·'불' 양 '한'의 둘 중 하나는 '펴라'에, 다른 하나는 '아리티'에 머물러 있으면서 지키고, '신한'이 '아리티'나 '펴라'에 주재할 때에는 '말'·'불' 양 '한'은 또 다른 두 서울京에 나뉘어 머물러 있으면서 지켰다.", "그러면 무엇에 근거하여, 저들의 기록에 보이는 조선朝鮮들을 가지고 이것이 '신朝鮮'이니 '말朝鮮'이니 '불朝鮮'이니 하는 구별을 하는가? 《사기》 조선전에는, 위만이 차지한 '불朝鮮'만을 '조선'이라 쓰고, '신朝鮮'은 '동호東胡'라 칭하여 흉노전에 넣었으니, 이제 《사기》 흉노전에서 '신조선'의 유사遺事를, 조선전에서 '불조선'의 유사를 주워오고, 《위략》이나 《삼국지》의 동이열전東夷列傳의 기록을 교정校正하여 이를 보충하고, '말朝鮮'은 중국에서 멀리 떨어져 있어서 중국사의 붓 끝에 오른 적은 적으나 마한馬韓·백제의 선대先代는 곧 '말조선' 말엽의 왕조이니, 이로써 '삼조선三朝鮮'이 나뉘어 갈라진 역사의 대강을 알 수 있을 것이다.", "기원전 4세기경에 '신·말·불' 삼조선이 분립한 것이다. '신朝鮮'은 성姓이 해씨解氏이니, 대단군大壇君 왕검王儉의 자손이라 불리는 자이며, '불朝鮮'은 성姓이 기씨箕氏이니, 기자箕子의 자손이라 불리는 자이며, '말朝鮮'은 성姓이 한씨韓氏이니…".[27]

이상과 같이 단재 신채호 선생은 고조선 연대에 대해 《삼국유사》에서 말하는 연대를 인정하고 고조선의 영역은 만주, 한반도, 요동 및 요서 지역에 걸친 대제국이었음을 밝히고 있다. 한사군에 대해서는 고조선열국을 침략한 후 한군현을 세우려는 계획에 불과하여 진번·임둔군은 설치된 바가 없고 후에 명창만 폐지하였으며 현토·낙랑 두 군은 한반도 평양

27　신채호 저, 박기봉 옮김, 《조선상고사》, 비봉(2007), pp108~122

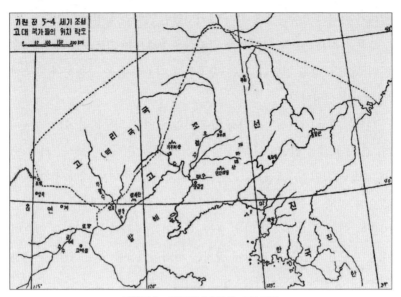

기원전 5~4세기의 고조선(고조선 연구)

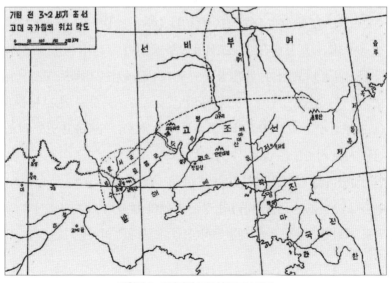

기원전 3~2세기의 고조선(고조선 연구)

일대가 아니라 요동군내에 잠시 설치되었던 것이라 설명하고 있다.

북한 사회과학원의 역사학자 리지린은 1962년《고조선연구》를 저술하여 새로운 장을 열었다. 그는 중국의 고대문헌 등을 고증하여 고조선의 위치를 설명한다.

"《관자》에서 기원전 7세기경 고조선의 령역은 의무려산(오늘의 료서지역) 좌우에 걸쳐 있었다고 주장할 근거가 있게 된다.", "중국의 가장 오랜 지리 서적인《산해경》은 고조선의 위치를 조선 반도 내에서 찾을 수 없으며 발해 연안에서 찾아야 한다는 근거를 제공해준다.", "《전국책》 자료에 의하면 고조선 령역은 오늘의 우리나라 령역으로 될 수 없으며 대체로 오늘의 료동과 료서에 걸치는 지역이었음을 알 수 있다. …《사기》에도 동일한 기록이 있는 바 … 사마천도 고조선을 오늘의 우리나라 령역으로 본 것이 아니라 료동과 료서에 걸치는 지역으로 인정했다고 우리는 해석할 수 있다", "이상과 같이 전국 시대의 중국 문헌, 자료는 우리에게 고조선 령역을 압록강 이북에서 찾아야 할 근거를 제공해 주고 있다." 또한 그는《사기·조선렬전》,《한서·조선렬전》,《삼국지·위지 동이전》등을 보더라도 고조선이 오늘날 한반도에 위치했다고 주장할 근거가 없다고 한다. 한편 당대 이후 정사들에서는 대체로 고조선이 오늘의 우리나라 영역(한반도)에 있었던 것으로 기록하고 있으나 후대의 요사(遼史)는 고조선의 위치를 오늘의 요동으로 기록하고 있고 청조 건륭 시대 사가들은 많은 사람들이 고조선의 위치를 오늘의 요동으로 인정하였다고 밝히고 있다(《구당서》199권,《후한서》1권,《성경통지》10권,《만주원류고》2권 등). 이후 연나라의 장군 진개의 침략 등으로 고조선의 영역도 기원전 3세기 초에 대변동이 있었다 한다.[28] 리지린의 논증은 기

---

28 리지린,《고조선연구》, 과학원출판사(1989), pp11~21, 44(1989년 국내 출판사 열사람에서 재출간)

원전 5~4세기 경까지는 고조선의 영역이 동쪽으로 지금의 하북성 난하灤河에까지 이르렀으나 기원전 3세기경 연나라 장수 진개秦開에게 1~2천여리의 영역을 빼앗겨 요녕성 대릉하大陵河까지로 축소된 것이며 한사군지역인 낙랑군도 지금의 평양이 아니라 요동지역에 있었다고 요약된다.

구소련 과학아카데미의 역사학자 '유 엠 부찐'은 1982년 러시아판《고조선 – 역사·고고학적 개요》를 출간했다. 그는 중국 사서 등을 분석하여 고조선의 영역을 밝히고 있다.

"패수는 한대에 조선과 옌(燕 : 필자 주)의 경계가 되는 강으로서의 역할을 한다. 따라서 친(秦 : 필자 주)의 옛 황무지 혹은 버려진 땅이 공식적으로 조선에 속해 있었다는 사실은 더욱 분명해진다. 이러한 기록에 의거하여 다음과 같이 단정할 수 있다.

① 패수는 한이 한때 옌에 속했던 동쪽의 일부 지역을 포기했던 시기에 조선과 한의 국경이었다. 그리고 만번한은 옌이 가장 번성했던 시기에 조선과 옌의 경계였다.

② 옌과 치齊의 옛 영지로부터 온 피난민들과 야만인, 즉 조선인들이 거주하였던 친의 옛 영토는 패수의 동쪽에 있었다.

③ 옌을 대신하였던 친의 옛 땅이 패수의 동쪽으로 확장되었기 때문에, 패수는 만번한보다 서쪽에 위치했다.

④ 고조선의 수도(왕검성이 아님)는 한漢 왕조가 열리기 이전에 중국에 속했던 지역에 위치할 수 없다.

⑤ 고조선은 한 왕조 초기에 중국에서 일어난 분쟁을 이용하여 잃어버린 땅의 일부를 회복하였다. 따라서 패수는 기원전 283년의 전쟁 전에는 옌과 조선의 옛 국경에서 그리 멀지 않은 곳에 위치했음에

틀림없다."

또 이어서 "고조선은 확실히 랴오뚱 지방의 대부분 지역, 지린古林 지
방의 대부분(지린의 서북과 동쪽 지역 제외), 한반도 북부(함경북도의 북쪽 지역과
강원도의 남쪽 지역 제외)를 포함하고 있었다고 할 수 있다"라고 쓰고 있다.
한편 고조선의 연대와 관련해서는 고고학적 분석을 통해 "기원전
2000년대 후반은 초기 청동기 시대로, 기원전 1000년대 전반은 후기 청
동기 시대로 볼 수 있다는 것이다. 즉 후기 청동기 시대에 고대의 역사서

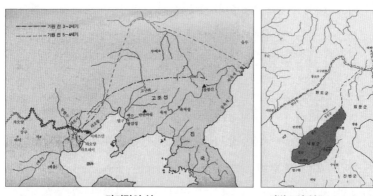

리지린의 설 **이병도의 설(낙랑군 = 고조선)**

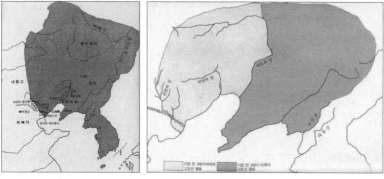

윤내현의 설 **유 엠 부찐의 주장**

에 나오는 고조선 문화가 형성되었던 것이다"라고 주장하고 있다.[29]

중국 사서를 연구한 러시아 학자의 고조선 연구에서도 고조선의 영역은 요동·요서 지역, 만주, 한반도 북부 지역을 망라하였다고 밝히고 있다. 고조선의 연대도 한국 주류 사학계보다 훨씬 이른 시기로 보고 있는 것이다.

'유 엠 부찐'은 동 저서에서 여러 역사학자들이 주장하는 고조선 영역에 대해 다음과 같이 비교하고 있다.

전 단국대 윤내현 교수는 1994년에 발표한 《고조선연구》에서 기존의 국내 사학계와는 다른 새로운 고조선 역사를 기술한다.

다음은 고조선의 강역과 국경 그리고, 연대에 대해 밝힌 내용이다.

① 고조선 후기인 서기전 5세기경부터 서기전 2세기경까지의 고조선 서쪽 국경은 지금의 난하灤河와 갈석산碣石山 지역이었으며, 중국에 서한西漢이 건국된 후에는 국경이 서한지역으로 이동되어 확대되었다.

② 고조선 전기와 중기의 서쪽 경계와 관련하여서는 서기전 12세기 이전부터 난하 유역은 고조선의 강역에 포함되어 있었으며, 고조선 초부터 난하 유역은 중국의 강역이 아니었던 것만은 분명하며 고조선의 영향력 아래 있었을 가능성이 크다.

③ 고조선의 연대와 관련하여서는 《삼국유사》와 《제왕운기》에 개국 연대로 기록된 연대는 현재의 고고자료만 가지고도 충분히 성립되며 고조선의 건국 연대는 서기전 2300년보다 내려오지는 않는다.[30]

29 유 엠 부찐 저, 이항재·이병두 옮김, 《고조선 역사·고고학적 개요》, 소나무(1990), pp31∼32, 41, 241

30 윤내현, 《고조선연구》, 일지사(2004), p180, 195, 137

고조선 후기의 강역도(윤내현)

윤내현 교수는 주류 사학계의 고조선사와 완전히 다른 입장을 취하고 있으며 신채호·리지린·유 엠 부쩐의 학설과 일맥상통하고 있다. 그는 이렇게 상반된 한국 고대사의 두 가지 체계가 존재하는 데 대해 《제왕운기》와 《고려사》의 문헌 기록 때문이라 한다. 이에 대해서는 따로 소개한다.

사료 중심의 우리 고대사를 연구하는 심백강 박사는 고조선 건국 연대와 관련하여 "《산해경》에는 '발해의 모퉁이에 나라가 있으니 그 이름을 조선이라 한다'고 하였다. 《산해경》의 이 기록에 따르면 오늘날의 발해만 부근에 있던 고대 국가는 고조선이었다. 《산해경》에서 말한 고조선의 위치와 요서에서 발굴된 하가점하층 문화의 분포 범위가 서로 정확히 일치한다. 우리는 요서 일대에 분포된 하가점하층 문화는 동아시아 문명의 서광인 홍산문화를 이어 4000년 전 동아시아에서 최초로 건국한 고조선이 남긴 유적이라는 결론에 도달하게 된다. 따라서 《삼국유사》와 《제왕운기》에 나타나는 4000년 전 단군이 고조선을 건국했다는 기록은 고고학적으로도 증명이 되는 역사적 사실이라고 하겠다"라고 말했다.

또한 고조선의 강역과 관련해서는 "고조선의 서쪽 강역은 전국 시대 이전에는 산동성 동부 일부와 하북성 서북부, 중남부를 포괄하였다. 연나라의 전성기에 하북성 서북부와 동북부 일부를 상실하였으나 진·한시대에 중원이 혼란한 틈을 타서 다시 회복하였다. 위만조선이 멸망하고 한 무제가 논공행상을 할 때 유공자들에게 나누어준 봉지를 보면 압록강 유역의 지명이 아니라 산동성 동부에 있는 지명들이 나타난다. 이는 한나라 때 오늘날 산동성의 동부가 고조선 영토에 포함되어 있었다는 사실을 반증하는 유력한 증거라고 하겠다"라고 말했으며, 이어 "근래 비파형 동검의 출토 상황을 살펴보면 산동성 동부, 하북성 서북부, 서남부, 만주와

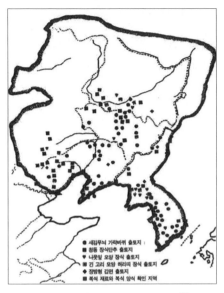

복식 비교를 통한 고조선 영역 연구[31]

한반도 일대를 망라하고 있다. 서쪽으로는 중국의 하북성 보정시 망도에서부터 동쪽으로는 한국의 전라남도 보성군과 경상남도 진주 등지에 이르기까지 실로 한반도, 요동반도, 산동반도를 아우르는 광범위한 지역에서 비파형 동검이 출토되고 있다. 이러한 비파형 동검의 출토지는 문헌에 기록된 고조선의 강역과 일치하며 고고학적으로 고조선 영토의 범위를 뒷받침하는 유력한 증거라고 하겠다"라고 했다.[32]

그는 연구를 통해 기원전 24세기 고조선 건국이 신화가 아닌 역사적 사실이며 고조선 영역도 만주, 한반도, 요동 및 요서 지역 일대에까지 이르렀다고 결론을 내렸다.

31 박선희, 《남북학자들이 함께 쓴 단군과 고조선연구》, 지식산업사(2006), p77, 129
32 심백강, 《미래로 가는 바른 고대사》, 미래로 가는 바른 역사협의회(2016), p21, pp30~31

한편, 심백강 박사는 현재 북경시 북쪽에 있는 조하潮河는 북송 시대까지 조선하潮鮮河였으며 바로《사기》〈조선열전〉에서 말하는 연나라와 조선의 국경이며 나중에 한나라와 조선의 국경이기도 한 패수浿水를 의미한다고 한다. 고조선의 국경이 북경 인근에 있었다는 의미이다.[33]

상명대 박선희 교수는 한국 고대복식연구를 통해 고조선의 영역을 추정했다.

"한반도와 만주 지역에서 출토된 복식 자료 가운데 출토량이 비교적 풍부한 가락바퀴, 나뭇잎과 원형모양의 장식, 긴 고리모양의 허리띠 장식, 갑편 등이 그 문양이나 양식에서 공통성을 지니면서도 중국이나 북방 지역의 것과 많은 차이점을 가지고 있다는 사실을 고찰하였다." 저자는 복식 재료도 유사하다는 점을 밝히고 같은 복식을 생산하고 사용했던 사람들이 공통의 귀속 의식을 가진 하나의 국가에 속한 주민들이라 보았다. 앞의 그림은 이 연구 결과, 저자가 확정한 고조선 강역 지도이다.

4. 고조선을 보는 두 가지 시각

앞서 본 바와 같이 고조선을 보는 사학계의 입장은 고조선 역사의 핵심이라 할 수 있는 '고조선의 강역'과 '고조선의 연대'를 보는 시각에서 크게 차이가 난다. 고조선 연대에 대해서는 고고학적 유물·유적 등을 통해 《삼국유사》 등에서 기록한 바대로 기원전 24세기경으로 보는 견해와 기원전 4~5세기경에 성립한 국가라는 주장이 맞서고 있다. 고조선의 강역에 대해서는 시대에 따라 변천했겠으나 고조선이 대동강의 유역을 중심

---

33   심백강 편저, 《되찾은 고조선》, 바른역사(2014), pp36~37

으로 한반도 북부에 존재하였다고 보는 입장과 한반도, 만주, 요동 및 요서를 포괄하고 있었다는 입장이 명확히 갈라진다. 이러한 견해 차이는 한사군까지 이어져서 한사군의 위치에 대해서도 한반도 존재설, 요서 지역 존재설 등으로 나뉠 수밖에 없게 한다. 이러한 입장 차이의 근본 원인은 무엇일까? 윤내현 교수는 《고대문헌에 보이는 한국고대사의 두 가지 체계(고조선 연구 제1호, 2008)》라는 논문을 통해 이러한 두 가지 입장이 나타난 배경을 다음과 같이 설명하고 있다.

① 한국 고대사의 두 가지 체계

윤내현 교수는 "《삼국유사》 고조선조에는 기자조선이 단군조선의 중심부에 위치하지 않았고 그 서부에 있었다고 말하고 있다. 이와 달리 《제왕운기》에는 기자조선이 단군조선의 뒤를 이어 그 중심부에 위치했던 것으로 기록되어 있다"라고 했다. 즉, 《삼국유사》와 《제왕운기》에 나타나는 한국 고대사 체계는 매우 큰 차이가 있다는 것이다. 그 결과, 한국과 중국 문헌에는 한국 고대사에 대해 완전히 다른 두 가지의 체계가 존재하게 되었다. 《삼국유사》에 따라 '고조선(단군조선) → 열국 시대로 이어지는 체계'와 《제왕운기》에 따라 '고조선(단군조선, 진조선) → 기자조선(후조선, 준왕) → 위만조선(위만, 우거) → 한사군 → 열국 시대'로 이어지는 체계가 그것이다. 한국 고대사에 대해 완전히 다른 두 역사 체계가 나뉘게 되었으니 둘 중 하나는 잘못된 것일 수밖에 없다는 것이다. 이 두 가지 체계를 좀 더 살펴보자.

② 《삼국유사》 - 기본 사료 체계

이 체계는 주로 중국 문헌에서 확인되며 《삼국유사》 〈고조선조〉 내용과도 같다. 윤내현 교수는 "《삼국유사》와 중국 기록에 나타난 한국 고대사 체계는 고조선이 한반도와 요동·요서 지역을 활동 무대로 하여 계속 존속하다가 중앙의 통치력이 약화되자 여러 나라로 분열되어 열국 시대가 출현한 것이 된다. 그리고 기자조선·위만조선·한사군 등은 고조선의 중심부에서 일어난 사건들이 아니라 고조선의 서부 변경邊境 지대, 즉 지금의 요서 지역에서 일어난 사건들로서 이들은 한국사의 주류가 될 수 없는 것이다"라고 했다.[34]
그는《한서》,《진서》등에서 기자조선이 지금의 하북성 창려현 난하유역의 갈석산 부근에 있었다는 사실이 확인된 점 등을 논거로 들었다.

단군조선	→	열국 시대
기자조선 → 위만조선 → 한사군		

③《제왕운기》-《고려사》체계

오늘날 통용되는 한국 고대사 체계는《제왕운기》에 뿌리를 두고 있다. 앞서 설명한《삼국유사》-기본 사료 체계와는 전혀 다른 내용의 역사가 전개된다. 오늘날 주류 사학계가 받아들이는 한국 고대사 체계는 단군조선 → 준왕 → 위만조선(위만, 우거) → 한사군 → 열국 시대의 체계인데 앞서 본《제왕운기》체계에서 기자조선의 존재만 부인하고 그 자리에 준왕을 대신 등장시켰다.

34 윤내현,《고조선연구 제1호》,〈고대문헌에 보이는 한국 고대사의 두 가지 체계〉, p89, 94

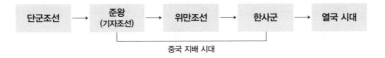

단군조선 → 준왕 (기자조선) → 위만조선 → 한사군 → 열국 시대

중국 지배 시대

윤내현 교수는 중국 문헌에 따르면 《삼국유사》-기본 사료 체계가 명확한데도 불구하고 《제왕운기》와 《고려사》를 통해 기자조선이 한국 고대사 체계에 들어오면서 한국 고대사에 왜곡이 일어나게 되었다고 설명한다. 즉 한민족 국가인 고조선에 상나라 제후였던 기자가 상이 주에 멸망하자 고조선에 들어와 단군조선을 이어받게 된 것이다. 또 위만이 기자의 후손인 준왕의 정권을 빼앗아 위만조선을 세우고 한나라가 위만조선을 멸망시키고 한사군을 설치한데 따라 기자조선-위만조선-한사군이 한국 고대사의 주류에 들어오게 되었다고 설명한다. 이 역사 체계에서는 고조선(전조선)·기자조선(후조선)·위만조선을 삼조선이라 부르고 지금의 평양이 도읍지였고 한사군도 같은 지역에 있었으며 열국 시대가 그 뒤를 이었다고 주장한다.

이렇게 한국문헌의 한국 고대사 체계가 중국 문헌의 기록과 다르게 나타나는 것은 고려 시대에 기자를 고조선의 뒤를 이은 통치자로 잘못 등장시킨 데서 비롯되었다고 한다. 기자조선과 위만조선 그리고 한사군은 고조선 서부변방에서 일어난 역사적 사건으로 한국 고대사의 주류 체계가 아니라는 것이다.

고조선의 연대 문제와 강역 문제는 한국 고대사의 핵심이자 기본 골격이다. 앞서 소개한 학자들의 연구와 주장들 외에도 학계에서는 서로 다른 두 입장을 견지하는 깊은 연구들이 있었고 또 지금도 계속되고 있다. 앞으로 현존하는 한국 및 중국 사서는 물론 한민족 활동 무대였던 중앙아시아와 유라시아 대초원의 역사 기록 등 우리 역사와 관련된 수많은 고대 사서를 엄밀하게 재해석해야 한다. 그리고 동북아 일대와 유라시아 대초원 등에서 발굴되어 한민족 고대사를 유추할 수 있는 수많은 고대 유적과 유물 등에 대한 연구와 고증을 통해 우리의 역사를 복원해 나가야 한다. 1960년대 이후 중국의 홍산 지역에서 쏟아져 나와 세계를 놀라게 하고 있고 지금도 발굴이 계속되고 있는 고대 유적과 유물들은 앞으로 고조선 역사를 해석하는 데 중요한 역할을 할 수 있을 것으로 기대된다. 이 부분은 다음 장에서 다시 논하고자 한다.

4

고조선 멸망 후 전개된 열국 시대

BC 24세기에 탄생한 한민족 고대 국가 고조선은 기원전 5~4세기까지는 강성한 국가였으나 기원전 3세기 초에는 연나라의 진개의 침공으로 서부 영토를 잃고 세력이 약화되기 시작했다. 이후 기원전 2세기에는 연나라 위만衛滿과의 전쟁, 서한西漢(전한前漢)과의 전쟁이 이어지다가 고조선은 소멸되고 한민족에 의한 열국列國 시대가 전개된다.

단재 신채호 선생은 《조선상고사》에서 고조선은 기원전 4세기경 진조선辰朝鮮(만주), 불조선卞朝鮮(요서), 말조선馬朝鮮(한반도)의 삼조선으로 분립하였으며 이후 열국 시대가 전개되었다고 밝히고 있다.

신조선 지역에는 해부루解夫婁가 동부여東扶餘를 건국하여 후에 동북부여, 동남부여로 분리되었고, 해부루와 동족인 해모수解慕漱는 북부여北扶餘를 건국했다. 해모수와 서민 출신의 유화柳花 사이에 아들 추모鄒牟(주몽)가 태어났으나 장자로 인정받지 못했다. 추모는 해모수에 이어 왕좌에 앉은 금와왕에 쫓겨 졸본부여로 가서 과부이자 실력자인 소서노召

西努를 만나 결혼한다. 연타발延陀勃의 딸로 재산을 상속받은 소서노에게는 전남편 우태優台와의 사이에 비류沸流와 온조溫祚 두 아들이 있었다. 추모는 소서노와 함께 흘승골 산위에 도읍을 세워 국호를 '가우리'라 하고 이두자로 高句麗(고구려)라고 썼다. 추모왕 사후 유류왕과 대주류왕이 차례로 왕위를 잇고 대주류왕은 동부여와 낙랑국을 정복한다.

평양을 수도로 한반도 지역에 있던 말조선은 후에 마한馬韓으로 국호를 바꾸고 남쪽의 월지국月支國으로 천도하게 된다. 마한이 월지국으로 옮겨간 뒤에 평양에는 최씨가 일어나 낙랑국을 세움에 따라 마한은 임진강 이북의 땅을 잃게 된다. 한편 중국과 흉노의 난을 피해 신조선과 불조선의 유민들이 마한지역으로 이동해오자 신조선 유민에게는 낙동강 연안 오른편에 진한부辰韓部를 세우게 했고 불조선 유민에게는 연안 오른편 일부지방을 갈라 변한부卞韓部를 세우게 했다. 이 진한부와 변한부는 나중에 각각 신라와 가야로 이어졌다. 한편 고구려에서 추모왕의 친자인 유리왕이 왕위를 잇게 되자 소서노와 비류·온조 두 아들은 고구려를 떠나 낙랑국을 지나 마한으로 들어가 미추홀彌鄒忽과 하남위례홀河南慰禮忽등지를 얻어 소서노가 왕이라 칭하고 백제百濟를 건국했다. 소서노 사후 비류는 미추홀을 온조는 하남위례홀을 차지하여 동·서 백제로 나누어졌다. 비류 사후에 온조로 다시 통일이 되었고 이후 온조는 마한을 정복하고 백제의 기틀을 닦았다.

요서 지역의 불조선에는 기원전 194년 연나라 왕 노관과 한편인 위만이 귀화해 들어와 불조선왕 기준箕準(준왕)에 의해 등용되었다. 그러나 위만이 반란을 일으켜 준왕의 도성 왕검성을 습격해 정권을 차지했다. 기준왕은 위만에 맞서 싸우다 전세가 불리해지자 궁인들과 잔병들을 거느리고 해로를 따라 마한의 왕도인 월지국으로 들어가 그곳의 왕이 되었다. 이후 성을 한씨라 하여 자손에게 전하던 마한은 온조의 백제에 의

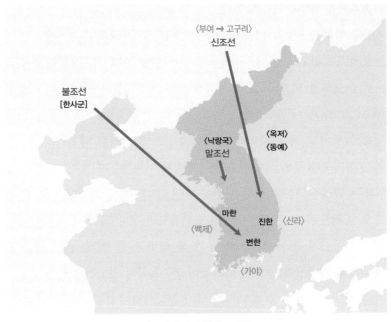

삼조선 유민의 한반도 이주

해 멸망했다.

　윤내현 교수가《새로운 한국사》에서 기술하고 있는 고조선에 이은 열
국시대를 요약하면 다음과 같다.

　고조선은 많은 거수국渠帥國을 거느린 거수국제국가渠帥國制國家(중국식
으로는 봉국제국가封國制國家) 형태였다. 고조선 서쪽 변경 난하灤河유역에
기자箕子일족이 이주해와 고조선의 거수국이 되어오다 준왕 때 서한을
피해 망명해온 위만에게 정권을 빼앗겼다. 이후 기원전 108년 중국의 한
무제漢武帝가 위만조선을 공격하여 멸망시키고 그 자리에 낙랑군·진번
군·임둔군의 세 개군을 설치하고 여세를 몰아 고조선 서부를 침략하여
랴오허까지 차지해 기원전 107년에는 현도군을 설치했다. 이렇게 고조
선은 위만조선·서한과의 전쟁 그리고 이어지는 내부사회의 동요로 기원

전 100년을 전후해 붕괴되었다.

이에 따라 요서遼西 지역에 있었던 고조선 거수국들이 요동遼東 지역으로 이동해왔고 단군이 통치능력을 상실함에 따라 거수국들이 독립국으로 변모하게 되었다. 요서 지역에 있던 거수국들과 주민들이 랴오허 동쪽으로 대거 이동하면서 동부여·고구려·읍루(숙신이 명칭을 바꾼 이름)·동옥저·동예·최씨 낙랑이라는 예전 이름으로 나라를 세웠다. 요서 지역 정치세력과 주민들이 랴오허 동쪽에서 이동해오자 그 지역 주민 중 일부는 연해주, 시베리아와 한반도 등지로 이주하게 되었다. 이러한 변화 끝에 랴오허 동쪽의 만주 일대와 한반도의 정치세력은 동부여·읍루·고구려·동옥저·조선·최씨낙랑국·동예·대방국·한·백제·신라·가야 등의 나라로 재편성되었다. 이 나라들이 민족통합과 영토전쟁을 거쳐 고구려·백제·신라·가야 등 네 나라가 남아 한국사의 주류를 이루게 되었다.

이상에서 고조선의 붕괴와 열국의 형성 과정을 개략적으로 보았다. 고조선이 한민족 국가로 이어지는 과정에 대한 설명이다. 고조선 붕괴 후 고조선 지역에서 열국들이 일어났고 이 열국들은 다시 우리의 고대사의 중심축을 이루는 고구려·신라·백제·가야로 이어진 것이다.

이와 같이 고조선의 후예들은 만주지역과 한반도에서 한국사의 고대 국가들을 건설했고, 발해만 일대와 만주에 살던 한민족은 기원전 2세기경부터 한반도에도 대거 이주했다. 그래서 고조선은 우리 역사며 한민족은 고조선의 후예인 것이다.

홍산문화의 대발견과 한민족 고대사

1. 발해만 요하 일대에서 발견된 고대 문화의 유적

'요하遼河(랴오허)'는 만주 지방 남부 평원을 흐르는 총 길이 1400km에 이르는 강이다. 대흥안령 산맥 남부에서 발원해서 동쪽으로 흐르는 시라 무룬강西拉木倫河이 라오하강老哈河과 합하여 서요하를 이룬다. 서요하 는 장백 산맥에서 발원한 동요하와 합하여 요하가 되어 발해만으로 흘 러 들어간다. 요하가 흐르고 있는 요녕성과 내몽골 자치구 남부 지역 일 대에서 신석기 시대에서부터 초기 청동기 시대에 이르는 기간의 놀라운 고고학적 유물들이 쏟아져 나왔고 지금도 발굴이 계속되고 있다.

이곳에서 전개된 문명을 '홍산紅山문화'라 하는데, 학자들에 따라서는 이 일대의 문명을 '요하문명'으로 부르기도 한다. 협의의 홍산문화는 이 지역 문명유적 중 기원전 4500년에서 기원전 3000년 시대의 문화를 지 칭하는 것이 일반적이다. 또 학자에 따라서는 홍산문화를 선先홍산문화,

발해만 일대 지형도

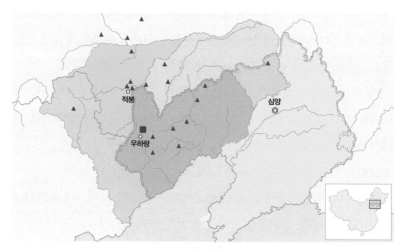

홍산문화 발굴 지역

협의의 홍산문화, 후後홍산문화 등으로 구분하기도 한다.

넓은 의미의 홍산문화는 이집트·메소포타미아·인더스·황하 문명보다 1000~2000년 이상 앞서는 기원전 7000년까지 거슬러 올라가는 세계 최고最古의 신석기 문명까지 포함하며 1908년 일본 학자에 의해 처음 발견되었다. 1960년대 이후 요하 지역 일대에서 유적 발굴이 본격 착수되면서 수많은 고대유물이 쏟아져 나왔다. 특히 1980년대 들어 우하량 유적 등 협의의 홍산문화 유적지가 발굴되면서 세계 최고最古문명의 실체가 드러나게 되었다. 이 지역에서 발굴된 유적지를 보면 다음과 같다.

선홍산문화(신석기 시대)

① 소하서小河西 문화(기원전 7000~기원전 6500년)는 1987년 츠펑 시 남부의 현급 도시인 오한기敖漢旗(아오한기)의 수십 곳에서 발굴되었다. 기원전 7000년까지 올라가는 동북 지역 최고最古의 신석기 문화 유적이다. 이곳에서는 주거지와 생활도구, 무덤, 그리고 동북 지역 최고最古의 흙으로 만든 얼굴상(도소인면상)이 발굴되었다.

② 흥륭와興隆洼 문화(기원전 6200~기원전 5200년)는 1982년 이래 츠펑 시 오한기 흥륭와촌에서 발굴된 소하서 문화를 잇는 문화 유적이다. 흥륭와 유적에서는 동북아시아에서 가장 오래된 신석기 시대 집단주거지가 발굴되었는데 해자까지 두른 대규모 유적으로 '중화원고제일촌中華遠古第一村'이라 명명했다. 최초의 용형상물인 '저수룡猪首龍'도 이곳에서 발굴되었다. 또 세계 최초의 옥玉귀걸이 등 옥기가 무덤 등에서 발굴되었는데 이 옥기의 재료가 '수암옥'으로 발굴 장소로부터 남동쪽으로 500km나 떨어진 요녕성 수암현에서 나온 옥으로 만들어졌다는 것이 입증되었다. 수암은 고대 한민족 표지 유물인 고인돌이 다수 발견된 곳으로 홍산문화 주인공들의 연

흥륭와 유적지

결 범위를 추정하게 하는 중요한 단서이다.

③ 사해查海 문화(기원전 5600~기원전 4000년)는 1982년 의무려산 동쪽의
요녕성 부신(푸신, 阜新)에서 발견되어 지금까지 발굴이 계속되고 있
다. 수많은 석기와 함께 흥륭와 유적지가 발견되기 전까지 가장 오
래된 세계 최초의 옥귀걸이가 발굴되었다. 또 요하 일대에서는 용
의 형상물이 꾸준히 발굴되었는데 1994년 사해유적지에서 기원전
5600년경으로 추정되는 돌로 쌓은 용의 형상물인 석소룡石塑龍을
발견하여 '중화제일용中華第一龍'이라 부른다.

④ 부하富河 문화(기원전 5200~기원전 5000년)는 1962년 츠펑 시 북쪽의

조보구 문화 – 봉형도배鳳形陶杯

시나무룬강 유역인 통료시 파림좌기 부하구문에서 발굴되었다. 신
석기 시대의 대규모 집단 주거지와 함께 빗살무늬 토기 등 토기와
수많은 석기들이 발굴되었다. 특히 중국에서 그동안 발굴된 복골
(동물뼈를 불에 구워 점을 치던 골복풍습을 나타내는 유물)보다 훨씬 이른 시
기의 복골이 발견되어 관심을 집중시켰다. 동이족의 고유 문화유산
인 복골의 원천이 밝혀지게 된 것이다.

⑤ 조보구趙寶溝 문화(기원전 5000~기원전 4400년)는 1986년 츠펑 시 오
한기 조보구촌에서 발굴된 9만m²에 달하는 유적이다. 세계 최초의
봉황모양의 토기가 나와 '중화제일봉中華第一鳳'이라 명명했다. 여
기서는 빗살무늬 토기와 세석기 등 동이족이 활약하던 지역의 특징
을 나타내는 신석기 유물들이 발굴되었다. 또 그림이 그려진 채도
彩陶가 처음으로 발견되었는데 그 연대가 황하 유역의 앙소 문화(기
원전 4500~2500년)의 그것보다 이른 시기여서 문명이 요하 지역에서
황하 지역으로 이전된 것으로 추정해볼 수 있는 단서가 된다. 요하
지역 채도는 황하 문명으로부터 온 것이 아니라 오히려 이곳에서

황하로 이전되었다는 것이다. 이와 관련하여 항공대 우실하 교수는 "조보구 문화의 채도가 '서아시아, 중동 지역 → 천산과 알타이산 사이 → 몽골 초원 → 대흥안령 남단 → 요서 지역'이라는 길을 따라 독자적으로 전래되었을 가능성도 있다는 것입니다. 서아시아 일대의 채도가 앙소 문화 지역으로 전래되는 길과는 다른 길이 가능한 것입니다"라고 밝히고 있다.[35]

협의의 홍산문화 (홍산문화 – 동석병용기 시대)

요하문명 유적지는 요하 지역 일대에 산재해 있으나 협의의 홍산문화 (기원전 4500~기원전 3000년)는 내몽골 자치구인 츠펑 시 일대에서 대규모로 발굴되었다. 츠펑 시는 내몽골 자치구 동남부에 위치한 직할시로 면적이 90만 km²로 우리나라의 약 9배에 달하는 방대한 지역이다. 츠펑 시내 홍산구의 시가지 한가운데에 거대한 바위산이 있는데 바로 홍산 紅山이다. 홍산문화의 최초 발견지가 츠펑 시에 있어서 이 시기의 문화 유적군이 홍산문화라 지칭되고 있다. 홍산문화는 내몽골 자치구 지역인 츠펑 시와 그 남쪽 요녕성 지역인 조양, 능원, 건평, 객좌 등지에서 다수 발굴되었다. 이중 기념비적인 발굴지가 우하량牛河梁 (뉴허량) 유적지이다.

우하량 홍산유적은 1930년대 중반 당시 만주를 차지했던 일본인들이 발굴을 시작했고 이후 1979년 우하량에서 약 50km 떨어진 객좌현 동산취東山嘴 마을에서 원형제단, 여신상 등 중국 최초의 원시 종교유적과 도기, 석기, 옥기 등의 유물이 발견되었다. 이 동산취유적의 연대는 기원전 3500년경으로 당시 존재했던 고대 국가의 공적인 제사터 유적으로

---

35   우실하, 《동북공정너머 요하문명론》, 소나무(2010), p148

우하량 유적지 제1지점   우하량 유적지 제2지점   우하량 유적지 여신묘의 여신상

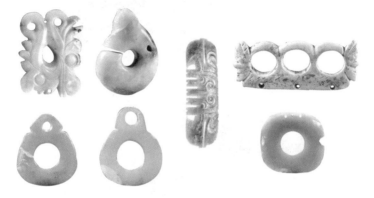

우하량 유적지 옥 유물

소하연 문화 토기

우하량 유적지

홍산문화의 발굴을 보도하는 중국 〈인민일보〉(1986. 7. 28.)

추정하고 있다.

한편 1983년부터 1985년 사이에는 조양시 남서쪽의 능원凌源시에 있는 우하량 마을에서 대대적인 유적지 발굴이 이뤄졌다. 이곳에서 제단, 여신묘, 적석총, 피라미드, 돌로 쌓은 사각형 모양의 광장 등 놀라운 고대문화 유적이 대거 발견되었다. 그 연대는 기원전 3630(±110)년으로 거슬러 올라간다. 동산취 유적보다 더 앞선 시기의 유적이다. 그런데 이 유적들은 계급의 분화와 사회적 분업이 이루어진 수공업 경제의 존재를 입증하고 고대 국가(중국학자들은 古國이라 한다)의 모습을 보여주어 학계를 깜짝 놀라게 했다. 특히 중국의 입장에서는 북방오랑캐인 동이족의 땅에서 중국 국가 역사를 훨씬 앞서 초기국가단계 문명이 존재했다는 것은 충격 그 자체였을 것이다.

후홍산문화(동석병용기 시대 – 청동기 시대)

① 소하연小河沿 문화(기원전 3000년~기원전 2000년)는 1874년 오한기의 소하연 마을에서 발굴되었다. 오한기를 비롯한 네이멍구와 요녕성 일대에 넓게 분포된 소하연 문화는 후後홍산문화로 분류되며 신석기 시대와 청동기 시대를 잇는 동석병용기 시대의 유적으로 협의의 홍산문화와 초기 청동기 시대인 하가점하층 문화 시대를 연결하는 무덤 양식이다. 이곳에서는 농경 시대의 주거지, 토기, 동물상 등이 발굴되었고 후대 동이족의 나라 상나라의 갑골문의 전신이라 할 수 있는 원시상형문자가 등장했다.

② 하가점하층 문화(기원전 2000년~기원전 1500년)는 요하 지역에서 발굴된 청동기 시대 전기문화로 내몽골 자치구 츠펑 시의 하가점촌에서 최초로 발견되어 그 지역 이름이 붙여졌다. 하가점하층 문화는 홍산문화-소하연 문화를 잇는 청동기 시대 문화로 연산燕山 남북의 넓은 지역에서 발굴되었다. 북쪽으로 시라무룬강, 동쪽으로는 의무려산 서부, 서쪽으로는 하북성 일부까지 남쪽으로는 발해만까지 분포한다. 하가점하층 문화는 조양시에서 가장 많이 발굴되었는데 유적지가 1,300여 곳이라 한다.

하가점하층문화 채도

**츠펑에서 출토된(BC 16~11세기)
상나라 시대 청동솥**

비파형 동검

복골

한편 하가점하층 문화 지역 중 연산 이북 지역에서는 하가점상층 문화가 새로이 형성되는데, 기원전 1500년~300년경 문화 유적이다. 이들은 북방 기마유목민들의 청동기 시대 문화와 밀접한 관계에 있다. 하가점하층 문화 유적지에서는 수많은 유적과 유물이 발굴되었으며 특히, 한민족의 표지 유물인 빗살무늬 토기, 돌무덤, 비파형 동검, 복골 등이 발굴되어 한민족의 최초 국가인 고조선과의 연결 관계가 주목되었다.

홍산문화 유적지에 대해서는 2부에서 기술하는 홍산문화 답사 기행편에서 좀 더 상세히 소개하겠다.

2. 홍산문화와 한민족의 고대사

홍산문화의 다양한 유적과 유물은 이 문화를 일구어낸 사람들이 한민족 역사와 긴밀한 관계가 있다는 것을 보여준다. 발굴되는 수많은 유적·유물의 특징, 연대, 유적지의 지정학적 위치 등에 비추어 이곳에서 형성된 고대 문화는 중국의 고대 문화와는 다른 만주와 한반도로 연결되는 문화권이라는 것을 보여준다.

홍륭와 유적에서 발굴된 옥귀걸이 등 옥유물은 한반도와 연결된다. 홍륭와 문화의 옥유물 재료는 수암현에서 온 것인데 수암은 홍륭와 유적지에서 남동쪽으로 500km나 떨어진 곳으로 압록강에서는 서쪽으로 불과 130km 떨어졌다. 이것은 요하 일대의 신석기 문화의 주인공들이 예·맥족이 살던 땅 요동 지역과 연결된 사람들이라는 것을 보여준다.

이종호 박사는 "뉴허랑 지역의 신비의 왕국에서 발견된 결상이식과 같은 형태의 옥귀걸이가 한반도 중부인 강원도를 비롯해 한반도 남부에서 발견되었다는 것은, 당대의 홍산문화가 한반도 전 지역에 영향을 미쳤다는 것의 단적인 증거라고 볼 수 있다"[36]라고 밝히고 있다. 한편, 항공대 우실하 교수는 다음과 같이 설명한다. "결국 홍륭와 문화 시기와 같거나 앞선 시기에 동해안 문암리와 남해안 안도패총에서도 비슷한 옥귀걸이가 나온다는 것입니다. 문암리 것은 중국 장강유역이나 일본 열도보다 최소한 1000년 이상 앞서는 것입니다. 이러한 사실은 기원전 6000년경에는 요서, 요동, 연해주, 한반도가 동일 문화권이었다는 것을 보여주는 것이라고 저는 보고 있습니다."[37]

---

36 이종호, 《유적으로 보는 우리 역사②》, 북카라반(2015), p44
37 우실하, 《동북공정너머 요하문명론》, 소나무(2010), p119

흥륭와 문화 옥귀걸이

흥륭와 유적 등에서 요하 일대는 빗살무늬 토기가 다수 출토되었는데 우실하 교수는 이에 대해 "빗살무늬 토기와 세석기는 요하 일대 신석기 문화에서는 대부분 보이는 것이지만, 황하 일대에서는 보이지 않는 북방 문화 계통입니다. 흥륭와의 주도 세력들은 중원에도 영향을 미쳤겠지만, 기본적으로 빗살무늬 토기가 전파되는 길로 이동한 세력임을 알 수 있습니다. 결국 기원전 6000년 당시부터 이미 한반도와 중국 동북 지역 일대를 엮는 발해만 연안은 중원과는 다른 독자적 문화권을 형성하고 있었다는 것을 보여주는 것입니다. 이들이 바로 후대의 예·맥족으로 이어지는 것입니다"[38]라고 말했다.

이종호 박사는 요하 지역의 빗살무늬 토기에 대해 "큰 틀에서 랴오허 지역 일대는 홍산문화 이후 하가점하층 문화-고조선 문화로 이어지는데 이들 지역의 기본 유물은 빗살무늬 토기다. 반면에 중국의 도기는 채도彩陶에서 흑도黑陶, 다시 백도白陶로 전승되어 우리의 토기와는 다른 길을 걷는다"[39]라고 했다.

부하문화에서 발굴된 복골도 동이족의 전유물인 골복의 전통을 보여준

38 우실하, 《동북공정너머 요하문명론》, 소나무(2010), p126
39 이종호, 《유적으로 보는 우리 역사》, 북카라반(2015), p109

고구려 국내성 북벽과
노출된 치

고구려 득리사산성의 옹문

다. 이 전통은 후에 동이족의 나라 상(은)나라로 이어져온 것으로 볼 수 있다. 우실하 교수는 "요서 지역에서 시작된 골복의 전통은 한반도의 백두대간 동쪽을 타고 내려와 한반도 동남해안 일대에서도 많이 보입니다. 이 골복 문화도 결국 동북 지역과 한반도가 동일 문화권이었다는 것을 웅변하고 있습니다. 김정학은 복골의 전통이 주로 북방 아시아족에 기원한다는 점을 아래와 같이 밝히고 있습니다. 복골卜骨은 북중국과 만주 지방에서 많이 발견되어 주목할 만한데, 이들 지방은 신석기 시대 이래로 수렵·방목을 주생업으로 한 북방 아시아족이 살고 있었다. 동물의 뼈, 특히 견갑골肩胛骨에 금을 내어 점복占卜하는 습속은 이들 수렵·유목을 주로 한 북방 아시아족에서 기원한 것을 시사한다"[40]라고 설명하고 있다.

우하량 유적지 등 요하 일대에서는 다수의 적석총이 발굴되었는데 적석총은 요하 일대와 만주·한반도에서 나타나는 고대 무덤 양식으로 중국과는 전혀 다른 묘제이다. 중국은 땅을 파서 묘실을 만드는 토광묘가 주류이며 역사 시대 이후에야 목관묘가 널리 사용되었다 한다. 고대로부터 무덤 양식은 오랜 기간 변하지 않고 고유의 전통이 지켜진다고 한다. 따라서 무덤 양식으로 민족의 이동 경로나 삶의 영역을 유추해볼 수 있다. 적석총은 요하 지역과 만주, 한반도에 걸쳐 널리 나타나는 한민족의 전형적인 무덤 양식으로 고구려는 건국 초부터 적석총을 조성했는데 백제 초기에도 적석총이 이어졌다.

하가점하층 문화 유적에서도 빗살무늬 토기, 돌무덤, 비파형 동검 등 잘 알려진 한민족 고유의 고대 유물들이 발굴되었다. 특히, 이 지역에서 치雉를 가진 석성도 발견되었는데 이 또한 고대로부터 이어온 한민족 고유의 축성방법이다. 수많은 고구려성에서 나타나고 백제의 계양산성에도 나타나는 이 축성기술은 하가점하층 문화에서 등장하여 고구려에까지 이어지지만, 같은 시기의 중원 지역에는 나타나지 않는다.

또 이 지역에서 발굴되는 비파형 동검과 관련해서 이종호 박사는 "청동단검은 당시 적과의 육박전에 사용된 주된 무기로 통치 권력의 중요한 상징이었다. 비파형 동검이 발견된 지역은 큰 틀에서 홍산문화의 영역에 들어간다. 따라서 홍산인들이 홍산인들의 국가 즉, 신비의 왕국을 건설했고 이어서 단군을 시조로 하는 고조선이 성립되었다고 생각하는 것은 비약이 아니다"라고 밝히고 있다.[41]

40　우실하, 《동북공정너머 요하문명론》, 소나무 (2010), p141
41　이종호, 《유적으로 보는 우리 역사②》, 북카라반 (2015), p67

	홍산 지역	만주·한반도	기타
암각화	츠펑 시 지가영자, 각로영자 등에서 고대 암각화 발견	고령 양전동, 울산 천전리 등 한반도 남부 20여 개소	방패 모양 등 기하학 모양의 한반도 암각화와 유사
빗살무늬 토기	신라, 흥륭와, 하가점하층 문화 유적 등	암사동 등 60여 곳에서 출토	신석기 시대 대표 토기로 중국 문화에는 없음
적석총 (돌무지 무덤)	우하량, 하가점하층 문화 등 홍산 지역에서 발굴	고조선, 고구려·백제 초기 유적	한민족 무덤의 전형(중국은 토광묘)
비파형 동검	츠펑 등 하가점하층 문화 지역, 요녕성에서 발굴(요녕식동검)	요동·요서, 한반도 전역에서 출토(고조선 표지 유물)	청동기 시대 동이족 대표 유물(중국은 동주식 동검문화)
옥기	흥륭와 등 홍산 유적지에서 옥결 등 다수 옥기 출토	고성 문암리, 여수 안도리 등에서 옥귀걸이 출토	홍산문화가 한반도 중부, 남부까지 영향
갑골점	부하, 하가점상층 문화, 은나라에서 유래	부여·한반도에서 성행	동이족의 대표 문화
고인돌		크기가 대형, 무리지어 존재, 부장품 등이 출토	요서, 요동 지역에 분포

한민족 표지 유물의 분포

하가점상층 문화는 기원전 14세기에서 기원전 3세기까지의 문화로, 기마유목민들의 초원 문화 유적이 나타나며 중국에서는 동호東胡의 문화라 하는데 이 '동호' 역시 앞서 기술한 대로 고조선의 다른 이름이라고 봐야 한다.

이와 같이 홍산문화는 지역적 위치, 유물 내용, 연대 등에서 한민족 고유의 문화와 밀접한 연결고리가 있다. 특히, 우하량 유적은 고조선이 존재했던 곳으로 추정되는 지역에서 고조선 성립 훨씬 이전에 초기 단계의 고대 국가가 존재했다는 놀라운 사실을 알려준다. 고조선보다 무려 1200년 앞서는 기원전 3500년경의 초기 단계 고대 국가의 흔적이 발굴된 것이다. 이 초기 국가에 대해 중국 사서에는 기록이 없다. 그동안 중국 입장에서는 이 지역이 오랫동안 북방 오랑캐의 땅이며 문명이 소외된 지역이라고 보아 왔고 문화적인 연결고리도 찾아보기 어렵다. 그러나 우리는 다르다. 앞서 설명한 대로 하나의 문화권을 형성해왔다. 요하 일대에서 발굴된 홍산문화는 한민족의 고대 국가인 고조선의 존재와 밀접한 관계를 갖고 있는 실증적 연구도 있다. 유 엠 부찐을 비롯한 학자들이 중국 사서의 기록을 토대로 중립적으로 연구를 한 결과에 따르면 요하 일대는 바로 고조선 지역이다. 홍산문화의 대발견은 한민족 고대사 연구에 분수령이 될 수 있다. 앞으로 관련된 고고학, 역사학, 인류학 등 모든 과학적 분야를 동원해 연구해 나가야 할 부분이다.

3. 중국의 역사 공정

중국은 그동안 황하 유역인 중원 지역에서 발흥한 황하 문명을 모태로 중국 문명이 형성되어 왔다. 중국의 국가 기원은 기원전 2000년에서 1500년경으로 보았다. 그런데 우하량 유적지가 발굴되자 이 지역에 기원전 3500년경에 고대 국가가 존재했다고 발표했다. 이를 기초로 세계 최고의 문명이 중국에서 시작되었다고 주장하며 중국 역사를 '중화 5천년'으로 갑자기 늘렸다. 그동안 한민족 표지 유물인 빗살무늬 토기, 적석총, 비파형 동검의 출토지였고 오랫동안 동이족의 지역으로 치부해온 땅인 요하 지역에서 나타난 고대 문명을 중국 역사로 편입했다. 그동안 중국 역사에서 제외했던 이민족의 역사를 중국 역사로 바꾼 것이다.

우하량 등 홍산문화 유적의 대발견 후 중국은 역사에 대한 입장을 근본적으로 전환하여 그동안의 '황하중심 문명론'에서 벗어나 '다중심 문화 발전론'을 전개했다. 요약하면 황하 문명보다 훨씬 이른 홍산문화가 중국 문명의 시발점이며 다른 지역의 고대 문화와 함께 중국 역사를 구성한다는 것이다. 이 주장에 따르면 그동안 신화로 취급되던 삼황오제

(기원전 4000~3500년경)와 황제·염제·치우제의 삼시조가 역사에 편입되고 황제와 치우가 싸운 탁록대전도 기원전 2700년경의 역사적 사실이 된다. 또한 지금의 중국 영토 내에서 일어난 인물인 단군·웅녀·주몽과 이들로부터 비롯한 고조선·부여·고구려·발해 등의 고대사는 당연히 중국사의 일부라는 것이다.

홍산문화 유적이 발굴된 이후 역사관에 변화가 생긴 중국은 원래 황제의 후예라고 해왔으나 1980년대 이후에는 염제를 포함한 염·황후예라 했다. 그런데 1983~1985년 우하량 유적 발굴 후에는 입장을 크게 바꾼다. 그동안 오랑캐인 동이족의 우두머리로 치부해왔던 치우를 중국의 조상으로 영입했다. 북경에서 160km 지점에 있는 탁록현에 1994~1998년 중에 '귀근원'이란 절을 세우고 '중화삼조당'이란 사당을 지어 중국인들의 조상은 황제·염제·치우를 모두 포함한 삼시조라 선언한다. 이제 중국에서는 홍산문화가 황하 문명에 앞서고 있으며 우하량 유적에는 기원전 3500년경 고대 국가가 존재했다고 인정하고 중국 내 일어난 모든 문화가 중국문화라는 입장을 정리했다. 이것이 중국의 역사 공정의 주된 내용이다. 중국의 역사학자 백수이白壽彝가 쓴 《중국통사강요》에서 중국의 이러한 입장이 극명하게 드러난다.

> 중국은 하나의 '통일적 다민족국가'다. 중국 역사는 중화인민공화국 국경 내의 각 민족이 공동으로 창조한 역사로 과거에 광대한 중국 영토에서 생존·번영했으나 지금은 소멸된 민족의 역사도 중국 역사다.[42]

중국의 역사 공정은 인적·물적 자원을 대거 투입하여 시대별·지역별

42　이종호, 《유적으로 보는 우리 역사 ②》, 북카라반(2015), p112

로 조직적이고 주도면밀하게 진행되어 왔다.

① '하상주 단대공정'은 1996~2000년간 그동안 선사 시대로 취급하던 전
설적인 하·상·주시대에 대한 연구작업이다. 연구 결과 하夏는 기원전
2070년~기원전 1600년, 상商은 기원전 1600년~기원전 1046년, 주周
는 기원전 1046년~기원전 771년까지 실존했던 나라로 설정했다. 이 시
기는 요하 지역에 단군조선 시대의 역사가 전개되던 시기이다.

② '중화문명탐원공정'은 2001~2006년간 진행되었는데 중국 문명의 기원
이 황하 문명이 아니라 요하 일대의 홍산문명에서 비롯되며 홍산문명은
세계 4대 문명권보다 앞서는 문명권으로 존재했다는 역사를 복원하는
작업이다.

③ '동북·서북·서남공정'은 통일적 다민족국가론에 입각하여 중국의 분열을
방지하고 하나의 큰 역사의 틀에 묶어놓는 역사 공정이다. 중국의 동북삼
성(흑룡강성, 길림성, 요녕성)에서 일어난 과거 역사를 중국 역사로 편입하는
'동북공정', 소수민족인 위구르인들이 다수 거주하는 신장 웨이우얼 지역
의 역사를 편입하는 '서북공정', 소수민족인 티베트인들이 오래 역사를 유
지해왔던 티베트 지역의 역사를 편입하는 '서남공정'이 그 내용이다.

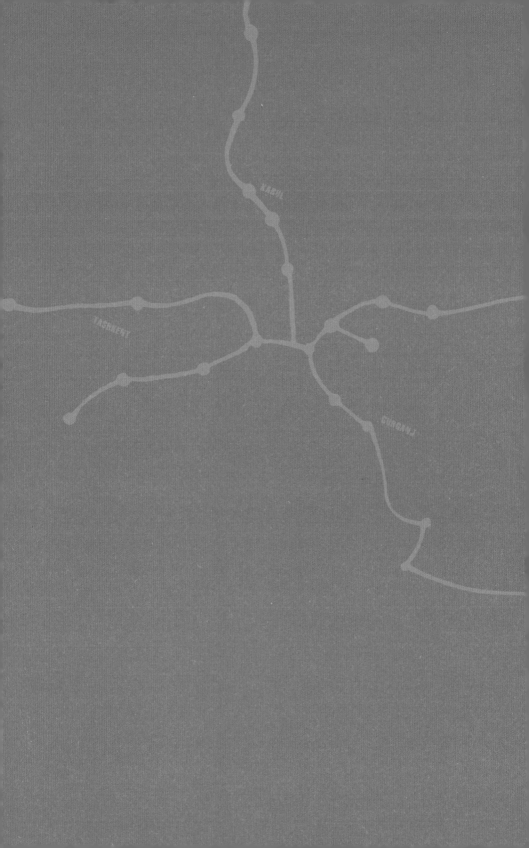

2

한민족 DNA의 원천을 찾는

유라시아 대초원과
실크로드 대장정

1장

한민족과 기마민족이 활약한
광활한 역사의 현장

1

유라시아 대초원,
실크로드와 만주 대륙에서 찾는 한민족 여정

1. 2500년간 기마군단이 역사를 쓴 유라시아 대초원

유라시아 대초원은 동에서 서로 연해주, 만주, 몽골, 내몽골, 중앙아시아, 남부시베리아, 우크라이나, 헝가리 등지에 이르는 8000km의 대평원이다. 앞서 언급한 대로 기원전 시대부터 북방 기마민족은 유라시아 대초원을 무대로 세계사를 써왔다. 그들은 뜨거운 여름, 혹한의 겨울, 비가 오지 않아 경작이 불가능한 척박한 환경을 이기고 살아왔다. 광활한 목초지에서 가축을 키웠고 이동 수단이자 생활의 필수 장비로 말을 활용하면서 기마유목 문화를 만들어냈다. 말을 생활 수단으로 쓰기 시작하면서 유목민의 생활 양식은 급격히 변화했다. 말이 모든 생활의 중심이 되면서 살아가는 문화 자체가 바뀌게 되었다.

과거 몽골 제국 시대에는 말이 하루 200km 이상을 달릴 수 있었다. 8000km에 달하는 유라시아 대초원도 불과 40일이면 주파할 수 있는 거리에 불과했던 것이다. 말은 나무안장, 등자, 활 등과 더불어 강력한 전투 무기로 변모했고 이어 공포의 기마군단이 등장해서 세계사를 송두리째 바꿔버렸다. 중앙아시아, 몽골 고원, 만주 등지에서 출현한 기마군단은 2500년에 걸쳐 유라시아 대초원과 중국, 인도, 러시아, 유럽 등지까지 정복했다.

우리나라는 아시아의 동쪽 끝 한반도에 위치하고 있다. 그러나 한민족은 오랜 역사 속에서 북방 기마유목민족과 끊임없이 교류해왔고, 그 역사도 유라시아 스텝 제국들의 역사와 긴밀히 연결되고 있다. 이들이 역사를 써온 현장인 유라시아 대초원은 긴 시간의 흐름과 넓은 공간적인 방면에서 우리 역사에 대한 이해의 폭을 넓혀줄 것이다. 또 한민족의 형성과 삶을 넓게 읽음으로써 현대의 기적을 이룬 국가인 대한민국을 해석하고 미래의 모습을 그려나가는 데에도 도움을 줄 것이다.

2. 동서 문명 교류의 대통로, 실크로드

고대로부터 유라시아를 연결하여 인간의 삶과 문명의 소통을 이룩한 교역로 또는 이동로가 있었다. 이를 광범위하게 일컬어 '실크로드'라고 한다. 그러므로 실크로드는 고대로부터 동아시아와 서역 간의 정치·경제·문화 교류가 진행된 통로를 총칭하는 것이라 하겠다. 실크로드라는 이름은 독일의 지리학자 리히트호펜F. Richthofen이 붙인 것이다. 그는 1869~1872년 중국을 답사하고 《CHINA》를 저술했는데, 중국에서 중앙아시아를 경유해 트란스옥시아나와 인도로 수출되는 상품이 비단이기에 이 길을 자이덴 슈트라센Seiden Strassen이라 명명했다. 이후 지중해 동안에서도 비단이 발견되자 동양학자 알베르트 헤르만Albert Herrmann

리히트호펜의 저서 《CHINA》

은 실크로드 개념을 시리아 등지까지 확대했고, 제2차 세계대전 후에는 동아시아에서 중앙아시아, 서아시아를 지나 이스탄불·로마까지 그 개념이 확대되었다.

실크로드는 고대 동서 문명을 연결한 대통로이다. 수많은 민족의 삶이 흐르다 보니 자연스럽게 교역의 중심이 되었을 뿐 아니라 종교·문화·문명이 교류하는 통로가 됐다. 이렇게 동서를 광범위하게 잇는 교역로는 크게 세 갈래로 볼 수 있다.

첫 번째 갈래는 먼저 유라시아 대륙의 북쪽 넓은 초원 지대에서 유목민이 이동하였던 '초원길' 또는 '초원 실크로드'라고 불리는 길이다. 가장 오래된 교역로로, 역사 시대 전에 주로 유목민이 이용하였다. 동유럽에서 카스피해 북안 - 카자흐 초원 - 준가얼 분지 - 몽골 초원 - 대싱안링산맥 - 만주 그리고 한반도까지 이르는 이 길은 뜨거운 여름과 혹한의 겨울, 그리고 연간 강수량이 350mm 내외에 불과한 척박한 자연 조건을 가진 곳이다. 이 유라시아 스텝 지역에서 스키타이 이래 흉노·선비·돌궐·몽골 등 기마군단이 바람같이 이동하면서 제각기 역사를 써내려갔

몽골 초원의 여름

카자흐 초원의 겨울

다. 바로 이 길이 고대 한민족의 이동 경로 및 활동 무대와도 뗄 수 없는 깊은 관계가 있다.

다음은 중세에 이르기까지 동서 육상 교역의 가장 중요한 통로였던 '오아시스 길'이다. 중국에서 지중해에 이르는 가장 짧은 길로 동서 교역로 중앙에 위치하고 있으며, 험준한 산과 죽음의 사막이라 불리는 '타클라마칸 사막'을 지나야 하는 6,400km에 달하는 길이다. 이곳에는 오아시스 도시들이 있어 이들 지역을 중심으로 교역로가 연결되었으며, 전한시대 한 무제가 북방의 흉노를 막고 서역으로 통하는 교역로를 개척하면서 시작되었다. 한 무제가 BC 139년 서역으로 파견한 '장건'은 흉노에 붙잡히는 등 곤경을 겪다 14년 만에 돌아왔다. 하지만 그의 여행 경험을 토대로 서역 정벌을 계속하여 BC 60년 흉노를 축출하고 서역으로의 통로를 확보하게 되었다. 이후 이 길은 동서 교역의 중심이 되었고, 당나라 시대(618~907년)에 최대로 번성하면서 동서 무역과 문명 교류의 핵심 축으로 기능했다. 서쪽으로 중국을 넘어서는 중앙아시아 지역인데 이곳 역시 사막 지역이 즐비하다. 지금의 우즈베키스탄 지역에도 카라쿰 사막, 키질쿰 사막 등 광활한 사막 지대에 사마르칸트, 부하라, 히바 등 오아시스 도시를 연결하여 교역이 이루어졌다. 오아시스 실크로드 또한 고대에서 중세에 이르기까지 한민족의 활동 무대가 되어 왔던 곳이다.

마지막으로 가장 나중에 생긴 길인 '바닷길' 또는 '바다 실크로드'가 있다. 이 길은 1세기 중엽 계절풍을 이용한 항해술의 발달로 아테네-홍해-인도양-동남아-중국에 이르는 항로가 개척되면서 중국, 동남아, 인도, 이슬람 상인들이 왕래했던 곳이다. 중세 이후에는 가장 활발한 교역로 역할을 했으며, 명나라 정화가 원정에 나섰던 길이기도 하다.

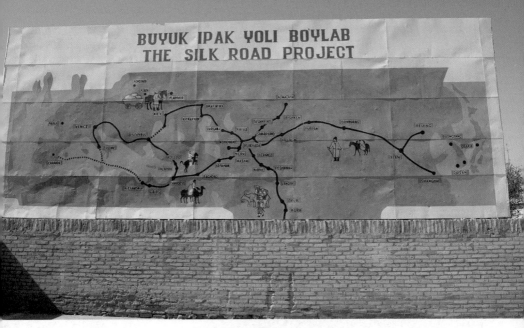

실크로드 지도 벽화(우즈베키스탄 히바)

3. 북방민족 문화의 요람, 만주 – 홍산문화 지역

북방민족은 유라시아 대초원과 실크로드에서 오랫동안 활약해왔다. 그 동안 이들 지역은 상대적으로 문화가 제대로 발달하지 못한 곳으로 취급되어 왔다. 그런데 1960년대 이후 최근까지 놀랍게도 북방민족의 요람인 중국 내몽골 자치구와 랴오닝성 일대의 랴오허(요하) 지역에서 세계 4대 문명권에 앞서는 이른 시기의 훌륭한 문화유적들이 쏟아져 나왔다. 북방민족이 얼마나 일찍부터 세계사의 중심에서 역사를 써왔는지 웅변하고 있는 증거이다.

　중국 랴오닝성遼寧省(요녕성)의 자치구 접경 지역인 우하량牛河梁 제2지구 유적지에서는 드넓은 땅에 지붕을 올린 채 발굴 작업이 지속되고 있다. 붉은 흙으로 넓게 다져진 이 땅에는 옛 신전이 들어섰던 터와 여신

홍산(츠펑 시)

하가점하층 문화유적지 일대(츠펑 시)

의 묘가 있던 터 등이 곳곳에 남아 있다. 1983~1985년 이 지역에서는 기원전 3500~3000년경 초기 중앙집권 국가의 흔적을 보여주는 적석총, 여신묘, 대형제단, 옥기 등 유적·유물이 쏟아져 나왔다. 이들 유물의 발견은 계급이 완전 분화되고, 사회적 분업이 이뤄진 중앙집권 국가가 존재했음을 입증한다. 이 문명은 중국사 어디에도 나타나지 않는, 그동안 중국이 자신들의 문명이나 문화라고 주장한 바 없었던 지역에서 홀연히 나타났다. 세계 4대 문명권보다 적어도 1,000년 이상 앞서는 고대 문명으로, 세계 역사와 문화사를 다시 쓰게 하고 있다. 이것이 '홍산문화'이다.

내몽골 자치구 츠펑 시 인근 하가점이란 촌락에서 발굴된 '하가점하층 문화'는 기원전 2400~1500년 청동기 시대에 지금의 롼허·랴오허 사이의 요서 지방에 강력한 중앙집권 국가가 존재했다는 사실을 증거하고 있다. 이 문화 역시 중국의 황하 문명과는 전혀 다른 독자적인 북방민족의 문명권이다.

이 홍산문화와 하가점하층 문화는 한민족 고대 국가인 배달국·고조선의 존재와 직결된다고 볼 수도 있다. 그렇다면 한민족 유래와 고대사가 밝혀지는 무대가 새롭게 등장하게 되는 것이다. 홍산 지역 일대에서는 많은 적석총이 발굴되고 있는데, 이는 한민족 고대 묘제 그대로이다. 이곳 사람들은 예로부터 적석총을 '까오리 무(고구려 묘)'라고 부른다는 이야기를 필자가 홍산문화 지역을 탐방할 때 현지인들에게서 직접 듣기도 했다. 이 지역은 한민족 고대 문화와 긴밀한 관련이 있는 곳으로, 북방민족의 삶의 터전이었을 것이다. 이곳이야말로 기마유목민들의 출발점이 아닐까 한다.

한민족의 고조선은 그동안 소개한 기마군단보다 훨씬 앞서 유라시아 스텝 동부 지역에 기념비적인 고대 국가를 건설하고 동북아를 장악하는 대역사를 시작했다. 중앙아시아에서 출발하여 바이칼 호수를 지나 몽골 고원과 대싱안링大興安嶺(대흥안령) 산맥을 건너 남하하면서 문명권을 이뤄낸 한민족의 삶의 흐름이 2500년의 유라시아 기마민족의 역사로 이어졌다고 해야 할 것이다.

4. 유라시아 대초원, 실크로드와 만주 대륙에서 찾는 한민족의 여정

유라시아 대초원과 실크로드, 그리고 만주 대륙에서 '기마군단'의 역사가 전개되고, 북방민족인 흉노, 선비, 돌궐, 몽골, 여진 등은 최강의 제국을 건설해 세계사의 중심 무대에서 대활약했다. 그러나 이들은 기록을 별로 남기지 않았고, 유럽은 이들에 대해 무지하거나 인색했으며, 중국은 이들의 역사를 왜곡하거나 폄하했다. 기마군단의 역사는 왜곡되거나 묻힐 수밖에 없었다. 그러나 이제는 당연히 새롭게 평가돼야 한다. 그런 측면에서 이들이 활약하면서 세계사를 써온 유라시아 대초원과 실크로드 등지에서 한민족과 북방민족이 활약한 흔적을 다시금 살펴보고자 한다.

한 나라의 역사는 그 땅의 과거를 기술하는 것이라기보다는 민족의 삶의 흐름을 보는 것이라 하겠다. 그래서 한민족의 역사를 한반도만 바라보아서는 제대로 볼 수 없다. 유라시아 대초원 지역과 실크로드는 우리의 삶의 흐름을 돌아볼 수 있는 역사의 현장으로 한민족이 어디서 왔고 어떻게 살아왔는지 보여주는 곳이다. 또한 홍산 지역의 대발굴은 이 지역이 북방민족 문화의 근거지임을 보여주는 계기가 되었다. 홍산 지역은 그야말로 한민족 고대사와 깊은 연결고리를 가진 고대 문화의 보고이다. 한민족 고대 국가의 존재에 대한 역사의 현장이라 할 수 있다.

필자는 유라시아 대초원과 실크로드, 그리고 만주 대륙과 홍산문화 지역, 동부유럽, 시베리아 등을 비롯한 역사의 현장을 수십 차례 다녀왔다. 특히, 한민족 고대 문화의 시원지로 추정되는 홍산문화 지역을 탐방하는 것은 가슴을 뛰게 하는 여정이었다. 이제 그 현장을 독자들에게 보여드리고자 한다. 그리고 마지막 장에서는 대한민국의 미래 청사진이 펼쳐질 북방해양실크로드-북극항로의 현장, 노르웨이 최북단 북극해 탐방을 소개한다.

2장

한민족의 터전
만주 대륙

1

잊힌 땅, 러시아 연해주에서 이어져온 한민족 역사

1. 러시아 연해주, 그 땅과 역사를 찾는 여정

한민족의 고대사는 물론 근세 역사와도 뗄 수 없는 곳, 러시아 연해주를 다시 찾았다. 필자의 세 번째 연해주 여행으로 인천공항에서 출발하여 러시아 블라디보스토크에 도착해 발해 역사와 항일운동 역사의 현장인 핫산, 크라스키노, 우수리스크 등을 탐방하는 여정이었다. 크라스키노의 염주 성터는 여름철에는 늪지가 되어 접근이 어렵기 때문에 다소 추운 계절이지만 지표면이 얼어붙어 차량 운행이 가능한 11월을 택했다.

　연해주沿海州는 헤이룽강·우수리강 그리고 동해로 둘러싸인 땅으로 러시아 85개 연방 지역의 하나인 '프리모르스키Primorskiy 지방'을 말한다. '프리모르스키'라는 말은 러시아어로 '바다에 접해 있다'를 뜻하고, 한자로 표기하면 연해沿海가 된다. 면적은 약 16만 4700km²로 러시아의 0.92%에 불과하나 우리나라의 1.6배 크기이다. 80%가 '시호테 – 알

연해주 지도

린 산맥' 등 산림 지대이며 평균 기온은 1월 -20℃, 7월 +20℃이다. 인
구는 약 200만 명으로 러시아 전체의 1.4%가 살고 있다.

연해주는 북방 기마민족이 세운 금金·원元·청淸이 차례로 지배하였으
나 16세기 들어서면서 러시아가 시베리아와 극동 지역에 강한 집념을
보이며 진출했다. 17세기 초 태평양 연안까지 진출한 러시아는 연해주
접경인 헤이룽강 일대에서 청나라와 분쟁을 벌였다. 청나라는 1653년
헤이룽강에서 러시아 공격에 실패하자 조선에 원병을 청했고 이에 따라
1654년·1658년 2차례 '나선정벌'이 이루어졌다. 러시아가 18세기 유
럽 지역 전쟁에 참가하면서 연해주가 소강 상태였으나, 19세기 들어 러
시아의 동방 진출은 가속화되었다. 그 결과 1858년 청과 '아이훈 조약'
을 체결하여 헤이룽강 이북을 차지하고 우수리강 동쪽 지역은 청나라와
공동관할 지역이 되었다. 이어 1860년에는 청과 '베이징 조약'을 체결해

연해주는 러시아로 완전히 넘어가게 된다. 블라디보스토크는 '동방정복'의 뜻을 가진 이름이라고 한다.

블라디보스토크에 도착한 다음날 아침 일찍 남쪽으로 출발하여 연해주 최남단 지역인 핫산으로 향했다. 두만강과 북한·중국·러시아 3국이 만나는 국경 지역을 보기 위해서이다. 네 시간 남짓 SUV로 달려 도착한 핫산군 남쪽 끝에 있는 핫산읍의 모습은 군 시설, 그리고 무장한 군인들만 간혹 보이는 그야말로 음침하고 삭막한 국경 마을 그 자체였다. 핫산읍은 중국의 팡촨, 북한의 두만강과 접경하고 있어 출입 자체가 엄격히 금지되어 있고 방문하기 위해서는 러시아 당국의 허가를 받아야 하는데 그 허가가 중앙에까지 가서 내려온다고 한다. 당연히 미리 신청을 하지만 현지에 가서도 당일 아침에야 허가 여부를 알 수 있다고 한다. 우리 일행은 다행히 당일 아침 허가 통보를 받고 방문하게 되었다. 그러나 필

핫산마을

두만강 가는 길

두만강 철교 앞에서

핫산역

크라스키노 성터 현장   위성 사진으로 본 크라스키노 성터

크라스키노 성터 가는 길(바닥 높은 버스)

크라스키노의 단지동맹비   연추 마을

자가 2년 후 다른 일정으로 이곳을 다시 방문했을 때는 허가가 나지 않아 쉽지 않은 일임을 실감했다. 차에서 내려 오솔길을 걸어서 두만강 쪽으로 가니 수풀 사이로 두만강 철교가 예스러운 모습을 드러냈다. 이어 나타나는 회색 줄기의 두만강. 아! 두만강이다. 감회가 새로워지며 '두만강수음마무豆滿江水飮馬無(두만강 물은 말을 먹여 없애리라)'라는 남이 장군의 시귀가 떠올랐다. 저 너머가 바로 북한 땅인데 좁은 강폭의 강물은 무심코 국경을 가르고 있다. 핫산에 접경한 중국은 훈춘琿春시내에서 60km 떨어진 팡촨防川에서 국경이 끊어져 태평양으로 연결되지 않는다. 육로로 단 16km에 지나지 않는 거리이다. 중국은 이곳에 태평양을 향한 염원을 담아 망해각望海閣을 세웠다.

두만강을 뒤로하고 다시 북쪽으로 차를 돌렸다. 1시간가량 달려 핫산군의 북쪽에 자리 잡은 크라스키노에 도착했다. 이곳은 동해 바다에 접하고 있는, 약 3,500명의 인구가 사는 작은 해변 마을인데 발해의 염주성이 자리 잡았던 곳이다. 뒤에 소개하겠지만 어렵사리 옛 발해의 항구에 자리 잡았던 염주성을 찾아 성터를 두루 둘러보았다. 성터는 남북 380m, 동서 300m의 넓이로 많은 유물들이 발굴된 바 있고 지금도 발굴이 계속되고 있다고 한다.

크라스키노 인근에는 독립운동의 근거지였던 연추 마을(연추상리, 중리, 하리)이 있다. 크라스키노의 높은 지대에 세워진 핫산 영웅탑에서 보면 이 마을이 내려다보인다. 연추 마을은 '지신허'와 함께 연해주의 대표적 초기 한인 마을로, 지리적으로 두만강과 가까워 한인들이 가장 많이 살았던 곳이다. 이곳에서는 수많은 애국지사들이 국경을 오가며 독립운동을 했고 연해주 의병활동의 중심지 역할을 했다. 안중근 의사 등이 창설했던 '동의회'의 본부가 연추에 있었으며 안 의사를 비롯한 12명의 동지가 무명지를 끊었던 곳이다. 안중근 의사는 이곳에서 때를 기다리다 1909년 10월 26일 헤이룽장성의 하얼빈으로 가서 침략의 원흉인 이토 히로부미를 총살하는 거사를 단행했다. 이를 기념해 크라스키노에는 2011년 한국기업 유니베라의 후원으로 유니베라가 운영하는 농장 인근에 단지동맹비가 세워졌다.

다시 블라디보스토크로 돌아왔다. 블라디보스토크는 연해주의 주도州都로 62만 명이 살고 있는 러시아 극동의 부동항이자 군사 요충지로 태평양함대 사령부가 있는 도시이다. 시내에서 신한촌 기념비를 방문했다. 당초 시내 중심지에 '개척리'라는 집단 거주지가 있었는데 러시아 당국은 콜레라를 명분으로 강제 철거하여 그 땅을 군용으로 전환하고 한인들은 1911년부터 피땀 흘려 다시 시외곽에 '신한촌'을 건설했다. 신한촌은 망명 항일애국지사들이 한인 결사체 '권업회'를 조직하는 등 독립운동의 중심축이 되었다. 이곳은 1937년 한인 강제이주 때 폐쇄되었고 지금은 1999년에 세운 기념비만 남아 있다.

블라디보스토크를 떠나 북쪽으로 112km 떨어진 우수리스크로 향했다. 가는 도중에 시베리아 횡단철도의 작은 역 '라즈돌로예'에 잠시 들렀다. 1937년 연해주에 거주한 한인들의 이주 역사의 현장이자 '회한의 역'이다. 오가는 이도 보이지 않는 한적한 역 건물은 을씨년스런 분위기 속에 말없이 서 있었다. 역사 내부까지 살펴봤으나 쓰라린 과거에 대해서는 아무런 흔적도 없었다.

다시 우수리스크로 향했다. 우수리스크는 연해주 한인들의 본거지이며 항일운동의 거점이었던 곳이다. 시내에서 연해주 독립운동의 대부 최재형 선생이 일본 헌병대에 의해 학살당하기 전까지 살았던 자택을 방문했다. 한·러 수교 20주년을 기념해 이 집 담벼락에는 최재형 선생을 기념하는 현판이 달렸다. 고려인 문화센터에도 들러 고려인들의 애환의 역사를 실감케 하는 자료들을 둘러보았다. 시립공원에 가니 금나라 시대라는

단지동맹비 앞(좌측 두 번째가 필자)

한인의 강제이주 경로

애환의 라즈돌로예 역사

우수리스크 시립공원

최재형 선생 자택

이상설 유허비

스위프 강변

팻말이 있으나 발해풍 유적임을 알아볼 수 있는 거북 모습의 비석 하단부를 볼 수 있었다. 이어 시외곽 스위픈 강변에 있는 이상설 선생의 유허비를 보며 다시 한번 독립운동을 했던 주인공의 노고를 생각하며 머리를 숙였다. 1시간 정도 차를 타고 이동하여 발해 성터를 찾았다. 우수리스크는 옛 발해의 솔빈부 자리로 추정되고 있으며 성벽 터로 보이는 언덕에서 넓은 들판으로 연결되는 성터는 남북 1.2km, 동서 350m에 달한다. 성벽이 3~5m에 달하는 토성으로 외성은 전체 길이가 8km가 넘는다고 한다. 이상설 선생 유허비에서 스위픈강을 보면 이 산성이 보인다.

2. 연해주와 고려인, 그리고 한민족 근대사

1863년 함경도 지역 농민 13가구가 연해주로 이주한 이래 '조러 수호 통상조약'이 체결되는 러시아와의 우호적 분위기에서 한인 이주가 계속 늘었다. 이어 1910년 일제의 조선 강점을 전후해서는 독립운동을 하는 애국지사의 망명과 이주가 이어졌다. 일제강점기에도 토지를 빼앗긴 농민들이 대거 연해주로 이주했다. 이들은 지신허·연추 등에 한인 마을을 형성해 살았다. 우리나라의 독립운동과 관련해 이름만 들어도 설레는 지

쇠물푸레, 굴피, 졸참, 물오리, 사스레황철나무, 층층나무, 물푸레, 거제수, 물박달, 엄나무, 다릅나무, 피나무, 호랑버들, 가래나무물쑥, 사철쑥, 제비쑥, 참쑥, 개똥숙 며느리밥풀, 층층잔대, 조풀, 솔방울고랭이, 소리쟁이, 개쉬땅, 등갈퀴, 물레나물, 어수리, 개발나물, 꼬리풀, 금계국, 쑥부쟁이, 고삼, 만삼, 딱지꽃, 달뿌리풀, 달맞이꽃, 쥐오줌풀, 질경이, 패랭이, 쉽사리, 차즈기, 쥐손이풀, 전동싸리, 등골나물, 달구지풀, 이꽃, 오랑캐장구채, 껄껄이풀, 층꽃, 멱쇠채, 삽주, 고삼, 기린초, 타래난초, 줄, 골무꽃궁궁이, 어수리, 강활, 바디나물

(현지에서 식물학자가 정리)

연해주 남부 일대에서 볼 수 있는 한반도 지역과 같은 나무와 야생화

역이다. 또한 블라디보스토크에는 한인 집단 거주지인 '신한촌('개척지'에서 이주한 지역)'이 세워졌다. 한민족의 본격적인 이주가 이뤄진 것이다.

연해주는 두만강으로 한반도와 접하고 있는데 겨울에는 강이 얼어 이동이 쉽다. 연해주 남부는 지형·토질뿐 아니라 나무와 야생화 등 식생이 우리나라 중남부 지역과 대단히 흡사하다. 이 또한 한인들의 이주가 늘어난 배경이 아닐까 한다.

1910년을 전후해서는 애국지사의 망명과 이주가 줄을 이어 연해주는 만주의 북간도와 함께 조직적인 항일운동의 거점이 되었다. 1908년 최재형, 이범윤, 안중근, 이위종 등은 연추에서 '동의회'를 결성했고, 이듬해 안중근 의사를 비롯한 12명의 동지는 왼손 무명지를 끊어 조국 광복에 목숨을 바칠 것을 맹세했다. 이 맹세는 안 의사에 의해 1910년 봄 여순 감옥에서 지켜졌다. 이범진, 이준, 이상설, 이위종은 잊을 수 없는 '헤이그 특사' 사건의 주인공들이다. 이범진 초대 러시아 공사는 헤이그 밀사를 발 벗고 후원했다. 1906년 이준, 이상설이 블라디보스토크에서 합류해 시베리아 횡단열차를 타고 상트페테르부르크에 도착하도록 했고 그의 아들 이위종도 합류시켰다. 그러나 나라를 잃은 직후 이범진은 1911년 1월 13일 전 재산을 독립운동 자금으로 내놓은 후 조국의 절망적 상황에 저항하는 유서를 남기고 자결했다. "나는 우리의 적들에게 복수할 수도, 그들을 벌할 수도 없는 절망적인 상황에 부딪혀 있다. 이것이 내가 오늘 자살로 생을 마감하지 않을 수 없는 이유다." 죽어서라도 조국에 가고팠던 이상설의 유해는 동해로 흐르는 스위푼강에 뿌려졌다. 2001년에 러시아 정부의 협조를 얻어 스위푼 강변에 세워진 '이상설 선생 유허지' 비석에는 "그 유언에 따라 화장하고 그 재를 이곳 스위푼 강물에 뿌리다"라고 쓰여 있다.

이어 의병부대 '13도 의군'과 독립군 양성을 위한 '권업회'가 창설되고, 블라디보스토크에 '대한광복군정부'가 수립됐다. 1919년 연해주에 최초의 임시정부인 '대한국민의회'가 세워졌고, 그해 상해임시정부와 통합됐다. 3·1운동을 계기로 연해주 한인들의 독립운동이 요원의 불길같이 확산되자 이를 크게 겁낸 일제는 1920년 봄, 연해주 한인 학살에 나서 살인과 방화를 자행했다. 신한촌에서만 300명 이상이 죽었고, 항일독립운동의 대부 최재형도 이때 순국했다. 하지만 연해주의 한인들은 일제에 대항하여 무장투쟁을 계속하였다.

연해주는 또 다른 슬픈 역사의 현장이다. 1937년 중일 전쟁이 일어나자 러시아의 스탈린은 연해주에 살던 전체 한인들을 강제이주시켰다. 이유는 어이없게도 일본과 내통할 수 있다는 것이었고, 총 17만 1,781명이 '라즈돌로예 역' 등에서 무작정 시베리아 횡단열차에 실려 중앙아시아로 향했다. 굶주림과 공포 속에 열차가 도착한 곳은 연해주에서 6,000km 떨어진 반사막 지대인 카자흐스탄의 알마티, 우즈베키스탄의 타슈켄트 인근 지역이었다. 이들의 삶이 얼마나 처참했던지, 처음 2년간 1만 2,000명이 사망했다. 그러나 한인들의 생명력은 강인했다. 척박한 땅에 버려진 이들은 결국 소비에트 최고의 모범 집단을 일궈내면서 살아남았다. 소련 해체 후인 1993년 러시아는 고려인 명예회복 법안을 채택했고, 고려인이 연해주로 가는 길은 다시 열렸다. 현재 연해주에 거주하는 고려인 5만여 명 중 3만여 명은 재이주해 정착한 사람들이다.

3. 연해주의 한민족 고대·중세 역사

연해주는 한반도와 가장 인접한 지역으로 고대로부터 한민족 역사의 무대였다. 이 지역의 고대사는 오랜 옛날로 거슬러 올라간다. 극동연방대

크라스키노 성터 발굴 현장　　　　　　우수리스크 발해 성터

학 박물관에는 BC 1만 5000년 전 구석기 유물이 있다. 이후 청동기 시대를 거치면서 이곳은 고조선의 역사 무대였고 그 뒤를 부여·고구려가 이어받았다. 고구려는 668년 당나라에 의해 멸망했으나 698년 발해라는 이름으로 부활했다. 중국 사가들은 만주와 이 지역에서 활동하던 고대 민족에 대해 시대별로 숙신肅愼, 물길勿吉, 말갈靺鞨이라고 부르다가 발해 멸망 후에는 그 땅은 여진女眞으로, 그 사람은 여진족으로 불렸다. 이 연해주 땅이 우리 역사와 깊은 관계를 가질 수밖에 없는 대목이다.

연해주에서는 발해 유적지가 계속 발굴되고 있다. 발해 5경에 대해서는 여러 견해가 있으나 대체로 동경 용원부는 3대 문왕 후기부터 5대 성왕초까지 10년간 발해 수도였고 그 위치는 두만강 인근 간도의 중국 헤이룽장성으로 추정된다. 이 동경 용원부에 소속된 연해주의 크라스키노에서 발해의 성터와 독창적인 유물이 발굴되었다. 특히 크라스키노(염주)는 일본으로 가는 해로日本道의 출발점이 된 곳으로 당시 활발한 대외 활동을 말해준다.

발해 유적 중 크라스키노 성터는 발해 역사 규명에 있어 기념비적인 발굴로 평가되고 있으며 지금도 발굴이 계속되고 있다. 크라스키노 마을에서 서쪽으로 약 2.5km를 가면 좌측으로 드넓은 습지가 나타난다. 이

발해 강역도(민족문화대백과 사전)

습지에서 고상버스를 타고 약 0.9km 정도 남쪽으로 가면 철길을 만나고, 이 철길을 지나 수풀을 헤치고 걸어 1.8km 정도 더 가면 발해의 크라스키노 성터에 이른다. 1960년 러시아 학자가 이 성의 성격을 밝힌 이후 지금도 한·러 학자들이 발굴을 계속하고 있다. 성벽의 외곽과 세 군데 성문, 옹성의 흔적이 뚜렷하게 존재한다. 크라스키노에서 농업 생산을 하는 한국 '유니베라'의 현지 법인 법인장이 위성 좌표로 어렵사리 현지까지 안내해주었는데, 학술탐사팀 외에는 첫 방문이라고 귀띔해주었다. 우수리스크 시 인근 지역의 발해 성터도 답사하였는데, 연해주에서만 발해 유적지가 280여 곳에 이른다고 한다. 그러나 제대로 발굴이 이뤄진 곳은 수 곳에 불과하다고 한다. 니콜라예프카 성터, 콕샤롭카 유적지 등 이름난 발굴지 외에도 수많은 발해 시대 흔적이 남아 있어 한·러 학자들의 관심을 끌고 있다. 이를 계기로 우리의 고대사 연구가 진일보하는 계기가 되기를 기대한다.

선양에서 훈춘까지 만주 대륙 동서 1,800km 역사 여행

만주는 대제국 고조선의 땅이다. 고조선의 후예들이 부여, 고구려, 발해를 비롯한 여러 한민족 국가를 건설했던 곳이며, 근세에 들어서는 한반도의 수많은 사람들이 이주해 삶을 개척했고, 일제강점기에는 독립운동의 진원지이자 거점이 되었던 곳이다. 이래저래 한민족과는 떼려야 뗄 수 없는 땅이다. 필자는 2013년에 창춘 - 지린 - 지안 - 압록강 - 단둥 - 선양으로 이어졌던 만주 역사 여행을 한 바 있고 이후 몇 차례 연해주와 만주 대륙을 찾았다. 2016년에 다시 만주 대륙 탐사 여행에 나섰다. 랴오닝성 선양瀋陽(심양)에서 지린성 훈춘琿春(혼춘)까지 만주 대륙 동서를 가로지르는 1,800km에 이르는 장정으로, 고구려와 발해 유적지를 탐사하고 백두산을 등정하는 코스이다.

1. 고구려 역사 탐방과 백두산 등정

인천공항에서 출발한 비행기는 두 시간이 채 못 되어 선양에 도착했다. 선양은 청나라 초기 수도로 청淸은 금金을 세웠던 여진족이 1616년 만주에 세운 나라이다. 그런데《금사金史》를 포함한 사서와 연구 논문 등에서는 금·청의 건국자들이 고려(고구려)의 후예라고 밝히고 있다. 이 점은 주목할 만한 대목이다. 700년 이상 만주를 지배했던 고구려가 멸망한 이후 고구려 후예들은 단 30년 만에 고구려를 재건해 발해를 건국했다. 발해가 거란에 멸망한 후 그 땅은 우리 역사에서 멀어졌다. 중국인들은 그곳을 여진이라 불렀고, 그곳에 사는 사람들을 여진족이라 칭했다. 이들은 고구려와 발해의 후예들일 수밖에 없기 때문에 여진의 사람과 이들이 세운 나라들에 대한 깊은 연구가 필요하다. 이와 관련해서 금의 건국자 아골타 및 후금(청)의 건국자 누르하치의 가계가 발해 왕가에서 비롯된다는 북방사학자 전원철 박사의 연구는 1부에서 소개한 바 있다.

선양 – 훈춘 만주 역사 탐방 경로

선양 고성 대정전   신빈 누르하치 동상

    선양은 인구 800만 명이 넘는 만주 최대의 도시로 랴오허 유역에 위치한 랴오닝성 성도이며, 일제 때는 봉천奉天이라 불렸다. 청나라 황궁이었던 선양 고궁 등을 둘러보고 인근에 있는 청 태조 누르하치의 묘소인 동릉을 찾았다. 봉림대군과 소현세자가 볼모로 잡혀 있던 곳이기도 하다. 선양에서 동쪽으로 170km 달리면 푸순撫順 시의 신빈新賓에 닿는다. 세계문화유산에 등재된 청나라 황제 조상묘인 청 영릉을 둘러본 후 지린성 쪽으로 이동하다 청의 건국자 누르하치가 태어난 신빈에 들렀다. 누르하치가 건주여진을 통합하고 세운 첫 번째 수도인 '허투알라赫圖阿拉(혁도아랍)성'이 이곳에 있다. 이후 랴오양-선양-베이징으로 천도를 하게 된다.

    신빈에서 다시 동쪽으로 200km 정도 가면 '퉁화通化(통화)' 시가 나온다. 교통의 요지인 이곳에서 북쪽으로 한 시간 거리에 유하현이 있다. 이곳은 서간도 지방의 중심지로 이상룡·이시영·이회영·이동녕 선생 등이 항일단체를 조직했던 곳이며 간도 3·1 운동의 진원지이다. 당대의 명문가였던 이회영·이시영 등 6형제는 1910년 말 전 재산을 처분하고 유하현 삼원보로 일가를 이끌고 망명했다. 이들 형제의 집터가 명동성당 맞

지안 국내성(서벽)

국내성

국내성(서벽)

국내성 성벽 밖 시장

환도산성

태왕릉비

장군총

태왕릉

은편 은행연합회 쪽에 있었고 지금 그곳에 작은 기념비가 남아 있다. 이곳에서 이회영 형제가 내어 놓은 재산으로 독립군 양성을 위한 '신흥강습소'를 설립했고 후에 통화현으로 이전, 신흥무관학교를 출범시켰다.

통화 시에서 200km를 더 달려 지안集安(집안)에 도착했다. 지안은 고구려의 두 번째 수도이다. 지안은 대제국 고구려의 오랜 도읍지였기 때문에 수많은 고구려 유적이 지금도 생생하게 남아 있다. 국내성은 압록강변 통구 평원에 자리 잡고 있으며, 서기 3년에서 427년 평양 천도 시까지 425년간 도성이 있던 곳이다. 성벽과 성문 터, 치 등이 뚜렷하게 남아 있는 역사의 현장이지만, 성터 위에는 안타깝게도 아파트와 상가가 자리 잡고 있다.

국내성 북쪽 2.5km에는 전시에 대비해 짝을 이루어 쌓은 산성자 산성(일명 환도 산성)이 있다. 이 성은 험준한 산봉우리들로 둘러싸여 있어 말 그대로 천연의 요새이다. 1,500년이 지난 지금까지도 잘 쌓여진 성벽이 그대로 남아 고도의 축성 기술과 전쟁에 대해 얼마나 철저히 대비했던가를 웅변하고 있다. 인근에 산재한 고구려의 위용을 웅변하는 태왕릉, 광개토 대왕릉비, 장군총 등을 둘러봤다. 국내성에서 북동 방향으로 2.5km 정도 가면 태왕릉이 나타난다. 태왕릉은 돌로 축조한 계단식 돌무지 무덤으로 광개토 대왕의 무덤으로 비정되고 있다. 계단을 올라가면 돌로 된 묘실이 나타나고 내부를 볼 수 있다. 무덤에서 금·청동, 철기와 토기 등 수많은 유물이 출토되었고 그 규모의 방대함은 고구려 최전성기 때의 무덤으로 손색이 없다.

이 능에서 북동부 방향으로 약 300m 거리에 광개토 대왕릉비가 있다. 광개토 대왕릉비는 장수왕이 부왕 광개토 대왕의 업적을 기리기 위해 414년에 세운 것으로 높이 6.39m의 거대한 돌에 고구려 건국신화부터 광개토 대왕의 업적 등이 1,775자로 새겨져 있다. 청나라 시대인 1880년

오회분 5호묘 사신도 자료 사진(좌측 상단부터 시계방향으로 주작, 백호, 청룡, 현무)

한 농부가 이끼와 덩굴에 덮여 있는 거대한 돌비석을 발견했는데 이 비석으로 말미암아 찬란했던 고구려 그리고 한민족의 역사가 분명히 밝혀지게 되었다. 태왕릉에서 북동쪽으로 약 1km 지점에는 웅장한 위용을 자랑하는 장군총이 있다. 장군총도 잘 다듬은 화강석으로 7층 구조 고구려 시대 돌무지 무덤이다. 장수왕의 무덤으로 비정되고 있으나 다른 의견도 있다. 장군총, 광개토 대왕릉비, 태왕릉, 국내성은 네 지점이 모두 일직선상에 있어 더욱 관심을 끌었다.

태왕릉 인근에는 귀족 묘지가 모여 있는 오회분이 있는데 그중 5호묘에서 그토록 오랜 세월을 이기고 아직도 생생하게 남아 있는 사신도 벽화와 마주했다. 감동의 순간이지만 촬영 제한으로 사진을 찍을 수 없는 것이 몹시 아쉬웠다.

5월 말의 백두산 천지

오녀산성

뒤로 북한이 보이는 백두산 전경

얼다오바이허에서 본 백두산 전경

고구려의 첫 번째 수도였던 오녀산성五女山城은 그곳에서 200 km 떨어진 '환인'에 있다. 환인은 지안에서 약 3시간 반 거리에 있으며 지안에서 선양으로 가는 통로로 교통 요지이다. 오녀산성은 높이 800 m의 높은 산마루에 위치해 있어 철옹성같이 그 위용을 자랑한다. 지금도 연못, 성곽 일부 등 옛 성터의 흔적을 확인할 수 있다. 오녀산성은 지난번 만주 여행시 다녀와 이번에는 그냥 지나쳤다.

다음 여정은 백두산 천지 등정으로 네 개 길 중 '북파'를 택했다. 지안에서 약 400 km 떨어진 백두산 관광 전진기지인 '얼다오바이허二道白河 (이도백하)'에 도착해 여정을 풀었다. 백두산 천지는 기후가 급변해 그 자태를 쉽게 보여주지 않는다. 다음날 아침 일찍 약 60 km 산길을 달려 백두산 천지에 도착했다. 날이 너무 청명해 하늘에 구름 한 점 없는데, 천지에는 아직 눈이 그대로 남아 있었다. 한눈에 봐도 한민족의 영산으로 손색이 없다. 날이 맑지 않으면 보이지 않는다는 천지는 물론 건너편 북한의 산까지 뚜렷이 보인다. 이런 날은 정말 드물다고 안내인은 몇 번을 감탄했다.

2. 발해 역사 탐방

백두산과 천지를 뒤로하고 쉬지 않고 4시간 동안 180 km 정도를 달려 '허룽和龍(화룡)'에 도착했다. 거기서부터는 연변대학 발해사연구소의 정영진 소장이 직접 안내를 해주었다. 허룽은 한민족 역사의 중심지 중 한 곳이다. 동부여의 발현지이자 발해 중경현덕부가 위치했던 곳이다. 발해 2대 무왕 때 이곳의 서고성西古城으로 천도(742년)하여 14년간 수도로 삼았다. 서고성은 토성으로 외성과 내성으로 구성되어 있는데, 외성은 둘

룽징 명동촌

윤동주 생가

발해 서고성(허룽)

팡촨 망해각

국경 도시 투먼

발해 팔련성(훈춘)

레가 약 2.7km, 내성은 약 1km로 그 흔적이 아직도 뚜렷하다. 서고성 인근 용두산 고분군 중 3대 문왕의 딸 정효공주 묘에서는 벽화도 발견됐다. 1980년 연변대 연구팀이 발굴에 성공했는데, 우리를 안내한 정영진 소장이 바로 발굴 당사자였다. 발굴 당시 상황을 설명하는 그의 표정에서 젊은 시절로 돌아간 학자의 모습이 엿보였다.

허룽을 떠나 약 70km 떨어진 옌지延吉(연길)로 향했다. 연변 조선족 자치주 주도인 옌지는 조선족 문화의 중심지로 2000년 무렵만 해도 주민의 40%가 조선족이었으나 이제는 한인 비중이 점차 늘고 있다. 옌지에서 하룻밤을 잔 후 약 30km 정도 떨어진 룽징龍井(용정)을 방문했다. 룽징은 해란강과 일송정, 윤동주 시인 생가와 명동교회, 명동학교가 있는 명동촌이 자리 잡은 곳이다. 영화 〈동주〉의 무대이기도 하다.

망해각 전경

정효공주 묘 발굴 당시를
설명하는 정영진 소장

그곳에서 동남쪽으로 50km 지점에 개산둔이 있다. 1800년대 중반 한
민족이 진출한 간도 지역 중 가장 먼저 대규모로 정착했던 곳이다. 그 땅
을 직접 밟아보고 싶었으나, 시기적으로 민감한 때라 가는 것은 다음으
로 미뤘다. 룽징에서 약 70km 동쪽으로 가면 두만강 국경 도시 투먼圖
們(도문)이 나온다. 투먼은 중국 동북 지역의 무역·교통 중심지로 두만강
연안에서 북한과 철도로 연결되는 유일한 통로이다. 투먼에서부터는 두
만강을 따라 접경지대를 달리게 되며, 10km 정도 가다 보면 드디어 한

뱃사공이 노를 젓고 있는 두만강

반도 최북단 지역인 북한의 '풍서'란 곳을 마주보며 지나게 된다. 감개가
무량하다. 마침 인근에서 사공이 노 젓는 배를 보자 나도 모르게 카메라
를 들이댔다. "두만강 푸른 물에 노 젓는 뱃사공…"이라는 노래가 저절
로 흘러나왔다.

투먼 시에서 70km를 더 달리면 국경 도시 훈춘에 닿는다. 이곳은 발
해 5경 중 하나인 동경 용원부가 자리 잡았던 곳이다. 발해 3대 문왕이
신라 및 일본과의 교류를 염두에 두고 천도해 9년간 수도로 삼았다. 동
경 용원부의 중심 성터가 바로 팔련성으로, 외성과 내성 터를 비롯해 다
수의 유물들이 발굴되었다. 살아 숨 쉬는 발해사의 현장을 돌아보니, 대
륙에서 웅비하던 발해인의 숨결이 피부에 와 닿는 듯했다.

훈춘에서 다시 북중 국경선에 인접한 좁은 길로 약 60km를 달려 중국·북한·러시아 3국이 국경을 맞대고 있는 두만강 하구 팡촨防川에 도착했다. 나란히 보이는 세 나라 국기가 이 지역 역사를 함축해 보여주었다. 중국은 여기서부터 단 16km가 육지로 가로막혀 동해와 태평양으로 나가지 못하고 있다. 그래서 중국은 동해바다를 향한 염원을 담아 망해각望海閣이라는 탑을 세웠다. 팡촨탑이라고도 부른다. 지난번 연해주 발해 유적 탐사 때 핫산 쪽에서 바라봤던 바로 그 팡촨탑이다. 14m 높이의 3층 누각에 오르면 중국, 러시아, 북한 3국을 모두 내려다볼 수 있다. 팡촨을 떠나 다시 옌지에 도착한 후 비행기에 몸을 싣고 인천공항으로 향했다.

선양에서부터 팡촨까지의 1,800km, 우리 역사의 숨결이 아직도 고스란히 남아 있는 땅은 한민족 역사를 탐구하는 순례자의 가슴을 설레게 하는 데 한 치의 부족함도 없었다.

하얼빈에서 다롄까지
만주 남북종단 2,600km 역사 여행

다시 만주 대륙을 찾았다. 하얼빈 - 무단장 - 둔화 - 백두산 - 지안 - 압록강 - 단둥 - 다롄을 잇는 2,600km의 육로 대장정이다. 이번 여정에서는 중국의 동북삼성(헤이룽장성, 지린성, 랴오닝성)을 관통하면서 고구려와 발해 유적지, 만주에서 전개된 독립운동의 현장, 그리고 지난번 여행에 이어 다시 백두산을 둘러보기로 했다.

1. 하얼빈에서 시작하는 헤이룽장성 여정

인천공항을 떠난 비행기는 2시간 남짓 걸려 '하얼빈哈爾濱'에 도착했다. 하얼빈은 헤이룽장성黑龍江省(흑룡강성)의 성도이자 만주 대평원의 중앙 지역으로 헤이룽강 최대 지류인 송화강 유역에 있다. 하얼빈은 '그물 말리는 곳'이라는 뜻인데, 이름대로 강에서 고기를 잡는 어민 몇 가구가

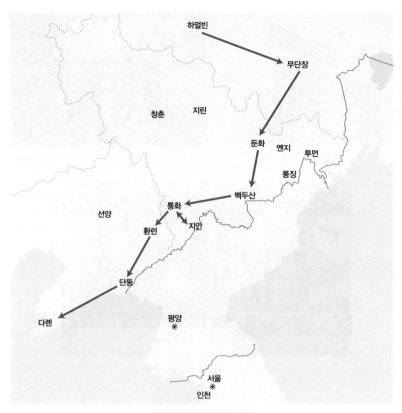

동북삼성 역사 탐방 경로

있었던 한적한 곳이었다. 그러나 제정 러시아 시대에 시베리아 횡단철도의 건설기지가 되면서 급속히 발전하게 되었다. 이후 동북 지방의 철도 교통의 중심지이자 상업도시로 성장했고 1954년부터는 헤이룽장성의 성도가 되었다. 지금은 인구가 987만 명에 달하는 부성급 성시의 지위를 갖고 있다. 하얼빈은 북위 45.8°에 자리 잡은 눈과 얼음의 도시로 겨울 행사인 빙등제는 우리에게 잘 알려져 있다. 또한 러시아의 영향을 많이 받은 건축물이 다수 남아 있어 이국적인 분위기를 연출하고 있는

안중근 의사 기념관

의거 후 압송당하는 안중근 의사(안중근 의사 기념관)

| 刘东夏 | 曹道先 | 禹德淳 | 安重根 |
| 류동하 | 조도선 | 우덕순 | 안중근 |

재판받는 안의사(앞렬 우측 끝)

도시이다.

　하얼빈은 우리 역사와도 깊은 관계가 있다. 고대로부터 고조선, 부여, 고구려 등으로 이어져온 한민족의 역사 영역이다. 단재 신채호 선생은 대단군 왕검이 고구려 건국 이전 2천년 전에 조선을 개국하였으며 만주 일대에는 하얼빈을 수도로 '신한辰韓'이, 요서 지역에는 개평을 수도로 '불한不韓'이, 한반도에는 평양을 수도로 '말한馬韓'이 삼한三韓 체제를 이루었다고 한다. 그중 신한이 조선의 중심이었으므로 하얼빈은 고조선의 수도인 셈이다. 고조선은 이후 창춘, 개원으로 천도하였다. 하얼빈시 아청구는 금나라의 첫 수도였고 이후 베이징으로 천도하였다. 금나라

안중근 의사 의거 장면 석판화(1909. 12. 2. 동경 박화관)

와 한민족과의 관계는 1부에서 설명한 바 있다. 근세에 들어서도 하얼빈
은 우리 역사와 연결된다. 안중근 의사가 하얼빈 역사에서 일제 침략의
원흉 이토 히로부미를 척살하는 거사를 일으켜 조선독립에 대한 세계의
이목을 집중시켰다. 안중근 의사는 러시아 연해주 남단에 있는 한인 집
단 거주지이자 독립운동의 근거지였던 연추 마을에서 출발하여 블라디
보스토크에서 시베리아 횡단열차를 타고 하얼빈에 도착해 1909년 10월
26일 마침내 그 뜻을 이루었다.

지금은 하얼빈 역사를 대대적으로 개축하고 있어 안 의사가 거사를 일
으킨 역사적 현장은 볼 수가 없었고 하얼빈 역에 있던 안중근 의사의 일

생과 거사를 기리는 기념관도 문을 닫았다. 인근 지역에서 다시 문을 연 '안중근 의사 기념관'을 찾아 안 의사의 일생을 다시 되새겨 보았다. 방문객의 감동을 자아내는 자료들이 곳곳에 전시되어 있다. 안 의사의 모친에 대한 자료가 보는 이를 숙연케 한다.

"아들의 사형 판결 소식을 들은 안중근의 모친은 안중근의 동생 공근과 경근을 려순에 보내 마지막 순간에 입을 민족 복장과 당부의 말을 전하게 하였다. '옳은 일을 하고 받는 처형이니 비겁하게 삶을 구하지 말고 대의에 죽는 것이 어미에 대한 효도이다.'"

부인 김아려에게 보내는 마지막 편지도 심금을 울린다.

"우리들은 이 이슬과도 같은 허무한 세상에서 천주의 안배로 배필이 되고 다시 주님의 명으로 이제 헤어지게 되었으나 또 머지않아 주님의 은혜로 천당 영복의 땅에서 영원에 모이려 하오… 많고 많은 말을 천당에서 기쁘고 즐겁게 만나보고 상세히 이야기할 기회가 있을 것을 믿고 또 바랄 뿐이오."

손문은 '공훈은 삼한을 덮을 만하고 명성은 만국에 떨쳤나니…'라는 추모글을 남겼고 장개석은 장렬천추壯烈千秋(장렬한 뜻 천추에 빛나다)란 휘호를 남겼다. 관람을 끝내면 방문기념 서명을 하는 곳도 준비되어 있다. 안 의사의 항일투쟁에 대한 중국인들의 인식과 존경을 느낄 수 있게 비교적 정성스레 마련한 기념관이라는 인상을 받았다.

하얼빈 시내에는 일제의 만행을 적나라하게 보여주는 '731기념관'이 새롭게 단장되어 문을 열었다. 731부대는 제2차 세계대전 때 일제 관동군 산하로 하얼빈에 주둔했던 세균전 부대이다. 이 부대는 1936년부터 1946년까지 전쟁 포로 등 마루타라고 불리는 사람들에게 세균, 약물을 주입하는 등 생체를 실험했다. 그 희생자가 3,000명을 넘는다 하니 일제의 참혹한 역사를 증언하는 기념관이다.

731부대 유지

하이린의 김좌진 장군 흉상

하이린의 한중우의공원

발해 상경유지박물관

발해 상경용천부 유지 전경

하얼빈을 출발하여 4시간가량 걸려 남동쪽으로 330km 떨어진 하이린海林(해림)에 도착했다. 하이린은 무단장 시 중심부에서 북서쪽으로 30km 정도 떨어진 인구 43만 명의 작은 현급 도시이다. 이곳은 청산리 전투의 백야 김좌진 장군이 활동했던 만주 독립운동의 중심지이다. 김좌진 장군이 활동하던 근거지인 난다오촌(남도촌)을 여러 시간 헤맨 끝에 찾았다. '중한우의광장'이라는 비석이 있는 앞터와 대문, 마당, 김좌진 장군 흉상, 정미소, 거처, 부엌 등이 차례로 방문자를 맞았다. 다시 하이린으로 돌아와 시내에서 김좌진 장군을 기념하는 한중우의공원을 찾았다. 그 안에 '백야 김좌진 장군 기념관'이 있다. 우리의 항일독립투쟁에 대해 중국인들이 보여주는 관심과 존경을 느껴볼 수 있었다.

하이린을 떠나 남동쪽으로 무단장牡丹江(목단강) 시의 중심부에 다다랐다. 무단장은 헤이룽장성 제3의 도시로 인구가 280만 명에 달한다. 무단장 시는 쑹화강 지류인 무단 강변에 자리 잡고 있으며 '구불구불한 강'이란 뜻에서 유래되었다 한다. 이 도시는 헤이룽장성의 동부 정치·경제·문화·교통 중심지로 대러시아 교역 도시이기도 하다. 이 무단장 시 남서쪽 외곽으로 35km 정도 더 가면 닝안宁安(녕안)이라는 인구 44만 명의 현급 도시가 있다. 닝안 시 남쪽으로 다시 35km를 가면 동경성진東京城鎭이 있고, 여기서 3km 정도 가면 보하이진渤海鎭(발해진)이 나오는데 이곳이 발해의 세 번째 수도였던 상경용천부가 자리 잡았던 곳이다. 상경용천부는 755~926년까지 발해 시대 대부분 기간 중 수도 역할을 했던 곳으로 광활한 대지 위에 중심터가 넓게 자리 잡고 있다. 상경용천부지에서 1933~1934년 사이에 동벽 3,211m, 서벽 3,333m, 북벽 4,502m, 남벽 4,502m의 직사각형으로 이루어진 대형 토성벽이 발굴되었다. 이 외성 내부에 한 변 길이가 1km가 넘는 사각형 내성이 있고 다시 그 안쪽으로 동서 620m, 남북 720m의 궁성에 해당하는 내내성이 있다. 발해의 국력을 새삼 실감하게 하는 대륙에 세워졌던 광대한 성곽의 유적지이다. 끝없는 벌판에서 거센 바람을 이기고 세워진 대발해 제국의 잔영이 살아 숨 쉬고 있는 현장이다. 발해 5경은 헤이룽장성 닝안의 상경용천부, 지린성 허룽 시 서고성의 중경현덕부, 지린성 훈춘 시 팔련성의 동경용원부, 임강 또는 지안(집안)의 서경압록부, 함흥 또는 백운산성의 남경남해부로 비정되거나 추정되고 있다. 한편, 닝안의 구시가지는 청나라 발상지인 영고탑의 초기 위치이기도 하기에 감회가 더욱 새롭다.

2. 고구려·발해 유적지 지린성 여정

닝안을 떠나 이번에는 지린성吉林省(길림성)으로 들어갔다. 지린성은 면적이 18.7만 km²로 한국의 두 배에 가깝고 인구는 한국의 절반이 조금 넘는 2,746만 명이 살고 있다. 이곳은 옛 북간도 지역으로 지금도 재중 동포 100만 명 이상이 살고 있다. 중국의 이민족 통계 기준이지만 실제로는 그보다 훨씬 많을 수 있다. 닝안에서 두 시간 남짓 170km 서남쪽으로 달리면 무단장 상류에 자리 잡은 둔화敦化(돈화)에 이른다. 둔화는 지린성 연변 조선족 자치주의 현급시로 약 48만 명이 사는 도시이다. 이곳에 동모산 또는 동모산성으로 알려진 발해의 첫 수도가 56년간 자리 잡았다. 3대 문왕 때 이곳에서 지린성 허룽의 중경현덕부로 천도했다. 지난번 만주 여행시 방문했던 서고성 지역이다. 닝안~둔화 연결도로 북쪽으로 발해 초기 건축지의 주춧돌인 강동 24개 돌유적을 볼 수 있다. 8개씩 3줄로 남북으로 배열된 현무암 초석 중 23개가 남아 있다.

둔화에서 남쪽에 있는 백두산을 가기 위해 두 시간 반 정도 걸려 150km 떨어진 연변延邊의 안도安圖(안투)현으로 향했다. '안도'는 '변경

백두산 입구

백두산 온천수

을 편안하게 한다'라는 데서 명명되었다 한다. 안도는 북한 접경 지역으로 87%가 산지로 이루어졌고 홍송, 미인송, 부석의 산지이기도 하다. 1920~1930년대 항일독립운동의 근거지로서 홍범도 장군이 이곳에서 활약했다. 안도현 소재지에서 다시 140km의 구불구불한 길을 두 시간 반가량 달려 드디어 백두산 최근접 마을인 얼다오바이허진에 도착했다. 이곳은 백두산 북쪽 기슭에 있는 관광기지로 원래 얼다오바이허는 백두산 천지에서 기원한 송화강 상류강 이름이다. 이튿날 새벽에 일어나 백두산으로 향했다. 다행히 예보는 날이 맑다고 했다. 맑은 하늘에서 백두

지안 광개토 대왕릉
안내문

지안 장수왕릉
안내문

산을 볼 확률은 20%가 안 된다고 안내인이 강조했다. 소형차로 백두산 기슭을 굽이굽이 돌아 정상 가까이에 갔다. 지난번과 같은 북파코스였다. 하늘이 너무나 청명했다. 안내인은 3대가 공덕을 쌓은 결과라고 웃으며 말했다. 구름 한점 없는 청명한 5월 말인데도 천지는 눈 속에 완전히 쌓여 있는 모습이다. 백두산에서 하산하면서 장백폭포와 온천 지역 등을 보면서 민족의 영산 백두산의 위용을 만끽했다.

이번에는 백두산에서 서쪽으로 약 5시간, 260km를 달려 통화로 이동했다. 통화는 지린성 남동부의 교통 요지로 227만 명이 사는 규모 있는 도시이다. 관내에 지안 시가 있어 고구려 유적지의 관문이 되는 곳이다. 통화에서 1박 후 남쪽으로 2시간가량 달려 약 100km 떨어진 지안에 도착했다. 지안은 압록강을 경계로 북한과 접경하고 있는 통화 시의 현급 시이다. 잘 알려진 대로 고구려의 두 번째 수도로 BC 3년부터 AD 427년 장수왕이 평양으로 천도할 때까지 대고구려의 수도였다. 2년 전 방문했던 곳이지만 광개토 대왕비·왕릉·장군총·오회분·국내성터 등 고구려 유적지를 다시 두루 살펴보았다. 지난번 방문할 때는 없었던 한자·영어·한글·일본어·러시아어로 쓰인 안내판들이 세워져 있었다. 2000년 전에 우리 선조들이 세운 대제국의 유적들을 설명하는 안내문에서 동북아 지역 국제정세의 한 단면을 보는 것 같았다.

3. 고조선, 고구려 유적지 랴오닝성

다음 행선지는 랴오닝성이다. 이곳의 면적은 14.6만 km²로 우리나라의 1.5배, 인구는 4375만 명이며 주요 도시로는 선양, 다롄, 안산(안샨), 단둥이 있고 재중동포가 23만 명가량 살고 있다. 지안에서 랴오닝성의 환인桓仁(환런)으로 가기 위해서 다시 북쪽의 통화로 올라갔다가 남서쪽으로 가야 하니 200km 정도 거리이다. 직선거리는 멀지 않으나 돌아갔으므로 4시간 가까이 걸리는 코스이다. 환인은 랴오닝성 본계本溪(번시) 시에 있는 만족 자치현으로 만족·한족·조선족·회족·몽골족 등 다민족이 섞여 사는 지역이다. 교외에 고구려의 첫 수도 졸본성으로 추정되는 오녀산성이 있는데 차로 달려가면 멀리서부터 감탄을 금할 수 없는 우람하고 견고한 자태가 보인다. 9부 능선의 깎아지른 절벽을 이용해 완만한 구간에는 성벽을 쌓은 철옹성의 모습이다. 오녀산성은 해발 820m,

압록강에서 물건을 싣고와 파는 북한 배

오녀산성 고구려 시조비

오녀산성

끊어진 압록강 철교

압록강변의 북한

남북 200m, 동서 130~300m에 달하는 난공불락의 요새이자 성곽으로 2004년에 지안의 고구려 유적과 함께 세계문화유산으로 등재되었다. 입구에는 '고구려 시조비'의 비석이 있다. 서쪽 계단길로 산성에 올라가는데 모두 999개 돌계단이다. 실제는 그보다 적지 않을까 싶다. 산성 중앙부에는 '천지'라는 샘이 있고 멀리 아래를 내려다보면 굽이굽이 흐르는 '혼강'이 보인다.

오녀산성 등정 후 환인에서 남서쪽으로 200km를 3시간 가까이 달려 단둥에 도착했다. 단둥은 원래 이름이 안동(안둥)인데 1965년 개명했다. 단둥은 압록강을 경계로 신의주에서 북한과 접경한 국경무역의 중심지로 곳곳에서 북한식당을 볼 수 있고 한글 간판도 흔하게 눈에 띈다. 단둥에서 여정을 풀고 이튿날 아침 일찍 압록강 철교로 향했다. 압록강 철교는 신의주와 단둥을 연결하는 다리인데 한반도와 만주 지방 간의 관문이 되는 곳이다. 압록강 철교는 원래 두 개였는데 1911년에 먼저 건설한 하류쪽 다리는 6·25 전쟁 시 파괴되어 중국쪽 절반만 남아 있고 1943년에 건설한 상류쪽 다리를 현재 쓰고 있다. 끊어진 철교의 끝부분까지 걸으며 동족상잔의 전쟁을 다시 떠올리지 않을 수 없었다. 중국측 압록 강변에서 작은 유람선을 타면 압록 강변을 두루 볼 수 있다. 남쪽 강변에서 북한군의 초소, 북한군, 농민 등의 모습을 코앞에서 바라다볼 수 있다. 갑자기 우리 배 쪽으로 작은 배가 한 척 노를 저어 다가왔다. 북한쪽 상인의 배였다. 순식간에 접근해 와서는 인삼주 같은 북한 술이며 과일 등을 펼쳐놓고 파는 예기치 못한 장면이 벌어졌다.

단둥을 떠나 약 300km 떨어진 다롄大連(대련)까지 4시간 걸려 이동했다. 다롄은 선양에 이어 랴오닝성 제2의 도시다. 인구는 578만 명으로 동북 최대의 항구도시이다. 이곳에서 하얼빈까지 남만주 철도가 연결되어 만주 일대를 종단한다. 이 도시는 북방의 홍콩으로 불리며 예로부터 장수도시, 사과, 미녀로 이름이 있다고 한다.

다롄에는 우리가 잊을 수 없는 곳이 있다. 바로 여순旅順(뤼순)이다. 여순은 요동반도 남단부의 군항도시로 청나라 말기 북양함대의 근거지였으나 청일전쟁 후 러시아가 조차租借하여 군항을 확장했고 러일전쟁 후에는 일본의 해군기지가 되었다가 제2차 세계대전 후 1955년 중국에 반환된 곳이다. 지금은 다롄 시에 편입되어 있다. 유명한 여순감옥은 당초 러시아가 건축했으나 러일전쟁 후 일본이 차지하여 1907년 지금의 규모로 확장해 일제 침략에 항거하는 한국인, 중국인 등을 구금하고 잔혹하게 고문하고 형 집행을 하는 형무소로 썼다. 이곳이 1910년 3월 26일 안중근 의사가 일제의 침략에 몸을 던져 항거하고 순국한 바로 그 자리이다. 마침 공사 중이라 방문하지 못해 못내 아쉬웠다. 다음을 기약하고 발걸음을 돌렸다. 또 랴오닝성은 내몽골 자치구와 더불어 수많은 고대 유적이 발굴되고 있는 홍산문명 지역인데 이번 여행에서는 일정상 제외했다.

이렇게 7일간에 걸친 만주 2,600km의 대장정을 끝내고 다롄 공항을 떠났다. 만주 여행은 항상 필자를 설레게 하고 또 새롭게 다가온다. 그 땅은 바로 우리 역사의 현장이다. 고조선, 부여, 고구려, 발해가 역사를 썼고, 흉노, 선비, 거란, 몽골, 여진 등 우리와 함께 북방민족이 살아온 역사의 현장이기 때문이 아닐까 한다.

4

홍산문화 지역 답사 기행

20세기 초부터 근간에 이르기까지 중국 만주 서부의 랴오닝성과 내몽골 자치구 동남부에 걸치는 랴오허 지역에서 신석기 시대 이래의 고대 유적지와 유물이 대거 발굴되었다. 특히 1980년대에 우하량에서 인류의 가장 오래된 고대 국가 유적이 발견되자 중국 정부는 대대적인 발굴 작업과 연구를 진행했다. 이 일대에서 일어난 고대 문명을 요하문명遼河文明이라 하는데 그 핵심이 홍산紅山문화이며 세계 4대 문명보다 적어도 1천년 이상 앞서는 고대 문명으로 입증되어 세계를 놀라게 했다. 홍산문화는 넓은 의미로는 랴오허 일대의 문화유적을 모두 포함하는데 동쪽으로는 차오양朝陽(조양) 넘어 의무려산, 서쪽으로는 연산 산맥 넘어 내몽골 초원, 남쪽으로는 발해만, 북쪽으로는 시라무룬강 일대에 이르는 지역에서 발견되고 있다. 시대적으로는 신석기 시대 – 동석병용기 시대 – 청동기 시대를 망라하며 가장 오래된 문화는 기원전 8000~7000년까지 거슬러 올라간다. 좁은 의미의 홍산문화는 내몽골 자치구와 랴오닝

츠펑 가는 길

겨울 훙산

신러 유적(랴오닝성 박물관·선양)

홍산문화 분포도(랴오닝성 박물관·선양)

비파형 동검(랴오닝성 박물관·선양)

신러 유적지(선양)

성 접경 지역인 츠펑, 차오양, 링위안, 카쭤, 젠핑 등의 지역에서 청동기 시대 이전인 기원전 3,500년경에 이르는 유적과 유물이 발굴된 것을 말한다.

필자는 홍산문화 지역을 몇 차례 답사했는데 교통 여건이 열악하기 때문에 RV차량과 기차 등을 다양하게 이용했다. 현지 전문가의 도움을 계속 받았음에도 가장 고생이 많았던 답사 여행이었다. 우선 답사 지역이 굉장히 넓게 분포되어 있고, 비포장 도로로 가야 하는 외진 곳도 많은 데다가, 네비게이션이 잘 작동하지 않거나 안내판이 없는 등, 길 찾기가 쉽지 않았다. 홍산 지역의 일부인 츠펑 시만 해도 면적이 9만 km²로 거의 우리나라만 한 크기이다. 적봉을 처음 방문했을 때 우하량에서 적봉까지 RV차량으로 가는 도중에 갑자기 내린 폭설로 고속도로가 폐쇄되어 국도로 향했으나 국도마저도 공사 중이란 팻말이 세워져 막혀버렸다. 어렵게 당국과 연락이 되어 물어보니 고속도로와 국도를 관리하는 기관이 달라 서로 막아버린 줄 몰랐다 한다. 방법이 없어 고민하던 중에 마침 차고지가 우리 목적지인 적봉 시내여서 폭설 속에서도 우회로를 찾아서 돌아간다는 현지 택시를 만나 안내를 받게 되었다. 건평과 적봉을 길게 가로지르는 노노아호산努魯兒虎山을 통과하면서 잘 연결되어 있지도 않은 험한 길을 10시간 이상 달려 간신히 적봉 시내에 도착했다. 적봉 답사 후 다시 선양으로 돌아가는 길 역시 폭설로 인해 도로는 물론 공항까지 폐쇄되어 열차편만이 유일한 교통수단으로 남았다. 그나마도 자리가 없어 어렵게 완행열차표를 구해 15시간 정도 걸려 선양에 도착했다. 또 두 번째 여행 시에는 의무려산에서 아오한기로 이동하던 중 네비게이션이 작동되지 않아 해 저문 산길을 무작정 달리기도 했고, 어렵사리 길을 찾아 포장도로에 당도하니 공사로 길이 막혀 수 시간을 기다리기도 했다. 하가점촌에서는 목적지 부근에 당도해도 유적지를 못 찾아 인근 동네를 찾아 지리를 잘 아는 사람에게 동행을 부탁해야 했다. 아무튼 쉽지 않은 답사였으나 그만큼 보람도 컸다. 이 지역 탐사에 대해서는 경로를 따로 설명하지 않고 탐사 지역별로 소개를 하려 한다.

　홍산 지역 본격 탐사는 두 차례 모두 선양瀋陽(심양)에서 시작했다. 선양은 랴오닝성 성도로 만주지방 최대 도시이며 고조선 이래 고구려, 발해의 영토였다. 이후에도 북방 기마민족의 나라 요遼·원元·청淸으로 이어지면서 한민족 방계 역사의 터전이 되었다. 선양을 여러 차례 방문하면서도 답사하지 못했던 고대 유적지인 '신러新樂(신락) 유적'을 찾았다. 신러 유적은 선양 시 북쪽 근교에서 1973~1978년에 걸쳐 발굴된 신석기 시대 유적인데 집자리 유적과 함께 마제석기·타제석기·세석기 등 각종 석기, 토기, 옥공예품 등의 유물이 발견되었다. 가장 오래된 하층 문화는 지금으로부터 약 7,200년 전, 중층 문화는 5,000년 전, 상층 문화는 4,000년 전으로 추정한다. 여기서 상층 문화가 고조선과 같은 시기이다. 이곳에서 한반도에서도 널리 발굴된 신석기 문화 유적이자 북방민족 고유 유물인 빗살무늬 토기가 발굴되었다. 요서, 요동 지역과 한반도에서 발굴되는 빗살무늬 토기의 분포는 한반도와 북방의 문화적 연결고리를 밝히는 지표유물 중 하나이다. 신러 유적 발굴지에는 복원된 집터, 토기, 공예품, 장식품 등을 전시하는 유적지 박물관이 세워져 있다. 선양의 랴오닝성 박물관에도 이곳에서 발굴된 신러 유물이 다수 전시되어 있다.

차오양朝陽(조양)은 선양 서쪽 약 250km 지점 다링허大凌河(대릉하) 중류에 위치한 도시이다. 차오양 시는 인구 약 340만 명, 면적 약 2만 km²로 한족 외에 몽골족, 회족, 만주족, 조선족 등 북방민족이 어우러져 사는 곳이다. 시내를 이루는 2개구, 북표·능원의 2개시, 차오양·젠핑의 2개현 등이 있다. 차오양은 선양과 베이징의 가운데 있는 도시로 기원전 3세기경부터 역사에 등장했고 기원후 4~5세기경 5호16국 시대에는 전연, 후연, 북연의 땅이었으며, 당나라 시대에는 동북아시아의 정치·경제·문화의 중심도시 기능을 했던 곳이다. 차오양 역시 고대 한민족의 활동 무대로 고조선의 영역이었고 고구려 발해 시대에는 중국과의 접경 지역이었다. 《삼국사기》에 고구려의 고국양왕(384~391)이 요동지역 용성龍城을 습격했다는 내용이 나오는데 이 용성이 지금의 조양이다. 6세기경에는 이름이 영주였으며, 실크로드의 동북아 최대 국제무역도시로 성장하면서 고구려와 서역간 교역의 중심이 되었다. 고구려 고분벽화에 등장하는 서양인들의 모습은 이 시대에 이곳을 거쳐 들어온 페르시아인들의 모습일 것이다. 뿐만 아니라, 신라고분(황남대총남분)에서 발굴된 유리 제품들과 비슷한 유물이 인근 지역인 베이파오北票(북표)에서 발굴되어 한반도와 페르시아와의 고대 교역 경로를 밝혀주고 있다. 우리의 관

우하량 유지 박물관

심을 끌고 있는 하가점하층 문화는 홍산에서 처음 발굴되었으나 차오양 일대에서도 다수의 유적·유물이 발견된 바 있다. 차오양 시내에는 남탑과 북탑 2개의 전탑이 있는데 13층으로 45m에 달한다. 남탑은 요나라 때, 북탑은 당나라 때 세워졌다. 북탑은 동북 지역에서 가장 오래된 탑이다.

우하량牛河梁(뉴허량)은 차오양 시내에서 약 120km 남서쪽으로 링위안凌源(능원)시에 있는 마을로 젠핑建平(건평), 카쭤喀左(객좌) 등의 주요 홍산 유적지와 멀지 않은 거리에 있다. 또한 이곳은 랴오닝성, 내몽골 자치구, 하북성이 만나는 접경 지역이기도 하다. 우하량 유적은 1930년대에 발굴이 처음 시작되었는데 1970년대 말부터 발굴 작업이 본격 추진되어 1979년 대형제단 등 신석기 시대의 원시종교 유적이 카쭤현 동산취에서 발견되었고, 이후 1983년에서 1985년에 걸쳐 세계를 놀라게 하는 우하량 홍산 유적이 세상에 그 모습을 드러내었다. 제단, 여신묘, 적석총 등 수많은 유적과 토기, 옥기 등 유물이 발굴되었는데 방사선탄소연대 측정에 의한 결과, 연대가 기원전 3630(±110)년까지 거슬러 가는 고고학적 발굴이었다. 고대 국가가 존재했다는 것을 증명한 이 유적은 세계를 놀

우하량 유적지

우하량 유적지 입구

라게 했다. 중국은 우하량 유지 박물관을 세우고 유적지 안내판에 "국가가 되기 위한 모든 조건을 약 5,500년 전에 갖춘 유적지"라 소개하고 있다. 우하량 16개 발굴 지점 중 제2지점은 총·묘·단이 완비된 140m에 달하는 유적지가 거의 완벽한 형태로 발굴되어 세인을 놀라게 했고 지금은 유적지 전체를 철골 돔으로 덮은 박물관을 세웠다. 필자가 도착했을 당시 '휴관 중'이라는 팻말이 붙어 있었고 더구나 그 기간이 6개월이어서 크게 실망했으나 현지에서 동행한 전문가가 나서서 책임자를 수소문하여 부탁해서 특별히 내부를 상세히 볼 수 있었다. 여신묘는 우하량 북쪽 구릉 위에서 발굴되었는데 연대가 5575(±80)년이라 한다. 이 여신묘에서 발견된 몽골인의 얼굴을 한 여신상은 중국 역사상 가장 중요한 유물 중 하나이다.

우하량 유적지의 돌무지 무덤(적석총)은 돌을 쌓아 만든 무덤 양식으로 고조선과 고구려, 백제의 초기무덤 양식이다. 적석총은 중국식 토광묘나 목관묘와는 확연히 다른 한반도와 만주 지역에서 나타나는 한민족의 고유 유적이다. 우하량 유적지는 기원전 35세기경에 이 지역에 고대 국가가 존재했었다는 사실을 입증하는데 중국 사서에는 이 지역을 북방 오랑캐의 땅이라 하여 기록된 내용이 없다. 따라서 이 유적은 우리가 그동안 배달국으로 추정해왔던 단군조선의 선대 문화인 배달국 문화와 연결될 가능성이 높다.

츠펑赤峰(적봉)은 내몽골 자치구의 동남부에 있는 직할시로 시중심지는 우하량에서 북쪽으로 약 150km 거리에 있다. 면적이 9만 km²에 달하는 츠펑 시에는 시정부가 있는 홍산구를 비롯하여 아오한기, 파림좌기巴林左旗(바린좌기), 파림우기巴林右旗(바린우기) 등 12개 구·현·시로 구성되어 있다. 랴오허 지역 일대에서 1,000여 곳 이상의 고대 유적지가 발굴되었는데 그중 700여 곳 이상이 츠펑 시에 밀집되어 있다. 초원 실크로

하가점하층 문화 발굴지

드에 자리 잡은 츠펑에서 신석기 시대의 주거지와 토기, 청동기 시대의 유적·유물들이 대거 발굴되자 고대 문화의 근거지로 자리매김하게 되었고 2014년 츠펑 박물관이 건립되었다.

츠펑 홍산구 시가지에 거대한 바위산인 홍산红山이 있다. 원래 주인이었던 몽골인들은 붉고 큰 바위라는 뜻인 '울란하다'라 불렀으며 중국에 편입되면서 홍산으로 바뀌었다고 한다. 홍산에서는 1930년대에 수많은 신석기 시대 유적들이 발굴되었는데 중국의 신석기 문화인 황허 유역의 앙소문화와는 전혀 다른 문화권으로 밝혀져 '홍산문화'라고 불렀다. 도

흥륭와 유적지

아오한기 박물관

하가점하층 문화유적(아오한기 박물관)

하가점하층 문화유적(아오한기 박물관)

도소남신상(아오한기 박물관)

홍산문화 박물관   츠펑 박물관

파림우기 박물관   옥기(파림우기 박물관)

심 한가운데 우뚝 선 홍산을 바라보면 경이로운 느낌마저 든다.

적봉 시내에서 동쪽으로 15km 지점에 있는 하가점촌에서는 기왕에 발굴된 홍산문화와는 다른 청동기 문화층이 1960년대에 발굴되었다. 이 문화층은 기원전 14세기를 기점으로 먼저 있었던 하층 문화권 유적과 나중에 있었던 상층 문화권 유적으로 나누어진다. 먼저 존재했던 청동기 문화가 하가점하층 문화인데 이 문화권은 시대적으로 기원전 24세기까지 거슬러 올라간다. 츠펑 박물관에는 각종 토기와 비파형동검 등 이 지역에서 출토된 다수의 유물들이 전시되어 있다. 이곳은 여러 문헌에서 고조선 문화권으로 밝히고 있는 지역으로 빗살무늬 토기, 적석총, 비파형 동검, 치가 있는 석성 등 한민족 고유의 유적으로 간주되는 수많은 유적과 유물이 발굴되었다. 이 유물들은 연대적으로도 고조선 시대와 일치하는 만큼 고조선의 문화유적이라 보아야 할 것이다. 그래서 오랫동안 답사하기를 기다렸던 곳이다.

한편 상층부의 하가점상층 문화는 초원 제국의 특성이 나타나는 동물 문양의 장식 등이 출토되어 후일 유라시아 대초원을 장악하는 기마군단의 출범을 예고했다. 하가점 문화가 이렇게 중요한 발굴임에도 하가점촌에 와서도 발굴 지역을 찾기가 어려웠다. 그곳 지리와 발굴 내용을 아는 주민을 찾아 안내를 받아 발굴 지점에 이르니 '하가점 문화 유지'라는 표지석 외에는 안내판이나 발굴 흔적이 남아 있지 않았다. 인근에는 대추나무가 가득 있어 주민에게 물어보니 유적지 발굴 후 오래전부터 과수원이 되었다고 한다.

아오한기敖漢旗(오한기)는 츠펑 시 남동부의 현급 행정구역으로 '아오한'은 몽골어로 '맏이'라는 뜻이다. 아오한기는 고대 문화의 보고이다. 소하서, 흥륭와, 조보구, 홍산, 소하연, 하가점하층·상층 문화 등 홍산문화의 핵심적인 유적들이 나타난 곳이다. 특히 소하서, 흥륭와, 조보구 문화유적은 아오한기에서 처음 발굴되었다. 아오한기 시내에서 남서쪽 약 50km 지점에 흥륭와興隆窪 유적지가 있다. 신석기 시대인 기원전 6,200~5,000년경의 고대 문화 유적인데 농부가 밭을 갈다가 옥기를 발견하면서 알려졌고 1983~1994년에 발굴했다. 4만 km²나 되는 면적에 175개의 집터가 발견되었는데, 신석기 시대의 대규모로 계획된 주거단지의 흔적이 역력하며 주위는 해자垓字로 둘러싸여 있다. 세계 최초의 계획주거 지역이다. 이곳은 중국에서 가장 오래된 취락지라 하여 '중화 제1촌'이란 이름이 붙여졌다. 이곳에서도 옥결(옥귀걸이) 등 옥 장식품이 출토되었다. 흥륭와 유적지의 옥은 동쪽으로 450km나 떨어진 수암에서 출토되는 수암옥으로 이때 이미 만주 일대에서 교류가 일어났다는 것을 의미한다. 홍산문화의 특징 중 하나가 옥문화다. 옥귀걸이 등 다양한 형태의 옥 제품이 홍산문화 지역에서 발굴되었는데 고성군 문암리와 여수시 안암리 등 한반도에도 비슷한 시기의 옥결이 발굴된 바 있다. 또 우리나라 신석기 시대의 대표 유물인 빗살무늬 토기가 이곳에서 대거 발굴되어 한반도 문화와의 연결 관계를 증명해주고 있다.

우실하 교수는 홍산 지역 옥유물과 빗살무늬 토기 등을 한반도 출토 유물과 비교하면서 "기원전 6000년에 홍륭와 문화 단계에서는 한반도 북부 지역과 요서, 요동 지역이 하나의 단일문화"라고 밝혔다. 홍륭와 유적지를 발굴한 후 다시 흙을 덮어버려 지금은 풀밭이지만 사각형 집 자리의 흔적은 표시해두고 있다.

파림우기는 츠펑 시 북부에 있는 인구 18만 명의 작은 현급 도시로 북방민족이 다수 거주하는 홍산문화 출토 지역이다. 파림우기 박물관에는 홍산문화의 옥기와 거란 시대 이래 금·원·명·청대까지의 민속유물 등이 전시되어 있다.

파림좌기는 파림우기의 동쪽에 연접한 인구 36만 명의 현급 도시이다. 이곳 역시 북방민족이 많이 살고 있고 홍산문화 옥기가 출토된 지역이다. 요나라 도성이었던 상경임황부가 있던 곳이다. 거란이 일으킨 요나라의 건국자 야율아보기의 무덤이 이곳에 있다. 요사에 의하면 요나라가 (고)조선의 옛 땅에서 일어나 고조선을 이어받았다고 스스로 밝히고 있다. 이 땅이 고조선의 땅이었다는 뜻이다. 고조선의 옛 땅을 회복하려 했던 고구려는 146년 태조왕이 요동지역의 서안평을 공격했고 242년 동천왕도 서안평을 공격했던 바 있다. 요사지리지에 따르면 서안평은 지금의 파림좌기이다. 이곳에는 지금도 고구려 성터가 남아 있다.

츠펑 시내로 오면 골동품 상점가에서 다양한 출토유물과 민속품을 구경할 수 있다. 당국의 규제가 심해지면서 출토 유물의 거래는 크게 줄었

돌하르방을 닮은 석상

다. 하지만 박물관급 유물도 심심치 않게 구경할 수 있다고 한다. 어느
한 가게에서 필자의 눈길을 사로잡는 석상이 나타났다. 돌의 재질은 달
랐지만 외형은 영락없는 제주도의 돌하르방이다. 츠펑에서 수집된 유물
이라 한다. 사진을 찍어 남겨두었다.

만주 지역에서 중국으로 가는 길목인 랴오허 서쪽인 랴오닝성 북진北鎭
에는 남북으로 길게 이어진 의무려산医巫閭山(이우뤼산)이 있다. 순임금이
봉해진 곳이라 하며 영험한 산으로 알려져 청에 이르기까지 역대 왕조
가 제사를 지냈다. 의무려산은 중국의 12대 명산, 동북부의 3대 명산으
로 꼽히는 곳인데 이 산은 고조선의 핵심 지역의 하나로 옛 도읍지였을
가능성이 높은 곳이다.

의무려산

풍수학자 김두규 교수는 한민족의 진정한 주산이 의무려산이라고 말한다. "조선조 이래 많은 학자들이 요녕遼寧성 북진北鎭시에 있는 의무려산醫巫閭山을 고조선의 주산으로 보고 있다. '세상에서 상처받은 영혼을 크게 치료하는 산'이란 뜻의 의무려산은 흰 바위로 되어 있어 백악산으로 불리기도 하는 명산이다.

'진산鎭山 의무려산 아래 고구려 주몽이 졸본부여에 도읍하다'(허목). '의무려산은 동이족과 중국족이 만나는 곳으로서 동북의 명산이다'(홍대용). '북방 영토의 주산이 의무려산인데 그 내맥이 백두산이 되었다'(장지연). '의무려산이 고조선이 활동 무대로 삼은 중심축이었음을 말해주는 대목이다. 우리 민족의 진정한 주산은 백두산이 아니고 의무려산이다.'(김두규 교수의 국운풍수, 〈조선일보〉)

이종호 박사는 고조선이 평양에서 도읍을 옮겼던 백악산 아사달이 바로 이 지역이라고 추정하고 있다.[1]

조선 시대 실학자 이중환은 《택리지》의 〈팔도총론〉에서 조선의 지리적 위치에 대해 "곤륜산 한 지맥이 대사막의 남쪽으로 뻗어 동쪽으로 의무려산이 되고 요동벌판을 지나 다시 솟아난 것이 백두산으로 조선 산맥의 머리가 되었다"라고 하여 의무려산이 한민족의 터전이었음을 짐작하게 한다.

홍산문화의 발굴은 인류의 문화사를 바꾸는 계기가 되었음은 물론, 한민족 문화의 원류에 대한 새로운 지평을 열게 한 계기가 되었다. 홍산문화의 주인공은 중국의 화하족華夏族이 아니며 한민족 계열의 동이족東夷

---

1   이종호 외, 《고조선, 신화에서 역사로》, 우리책(2009), p187

族이다. 홍산문화에서 발굴된 빗살무늬 토기, 적석총, 비파형 동검 등은 중국의 중원문화와는 판이하게 다른 문화 유형으로 랴오허 지역과 만주, 한반도에서 오래전부터 활동해온 동이족의 문화유적인 것이다. 뿐만 아니라 암각화, 옥결 등은 이 지역과 한반도의 연결 관계를 증명하는 유물이다. 홍산문화에 대한 보다 적극적인 관심과 연구를 통해 베일 속에 가려진 한민족 고대사가 그 빛을 밝히기를 기대해보면서 어려운 여정을 마무리했다. 홍산문화 지역을 탐방할 때마다 윤규섭 지린은행 부행장이 현지 전문가를 섭외해주고 안내와 통역 등도 맡아주어 어려운 탐사 여행을 해낼 수 있었다.

3장

기마민족의 발원지
몽골 고원과
중국북부 대륙

1

시베리아 횡단열차로 4,500 km를 달려간 바이칼 호수

1. 시베리아 횡단열차가 달리는 고조선 국경

유라시아 기마민족의 발원지이면서 중요한 이동 경로로 자리매김하고 있는 바이칼 호수로의 여행길에 올랐다. 오래전에 항공편으로 러시아의 '이르쿠츠크Irkutsk'로 가서 바이칼 호수를 방문했었는데 이번에는 '블라디보스토크'에서 여행자들의 로망인 시베리아 횡단열차를 타고 이르쿠츠크로 가서 바이칼 호수와 알혼섬을 찾는 여정을 택했다. 블라디보스토크에서 이르쿠츠크까지의 시베리아 횡단열차는 윤내현 교수가 고증하는 고조선 국경과 근접해서 달리기 때문에 더욱 설레었다.

인천공항을 출발한 비행기는 세 시간이 채 못 되어 블라디보스토크에 도착했다. 블라디보스토크는 두 차례 방문한 바 있지만, 시내에 있는 신한촌 기념비는 다시 찾았다. 이 기념비는 3·1독립선언 80주년을 맞아 연해주에서의 독립투쟁을 기리고 러시아의 한인들을 위로하기 위해

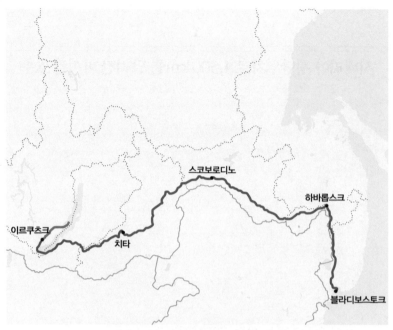

블라디보스토크 → 이르쿠츠크 TSR 경로(붉은색)

1999년 광복절에 세워졌다. 바이칼 여정을 시작하면서 신한촌 비문을 다시 읽었다. '민족의 최고 가치는 자주와 독립이다. 이를 수호하기 위한 투쟁은 민족적 성전이며, 청사에 빛난다. 신한촌은 그 성전의 요람으로 선열들의 넋이 깃들고 한민족의 피와 땀이 어려 있는 곳이다'라는 내용이 쓰여 있었다.

블라디보스토크 역에는 과거 시베리아 횡단철도를 달리던 우람한 증기기관차가 옛 모습을 간직하면서 전시되어 있고 이곳이 횡단철도의 기점이라고 알려주는 작은 푯말이 있다. 시베리아 횡단열차는 '모스크바'까지 9,288km를 달리는데, 이르쿠츠크까지도 33개 역 4,107km를 72시간에 걸쳐 가야 한다. 고조선 이래 오랫동안 한민족의 삶의 터전이

블라디보스토크 역

시베리아 횡단열차 기점

신한촌 비문

었던 만주 지역의 외곽을 연접해 달리는 구간이다. 고조선 국경 철도라고 생각하면 될 것이다. 1909년 안중근 의사는 블라디보스토크에서 시베리아 횡단열차를 타고 하얼빈으로 가서 거사를 일으켜 한국인의 독립투쟁을 세계에 알렸다. 당시 열차는 만주를 통해 시베리아로 연결되었다고 한다. 1914년 이 열차를 타고 바이칼 호수까지 갔던 춘원 이광수는 훗날 그의 소설《유정》에서 그 풍광을 그렸다. 바이칼 호수로 가는 길을 "가도가도 벌판, 서리 맞은 풀바다. 실개천 하나 없는 메마른 사막. 어디를 보아도 산 하나 없으니 하늘과 땅이 착 달라붙은 듯한 천지. 구름 한 점 없건만도 그 큰 태양 가지고도 미처 다 비추지 못하여 지평선, 호를 그린 지평선 위에는 항상 황혼이 떠도는 듯한 세계"라고 썼다. 1936년

연해주를 달리는 시베리아 횡단철도

손기정 선수는 이 횡단열차를 타고 베를린올림픽 출전 길에 올랐다. 그는 일본에서 부산, 경성(서울)을 거쳐 시베리아 횡단철도를 달리는 군수 열차를 타고 모스크바를 거쳐 2주일 만에 베를린에 당도했다. 마라톤의 금메달과 동메달을 거머쥔 손기정, 남승룡 등은 일본 선수단의 축하연에 참석하지 않고 따로 모여 벽에 태극기를 걸고 몰래 축승회 모임을 가졌다.

다음날 오전 11시경 블라디보스토크 역에서 시베리아 횡단열차에 몸을 실었다. 객실은 2인실, 4인실, 6인실로 모두 침대차로 되어 있는데 일찍 예약한 덕분에 2인실을 탈 수 있었다. 2인실은 전 객차 중 한 량뿐이

다. 양쪽 벽면에는 마주보는 2개의 침대, 가운데는 작은 탁자가 있고 커튼이 쳐진 창문으로는 언제라도 바깥 풍경을 볼 수 있게 되어 있다. 열차 내에는 식당차가 따로 있으나 객차마다 뜨거운 물을 쓸 수 있고 전기코드도 있어 준비해온 라면, 햇반 등으로 훌륭한 식사를 할 수도 있다. 긴 여정이어서 여러 가지 먹거리를 준비해 장거리 여행에 대비했다.

한 시간 남짓, 열차는 지선에 있는 라즈돌로예 역을 스쳐 지난다. 회한의 역사가 서린 곳이다. 지난번 연해주 방문 때 이 역에 들러보았으나 이렇게 시베리아 횡단열차를 타고 1937년에 바로 이곳에서 떠났을 그 시절 우리 동포들을 생각하니 애잔한 마음이 들어 숙연해졌다. 블라디보스토크를 출발한 열차는 100km를 달려 약 2시간 후 연해주 독립운동의 중심지였던 '우수리스크'에 도착했다. 연해주는 만주의 북간도와 함께 수많은 애국지사들이 의병과 광복군이 되어 조국광복을 위해 분연히 일어나 일제와 맞서 싸운 항일운동의 거점이었다. 연해주에 올 때마다 들렀던 곳이지만 헤아릴 수 없는 수많은 유·무명의 우리 선조들이 조국의 광복과 후손의 번영을 위해 이곳에서 스러져 갔다는 사실에 머리가 숙여졌다.

열차는 다시 600km를 계속 달려 밤 11시경 아무르 강변에 위치하고 있는 극동부 하바롭스크 지방의 주도이자 극동 최대의 도시 '하바롭스크khabarovsk'에 당도했다. 하바롭스크는 우수리강과 아무르강이 만나는 곳 부근에 위치하고 있으며 1858년 중국과 아이훈 조약을 체결하면서 군 주둔지가 되었고 이후 시베리아 횡단철도 건설로 이 지역의 중심도시가 된 신흥 도시이다. 항일운동과 한인 사회주의자들의 근거지였으며 최초의 여성 한인 공산주의자인 김알렉산드라가 33세의 나이로 1918년 러시아 혁명 당시에 백군(정부군)에 의해 총살당했던 곳이기도 하다. 그녀는 열혈 사회주의 독립운동가로 연해주와 시베리아 일대에서 활동했다. 그녀는 죽기 전 조선 13도를 기리며 13발자국을 걸은 뒤 총에 맞아 순국했고 그 시신은 아무르강에 버려졌다.

열차에서 내리니 철로변에 인근 주민들이 나와 딸기·머위 등 과일과 집에서 구운 빵, 과자류를 좌판에서 팔면서 여행객을 맞고 있었다. 그곳에서 잠깐이나마 피로를 풀었다.

몇 개의 역을 더 지나면서 1,200km를 달려 다음날 오후 6시가 넘어 만주 대륙의 최북단에 접하는 '스코보로디노skovorodino' 역에 이르렀다. 스코보로디노는 중국의 만주 최북단 아무르강 유역의 도시로 바이칼-아무르 철도(BAR)와 연결되는 곳이다. 열차는 700km를 달려 다음날 아침 8시경 네르챠강을 건너 과거 중국·러시아의 교역 중개의 도시였으며 양국간에 네르친스크 조약이 체결된 '네르친스크' 인근을 지났다. 러시아의 요새이자 교역 중심지였던 이곳은 시베리아 횡단철도가 비켜가는 바람에 쇠퇴한 도시이다.

이제 열차는 서쪽으로 몽골 국경 지역으로 다가갔다. 이곳부터는 광활한 대초원이 나타난다. 말 달리기 좋은 전형적인 초원길을 300km가량 기차로 달려 오후 3시경 '치타' 역에 닿는다. 동부시베리아의 광공업과 문화중심지인 치타는 제2차 세계대전 후 중국 소유가 된, 하얼빈-창춘을 지나 두만강 유역인 투먼까지 연결되는 만주횡단철도(TMR)의 기점이다. 이어 600km 떨어진 부랴트 공화국 수도인 '울란우데ulan-ude'에 도착했다. '붉은 강'이라는 뜻의 울란우데는 과거 몽골 제국의 땅이었다. 이곳이 기점인 몽골횡단철도TMGR는 몽골 울란바토르, 중국 베이징과 톈진까지 연결된다. 부랴트 공화국은 러시아 땅이나 부랴트인이라 불리는 몽골인들이 많이 살고 있다. 부랴트인들은 이곳 외에도 몽골의 헨티주, 그리고 내몽골 지역 등 세 곳에 살고 있다. 칭기즈칸의 어머니가 부랴트인이라는 것을 이들은 자랑스럽게 생각한다. 부랴트인들은 생김새가 우리와 흡사한데, DNA도 매우 유사하다고 한다. 이곳은 바이칼 남

알혼섬으로 가는 페리

정차역 인근 주민이
차린 가게

정차역에서 잠깐 휴식을
취하는 여객들

울란우데 거리

동부 지역으로 한민족의 시원, 이동 경로와 관련해 주목을 끄는 곳이다. 실제로 필자가 만난 부랴트인들은 피부색과 생김새 등이 정말 한국인과 구별하기 어려웠다.

울란우데에서 500km를 더 달려 바이칼 호수를 끼고 돌아 드디어 이르쿠츠크에 당도했다. 블라디보스토크에서 70시간 이상을 달려와 아침 8시가 좀 못 되어 열차에서 내렸다. 바로 사우나로 직행해서 만 3일에 걸친 열차에서의 피로를 풀었다. 더운 물에 시원하게 샤워를 하는 기분은 상쾌함 그 자체였다. 이르쿠츠크는 동시베리아의 중심 도시로 '시베리아의 파리'라 불리는 곳이다. 정치범의 유형지이자 10월 혁명 후 러시아 내전의 격전지이기도 한 역사가 서린 곳이다.

2. 바이칼 호수와 알혼섬을 찾아서

이르쿠츠크에서 아침식사를 하고 바로 버스편으로 바이칼 호수의 알혼
섬으로 향했다.

버스로 네 시간 동안 약 250km를 달려 체르노르두 마을을 지나 바이
칼 호수의 허리춤에 해당하는 곳에 있는 나루터에 이르렀다. 마침내 바이
칼 호수가 장엄한 모습을 드러냈다. 세계에서 가장 오래되고 전 세계 담수
호의 5분의 1을 차지하는 가장 큰 담수호로 인류가 400년간 먹을 수 있는
깨끗한 물을 담고 있는 곳이다. 바이칼 호수는 약 365개 강에서 물이 흘러
들어오고 앙가라강 단 한 개 강으로만 물이 빠져나간다. 또한 이곳은 북방
초원로의 중심에 위치해 북방 기마민족의 삶의 터전이 되었던 곳이다.

나루터에서 페리를 타고 바이칼 호수의 22개 섬 중 가장 큰 신비의 땅
알혼섬에 다다랐다. 섬 부두에서 군용차를 개조한 지프차를 타고 다시
초원길을 약 1시간을 달리면 '쿠지르Khuzir' 마을이다. 가는 곳마다 옛 우
리나라나 몽골에서 볼 수 있는 성황당과 유사한 돌무지와 나무에 색색
으로 묶은 헝겊천을 볼 수 있었다. 옛날부터 하늘에 소원을 빌면서 나무
에 헝겊을 묶었다고 한다. 블라디보스토크에서부터 4,500km를 달린 끝
에 알혼섬의 랏지에서 마침내 휴식의 첫 밤을 맞았다. 마음을 차분히 가
라 앉혀주는 고요하고 평화로운 섬이었다. 다음날 아침 일찍 마을을 출
발하여 알혼섬의 상징 '부르한 바위'를 방문했다. 부르한 바위는 샤머니
즘의 고향이라 불리는 곳으로 최초의 샤먼 의식이 있었다고 한다. 북방
기마민족 샤머니즘의 출발점이라 하겠다. 이어 알혼섬의 마지막 일정으
로 섬의 북쪽 끝에 있는 '하보이곶'까지 가서 끝없이 펼쳐진 바이칼 호수
의 장대한 전경을 눈에 가득 담았다.

알혼섬 방문 후 다시 이르쿠츠크로 돌아와 올 때와는 달리 항공편으로

바이칼 호수 전경

알혼섬의 상징
부르한 바위

알혼섬

귀국했다. 기차로 70여 시간 걸리던 여정이 불과 네 시간 남짓밖에 걸리지 않았다. 시베리아 횡단철도와 바이칼 호수로 이어진 여정에서 한민족의 시원, 고대에서부터 시작된 광활한 만주 지역 일대에서 전개된 한민족의 역사, 근세에 한민족의 애환과 독립운동을 위해 불타올랐던 선현들의 발자취 등, 파노라마처럼 펼쳐진 한민족 삶의 흐름을 느껴볼 수 있었다.

2

기마군단 근원지 몽골 고원의 자연과 역사를 찾아서

필자는 기마군단 역사의 근원지인 몽골 공화국과 중국의 내몽골 자치구 지역에 걸쳐 있는 몽골 고원을 여러 계절에 걸쳐 열 차례 이상 방문한 바 있다. 한국인과 외모가 비슷한 사람들, 흡사한 풍습, 한국인들을 가깝

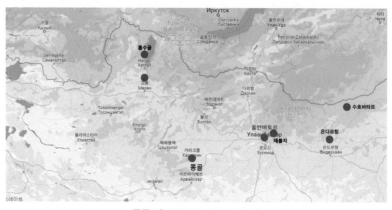

몽골 지도(붉은색 점은 도시 위치)

게 생각하는 정서, 남겨진 유물과 유적에서 나타나는 연관성…. 그뿐이라. 손님을 접대하는 따뜻한 마음, 밤하늘에서 쏟아져 내리는 별무리, 끝없이 펼쳐진 광활한 대초원 등 몽골 고원은 우리를 언제라도 실망시키지 않을 여행지이다.

1. 몽골 고원의 자연과 명소

몽골 고원은 동으로 대싱안링 산맥, 서로 알타이 산맥, 남으로 고비 사막, 북으로 바이칼 호수에 이르는 면적 272만 km²(우리나라 약 27배), 평균 해발고도 1.5km의 광활한 고원지대이다. 이 땅은 몽골(156만 km²)과 중국의 내몽골 자치구(118만 km²)에 대부분 속해 있으며 사방이 산지로 둘러싸인 준평원 지역이다. 남부에는 100만 km² 넘게 펼쳐진 고비 사막이 있으나 중앙·동부 지역은 상대적으로 강수량이 많아 가축을 방목하는 넓은 초원 지대가 있다. 바로 이 몽골 고원이 유라시아 대초원의 주인공 기마군단이 2500년간 세계사를 써내려간 출발지이다.

　몽골 고원은 기후 조건이나 생태환경이 사람들이 살기에 결코 녹록치 않다. 남쪽 사막 지역의 영향을 받아 40℃ 가까이 올라가는 여름과 북쪽 툰드라 지역의 영향을 받아 영하 40℃ 이하까지 내려가는 겨울이 교차한다. 어느 해 12월, 영하 30℃의 몽골 수도 울란바토르를 방문한 적이 있었는데 놀랍게도 그곳에서는 '이상난동'이라고 했다. 또한 몽골 고원은 연간 강수량이 350mm 정도로 우리나라의 1,250mm에 비하면 턱없이 적다. 강수량이 250mm 이하이면 사막이 된다고 하니, 어느 정도 짐작이 된다. 이처럼 몽골 고원은 온도교차가 극단적으로 크고 강수량도 적어 사람이 살기에는 매우 열악하다. 이런 엄격한 자연환경에서는 용감

몽골 고원의 가축 방목

여름의 몽골 고원

몽골의 겨울 목장

겨울의 몽골 고원

북방으로 쫓겨난 몽골 제국[1]

겨울의 짜짜르강 열매

여름의 강가 풍경

옥기를 다듬는 마노(몽골 국립박물관)

기마민족의 전통유물인
동복(몽골 국립박물관)

---

1   강톨가 외, 《몽골의 역사》, 동북아역사재단(2009)

하고 동시에 영리한 사람들만이 살아남을 수 있었는데, 바로 기마유목민들이 그러했다.

지금 몽골 고원에 자리 잡고 있는 나라의 연원을 보면 다음과 같다. 대몽골 제국의 중심인 원나라는 14세기에 중국 대륙을 명나라에 내어주고 북원北元이라는 이름으로 몽골 대초원 지역으로 물러났다. 16~17세기에 몽골은 알타이 산맥을 경계로 하여 서쪽의 오이라트, 동쪽의 할흐몽골, 고비 사막 남쪽의 내몽골로 분리되었다.

몽골 고원 중부·북부는 17세기 말 청나라에 복속한 후 외몽골이라 불리었다. 외몽골 지역에 세워진 나라가 오늘날의 몽골 공화국이다. 몽골은 카자흐스탄에 이어 두 번째로 큰 내륙국이나 인구는 307만 명에 불과하다.

몽골의 수도는 울란바토르ulaanbaatar로, 1911년 외몽골이 독립하면서 수도가 되었다. 울란바토르는 몽골어로 '붉은 영웅'이라는 뜻이다. 17세기부터 라마교의 본산이었고, 18세기에는 러시아, 청과의 중계 무역지로 번창했다. 시내에는 민족독립의 영웅 '담디니 수흐바토르'를 기념하는 광장을 중심으로 정부청사, 독립영웅들의 묘, 극장, 호텔 등이 늘어서 있다.

울란바토르 시내에 있는 몽골 국립중앙박물관은 규모는 크지 않으나 흉노·선비·돌궐·몽골·여진 시대의 귀중한 유물들이 시대에 따라 전시되어 있다. 몽골을 방문할 때마다 들르는 곳이다.

울란바토르 인구는 105만 명으로 전체 몽골인의 3분의 1이 수도에 사는 셈이다. 이 도시는 냄비 모양으로 생긴 큰 분지인데 가을, 겨울에는 난방용으로 갈탄을 때기 때문에 매연으로 엄청 고통스럽다. 건물 안팎을 막론하고 가슴이 막히거나 답답하다는 느낌을 피할 수 없다. 그래서 현지에 익숙하지 않은 외국인들은 주말에는 반드시 도시 밖으로 벗어나서 폐 활동을 조절해야 한다. 울란바토르에서 동북 쪽으로 약 70km 정도 떨어진 곳에 유네스코 세계자연유산인 고르하테를지 국립공원이 있다. 바다가 융기하여 산과 언덕, 숲으로 이루어진 아름다운 곳으로 트레킹, 낚시, 승마, 골프 등 다양한 레저 활동을 즐길 수 있어 열악한 울란바토르의 생활환경을 보완하고 있다. 이곳에 몽골 유일의 골프장이 있는데 (지금은 2개) 시설은 열악하지만 도시 인근에 등산할 만한 곳이 없어 매연에 지친 외국인들의 안식처 역할을 한다.

울란바토르 북서쪽 약 800km 지점의 산악지대(해발 1,645m)에는 흡수골Khuvshul 호수가 있다. 면적은 2,620km²로 몽골에서 두 번째로 큰 호수이며 길이 138km, 폭 35~40km, 깊이 265m에 달하는 몽골 최대 담수호다. 물줄기가 바이칼호에 연결되어 있으며 바이칼호에 이어 세계 두 번째 물의 투명도를 자랑한다. 울란바토르에서 'Hunnu Air(흉노항공이라는 뜻)'의 프로펠러 비행기로 약 1시간 반 거리의 무릉공항으로 가서 차량으로 약 1시간 반 정도 가면 '푸른물로 가득한 호수', '어머니의 바다'로 몽골에서 가장 아름다운 곳 흡수골이 나타난다. 흡수골은 밤하늘의 별과 은하수를 잘 볼 수 있는 세계 3대 관측지로 태양빛에 따라 다양한 색조를 띠는 모습이 풍광의 마술 같다. 또 고도가 높아 야크·순록 등 한대성 야생동물 서식지이며 다양한 야생화 군락지가 산재해 있다. 승마, 낚시, 트래킹 등 다양한 액티비티도 가능한 곳이다.

외몽골 지역에는 몽골제국의 초기수도였다가 북원 멸망 후 역사에서 사라졌으나 1800년대 말 유적이 발견되고 지금도 발굴 중인 카라코룸Kharakorum 등 기마유목민들의 삶의 역사가 곳곳에 남아 있다. 수많은 무덤과 유적, 고대로부터 내려오는 200여 곳의 암각화들이 문명의 이동과 교류의 역사를 보여준다. 오르혼 계곡의 문화경관, 웁스 분지, 알타이 지역의 암각화 등 유네스코 세계유산, 지금은 적막한 땅이 되어버렸으나 원나라 초기 30년간 수도였던 캐러코럼(하라호럼) 등, 헤아릴 수 없이 많

몽골 최대 담수호인 흡수골

은 명소들이 자리 잡은 곳이다.

　몽골 고원 남동부는 중국 영토로 내몽골 자치구가 있는 지역이다. 내몽골 자치구는 몽골 고원 중 가장 먼저 청나라가 차지해버린 땅이다. 지금은 중국·러시아와 접경하고 있으며 국경선이 무려 4,200km에 달하며 그 남쪽 중국과의 경계가 만리장성이다. 이곳은 타클라마칸 사막, 커얼친 사막과 함께 황사의 발원지로도 알려져 있다. 내몽골 자치구에는 2,470만 명의 인구가 살고 있으며 수도는 후아오터呼和浩特(호화호특) 시이다. 하가점하층 문화 지역으로 잘 알려진 츠펑(적봉)도 이 자치구에 있다. 내몽골 자치구와 랴오닝성 접경 지역 일대에는 인류의 찬란한 고대문화 유적지인 홍산문화 지역이 자리 잡고 있다. 이곳에서는 1,900년대 초부터 신석기 시대 이래의 유적과 유물이 무수히 발굴되어 세상을 놀라게 했다. 기원전 7,000년 전경부터 이곳에는 소하서 문화, 흥륭와 문화, 사해 문화, 부하구 문화, 조보구 문화 등이 있었던 것이 밝혀졌다. 특히 1980년대 중반에 발굴된 홍산문화와 그 이전부터 발굴되어온 하가점하층 문화는 한민족의 고대 국가와 긴밀한 관계를 가졌을 것으로 추정되어 비상한 관심을 끌고 있다.

2. 대몽골 제국의 흥망

몽골 고원은 기마유목민들의 본거지이자 기마군단의 요람이었고 고대로부터 수많은 역사적 사건이 일어났다는 점에서 의미 있는 여행지이다.

몽골 중등 국사 교과서에서는 기원전 3세기 이후 몽골에서 일어난 고대 국가를 흉노, 선비, 유연, 투르크(돌궐), 위구르, 키르기스, 거란 등의 순으로 기술한다. 2500년간의 유라시아 대초원에서 활약한 기마유목민족과 국가를 보면 '흉노 - 훈', '선비 - 유연 - 거란', '돌궐 - 위구르 - 셀주크 투르크 - 오스만 투르크', '몽골 - 티무르 - 무굴', '여진 - 금 - 청'으로 요약된다. 이들은 바로 이 몽골 고원과 만주, 중앙아시아를 주무대로 활동 무대를 넓혀 나갔다.

여러 기마민족 중 몽골족은 돌궐 시대에는 고원 동부로 밀려났다가 돌궐 멸망 후 8세기 중반부터 다시 고원 중심부로 돌아왔다. 이 시기에 몽골족과 투르크족이 서로 섞이게 되었다고 한다. 10~11세기에 많은 부족 연합체가 형성되었고 11~12세기에는 타타르, 케레이트, 나이만, 메르키트, 몽골족의 5부족이 몽골 고원을 나누어 지배했다. 이 가운데 작은 부족인 몽골족에서 칭기즈칸이란 영걸이 나타나 몽골 초원을 통일하고 1206년 대몽골국을 세웠다. 몽골은 금나라·호라즘·탕구트를 정복하고 13세기에는 태평양 연안에서 동유럽까지, 시베리아에서 페르시아만

라마교 사원(울란바토르)

울란바토르 시내 전경

몽골의 게르

몽골 목장

흉노 시대 금관(몽골 국립박물관)

몽골 고원의 바위 그림, 흡수골(렌친룸베솜)

까지 정복·통치하는 역사상 세계 최대 제국을 건설, '팍스 몽골리카fax mongolica'를 실현했다.

대몽골 제국의 세계 통치가 끝나면서 몽골인들은 고향인 몽골 고원으로 돌아왔고 분열과 혼란의 시기로 일컬어지는 14~17세기를 맞이했다. 몽골의 원나라를 멸망시킨 명은 몽골을 계속 공격하였고 이 시기에 몽골은 분열을 거듭한다. 이어 17세기 들어 서부시베리아를 장악한 러시아가 알타이, 바이칼, 동부시베리아 등지로 진출하면서 몽골 고원에까지 영향력을 확대하기 시작했다. 한편 만주 일대에서 누루하치가 건국한 '청'은 세력을 급속히 확대하면서 1636년에는 '내몽골 지역'을, 1691년에는 몽골 고원 중·북부 지역인 '할하 몽골'을, 1765년에는 몽골 고원 서부 '오이라트 몽골'을 정복하여 몽골 고원을 완전히 장악했다.

20세기 들어 외몽골과 내몽골의 운명은 갈라지게 된다. 외몽골 지역은 청나라 쇠퇴기인 20세기 초에 독립국을 선포하였으나 실패로 돌아가고 다시 이 일대에서 청·러·일이 각축하다 1921년 공산혁명 후 1924년 몽골인민공화국을 선포하고 러시아의 영향하에 들어간다. 그러나 제2차 세계대전 후 다시 독립국가가 되었고 1960년 헌법 개정 후 사회주의국가 체제로 전환하여 오늘에 이르렀다. 반면 내몽골 자치구는 청나라의 지배에 이어 오늘날까지 중국 영토로 이어지고 있다.

3. 닮은 사람들, 몽골인 – 한국인

앞서 언급한 대로 북방 기마군단은 오랜 과거로부터 한민족과 연결고리를 가져왔다. 특히, 몽골인들은 과거부터 한민족에 대해 호감을 갖고 있다. 몽골과 한국은 정서적으로 공통분모를 다수 가지고 있을 뿐 아니라 유적·유물은 물론, 언어·생활관습·문화·생각하는 방식 등 곳곳에서 친연성을 확인할 수 있다. 한 예로 몽골은 우리와 같이 아이가 태어나면 한 살이다. 한국 나이 개념인데 이는 태아를 이미 인격적으로 보아 나이를 부여하는 데 따른 것이라고 한다.

몽골 제국 시대에 몽골군은 자연환경으로 일본과 베트남 등을 제외한 모든 지역을 정벌하고 복속시켜 군신지국君臣之國의 관계를 맺었다. 세계를 정복한 대몽골 제국은 대적하는 적국을 순식간에 초토화시키는 엄청난 전투력을 발휘했다. 그러나 유독 고려에 대해서는 39년이란 긴 시간 동안 전쟁과 회유를 계속했고 전후에도 다른 나라와의 관계에서 찾아볼 수 없는 형제지국兄弟之國을 맺었다. 또한 원나라 황실 공주를 고려 국왕에 시집보내는 파격적인 대우를 했다. 역사적으로 보면 전쟁에서 패배한 나라가 공주를 시집보내거나 볼모로 보낸다. 흉노와 한나라의 관계에서도 그랬다. 그러나 몽골-고려는 판이한 사례이다. 승전국이 공주를 시집보낸 것이다. 또 고려는 다른 점령지와 다르게 독립성을 유지할 수 있었다. 그 배경은 연구 대상이 아닐 수 없다.

몽골 곳곳에 있는
돌무지

몽골의 민속 공연

　보다 먼 한민족의 이동사에서도 이러한 관계가 나타난다. 동양대 김운회 교수에 의하면 한국인들은 신석기 시대 알타이－몽골－대싱안링－아무르강－만주 등으로 이어지는 북방라인과 직접 연계되어 있으며, 한국과 몽골은 동아시아 지역 청동기 문명의 주역으로 청동기 유적의 분포는 한민족 이동로인 즐문토기인의 이동로와 거의 일치한다고 한다. 몽골 북부의 바이칼 호수의 부랴트족의 일파가 이동하여 부여와 고구려의 뿌리가 되었다는 연구도 있다.

　몽골은 인구가 307만 명이며 우리나라에 체류하는 몽골인은 4만

6000명(전체 외국인 213만 명의 2.2%)으로 몽골 전체 인구의 1.5% 가까이가 한국에 와 있다. 예로부터 몽골인들은 한국을 형제의 나라로 생각했고, 한국인을 솔롱고스(СОЛОНГОС)라고 불렀다. 솔롱고(СОЛОНГО)는 무지개를 뜻한다. 몽골인들과 한민족 간에는 눈에 보이지 않는 끈끈한 친연성이 있다. 몽고반점 등의 외모, 생활관습, 언어, 정서, 유물·유적 등등 여러 방면에서 확인된다. 이로써 앞서 전원철 박사가 연구하여 밝혀낸 역사, 즉 대몽골 제국의 칭기즈칸이 고구려·발해의 후손이라는 점에 대해 주목할 필요가 있다.

필자는 몽골을 수차례 방문하였는데 금융위원회에서 몽골중앙은행 총재 고문으로 파견 나가 있던 이병래 국장(현 한국예탁결제원 사장), 고형권 국장(현 기재부1차관), 몽골 금융감독위원회 부위원장 등이 어려운 여정에 큰 도움을 주었다.

3

칭기즈칸의 고향과 제국의 발원지를 찾아서

1. 밀레니엄맨 칭기즈칸 탄생지를 향한 여정

세계를 한 지붕 아래 엮은 밀레니엄맨 칭기즈칸이 나고 자란 곳은 과연 어떤 곳일까? 그를 생각할수록 그곳을 직접 보고 싶은 마음 역시 커졌다. 그래서 7월의 찌는 듯한 더위 속에 다시 몽골을 찾았다. 여러 차례 몽골을 방문했으나 칭기즈칸 탄생지는 매우 접근하기 어려운 곳이어서 그동안 가볼 엄두를 내지 못하다가 몽골 정부 고위 인사가 나서서 자기도 가보지 않은 곳이라 함께 가보겠다 하여 기회가 온 것이다.

몽골에는 '특별시'에 해당하는 '울란바토르'와 '주'라 할 수 있는 21개 '아이막aymag'이 있다. 그중 동북쪽에서 러시아와 접경하는 '헨티주'가 바로 칭기즈칸이 태어나고 세력을 모아 세계 제국을 건설한 발원지이다. 헨티주는 면적 8만 km²로 우리나라보다 약간 작으나 인구는 7만 2000명에 불과하다. 주도는 '온드르항'으로, 2013년 말부터 이름을 '칭기즈칸 시市'

로 바꿨다. 헨티주에는 군#에 해당하는 솜sum이 18개가 있는데 이중 북동쪽 끝 러시아와 경계에 있는 '다달솜'이 칭기즈칸이 태어나고 성장한 곳이다. 이곳을 방문하려면 일반 차량으로는 어림없다. 웬만한 물속과 갯벌을 지날 수 있는 특수 RV차량이 필요하고, 사고·고장 등 만일의 사태에 대비해 적어도 두 대 이상이 워키토키로 교신하면서 가야 한다. 그렇게 하지 않으면 고장과 같은 사고가 나면 해결할 방법이 없다.

다달솜을 방문하려면 먼저 울란바토르에서 온드르항 시까지 340km를 달려야 한다. 원래는 포장 도로지만 곳곳이 패고 끊겨져 울퉁불퉁한 비포장 도로와 다름없어서 휴식시간을 포함하여 7시간이나 걸렸다. 울란바토르에서 동쪽으로 가다보면 '톨강'을 만나게 된다. 톨강은 고르히 - 테를지 국립공원을 남북에서 가로질러 흐르는 몽골 동북부의 젖줄이다. 다시 동쪽으로 계속 가면 울란바토르 150km 지점에서 '헤를렌강'을 만난다. 헤를렌강은 헨티주의 헨티 산맥 남쪽에서 발원하여 남쪽으로 흐르다가 동쪽으로 중국 헤이룽장성에 이르는 1,264km의 강이다.

대초원을 굽이굽이 흐르는 강가에서 간이의자를 펴고 잠깐 휴식을 취했다. 동행한 몽골 인사들이 독한 몽골주를 권했다. 술을 손가락 끝에 묻혀 세 번 튕기는 '고수레'는 필수 절차이다. 몽골인들은 초원에서 음식을 먹을 때 하늘, 땅, 사람에게 세 번 고수레를 한다고 한다. 고수레는 우리에게도 있는 문화이다. 술과 함께 양고기를 삶아 물기를 빼고 갖고 다니다 안주삼아 손으로 쥐고 뼈를 발라 먹는다. 몽골인들이 가장 즐기는 야외용 음식이다.

다시 차를 달려 저녁 무렵에 칭기즈칸 시에 도착했다. 칭기즈칸 시는 헨티주의 주도이지만 인구 1만 5000여 명의 작은 도시이다.

칭기즈칸 시에서 헨티주 북단의 다달솜까지는 275km 거리이다. 비포장 초원길로, 휴식시간을 포함해서 장장 11시간 걸렸다. 울란바토르

몽골 지도(붉은색 선이 헨티주)

에서 오후 1시에 출발해서 다음날 아침 7시까지 밤을 꼬박 지새우며 달린 총 18시간의 강행군이었다. 칭기즈칸 시에서 북쪽으로 달리다 노르블린솜을 지나면서 새벽이 왔고, 드디어 '오논강'이 나타났다. 오논강은 몽골인들이 신성시하는 헨티 산맥에서 발원하여 러시아의 '인고다강', 만주의 '아무르강'으로 이어진다. 칭기즈칸이 태어난 곳 인근에 있는 오논강은 대몽골 제국의 발흥을 지켜본 것이다. 몽골을 통일한 칭기즈칸은 1206년 봄, 오논강 상류에서 열린 쿠릴타이에서 몽골의 칸 자리에 올라 대몽골 제국의 서막을 열었다. 노를 젓는 바지선에 차를 싣고 강을 건넌 후 한참을 더 달려 드디어 롯지에 도착했다. 롯지에서 휴식을 취한 후 오논강으로 가서 낚싯대를 드리웠다. 워낙 물이 맑고 인적이 드물어서 그런지 물고기가 의외로 많이 잡혔다. 저녁 때 롯지로 돌아와 일행이 함께

헤를렌 강변

헤를렌 강변에서
RV차량과 함께

생선탕을 끓였다. 생선탕을 햇반과 함께 먹다가 라면사리를 탕에 넣고 다시 끓여주니 일행, 특히 몽골인들이 난리가 났다. 상상도 못한 맛이라는 것이다. 저녁을 먹고 은하수가 흐르고 별이 쏟아지는 몽골의 밤을 보냈다.

이튿날 아침 일찍 칭기즈칸 탄생지를 향해 떠났다. 길도 없는 들판길을 달려 얼마 후에 작은 강줄기를 만났다. 이곳에는 바지선도 없다. 동네 분에게 연락하니 물길을 안내해줄 사람이 오토바이를 타고 왔다. 그 사람이 먼저 허리춤을 넘는 강을 걸어서 길을 찾으며 건너본 다음 우리 차 두 대를 차례로 안내했다. 차량 턱밑까지 물길이 차올랐다.

다시 들판과 고개를 달려 멀리 부르칸산이 보이는 곳까지 왔다. 차에서 내려 조금 더 가니 조그만 샘물이 나타났다. 탄생 직후 칭기즈칸을 목욕시킨 곳이라 한다. 곧이어 칭기즈칸 탄생지임을 알리는 기념비가 나타났다. 칭기즈칸은 세계사를 새로 쓴 대영웅이지만 몽골이 청나라와 러시아에게 지배받는 수백 년간 그는 잊힌 존재였고, 그의 이름은 금기어가 됐다. 그러나 탄생 800년이 지난 후 '진정한 리더', '천년의 역사위인'으로 부활했다. 1961년 탄생 800년 만에 그의 업적을 기리는 대형 비석이 그의 고향에 세워졌다. 그렇지만 그곳에는 아직도 작은 돌무지와 푸른 깃발만이 그의 탄생지를 지키고 있다. 영웅은 그렇게 태어나고 또 알려지지 않은 곳에 묻혀 있다. 세계 문명권의 80%를 지배한 진정한 세계 제국의 건설자인 밀레니엄맨 칭기즈칸의 탄생지는 이렇게 소리 없이 소박한 모습으로 우리를 기다려 왔다. 인근에서 칭기즈칸과 자무카가 운명의 일전을 벌였던 '달란 발주트 평원'을 내려다보며 이곳에서 전개된 대몽골 제국 역사의 서막을 머릿속에 그려보았다.

2. 테무진의 탄생과 아버지의 죽음

몽골 제국의 창시자이며 초대 대칸은 '칭기즈칸'이다. 그는 미미한 세력이었던 고원 동부 주변 부족을 통합하여 '전몽골 칸국'을 세웠다. 이어 메르키트, 타타르, 케레이트, 나이만 등 강성한 이웃 몽골족을 차례로 정복하여 몽골 고원을 장악하고 마침내 '대몽골국'을 출범시켰다. 이에 그치지 않고 유라시아 전역에 걸친 역사적인 대원정에 나서 세계 제국을 건설했다. 그가 있었기에 몽골 제국이 존재했고, 몽골 제국으로 인해 세계는 통합과 교류라는 새로운 경험을 하게 됐다. '세계화'는 이미 그때

시작된 셈이다. 그런 위대한 칭기즈칸이지만 300년간의 청나라 지배와 러시아 영향력하에 있던 시대에는 잘 알려지지 않았다. 1960년대 이후에야 비로소 재조명을 받았다. 1995년 미국의 〈워싱턴 포스트〉는 새 밀레니엄을 앞두고 지난 1000년간 가장 중요한 인물로 칭기즈칸을 선정했다. 그의 고향을 돌아보면서 그의 시대를 다시 떠올려 보았다.

《몽골비사》는 몽골인들의 조상과 건국 과정에 대해 몽골어로 기록된 방대한 초기 문헌이다. 주인공은 '테무진(후에 칭기즈칸)'이다. 일찍이 부친을 잃고 황량한 초원에 버려졌던 그가 어떻게 외로움과 굶주림, 위험을 이겨내고 약탈과 보복이 횡행하는 유목민의 근원지 몽골 고원을 통일한

1962년 지정된 칭기즈칸 탄생지

해 떨어지는 몽골 대초원

다달솜 롯지 전경

몽골 고원 최북단, 다달솜

도강을 안내해줄 안내인

물속에서 길을 찾는 안내인

칭기즈칸이 태어난 뒤 목욕한 냉천

칭기즈칸 탄생지의 기념비

후 정복 전쟁을 통해 대몽골 제국을 건설했는지, 그 과정을 그리고 있다.

몽골의 한 부족 '보르지기드'의 부족장 '예수게이 바아타르'는 메르키트족의 '칠레두'가 신부를 데려오는 길을 습격해서 신부를 빼앗아 버리는데 이 신부가 칭기즈칸의 어머니 '후엘룬 카툰'이다. 1162년 예수게이와 후엘룬 사이에서 한 아이가 태어났다. 예수게이는 그가 사로잡은 타타르장수 이름을 따서 테무진이라 이름 지었다. 그 장소가 오논 강변의 '델리운 볼닥'이다.

테무진이 아홉 살이 되자 예수게이는 후엘룬의 친정인 옹기라트족 마을에 가서 '부르테'라는 처녀와 결혼시킨 후 풍습에 따라 테무진을 처가에 남겨두고 돌아오다 타타르족 게르에서 독이 든 음식을 먹고 집에 돌아오자마자 숨졌다.

3. 테무진에게 닥친 시련과 불굴의 투혼

예수게이가 죽자 그 통치하에 있던 몽골족은 후엘룬과 테무진을 비롯한 어린 자식들만 버려둔 채 다른 목초지로 이동해 테무진 일가는 몰락했다. 이때부터 여장부 후엘룬은 어린 자식들을 홀로 기르면서 초원에서 생존하기 위해 혼신의 힘을 다했다.

테무진은 이복형 '베르테크'를 살해하고 가장으로서 일가가 초원에서 자리를 잡도록 한다. 그러나 장래를 우려한 몽골족 일파(타이치우트)가 다시 공격했다. 테무진은 포로가 되어 수년간 처참한 노예생활을 하다 천신만고 끝에 탈출했다. 우여곡절 끝에 가족과 재회한 테무진은 '부르칸산' 남쪽으로 옮겨 어렵게 생활을 이어가게 된다. 그리고 어느 날 전 재산인 말 여덟 마리를 도둑맞았다. 테무진은 즉시 잃어버린 말을 찾아 정

칭기즈칸과 보르추가
만난 오논 강변

칭기즈칸이 피신한
부르칸산

처 없이 나섰고 그 과정에서 '보르추'를 만나 함께 힘을 합해 말을 되찾았다. 테무진이 찾은 말 중 일부를 나누어주겠다고 하자 보르추는 "나는 좋은 동무에게 도움이 되겠다고 왔다. 무슨 전리품이라고 내가 갖겠는가?"라고 답했다. 이후 둘은 평생 동지가 되었다.

테무진은 자리를 잡자 헤를렌강을 따라 내려가 아홉 살 때 정혼한 부르테를 찾아 돌아왔고 세력도 키웠다. 그러나 이런 안정도 잠시, 과거 예수게이에게 후엘룬 신부를 빼앗겼던 초원의 강자 메르키트족이 보복 공격을 해왔다. 이번에는 예수게이의 며느리이자 테무진의 부인인 부르테를 납치해갔다. 테무진은 부르칸산으로 도주했다.

기운을 차려 돌아온 테무진은 부족을 재건하면서 아버지 예수게이와 안다(형제 맹약) 관계였던 케레이트의 '토그릴칸'에게 구원을 요청했다. 토그릴칸은 쾌히 응하고 자신의 2만 군사와 안다인 자다란의 '자무카' 2만 군사로 메르키트를 협공하여 와해시켰다. 테무진은 부르테를 되찾았다. 부르테는 납치되어 잉태된 것으로 추정되는 '주치(손님이란 뜻)'란 아들을 낳았다.

4. 전 몽골 칸 – 대몽골국 대칸 – 대몽골 제국의 출범

테무진은 토그릴칸, 자무카라는 동맹군과 보르추, 젤메, 무칼리 등 동지들의 도움으로 분열된 나라를 다시 통합한 후 1189년 귀족회의인 쿠릴타이에서 '전 몽골'의 칸으로 추대되어 칭기즈칸이란 칭호를 받았다. 테무진은 28세로 전 몽골족을 부흥시켰고, 이것이 대몽골국의 기초였다.

칭기즈칸은 전체 몽골족 통일을 위해 매진했다. 1190년 '달란 발주트' 평원에서 자무카와 최초의 전쟁을 벌였으나 자무카가 승리했다. 그러나 자무카는 동족 약탈로 신망을 잃어 오히려 많은 부족이 달아나 칭기즈칸 진영에 합류했다. 1196년에는 토그릴칸과 연합하여 금나라 군대에 쫓긴 타타르 부족을 섬멸했다. 이때 금나라는 토그릴에 '옹칸'이란 칭호를 내렸다.

1201년 자무카는 타타르, 메르키트의 잔존 세력과 나이만을 자기 세력으로 편입해 칭기즈칸, 옹칸과 더불어 초원을 나누어 지배했으나 헤를렌 강 하구 '쿠이텐 전쟁'에서 패배해 세력을 잃었다. 1202년 칭기즈칸과 옹칸은 메르키트, 타타르를 이어 정복했다. 1203년 케레이트 옹칸의 아들 셍굼은 자무카와 결탁하여 칭기즈칸에 대항했으나 결국 멸망했으며 이

자무카와 대결했던 달란 발주트 평원

몽골 할머니와 필자(칭기즈칸 비석 앞)

듬해 칭기즈칸은 나이만까지 정복하여 메르키트, 타타르, 케레이트, 나이만 등 주요 소칸국과 휘하의 부족들을 모두 복속시키게 되었다. 드디어 1206년 오논강 상류에서 역사적인 대쿠릴타이가 열리고 칭기즈칸은 대몽골국의 대칸으로 추대됐다.

이는 그 후 세계사에 불어닥친 대폭풍의 서막에 지나지 않았다. 몽골제국은 불과 25년 만에 로마가 400년간 정복한 땅보다 훨씬 넓은 땅을 지배했다. 이런 이유로 칭기즈칸은 뛰어난 군사 지도자인 동시에 정치인으로, 천년의 역사위인으로 꼽힌다. 칭기즈칸 군대는 상상을 초월하는 기동력과 전 세계에 걸친 역참과 정보 네트워크를 통한 강력한 군사력으로 적을 압도해 전쟁에서 승리했다. 이것은 오늘날 현대 경영의 키워드로 꼽히기도 한다.

칭기즈칸은 시대를 앞서 보고, 남의 말을 경청하며, 철저히 능력 본위로 인재를 쓰고, 동지를 아끼고, 법과 원칙을 앞장서 지키고, 생각과 종교의 자유를 존중했다. 한마디로 진정한 리더, 그 자체였다. 이러한 탁월한 리더십이 '대제국-몽골'의 탄생을 가능케 한 기본 중의 기본이었다.

4

시안에서 우루무치까지
오아시스 실크로드 3,000km 역사 여행

1. 역사의 현장 오아시스 실크로드를 따라

중국의 산시성 성도 시안西安(서안)에서 신장 웨이우얼 자치구의 주도인 우루무치에 이르는 장장 3000km의 오아시스 실크로드. '실크로드' 하면 많은 이들이 바로 이 길을 생각한다. 버스와 기차를 번갈아 타며 황량한 벌판과 사막, 그리고 오아시스 도시로 연결된 고대로부터의 교역로를 여행했다.

　오아시스 실크로드는 중국 쪽에서는 대체로 시안에서 시작한다. 시안은 옛 당나라 수도였던 장안長安이며 전한, 서진, 북주, 수, 당 등 열 개가 넘는 왕조가 1,000년 이상 도읍지로 삼았던 곳이다. 인근에 지금도 발굴 중인 진시황의 무덤인 병마용은 이곳이 고대로부터 역사의 현장임을 웅변하고 있다. 시안에서 서쪽으로 350km를 가면 실크로드의 첫 관문이라 하는 톈수이天水(천수)를 만날 수 있다. 이곳에는 중국 4대석굴의 하나인 맥적산 석굴을 비롯해 수많은 유적지가 자리 잡고 있다. 맥적산 석굴은 우뚝 솟은 바위산인 맥적산에 위치하고 있다. 1,600여 년에 걸쳐 만든 수백 개의 동굴과 수천 개의 불상조각, 그리고 절벽에 깎아낸 초대형 석불은 보는 이의 감탄을 자아내게 한다. 다시 서쪽으로 300 km 정도 가면 황허 강변에 있는 실크로드 교통 중심지인 란저우蘭州(난주)를 만나게 된다. 란저우는 간쑤성 성도로 2,000년 이상의 역사를 자랑하는 도시이다. 인근에 수많은 석불이 새겨진 병령사석굴이 있다. 란저우에서 야간 열차를 타고 우웨이, 장예를 거쳐 서쪽으로 9시간 가까이 700 km를 달려 새벽이 되어서야 자위관嘉峪關(가욕관)에 이르렀다. 자위관은 만리장성의 서쪽 끝으로 교통 중심지이자 군사요충지로 명대에 건축된 성문이 황량한 들판 가운데 자리 잡고 있다. 자위관에서 서쪽으로 4시간에 걸쳐 달리면 380 km 떨어진 곳에서 둔황敦煌(돈황)이 나타난다.

란저우에서 우웨이, 장예, 자위관을 거쳐 '둔황'에 이르는 길 1100 km는 허시후이랑河西回廊(하서회랑)이라고 한다. 허시후이랑은 말 그대로 치롄 산맥과 고비 사막 사이에 있는 긴 복도와 같은 오아시스 길이다. 실크로드의 요충지인 이곳은 비가 오지 않아 사막화된 곳이 많은 지역이지만, 치롄 산맥에서 흘러내리는 물이 허시후이랑의 저지대에 물을 공급해주기 때문에 오아시스 지대가 형성되었다. 그래서 오아시스 도시와 실크로드가 형성된 것이다.

둔황은 타클라마칸 사막이 시작되는 곳에 있는 오아시스 도시로 실크로드의 중심으로 동서 문화 교류가 활발히 이루어졌던 역사의 현장이다. 5호16국 시대에 한족의 국가 서량의 수도였고, 이후 북위·서위·북주·수·당·송·원 그리고 이어서 명·청이 차지했다. 둔황을 거쳐 톈산 산맥을 중심으로 북쪽 기슭(준가얼 분지 남부)으로 가는 길을 '톈산북로', 남쪽으로 가는 길을 '톈산남로(타림 분지 북부)'라고 한다. 둔황을 거쳐 타클라

오아시스 실크로드 탐방(시안~우루무치)

톈수이의 장터　　　　　　　란저우를 흐르는 황허

마칸 사막 남쪽의 쿤룬 산맥 기슭으로 가는 길은 '서역남로'라고 한다(타
클라마칸 사막 북쪽으로 가는 길은 서역 북로로 나중에 톈산남로로 불렸다).

둔황은 세계자연문화유산인 막고굴로 유명하다. 4세기 중반 이래
13세기에 걸쳐 만들어진 이 석굴에는 492개에 달하는 석굴과 수많은 조
각과 벽화들이 잘 보존되어 있다. 막고굴은《왕오천축국전》을 발견해 세
상의 빛을 보게 한 곳이다. 신라 시대인 723년경 혜초는 인도로 구법여
행을 떠났다. 그는 해로를 통해 인도로 가서 4년간 여행을 한 후 중앙아
시아를 거쳐 실크로드를 통해 장안으로 돌아왔다. 그의 나이 30세 무렵

이다. 이를 바탕으로 그는 세계 4대 여행기로 꼽히는 위대한 기록인《왕오천축국전》을 남겼다. 청나라 시대인 1900년 어느 날, 토사를 치우다가 갑자기 벽이 무너지면서 오늘날 17굴(장경동)이라 불리는 석굴이 하나 발견되었고, 그 속에서 무수한 경전과 회화 작품이 쏟아져 나왔다. 이 사실을 알게 된 영국·프랑스·일본 등의 탐사대는 이들 유물을 수단 방법을 가리지 않고 가져가 버렸다. 이때 프랑스 동양학자 '폴 펠리오'가 1908년에《왕오천축국전》을 가져갔고, 오늘날 파리 국립도서관에 소장되어 있다. 727년에 쓰인 이 책은 필사본 1책으로, 인도와 서역 각국의 종교는 물론 풍속·문화 등에 관한 풍부한 내용이 실려 있어 동서 문화교류를 웅변한 고전 여행기의 금자탑으로 평가받고 있다. 또한 이 책은 8세기의 인도와 중앙아시아에 대한 세계 유일의 기록이어서 그 가치를 더하고 있다.

둔황은 사막 가운데 있는 도시이다. 인근에 있는 모래사막으로 이루어져 바람이 불면 울음소리가 난다는 '명사산', 사막 가운데서 신기루같이 나타나는 오아시스 '월아천'이 있어 오아시스 도시라는 것이 더욱 실감나게 한다. 둔황을 뒤로하고 세 시간 정도 떨어진 류원柳園(유원)으로 가서 다시 야간열차를 타고 600km를 달려 다음날 아침 신장 웨이우얼 자치구로 넘어가 산산鄯善(선선)역에 도착했다. 신장 웨이우얼은 중국의 성급 자치구로 인구 약 2200만 명, 면적 166만 km²(남한의 약 16.7배)로 중국의 가장 큰 성이다. 중국 북서부에 자리 잡은 이 지역은 몽골, 러시아, 카자흐스탄, 키르기스스탄, 타지키스탄, 아프가니스탄, 파키스탄, 인도 등 8개 국가와 국경을 접하고 있다. 과거 중국에서는 서역西域이라고 불렸고, 청나라 건륭제 때 '새로운 강역'이라 해서 신장新疆(신강)이라고 명명했다. 신장의 역사는 아주 오랜 옛날로 거슬러 올라간다. 기원전 2000년경 이미 청동기를 사용한 흔적이 있고, 기마유목민의 전통문양 형태인 동물 그림이 나타나기도 한다. 기원전 2세기경부터 흉노가 장악한 이곳은 이후 한나라가 차지하나 다시 북방유목민 돌궐이 패권을 차지했다. 돌궐 이후에는 위구르, 몽골, 카라 키타이, 모굴 칸국, 청나라 등이 지배했던 땅이다.

산산 인근의 쿠무다크 사막을 둘러보고 투르판으로 이동하여 서유기의 무대인 화염산, 교하고성, 고창고성, 불교석굴 사원인 베제크리크 천불동을 둘러보았다. 베제크리크 천불동은 투르판 동쪽 화염산 기슭 계곡에 있는데, 석굴 중 하나에 한반도인으로 추정되는 벽화가 남아 있다. 7세기 당나라 시절부터 지어진 이 석굴은 일찍이 한반도인들이 서역과의 활발한 교류를 가졌다는 사실을 보여주고 있다.

투르판은 사막 가운데 있는 오아시스 도시로 연간 강수량이 55mm에 불과했던 적도 있다고 한다. 연간 강수량이 1,250mm에 달하는 우리나라의 여름철 1시간 강수량도 안 된다. 이렇게 건조하기에 흙으로 지은 성, 무덤, 심지어 미라까지 고대 유적이 잘 보존되어 있다.

투르판에서 200km 서쪽으로 떨어진 신장 웨이우얼의 주도 우루무치로 향했다. 가는 도중에 바람이 엄청나게 부는 지역을 지나게 되는데, 상상을 초월하는 강풍이 분다. 바람이 세게 불 때는 대형차도 운행을 중단하고 길가에 피신해야 한다. 수년 전 기차가 탈선한 적도 있다고 한다. 그래서 풍력 발전을 위한 바람개비가 수도 없이 들어차 있다. 우루무치는 중국보다는 서역의 도시라는 분위기가 물씬 나는 도시이다. 서역 최대의 도시이자 이슬람 문화의 분위기, 그리고 유목민의 풍속이 어우러진 도시로 여행객들에게 깊은 인상을 준다. 우루무치 인근에서 세계자연유산이자 한민족 시원지 또는 이동 경로와 관련이 있다는 톈산 산맥 해발 1928m에 위치한 톈산 천지를 둘러보았다. 멀리 만년설산이 보이고 백두산 천지를 떠오르게 하는 장관이 펼쳐졌다.

둔황의 막고굴

발견 당시 막고굴

화염산

교하고성

투르판 인근의 베제크리크 천불동

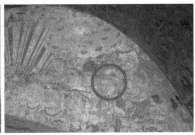

천불동의 벽화(원 안 한반도인으로 추정)

명사산

쿠무다크 사막

명사산 월아천의 오아시스

톈산 천지

2. 실크로드에서 전개된 한민족 역사의 흐름

초원 실크로드는 고대로부터 스키타이를 비롯한 흉노·선비·돌궐·몽골 등 북방 기마유목민의 삶의 터전이었다. 이들은 대초원 지역을 종횡무진 누볐고, 이들이 세운 여러 기마유목 국가가 흥망을 거듭했다. 바로 이곳에서 한민족도 삶을 개척해왔을 것이다. 빗살무늬 토기, 암각화, 고인돌, 고분, 청동기 등 수많은 선사 시대의 유적과 유물들이 이를 증명한다. 특히, 오아시스 길이 열린 다음에는 한민족의 광범위한 교류 역사가 더욱 뚜렷하게 나타난다. 한민족이 가진 열린 사회의 특징과 진취적 기상을 보여주는 대목들이 확연하게 드러나는 것이다.

오아시스 실크로드 또한 북방민족과 한민족의 활동 무대였다. 5세기 경 고구려 무덤인 '무용총' 벽화인 무용도는 인도로부터의 염색기법 전래를 말해주고, '쌍영총' 벽화의 연꽃무늬는 불교전래, '각저총' 씨름도는 서역인의 등장을 각각 보여준다. 앞서 기술한 혜초의 《왕오천축국전》도 8세기 초 신라 시대의 교류를 증명하고 있다. 또, 1965년 실크로드 중앙아시아 지역 중심지인 우즈베키스탄 사마르칸트에서는 고구려 사신이 그려진 아프라시압 궁전벽화가 발견된 바 있다. 이는 한민족의 실크로드 교류사를 웅변한다. 오르혼 강변에서 발견된 돌궐의 '퀼테긴 비문'에도 고구려 사신에 대한 기록이 있다.

백제 시대도 예외가 아니다. 1971년 발굴된 25대 무령왕릉에서 출토된 금공예, 벽화, 유리구슬, 금동대향로 등 수많은 유물은 동서 교류의 흔적을 여실히 보여주고 있다. 신라의 경우도 미추왕릉의 유리구슬목걸이, 황금보검은 그리스나 로마양식이라 한다. 원성왕 무덤의 무인석도 서역인 모습이다. 흥덕왕 때 장보고는 완도에 청해진을 설치하여 실크로드 해로를 일본에까지 연장하고 동북아 삼각무역망을 형성했다. 고려 시대에도 개경외곽의 벽란도는 한·중·일 무역 거점으로 국제 무역항의 역할을 톡톡히 해냈다. 〈처용가〉와 처용무의 '처용'도 페르시아나 아랍인이라고 한다. 발해 시대 유적에서도 중앙아시아의 소그드 상인이 쓰던 은화와 기독교 영향이 보이는 불상이 발견되었다.

고구려 유민 출신인 고선지 장군은 실크로드의 개척자로, 동서 문명 교류사에서 빼놓을 수 없는 인물이다. 중국이 중앙아시아 지역(서역)에 진출하는 데 가장 기여한 인물을 꼽는다면 한나라의 반초와 당나라의 고선지 장군을 말할 수 있다. 당 현종 시대인 747년 고선지 장군은 서역의 최대 장애물인 토번정벌에 나선다. 1만 군사로 구성된 결사대를 끌고 구차의 안서도호부를 떠나 서진하여 파미르 고원을 넘어 힌두쿠시 산맥의 해발 4600m가 넘는 탄구령을 돌파하여 토번을 장악했다. 고선지는 그 후 안서도호부의 책임자인 안서사진절도사로 임명되어 실크로드는 물론 중앙아시아와 파미르를 지배했고, 그때 실크로드는 최전성기를 누렸다. 그는 751년 아랍의 연합 세력과 벌인 탈라스 전투에서 패한 후 안록산의 난 진압에 투입되어 큰 역할을 했다. 하지만 이민족 출신 장군에 대한 거듭된 모함으로 755년 처형되는 최후를 맞았다.

한민족은 역사 시대 이전부터 오랜 기간 북방 초원길을 통해 기마유목 민족들과 더불어 삶의 흐름을 이어갔다. 역사 시대에 들어서는 오아시스 실크로드를 통해 널리 바깥 세계와의 교류를 지속하면서, 열린 국가로 성장해왔다. 그러나 고려를 지나 조선으로 넘어오면서 열린 세계에서 교류, 협력, 투쟁해온 한민족 고유의 기개와 진취성을 상실하고 마침내 나라마저 잃어버리는 극한의 상황까지 경험했다. 그러나 현대사에서는 달랐다. 고대로부터 면면히 이어온 한민족 에너지를 발현시키면서 불과 60년 만에 나라 바깥을 향해 열린 세계국가를 다시 건설하고 있는 것이다.

5

신장 웨이우얼 대초원의 실크로드 2,000km 탐방 여행

1. 초원과 실크로드가 전개되는 신장 웨이우얼

신장 웨이우얼 자치구는 지금은 중국의 영토지만 오랫동안 기마유목민의 활동 영역이었으며 오아시스 실크로드와 초원 실크로드가 전개되는 곳이다. 초원로는 워낙 장거리를 이동해야 해서 여행이 쉽지 않지만 대초원의 숨결을 느끼고 초원생활을 하는 유목민들의 모습을 볼 수 있어 여행자들의 버킷리스트 중 하나이다. 필자는 2016년 여름 우루무치에서 출발해 알타이 산맥과 톈산 산맥 일대의 초원과 고원을 여행하면서 북방 기마유목민의 삶과 역사를 돌아보았다.

'신장 웨이우얼 자치구'는 중국의 성급 자치구이다. 인구 약 2200만 명, 면적 166만 km²(남한의 약 16.7배)로 중국에서 가장 넓은 성이며 수도는 우루무치이다. 중국 북서부에 자리 잡은 이 지역은 몽골, 러시아, 카자흐스탄, 키르기스스탄, 타지키스탄, 아프가니스탄, 파키스탄, 인도 등

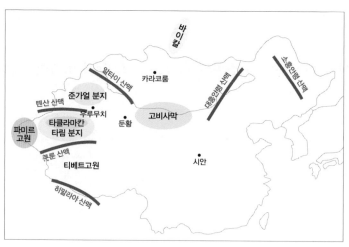

실크로드 인근 지형

8개 국가와 5400km의 국경을 접하고 있다. 위구르족을 비롯한 40여 개 이민족이 살고 있고 그들의 비중은 60%에 달한다. 특히 위구르족은 약 900만 명에 달하며 중국의 위구르인들은 거의 이 지역에 살고 있다. 과거 중국에서는 서역西域이라고 불렸고, 청나라 건륭제 때는 '새로운 강역'이라 하여 '신장新疆'이라 명명했다. 그러나 토착 위구르인들은 '동투르키스탄(동쪽에 있는 투르크인의 나라)'이라 부른다.

　신장은 실크로드의 중심축이다. 신장 지역 가운데를 톈산 산맥이 가로지르고, 북쪽 알타이 산맥과의 사이에 '준가얼 분지', 남쪽 쿤룬 산맥과의 사이에 '타림 분지'가 있다. 둔황을 거친 실크로드는 바로 타림 분지를 지나야 하는데, 이곳의 대부분은 '죽음의 사막'이라 일컬어지는 타클라마칸 사막지대여서 가로질러 건널 수 없고 돌아갈 수밖에 없다. 남쪽 쿤룬 산맥 기슭으로 돌아가는 길이 '서역남로', 북쪽 톈산 산맥의 남쪽 기슭으로 가는 길이 '톈산남로', 북쪽 기슭으로 가는 길이 '톈산북로'이다. 그리고 오아시스 북쪽으로는 초원 실크로드가 전개된다.

대초원의 게르

　신장의 역사는 기원전 아주 오랜 옛날로 거슬러 올라간다. BC 2000년
경 이미 청동기를 사용한 흔적이 있고, 북방 기마유목민이 오랫동안 삶
의 터전으로 삼았던 곳으로 흉노·돌궐·몽골·여진 등이 활약했던 곳이
다. 그래서 이곳에서는 북방민족의 특징인 동물문양 등 수많은 유물과
유적이 남아 있고 풍습과 언어에서도 많은 흔적이 남아 있다. 신장 웨이
우얼에는 기원전 오손, 월지 등이 출현했다가 BC 2세기경부터 흉노가
장악했다. 이후 한나라 무제는 서역 개척에 나섰고 BC 60년경 오아시스
실크로드가 열렸다. 한나라 붕괴 후 기마유목 국가인 유연-에프탈에 이
어 돌궐이 이 지역의 패권을 차지했다. 수나라에 이어 중국을 통일한 당
나라는 서역정벌 전쟁을 벌여 '쿠차'에 안서도호부를 설치하고 다시 오
아시스 실크로드의 주인공이 됐다.

　당나라 이후에는 몽골 초원에서 남하한 위구르 제국이 지배했고 키르
기스에 멸망한 후에도 위구르인들이 여러 왕국을 유지했다. 13세기 초,
칭기즈칸의 몽골 제국이 들어섰고 이후 오이라트, 키르기스, 카자흐족
의 왕국이 세워졌다. 1750년대에 여진족의 청나라가 이곳을 정복했고,
청의 지배가 느슨해지면서 위구르인 등의 독립운동이 활발히 전개되나

알타이 대초원의 방목 현장

알타이 산맥 아래 대초원

1878년 청나라가 재정복했다. 신해혁명 후 다시 독립운동이 재개됐고, 스탈린의 소련이 남하하면서 이 지역의 세력 다툼에 개입하면서 위구르인들을 중심으로 1930년대 및 40년대에 한때 동투르키스탄 공화국을 건국했다. 그러나 1949년 중국의 인민해방군이 다시 이 지역을 장악하여 오늘날 중국 영토가 되었다. 그러나 이 지역에서는 독립을 요구하는 목소리가 지금도 끊이지 않고 있다.

'신장'은 북방 기마유목민의 오랜 활동 무대인 동시에 한민족의 삶의 흐름과 역사와도 무관하지 않다. 이들 북방민족들은 한민족과 그 뿌리를 같이할 뿐만 아니라 신장 웨이우얼을 비롯한 중앙아시아 지역은 동서를 연결하는 실크로드를 통해 한반도와 유럽 지역까지 교류가 이루어졌던 땅이다. 고구려 유민 출신인 고선지는 실크로드를 개척했고, 신라 시대

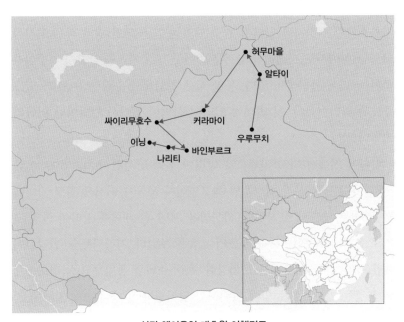

신장 웨이우얼 대초원 여행경로

에 혜초는 해상통로로 인도로 구법여행을 떠났다가 중앙아시아를 거쳐 실크로드를 통해 장안으로 돌아와 《왕오천축국전》이라는 불멸의 여행기를 남겼다. '신장'이 연결한 실크로드를 통해 이루어진 교역의 흔적을 많은 유적과 유물에서 찾을 수 있다. 한반도에서 스텝 지역과 실크로드를 통해 유럽에 이르는 교류와 협력은 고대로부터 이어져 왔던 것이다.

2. 신장 웨이우얼의 초원 실크로드를 찾아서

인천공항을 출발해 5시간 반 걸려 중국 신장 웨이우얼의 성도 우루무치에 도착했다. 이튿날 아침 일찍 중국 국내선 비행기편으로 한 시간 남짓 비행해 600km 떨어진 알타이 산맥 남쪽 기슭에 있는 '알타이(아러타이) 시'로 향했다. 알타이 시는 신장 웨이우얼 최북단, 중국·몽골·러시아·카자흐스탄의 접경지인 알타이 지구에 있는 인구 23만 명의 작은 도시이다. 러시아에서도 시베리아 남서부인 이곳 접경 지역을 알타이 지방이라 하며, 알타이 공화국도 있다. 몽골 서부 지역에도 고비알타이주가 있고 주도가 알타이이다. 이 일대에 알타이 산맥이 있어서 알타이란 이름의 지명이 많다.

알타이 시에서 다시 차편으로 알타이 산맥 남서편 초원길 200km를 6시간가량 달려 신장 웨이우얼 최북단이자 몽골과 러시아 접경 지역에 있는 '허무 마을'에 도착했다. 하룻밤을 지낸 후, 새벽에 알타이 산맥 고지로 올라가 해 뜨는 허무 마을의 모습을 보았다. 자작나무숲, 만년설이 녹은 푸른 강물, 야생화들로 치장한 초원, 소박한 통나무집들, 평화롭게 풀을 뜯는 가축들이 눈앞에 그림처럼 펼쳐졌다. 알타이 산맥 자락에 자리 잡은 100여 가구의 삶이 묻어나는 마을이다. 오가는 도중에 오랜 세

천산 산맥 기슭

해 뜨는 허무 마을

월에 걸쳐 형성된 형형색색의 다채롭고 아름다운 바위 계곡 '오채탄'도 볼 수 있다.

허무 마을에서 멀지 않은 러시아, 카자흐스탄, 몽골의 접경 지역에 카나스 호수가 있다. 해발 1,374m에 위치한 이 호수는 알타이 산맥에서 내려온 빙하가 침식해 U자 계곡에 형성된 대형 호수로 지상낙원이라 불릴 만큼 아름다운 자태를 자랑한다. 이 호수의 물줄기는 러시아를 지나 북극해로 흐른다.

카나스 호수에서 남서쪽으로 450km 정도 가면 인구 27만 명의 작은

오채탄

도시 커라마이 시가 나온다. 이 도시 이름은 위구르어로 '검은 기름'이라는 뜻이고, 이름대로 원유가 생산되는 곳이다. 커라마이 시 인근에는 오랜 세월 자연에 의해 만들어진 기묘한 형태의 지형으로 SF영화에서나 나올 법한 '마귀성'이 나타난다. 나중에 들으니 영화 〈와호장룡〉의 촬영지였다고 한다. 다시 남서쪽으로 6시간 걸려 500km를 달리면 실크로드 톈산북로의 명소 '싸이리무 호수'가 나타난다. 만년설산과 호수가 어우러져 장관을 연출한다.

카나스 호수 전경

카나스 호수로 흐르는 강

마귀성 전경

싸이리무 호수 전경

바인부르크 초원

싸이리무 호수에서 주민들과 함께

이닝식당의 요리사

바인부르크 구곡십팔만 전경

다음날 호수 근처 숙소에서 떠나 남동쪽으로 약 500km 거리에 있는 바인부르크 초원으로 향했다. 톈산 산맥을 남쪽으로 보면서 끝없는 대초원길을 달리면 바인부르크에 당도한다. 언덕에 오르니 9개 계곡에 걸쳐 18번 굽어져 흐른다는 '구곡십팔만'의 아름다운 전경이 펼쳐진다. 해지는 석양 사진을 찍기 위해 사진 애호가들이 찾는 버킷리스트 중 한 곳이라고 한다. 절경에 감탄하기 바쁘게 엄청나게 많은 모기가 사람들을 향해 달려든다. 참다못해 벌꿀 채집하는 사람들이 쓰는 그물 모자를 사서 썼다. 작은 돈이 이렇게 귀한 물건을 제공할 줄이야…. 이어 2시간 거리에 있는 해발 1,600m에 펼쳐진 광활한 나리티 초원으로 향했다. 공중정원이라 불리는 세계 4대 초원 중 한 곳이다. 다시 서쪽으로 7시간 달려 약 400km 떨어진 이닝으로 향했다. 이닝은 이리강 북편에 있는 도시로, 톈산북로의 오아시스 도시로 발달했던 곳이다. 오아시스 도시인 만큼 상업도시로 여러 민족이 쟁탈하던 곳이며 몽골 제국 시대에는 차가타이 칸국의 수도 기능을 했다. 원래는 신장 웨이우얼의 성도였으나, 신장 웨이우얼의 서편 상당 부분을 러시아가 차지하면서 보다 동쪽에 위치한 우루무치로 성도를 옮겼다. 이닝 일대의 고성을 둘러본 후 초원 실크로드 탐방을 마무리하고 다시 항공편으로 700km 떨어진 우루무치로 향했다. 2번의 국내선 비행거리 1,000km를 더하면 총 3,000km에 걸친 초원로 여행이었다. 끝없이 펼쳐진 대초원과 그곳에서 살고 있는 유목민들의 삶을 보면서 유라시아 대초원의 역사를 다시 한번 돌아보았다.

나리티 초원

기마민족 역사의 현장
중앙아시아

1

동서 문명의 교차로
중앙아시아 우즈베키스탄 실크로드 2,000 km 여정

1. '사마르칸트 – 부하라 – 히바'로 이어지는 실크로드 여정

중앙아시아 지역의 실크로드는 고대로부터 동서 문명 교류의 대동맥 역할을 해왔다. 필자는 앞서 몇 차례에 걸쳐 그 핵심 지역인 우즈베키스탄의 사마르칸트 지역 등을 답사했었다. 이번에는 우즈베키스탄의 동서 양단을 일주하는 여정인 사마르칸트 – 부하라 – 히바 탐방 길에 나섰다.

우즈베키스탄은 면적 44만 7000 km²(우리나라의 약 4.5배), 인구 3천만명의 수니파 이슬람국가로 지정학적으로는 아시아 중심부에 있어 동서로 오가는 여러 세력들의 각축장이 되었던 곳이다. 이 지역은 아무다리야강과 시르다리야강 유역으로 일찍이 고대 문명이 발달했다. 기원전 2000년경에 이미 청동기 문화를 가졌고, BC 6세기경에는 아케메네스 왕조의 페르시아, 이후 스키타이의 영역이 되었다. BC 4세기에는 알렉산드로스 대왕이 점령했으며, 6세기 중엽부터는 돌궐 제국이 지배했다. 751년 탈라스 전투에서 사라센군이 당나라에 승리하면서 이슬람 세력권에 편입되었다. 13세기 칭기즈칸의 몽골 제국, 14세기 티무르 제국 지배 이후 히바, 부하라, 코칸트 칸국으로 분리되었다. 19세기 들어 제정 러시아에 병합되었고, 소련이 해체되면서 1991년 독립하여 '이슬람 카리모프' 초대 대통령이 2016년 사망까지 25년간 장기 집권했다. 그는 중앙아시아의 가장 권위주의적인 집권자로 알려졌지만 한국을 핵심 협력 대상국으로 정하여 국가원수로는 이례적으로 7차례나 방한했었다.

인천공항에서 4,800km 떨어진 우즈베키스탄 수도 '타슈켄트'까지는 8시간 가까이 걸린다. 거기서 다시 우즈베키스탄 국내선 비행기를 타고 서쪽으로 약 1000km 떨어진 우르겐치에 도착한 후 자동차로 갈아타고 서남쪽으로 약 30km를 달려 호라즘의 역사도시 '히바'에 도착했다. 오아시스 실크로드의 요새이자 교역소였던 히바는 중앙아시아의 진주라 불린다. 노아의 아들 샘이 이곳을 발견했을 때 세워졌다는 전설이 있는 이 도시는 11세기에서 13세기까지 호라즘샤 왕국의 수도였고 16세기에는 '히바 칸국'의 수도가 되었다. 지금은 인구 2만 6000명의 아담한 작은 도시이다.

히바는 '카라쿰 사막'과 '키질쿰 사막'의 극도로 건조한 기후 때문에 도시 전체가 거대한 박물관이라 불릴 정도로 옛 모습을 그대로 지니고 있어 방문객들을 역사 속으로 이끈다. 16세기에 지어진 거대한 흙벽돌 성곽 '이찬칼라'의 성문을 지나 내부로 들어가면 바로 몇백 년을 뛰어넘는 역사가 전개된다. 필자는 그동안 우즈베키스탄을 수차례 방문하면서 히바에는 세 차례 들렀는데 갈 때마다 설레는 곳이다. 히바의 이찬칼라 성문은 마치 타임머신의 입구를 연상시킨다. 성문 안에서는 수백 년 전의 역사가 방문객을 맞이한다. 정말 매력적인 고대 도시이다. 언젠가는 일주일 정도 이곳 실크로드의 옛 향기 속에서 푸근하게 지내고 싶다는

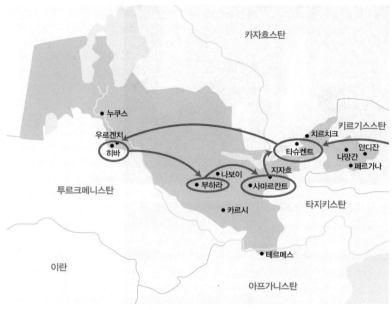

우즈베키스탄 실크로드 탐방 지도

칼타 미나레트(히바)

알콰리즈미 동상(히바)

히바 전경

히바 거리

부하라

키질쿰 사막을
횡단 중인 필자

생각이 절로 났다. 45m 높이의 초대형 '홋자 미나레트', 미완성인 아름
다운 '칼타 미나레트', 중앙아시아 최고의 회교사원인 '주마 모스크', 궁
전, '마드라사(신학교)' 등 즐비한 유적들이 이 도시의 화려했던 영광을 웅
변하고 있다. 서문 밖에는 이곳 출신인 대수학의 시조 '알콰리즈미(알고리
즘의 유래)'의 좌상이 있고 인근 대형 벽면에 그려진 실크로드 지도가 이
정표 역할을 하고 있다. 히바는 걸어서만 다니는 고대 도시로 유적지는
물론 카펫을 비롯한 수많은 수공예품 가게들이 여행객의 눈길을 끈다.

다시 우르겐치로 가서 국내선 비행기를 타고 동남쪽으로 450km 떨

전통 카페트샵(부하라)

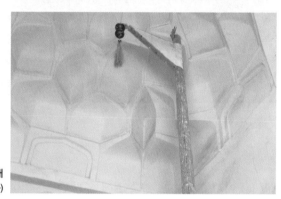

차슈마 아유브의 솟대
(부하라)

어진 '부하라'로 이동했다. 지난번 방문할 때는 7시간 이상 걸려 차량으로 카라쿰 사막을 횡단해서 갔었다. 이름만 들어도 설레는 실크로드의 중심 도시 부하라는 수많은 외침에도 불구하고 지금도 고색창연한 도시의 모습을 간직하며 2500년의 역사를 자랑한다. 교역과 문화의 중심인 이 도시는 몽골 제국에 의해 철저히 파괴되었으나 티무르 제국 시대에 부활했고 이후 부하라 칸국 시대에도 수도였다. 시간이 멈춘 도시답게 시내 곳곳에는 과거의 영화를 보여주는 기념비적인 건축물들이 즐비하다. 성서에 등장하는 '욥의 샘'이라는 '차슈마 야유부'에서는 신비한 샘

카라반사이 흔적(부하라)

레스토랑으로 변모한 카라반사이(부하라)

칼리안 모스크(부하라)

초르 미노르(부하라)

물이 솟아나고 있는데, 한쪽 켠에 순례자의 무덤이 있고, 북방 문화의 상징인 '솟대'가 서 있어 실크로드 문명 교류의 또 다른 단면을 보여준다.

2400년 전 처음 만들어져 개축을 거듭해온 '아르크성'에는 사원, 광장, 감옥, 박물관 등이 자리 잡고 있다. 1만 2천여 명이 예배를 보던 웅장한 규모의 '칼리안 모스크'에는 부하라의 상징이자 중앙아시아에서 가장 높은 미나레트(첨탑)가 우뚝 서 있는데, 옛날에는 밤이 되면 불을 밝혀 사막의 등대 역할을 했다고 한다. 카라반을 위해 실크로드를 밝혀준 등대는 지금은 조용히 방문객들을 맞이하고 있다. 동쪽으로 더 가서 조그만 골목길을 굽이굽이 돌면 과거 신학교였던 '초르 미노르'가 갑자기 나타나 우아한 자태로 방문객들을 놀라게 한다. 초르 미노르는 4개의 미나레트라는 뜻으로 신학교는 모두 없어지고 지금은 4개의 미나레트만 남아 있다. 4개 종교를 상징하는 첨탑의 청록색 타일이 인상적이다. 첨탑 내부의 좁은 계단으로 중앙돔까지 올라가 구경할 수 있는 구조로 되어 있고, 아래층에는 여러 민속기념품을 파는 가게가 자리 잡고 있다. 부하라에는 예전에는 카라반의 숙소인 '카라반사이'가 곳곳에 있었다고 하지만 지금은 흔적만 남아 있거나 레스토랑 등으로 용도를 바꾼 곳만 있다.

다음 목적지인 사마르칸트는 실크로드의 중심 도시이자 시가지 전체가 세계문화유산으로 지정된 매력적인 도시이다. 기원전 5세기경 소그드인들이 오아시스가 있던 아프라시압 언덕에 도시를 건설한 이후 수많은 외침을 받아왔다. 특히 칭기즈칸이 철저하게 파괴했지만 티무르가 화려하게 재건했다. 티무르는 이 도시를 세계의 중심으로 만들기 위해 원정 때마다 건축가와 예술가를 데려왔다. 지금도 이 도시는 티무르가 좋아했던 '푸른색의 도시'의 면모를 자랑하고 있다.

부하라에서 사마르칸트까지는 300km 정도 거리지만 도로 사정이 좋지 않아서 버스로 거의 5시간 걸려서 도착했다. 버스가 사마르칸트 시내 외각 울룩벡 천문대에 당도했으나 예고 없이 갑자기 폐쇄되었다고 한다. 알아보니 얼마 전 서거한 카리모프 대통령(2016년 9월 사망)의 묘소가 사마르칸트에 있고, 마침 벨라루스 대통령이 묘소에 참배하는 날이어서 귀빈 영접을 위해 유적지 등은 모두 폐쇄되고 시내 도로 교통도 통제됐다는 것이다.

필자는 이전에 전문가의 안내를 받으면서 울룩벡 천문대와 '구르 에미르'를 방문했었다. 티무르의 손자인 울룩벡은 왕위를 물려받아 40년간 통치하면서 티무르 제국의 황금기를 이루었다. 그는 천문학에 정통한 천재적인 학자로 1429년 천문대를 건축하고 놀라운 천문학적 업적을 이루었다. 또한 《사국사》라는 칭기즈칸과 몽골 제국 후손들의 왕가 가계 역사를 밝히는 놀라운 책을 저술한 역사학자이기도 하다. 이 책은 중세 페르시아어로 쓰였고 근대에 우즈벡어로 번역된 바 있으며, 현재 필자가 북방사학자인 전원철 박사의 국문 번역을 지원하고 있다.

'구르 에미르'는 티무르가 지은 정교하고 아름다운 능묘인데 티무르와 그의 손자이자 위대한 천문학자인 울룩벡 등이 묻혀 있다. 그의 무덤과 관련해 아래와 같은 일화가 있다.

1941년 스탈린은 티무르의 무덤을 찾아내서 그 유골을 모스크바로 가져오도록 명령했다. 아마도 '전쟁의 신'이라 불리는 티무르와 자기를 동일시하려는 생각 때문이 아니었을까 짐작된다. 둘은 전쟁을 앞둔 제국의 지배자이자 절름발이라는 동일한 신체적 조건을 갖고 있었다. 티무르는 젊은 시절 전쟁터에서 오른쪽 다리에 화살을 맞아 절름발이가 되었고, 스탈린도 절름발이였다.

저명한 역사학자와 고고학자들이 고증 끝에 티무르의 무덤 '구르 에미르'를 발굴하여 500년 만에 관 뚜껑을 열었다. 이때 지역 원로들이 관을 열면 전쟁이 일어난다는 예언을 전하며 극력 말렸으나 무시되었다. 다다음 날인 1941년 6월 22일 히틀러의 독일은 불가침조약을 깨고 소련을 침공, 스탈린그라드에서 6개월간 200만 명이 전사하는 대전투가 벌어졌다. 소련 군사령관 주코프는 티무르 무덤을 열면 전쟁이 일어난다는 예언이 있었음을 나중에야 듣고 스탈린에 건의해 티무르의 유골을 다시 무덤에 가져가 관 뚜껑을 닫게 했다. 이틀 뒤 러시아군은 밀리기만 하던 스탈린그라드 전투에서 처음 승리했고, 결국 전승국이 되었다. 티무르의 유골을 다시 관에 넣도록 한 스탈린은 추후 누구도 그 관을 열지 못하도록 지시했다는 일화가 있다.

지금 티무르의 무덤 구르 에미르는 사마르칸트에 잘 보전되어 있고, 지하에 그의 관이 안치되어 있다. 관람객들은 지상에 있는 모형관만 볼 수 있을 뿐 지하에 있는 실제 관은 관람객에게 공개되지 않는다. 저자가 지난번 사마르칸트를 방문했을 당시 우즈베키스탄 측의 호의로 구르 에미르의 지하까지 내려가 티무르의 실제 무덤을 볼 수 있게 되었고, 그때 사진을 찍을 수 있었다.

행선지를 바꾸어 티무르의 왕비 묘소인 비비하님 모스크를 둘러보고 맞은편에 있는 전통시장에서 시간을 보내다 시내 쪽으로 나와 대기했으나 계속 통제가 안 풀려 결국 한 시간 남짓 걸어서 호텔로 향했다. 권위주의적 통치 체제가 남아 있는 이 나라만의 이색적인 모습이었다.

다음날 아침 일찍 아프로시압 박물관으로 향했다. 이곳에는 7세기 영

레기스탄 돔 내부

구르 에미르 지하의 티무르 실제 관(사마르칸트)

울룩벡 천문대 내부(사마르칸트)

울룩벡이 지은 《사국사》(중세 페르시아본)

주의 궁전에서 발견된 벽화가 있는데, 그 벽화에 고구려인으로 추정되는 두 명의 사신 모습이 등장한다. 당시 한반도와 실크로드 사이에 교류가 있었음을 입증하는 생생한 증거이다. 한편 고구려의 벽화에서도 중앙아시아인의 모습을 볼 수 있다는 것은 중앙아시아와 실크로드는 고대로부터 한민족과 교류했었다는 추정을 쉽게 할 수 있게 한다. 동북아역사재단이 벽화의 보존과 아프라시압 벽화의 3D 영상 재현을 지원해서 박물관 측은 물론 세계 각국 관광객으로부터 호평을 받고 있다. 박물관장이 동북아역사재단의 지원에 거듭 감사를 표하면서 직접 벽화를 상세히 설명해주었다.

아프로시압 언덕 남쪽에 있는 티무르 일가 등의 영묘 샤히진다를 보고 드디어 사마르칸트의 심장이자 실크로드의 상징적인 건축물인 레기스탄 광장에 다다랐다. '레기'는 모래, '스탄'은 땅이란 뜻이다. 이곳은 15세기 티무르의 손자 울룩벡이 건축한 신학교 등 3개의 웅장한 건축물에 둘러싸인 넓은 광장이다. 이곳에서 칸의 알현식과 사열식이 거행됐었다. 지금도 인근에 있는 시장에서는 활발한 거래가 이루어지고 있다.

다음 목적지인 타슈켄트까지 300km는 기차를 타기로 했다. 고속열차가 다니지만 시간이 맞지 않아 6인 1실의 일반열차로 5시간 가까이 달렸다. 지난번 방문했을 때는 타슈켄트에서 사마르칸트까지 고속열차를 탔었다. 일반 철로에 고속열차를 운행하다 보니 무척 흔들렸었다. 타슈켄트는 '돌의 나라'라는 뜻으로 중국 기록에는 '석국'으로 남아 있다. 여느 도시와 같이 이슬람, 몽골, 차가타이 칸국, 티무르 제국의 지배를 받았다. 1966년 타슈켄트에 대지진이 일어나 도시 대부분이 파괴되어 고대 도시의 흔적은 별로 남아 있지 않다. 국립역사박물관, 아미르 티무르 박물관의 유물들만이 영화로웠던 고대사의 편린을 보여주고 있다.

타슈켄트 인근에는 김병화 협동농장 박물관이 있다. 김병화 선생은 연

실크로드 교역 장면 상상도, 원 내는 한반도인(티무르 박물관, 타슈켄트)

레기스탄(사마르칸트)

아프로시압 박물관

이주 초창기 고려인(김병화 박물관)　　　　　　　김병화 박물관

해주에서 태어나 다른 연해주 한인과 같이 1937년 중앙아시아로 강제 이주당했다. 그는 집단농장을 이끌면서 수백만 평의 황무지를 농토로 개간해 고려인들의 삶의 터전을 마련하고 소련 정부로부터 두 차례 영웅 훈장을 받았다. 현재 CIS국가 거주 한인(고려인) 총 50만 명 중 중앙아시아에 30만 명이 거주하고 있는데, 우즈베키스탄에 가장 많이 18만 명이 거주하고 있다.

이렇게 2,000km의 중앙아시아 실크로드 탐방을 마무리했다. 카라반의 낙타가 지나던 그 길을 비행기와 기차, 버스 등으로 다녔지만 그들의 호흡을 조금이나마 느낄 수 있었다.

한민족은 고대부터 실크로드를 통한 외부 세계와의 끊임없는 교류 속에서 살아왔으며 한반도는 동서 문명의 교역로인 실크로드의 출발점이자 종착역이다. 중앙아시아는 우리나라와 생활·문화·언어적으로 많은 공통점을 가지고 있고, 북방 알타이 문명에 같은 기원을 두고 있다. 신라·발해·고려 시대에 이미 실크로드의 '소그드인' 등을 통해 중앙아시아와 교류해왔다. 중앙아시아를 비롯한 북방 대초원의 암각화와 기마민족의 삶의 흔적들, 고대 무덤을 비롯한 유적과 유물, 오르혼 강변의 퀼테킨 비문에 기록된 고구려 사신, 아프로시압 궁전의 고구려 사신 벽화, 투르판의 베제크리크 천불동 벽화의 한반도인 등 한민족과 실크로드의 수많은 교류의 흔적은 우리의 관심을 끌기에 부족함이 없다.

2. 중앙아시아 실크로드 역사의 중심 – 몽골 제국과 그 후예들

중앙아시아는 실크로드의 관문으로 스키타이 이래로 몽골 제국 시대를 거쳐 이후 18세기까지 동서 문명 교류의 중심지였다. 이 지역 실크로드의 번영에 가장 큰 영향을 준 세력은 몽골 제국이다.

몽골 제국은 유라시아 전역을 지배하면서 실크로드를 장악한 후 광활한 영토를 4개 국가ulus로 나누어 통치했다. 세계 제국인 몽골 제국의 출현으로 통합된 세계가 시작되고 동서 문명 교류와 정착민과 유목민 사이의 교류가 이루어지면서 '팍스 몽골리카'가 실현된다. 그러나 3000만 km²를 넘는 이 세계 제국도 정치적 분열과 내분, 봉기에 의해 차례로 쇠락의 길을 걷는다. 원元은 1368년 명明에 나라를 넘겨주고 몽골 고원으로 쫓겨난다. '일 칸국'도 1330년대부터 전쟁과 혼란이 이어지다 1353년 80년만에 막을 내렸다. 비교적 오랜 기간 존속하면서 러시아를 240년간 지배한 '킵차크 칸국'도 역시 내분과 피정복민족의 반란으로 1480년 멸망했다. 동서 교역로인 비단길에 위치한 '차가타이 칸국'은 혼란과 불안정이 지속되다 1334년 이후 분열되고 이에 따라 실크로드도 차단됐다.

혼란에 있던 차가타이 칸국에서 1336년 '철의 군주'라 불리는 아미르 티무르가 사마르칸트 부근 케쉬에서 태어났다. 티무르는 몽골 제국 재건을 기치로 고난과 역경을 이겨내고 중앙아시아를 통일해, 1370년 '티무르 제국'을 건설했다. 그는 유목민의 군사력과 정주민의 경제력을 통합해 칭기즈칸 이후 최초이자 최후의 대륙 지배자가 됐다. 티무르 제국은 유럽과 아시아를 연결하는 실크로드의 중심이 됐고, 사마르칸트는 크게 번성했다. 티무르는 칭기즈칸이 이뤘던 실크로드의 대통일을 다시 이루기 위해 정복 여정에 나섰고, 1398년 북인도를 정복한다. 1402년에는 실크로드의 기능을 차단하던 오스만 제국군을 터키 앙카라에서 섬멸한다. 이로 인해 유럽은 오스만 제국의 공격에서 살아남았고, 실크로드도 부활하게 됐다. 오스만군은 이 전쟁 후 50년간 존재감을 완전히 상실했다. 그는 연이어 실크로드의 또 다른 핵심축인 명나라 원정에 나섰으나 1405년 병사하고 말았다. 사마르칸트를 중심으로 동서 교역로를 활짝 열고자 했지만 결국 꿈을 이루지 못한 것이다.

티무르 제국이 멸망한 이후 중앙아시아 카불 지역에서 티무르의 5대

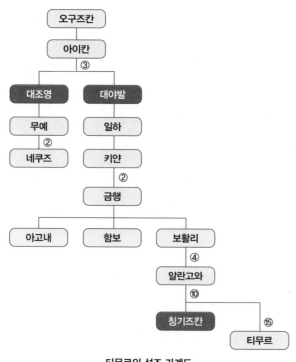

티무르의 선조 가계도

손인 '바부르'가 등장했다. 바부르는 1526년 술탄 대군을 격파하고 델리를 점령했다. 이렇게 세운 나라가 330년간 지속된 무굴 제국이다. 몽골 제국이 인도 땅에서 무굴 제국으로 역사에 재등장한 것이다. 바부르는 몸소 전쟁터를 지키고 전투에 앞장서며 유라시아 역사에서 중요한 위치를 차지하는 왕조를 세웠다. 그러나 사마르칸트에 진출해 티무르 제국을 복원하는 꿈은 이루지 못했다.

티무르 제국이 멸망한 후 우즈베키스탄 지역에는 16세기 이후 칭기즈칸의 후손들이 우즈베키스탄 3대 칸국을 출범시킨다. 15세기 초 아불가르칸이 우즈베크 부족을 통합하여 부하라를 수도로 샤이반 왕조를 세워 20세기 초까지 존속했다. 호라즘 지역에서는 16세기 초 히바를 수도로 히바 칸국이 세워져 20세기 초까지, 페르가나 지역에는 18세기 초에 코칸트를 수도로 코칸트 칸국이 세워져 19세기 중엽까지 이어졌다. 이와 같이 몽골 제국과 그 후예들은 광활한 실크로드의 주인이 되었고 동서양을 망라한 제국 안팎을 연결하는 거미줄 같은 통상 루트를 통해 세계 교역을 혁명적으로 확대시켰다.

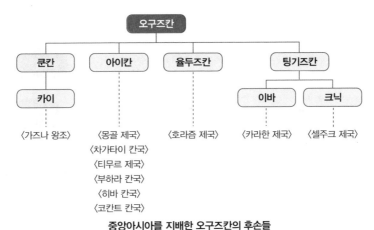

중앙아시아를 지배한 오구즈칸의 후손들

- BC 6세기 중반 페르시아 '아케메네스 왕조' 역사 시작
  - 중앙아시아, 메소포타미아, 아나톨리아 일대에서 세력권 형성
  - BC 6세기 초반 '스키타이'가 출현하여 다리우스 1세 제압
- BC 329년 마케도니아 '알렉산드로스 대왕'이 사마르칸트 지역까지 정복
  - BC 247~AD 226년 이란계 유목민족이 세운 '파르티아(안식국)'가 이란과 중앙아
    시아 남부 지배 → 로마와 쟁패
  - 440~568년 알타이 지역에서 서진한 '훈족'이 점령
- AD 642~712년 아랍 세력의 진출과 '이슬람교' 유입
  - 아랍 세력이 709년 부하라, 712년 사마르칸트 점령
  - AD 751년 탈라스 전투로 중국 세력의 실크로드 서방 진출을 차단
- AD 9세기 부하라에 이란계 이슬람 왕조인 '사만 왕조'(AD 819~999년)가 등장
  - 대수학의 아버지 알호레즈미(787~850년)
  - AD 10세기 말 사만 왕조가 내분으로 약화되면서 투르크계 '카라한조(999~1232년)'
    와 '가즈나조(962~1186년)'가 제국을 분할
- AD 11세기 '셀주크 제국'(1037~1194년)이 카라한조와 가즈나조를 정복
- AD 11세기 말 셀주크 제국의 가신이 셀주크 제국을 제압(1194년)하고 지금의
  히바 지역에 '호라즘 제국' 건국(1077~1231년)
  - 수도 : 콘예 우르겐치 → 사마르칸트 → 가즈니 → 타브리즈
- AD 1218년 칭기즈칸의 20만 대군이 톈산 산맥을 넘어 부하라, 사마르칸트,
  히바 등 우즈베키스탄 지역과 중앙아시아 일대를 초토화
  - 칭기즈칸이 부하라를 파괴하고 3만 명 처형, 부하라 반란시 16만 명 사망
- AD 1227년 칭기즈칸 사망 후 몽골 제국이 4개로 분리
  - 킵차크 칸국(1243~1502년) : 카자흐스탄 서부·북부, 우크라이나, 모스크배(주치 차남바투)
  - 차가타이 칸국(1227~1367년) : 카자흐스탄 남부, 우즈베키스탄, 신장 서부(차남 차가타이)
- AD 1370년 차가타이 칸국의 티무르가 유목민의 군사력과 오아시스 정주민
  의 경제력을 통합하여 '티무르 제국' 출범
  - 1371년 호라즘 지역, 1393년 바그다드, 1398년 델리, 1402년 아나톨리아 정복,
    1402년 사마르칸트 천도
  - 1506년부터 분열되다 1526년 멸망
  - 이후 악 코윤루, 카라 코윤루, 사파비 왕조 등이 등장
- AD 16세기 이후 칭기즈칸 후손이 우즈베키스탄 3대 칸국 출범
  - 부하라 칸국 : 아불가르 칸이 우즈베크 부족을 통합하여 부하라를 수도로 샤이반
    왕조 출범(1500~1920)
  - 히바 칸국 : 호라즘 지방에서 히바를 수도로 건국(1511~1920년)
    (부하라 칸국, 페르시아, 러시아 등이 한때 지배)
  - 코칸트 칸국 : 우즈베크족이 페르가나 지역 코칸트를 수도로 건국(1709~1876년)
- 19세기 러시아 세력이 점령
  - 타슈켄트(1865), 사마르칸트(1868), 히바(1873), 코칸트(1877)
  - 볼셰비키 점령 이후 1924년 소연방으로 편입
- 1991년 소련 붕괴로 중앙아시아 5개국 독립

페르시아 /
스키타이

↓

마케도니아 /
파르티아 / 훈

↓

이슬람 세력

↓

사만 왕조 /
카라한, 가즈나

↓

셀주크 제국

↓

호라즘 제국

↓

몽골 제국

↓

차가타이 칸국

↓

티무르 제국

↓

우즈베크 칸국

↓

러시아

↓

중앙아시아
5국으로 독립

중앙아시아 – 우즈베키스탄의 역사

실크로드의 중심축인 우즈베키스탄 지역을 차지했던 세력들을 보면 기원전 6세기경 페르시아에서 시작하여 스키타이, 마케도니아 제국, 훈족, 압바스 왕조의 이슬람 세력, 사만 왕조로 이어지다 이후에는 투르크 왕조의 영역이 된다. 카라한, 가즈나 왕조에 이어 셀주크 제국(1307~1194년), 호라즘 제국(1077~1231년), 몽골 제국(1206~1368년), 차가타이 칸국(1227~1367년), 티무르 제국(1370~1526년)으로 이어졌다. 티무르 제국이 사라진 16세기 이후에는 우즈베크 칸국이 세워져 19~20세기까지 이 지역을 차지했으나 19세기 들어 러시아 세력이 중앙아시아를 점령하기 시작해 1924년에는 소연방에 편입되었다. 이후 1991년 소련 붕괴로 중앙아시아 5개국이 독립할 때 우즈베키스탄도 독립하여 오늘에 이르고 있다.

한편, 중세 이후 중앙아시아에서 몽골계 투르크인들이 여러 나라를 건설했는데 이에 대해 북방사학자 전원철 박사는 앞에서 설명한 바와 같이 고구려의 후예들이 서진하면서 건설한 나라들이라고 밝히고 있다. 그는 티무르 제국의 건설자 티무르는 발해 건국자 대조영의 동생인 대야발의 19세손이자, 칭기즈칸의 방계 5대손이라 한다. 물론 티무르는 스스로 칭기즈칸의 후예라고 했다.

또한, 중앙아시아의 중심지였던 우즈베키스탄 등지에 건설한 여러 거대 왕조들도 고주몽의 후예이자 발해 대조영·대야발 가문의 선조격인 오구즈칸의 후손들이 건국한 나라들이라고 한다.

2

인도에서 전개된 몽골 제국의 후예, 무굴 제국 탐방

인도 여행은 여행자들의 로망 중 하나이다. 그동안 델리, 아그라, 뭄바이 등 몇 군데를 다녀온 바 있었으나 기마군단이 건설한 세력 중 가장 마지막까지 남았던 제국의 하나인 무굴 제국의 잔영을 둘러보고자 다시 북인도 여행에 나섰다. 인도의 면적은 329만 km²로 세계에서 7번째로 크다. 우리나라의 약 33배 정도이다. 인구는 12억 2천만 명으로 세계 2번째, 우리나라의 25배이다. 워낙 큰 나라이고 곳곳에 수많은 유적지가 남아 있지만 그중에서도 북인도 지역은 무굴 제국의 심장부로 제국의 옛 모습을 그려볼 수 있는 많은 유적이 있다.

기원전 3000~1500년경 꽃핀 인도의 인더스 문명은 세계 4대 문명의 하나이다. 모헨조다로, 하라파 유적은 기원전 2500년경 정교한 계획하에 건설된 도시 문명의 흔적이다. 인더스 문명은 기원전 1500년경 아리아인의 침입 등으로 갑자기 사라졌고 이후 고대 도시국가, 마우리아 제국, 굽타 왕조 등으로 이어졌다. 11세기 초, 아시아 기마유목민인 투르크

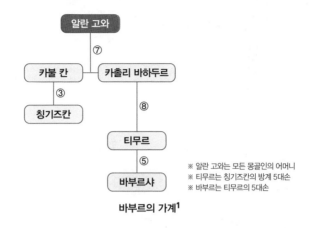

바부르의 가계[1]

※ 알란 고와는 모든 몽골인의 어머니
※ 티무르는 칭기즈칸의 방계 5대손
※ 바부르는 티무르의 5대손

가 인도 북부에 진출하면서 이슬람 왕조가 성립했다. 투르크의 가즈나 왕조 때 인도인들이 대규모로 이슬람을 받아들였고 이후 '델리 투르크 술탄국'으로 통칭되는 고리스, 큐비스, 하락족 등 투르크의 여러 세력이 15세기 초까지 북인도를 지배했다. 한편, 14세기에는 사마르칸트의 '철의 군주' 티무르가 몽골 제국 재건을 기치로 중앙아시아에 380만 km²에 달하는 '티무르 제국(1370~1526년)'을 건설한 후 비단길과 자신의 제국을 보호하기 위해 한때 북인도를 점령했다. 티무르 제국 멸망 후 16세기에 중앙아시아 카불 지역의 티무르 5대손 '바부르'가 연고권을 내세우면서 다시 북인도에 진출하여 델리를 점령하고 무굴 제국을 세웠다. 2대 '후마윤'과 3대 '악바르' 대에는 북인도 전역과 북서부 펀잡, 인더스 하류, 데칸 지역, 아프가니스탄 등으로 영토를 확장하여 대제국을 형성했다. 4대 '자한기르'에 이은 5대왕 '샤 자한'은 데칸을 정복했으나 티무르 제국의 수도였던 사마르칸트를 회복하는 꿈은 이루지 못했다. 대신 그

1 전원철 박사

쿠툽 미나르

무굴 제국의 국기

는 수많은 기념비적인 건축물들을 남겼다. 올드델리, 레드포트, 자마마스지드, 타지마할 등이 그의 '꿈'을 웅변하고 있다. 6대 '아우랑제브'는 1687년 데칸 지역을 완전 정복하고 인도 전역을 지배하는 최대 판도를 이루었으나 인도의 이슬람화를 고집하여 힌두교도 등을 탄압하면서 제국은 분열되고 마침내 쇠퇴의 길로 접어들었다. 이후 열강의 세력 다툼의 틈새에서 세력이 약해지고 1857년 영국이 '세포이 항쟁'을 진압하는 과정에서 무굴 제국은 330년 만에 멸망했다. 이렇게 무굴 제국은 인도 전역을 지배했으나 북인도 지역이 제국의 중심부였다.

델리 뒷골목

델리 시내

인천공항을 떠난 비행기는 9시간 정도 지난 저녁 무렵에 인도의 수도 델리의 인디라간디 국제공항에 도착했다. 델리는 인구가 1,680만 명에 달하는 수도로 북부 갠지스강 지류인 야무나강 기슭에 있다. 올드델리와 새로 건설한 뉴델리 등으로 구성되며 올드델리는 오랫동안 무굴 제국의 수도로 샤 자한 때 건설됐다. 이튿날 델리에서 붉은 요새를 뜻하는 레드 포트를 둘러보았다. 붉은 사암으로 지어진 성으로 샤 자한이 10년에 걸쳐 지은 높이 18m의 성벽이 2.4km에 달하는 인도 최대 규모의 성이다. 이어 방문한 자마 마스지드 역시 샤 자한에 의해 건축된 인도 최대의 모

인도 무굴제국과 역사탐방

스크이다. 역시 붉은 사암으로 지어진 39m 높이의 2개의 미나레트가 예배실을 호위하는 모습이다. 이어 인도 고대 건축 양식으로 지은 힌두교 최대 사원인 악차르담, 힌두교에 대한 이슬람교의 승리를 기념하는 이슬람 건축의 유산 쿠툽 미나르 등을 둘러보고 다음 날 아침 일찍 국내선 비행기로 3시간 남짓 걸려 '바라나시'로 향했다.

바라나시라는 이름은 '영으로 충만한 도시'란 의미를 가졌다. '바라나시를 보지 않았다면 인도를 본 것이 아니다'라고까지 한다. 마크 트웨인은 "역사보다, 전통보다, 전설보다 오래된 도시"라 했다. 바라나시는 인도에서 가장 오래된 도시이자 힌두교와 불교의 손꼽는 성지로 연간 100만 명이 넘는 많은 순례자들이 방문해서 갠지스강에서 목욕하면서 심신

갠지스강으로 가는 길

을 달랜다. 7세기 초 신라 승려 '혜초'가 다녀간 후《왕오천축국전》을 썼고, 이에 한 세기 앞서 당나라의 현장이 방문하고《대당서역기》를 남긴 바 있다. 이곳을 흐르는 갠지스강은 길이가 2,460km에 달하며 히말라야 산맥에서 발원해서 델리 북쪽을 지나 힌두스탄 평야로 흘러들어간다. 때문에 힌두교도들에게는 성스러운 강이다. 인도인들은 이 강에서 목욕

갠지스 강변에서 본 야경

갠지스 강변   갠지스강 일출

에로틱한 조각들   카주라호행 기차역

을 하면 이생의 죄를 면하고, 죽어 화장해서 이 강물에 흘려보내면 내생
에 극락에 간다고 믿는다. 시내에서 갠지스강까지 '릭샤'라는 자전거형
인력거를 타고 30분 정도 갔다. 매캐한 매연과 먼지로 뒤덮인 혼잡한 거
리를 수많은 인파와 인력거들이 아슬아슬하게 피해가는 장면이 마술같
이 연출됐다. '진정한 인도의 모습'이라는 이 광경을 지금도 잊을 수 없

다. 갠지스 강변에 도착하니 많은 사람들이 계단 아래로 내려가 강물에서 목욕을 하고 있고 또 강 한편에서는 시신을 화장하고 있는 장면을 볼 수 있었다. 갠지스 강가에서 죽은 자를 화장해서 떠내려 보내는 이 장면을 보는 이들은 만감이 교차하는 특별한 경험을 하게 된다. 갠지스강에서 작은 배를 타고 보는 강변의 휘황찬란한 야간 축제도 기억에 오래 남았다. 갠지스강 주변에는 수많은 힌두교 성지가 있다. 바라나시 인근에는 불교 4대 성지 중 하나로 석가모니가 득도한 후 최초로 설법했다는 곳으로 지금도 불교 유적지가 다수 남아 있는 '사르나트'가 있다.

다음날 새벽 다시 갠지스강으로 가서 일출을 본 후 '카주라호'로 향했다. 버스는 짙은 안개로 산속을 헤매다 당초 예상했던 시간을 훨씬 초과해 14시간 가까이 걸려 카주라호에 도착했다. 카주라호는 1세기경 번창했다가 갑자기 사라졌다는 찬델라 왕조의 유적지로 20여 개 이상의 힌두교와 자이나교의 사원이 있고 유네스코 세계문화유산으로 지정된 곳이다. 서쪽에 위치한 사원에서는 야릇하고 에로틱한 부조와 조각이 빼곡하게 자리 잡고 있어 방문객의 시선을 모았다. 카주라호에서 기차를 타고 무굴 제국의 심장부라 할 아그라로 향했다. 기차역은 수많은 인파로 혼잡스러워 전시 피난 열차를 타려는 장면이 떠오르게 한다. 그러나 막상 수많은 인도 여객들은 대수롭지 않다는 듯 편한 표정을 하고 있다.

아그라는 델리에서 야무나강을 따라 남동쪽으로 약 200km 떨어진 곳에 있는 지방도시로 기원전부터 존재해온 고도이다. 15세기 중반 로디 왕조가 수도로 삼은 후, 무굴 제국 3대 악바르 대제가 1564년 천도하여 1658년까지 약 1세기 동안 제국의 중심으로 번창했던 도시이다. 아그라에서는 인도의 상징이자 세계에서 가장 아름다운 건물이며 유네스코 세계문화유산인 타지마할이 여행객을 기다린다. 타지마할은 샤 자한이 사랑했던 아내 뭄타지의 죽음을 애도하기 위해 22년 동안 기능 인력만 2만

아그라 성

시크리

명을 동원하여 대리석과 사암 그리고 세계의 보석들로 1653년 완성한 건축물이다. 좌우가 정 대칭으로 지어진 이 건물은 보는 이들마다 감탄을 금하지 못하며, 백색의 대리석 외장은 태양의 각도에 따라 시시각각 오묘하게 변하면서 사람들을 마술 속으로 이끈다. 타지마할 맞은편에는 아그라의 대표적인 요새인 아그라성이 있다. 이 성은 아그라가 무굴제국 수도일 당시 황제들의 거주지이자 군사요새였다. 5대왕 샤 자한이 6대왕 아우랑제브에 의해 폐위되어 죽을 때까지 유배되었던 곳이기도 하다. 무굴 제국의 권력을 상징하는 이 거대한 성은 붉은색 사암으로 지어져 붉은 요새Red Fort라고도 불리며 해자와 함께 2.5km에 달하는 성벽이 요새를 둘러싸고 있다.

다음 행선지는 아그라에서 약 37km 거리에 있는 '파테푸르 시크리'이다. 악바르 대제가 1570년부터 1585년까지 수도로 삼았던 도시로 '승리의 도시'라는 뜻을 지녔다. 왕궁을 비롯한 모스크 등 다양한 건물과 흔적이 남아 있다. 수도를 다시 아그라로 옮긴 후 400년간 인적이 드물게 되어 지금까지 비교적 잘 보존된 무굴 제국의 건축물을 볼 수 있다. 시크리에서 델리로 돌아와 무굴 제국의 산실 북인도 여행을 마무리했다.

무굴 제국은 가장 오래까지 남았던 기마유목민들이 건설한 제국 중하나이다. 동아시아에서는 1100만 km²에 달했던 청나라(여진)를 끝으로 1912년 중국사로 편입되었고, 서아시아와 동유럽 지역에서는 560만 km²에 달하던 오스만 투르크(돌궐)가 19세기 이후 발칸반도, 이집트, 아랍 등을 차례로 상실하고 현재의 터키 지역으로 축소되었다. 남아시아에서는 무굴 제국(몽골)이 영국에 의해 멸망한 후 인도사의 한 왕조로 편입돼 기록되었다. 이로써 2500년간 유라시아 대초원을 누비며 세계사를 써왔던 기마민족, 초원 제국의 역사가 막을 내리게 되었다.

현대에 들어와 인도와 우리는 중요한 교역 대상국으로 부상하였고 양국간의 교류도 확대되고 있다. 한-인도는 2010년 CEPA(포괄적 경제동반자협정) 발효 이후 무역투자가 급속히 증가하고 있다. 인도는 우리나라 9번째의 수출시장이다. 인도의 성장 가능성은 세계가 인정한다. 인도는 2020년 GDP 규모가 2조 6,230억 달러로 미국, 중국, 일본, 독일, 영국 다음으로 큰 나라이며 2030년대에는 미국, 중국에 이어 세계 3위의 거대 경제국가가 될 것으로 기대되는 나라이다. 아무쪼록 한-인도간 협력관계가 새로운 미래의 성장동력이 되기를 기대해본다.

중앙아시아 대초원의 나라 카자흐스탄

1. 중앙아시아는 어떤 곳인가?

중앙아시아는 1990년대 초, 소련이 붕괴하고 중국이 개방되기 전까지는 우리에게 관심 밖의 땅이었다. 그러나 이 지역은 오래전부터 기마유목민이 활동해온 중심 무대이자 흉노, 돌궐, 몽골의 기마군단이 서방으로 진출하는 교두보였다. 기원전 3세기경 몽골 고원을 평정한 흉노 제국은 중앙아시아 일대를 정복하고 실크로드를 장악해 대제국을 건설했다. 이후 기마유목민족인 유연, 돌궐, 위구르, 셀주크 제국, 몽골 제국, 차가타이 칸국, 티무르 제국이 차례로 패권을 차지하였다. 중앙아시아 지역은 투르키스탄으로 불렀고 이는 투르크인의 땅이란 뜻이다. 서투르키스탄은 460만 km²(우리나라 46배)에 달하는데 청나라·영국·러시아 등이 각축하다가 1880년대에는 러시아가 대부분을 장악했다. 소연방은 이 지역을 수 개의 공화국으로 분리 통치하면서 영국 등 해양 세력과 경쟁하기 위해 국경 지역의 철도 건설에 나서 1904년 '중앙아시아 철도'를 개통했다. 총 2만 km가 넘는 방대한 규모의 철도는 내륙인 이 지역 경제활동의 돌파구가 되었다. 소연방 붕괴 후 서투르키스탄 지역은 카자흐스탄, 키르기스스탄, 타지키스탄, 우즈베키스탄, 투르크메니스탄, 아프가니스탄으로 분리·독립하였다. 동투르키스탄은 청나라의 지배를 받아오다 잠시 독립하였으나 다시 중국에 편입되어 지금은 '신장 웨이우얼 자치구'가 되었다. 필자는 지금까지 중앙아시아 지역 중 카자흐스탄 두 번, 우즈베키스탄 다섯 번, 신장 웨이우얼 두 번, 총 아홉 차례를 다녀왔다.

중앙아시아의 민족은 유목민의 후손들로 투르크-몽골계가 주류를 이루고 있으나 소수민족도 다수 혼재해 있다. 종교적으로는 751년 탈라스 전투에서 압바스 왕조가 고선지 장군이 이끄는 당나라군을 격파하면서 중앙아시아 전 지역으로 이슬람이 확산됐다.

한편 이 지역은 천연가스, 석유, 석탄이 대량 매장된 자원의 보고이다. 중동의 걸프만과 러시아 다음으로 많은 석유와 천연가스가 매장된 카스

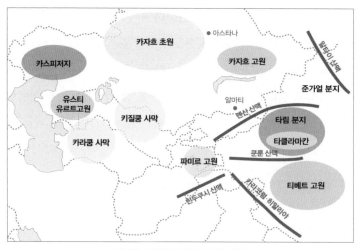

카자흐스탄과 중앙아시아의 자연

피해 연안 지역까지 포함해서 보면 이 지역의 중요성이 새삼 강조될 수밖에 없다. 중앙아시아에 관심을 보여온 강대국들은 '중앙아시아를 지배하는 자는 세계적으로 엄청난 권력을 행사할 것'이라고 믿고 있다고 한다. 그동안 중앙아시아는 러시아가 지배하면서 절대적인 영향력을 행사했으나 소연방 붕괴 후 2000년대 들어 미국의 진출이 눈에 띄게 늘어나고 있다. 동투르키스탄 지역인 신장 웨이우얼을 지배하는 중국도 '일대일로' 전략의 한 축으로 추진하는 육상 실크로드의 핵심 지역으로 삼고 있다.

지난 2500년간 한민족과 뿌리를 같이하는 기마군단이 활약해온 중앙아시아는 유라시아 스텝의 중심 지역으로 동서 문명 교류의 관문이었다. 이 지역에서 살아오고 활동한 사람들은 북방 알타이 문명에 기원을 두고 있고 우리나라와 생활·문화·언어적으로 많은 공통분모와 친연성을 가지고 있다. 고대로부터 초원 실크로드와 오아시스 실크로드를 통해 이들이 오간 흔적들이 무수히 남아 있다. 무덤·유물 등은 물론 풍습과 언어 등에서도 확인된다. 동서 문명의 교역로인 실크로드의 출발점이자 종착역인 한반도에서도 신라·발해·고려 시대에 이미 실크로드의 소그드인 등을 통해 중앙아시아와 교류해온 흔적이 역력하다. 우즈베키스탄의 사마르칸트 아프라시압 궁전 벽화에서 고대 한국 특유의 복식을 하고 있는 두 명의 사신 모습을 확인할 수 있고, 고구려의 벽화에서도 중앙아시아인을 볼 수 있다. 신장 웨이우얼의 투르판 인근의 베제크리크 석굴에서도 고려 시대로 추정되는 한반도인의 그림이 남아 있다. 고대로부터 한반도가 이들 지역과 교류가 깊었다는 의미이다. 근세사에서도 중앙아시아에는 한인(고려인)이 1937년 강제 이주된 후 70년간 거주한 지역으로 지금도 30만 명 이상이 살고 있다. 중국·미국·일본 다음으로 많은 한인이 사는 곳이다.

역사를 국경과 국민이라는 개념보다 민족이 활동하고 이동·교류하는

중앙아시아 대초원의 방목

톈산 산맥이 보이는 중앙아시아 대초원

카자흐스탄 대초원의 달리는 길

'삶의 흐름'이라는 관점에서 파악하면 보다 폭넓게 이해할 수 있는데, 특히 유라시아 기마유목민족의 역사가 그렇다. 이런 맥락에서 우리의 고대사도 만주·몽골·중앙아시아, 그 서쪽 지역까지 연결하여 한민족이 활동하고 이동·교류해온 삶의 흐름을 파악하는 시각으로 다시 볼 필요가 있다.

2. 중앙아시아 대초원의 나라 카자흐스탄을 찾아서

중앙아시아의 우즈베키스탄은 실크로드 편에서 기술했으므로 필자가 2013년 및 2016년 두 차례에 걸쳐 방문한 중앙아시아에서 가장 큰 나라이자 세계에서 9번째로 넓은 카자흐스탄을 소개하고자 한다. 카자흐스탄 면적은 272만 km²로 중앙아시아 전체의 절반 이상을 차지하고 있다. 인구는 1,820만 명으로 카자흐인(53.4%), 러시아인(30%), 우크라이나인, 우즈벡인, 독일인, 위구르인 등 120여 개에 이르는 민족으로 구성되어 있고, 고려인은 여덟 번째 민족으로 10만 명 이상 살고 있다. 카자흐스탄 중앙은행은 주요민족을 기념하기 위해 7회에 걸쳐 기념주화를 발행했는데 2016년 고려인들을 기념하는 '단군전'을 발행한 바 있다. 이 주화에는 신단수, 단군, 곰, 호랑이의 이미지가 들어 있다. 종교도 이슬람 47%, 러시아 정교 44%, 기독교 2% 등으로 다민족·다종교 국가이다. 수도는 북부의 '아스타나'지만 최대 도시는 남동부 키르기스스탄 국경 근처에 있는 '알마티'이다. 석유 등 자원이 풍부해 국민 소득이 1만 987달러(2021년)로 중앙아시아에서 가장 부유한 나라이다.

단군전

카자흐스탄의 주류를 이루는 민족인 카자흐

카자흐스탄 국장(유르트의 원형지붕)

카자흐스탄 전통음식인
샤슬릭

카자흐스탄
전통복장

카자흐스탄
국기

족은 투르크-몽골계 민족이다. 15세기 중엽 몽골 제국의 하나인 킵차크 칸국이 붕괴된 후 그 일족이 중앙아시아에 진출하면서 우즈벡족이 형성되었고 그중 일파가 카자흐스탄 지역에서 독립민족으로 자리 잡아 카자흐족의 역사가 시작됐다. 이들은 대부분 유목 생활을 하던 사람들로 수니파 이슬람을 받아들였으나 유목민의 관습과 정서를 오래 유지해왔다. 한편 제정 러시아는 남하정책을 지속하면서 17세기경에는 시베리아 대부분을 장악했고 18세기 초 이후 본격적으로 중앙아시아로 진출했다. 19세기 중반에는 카자흐스탄 대부분 지역을 지배하게 되었다. 20세기 들어 1917년 카자흐스탄 자치정부를 수립하기도 했으나 1936년에는 소연방의 일원이 되었고 이후 1991년 소연방 붕괴 시에 독립했다.

인천공항에서 6시간 반 정도 비행하면 카자흐스탄의 옛 수도이며 최대 도시인 알마티에 당도한다. 톈산 산맥 북쪽 기슭에 자리 잡은 알마티는 동서 교역의 통로인 초원로의 한가운데 있다. 이곳은 작은 마을이었으나 제정 러시아의 군사요충지로서 요새의 역할을 하는 식민 도시로 급성장했다. 지금은 인구가 약 117만 명에 달하는 교통·산업·문화의 중심지로 1997년 아스타나로 옮기기 전까지 수도였으며 대관령과 한계령 정도의 높이인 해발 600~900m의 높은 산지에 자리 잡아 빼어난 자연경관을 자랑한다.

알마티 역사지구 중심에는 제2차 세계대전 당시 판필로프 장군과 28인 군인들의 전공을 기념하는 판필로프 공원이 있다. 이 공원에는 젠코브 러시아 정교회 대성당이 자

젠코브 러시아 정교회 대성당

리하고 있는데 세계에서 두 번째로 높은 목조 건물(54m)이자 세계 8대 목조 건물 중 하나라고 한다. 톈산 산맥은 신장 웨이우얼 자치구에서 키르기스 지역으로 2,800km에 달하는 길이로 이어졌는데 알마티 시내에서도 만년설에 덮여 도심을 감싸고 있는 산맥을 한눈에 볼 수 있다. 시내에서 차량으로 30분 정도 남쪽으로 가면 높이 3,163m의 톈산이 있는데 현지에서는 침블락이라 부른다. 해발 1,600m까지 올라가면 세계에서 가장 높은 빙상장으로 유명한 메데우가 있고 이곳에서 정상까지 4.5km 길이의 곤돌라가 설치되어 있다. 2010년 동계 아시안게임 때 침블락 스키장을 위해 개통되었다. 곤돌라를 3번 갈아타면 정상에 도달할 수 있는데 고산 지역이라 기후변화가 매우 심해서 곤돌라가 운행하지 않는 경우가 많아 정상까지 올라갈 확률이 매우 낮다고 한다.

필자는 마침 좋은 날씨를 만나 산 정상까지 올라갈 수 있었다. 안내해준 지인은 톈산에 오르면 소원이 이뤄진다는 얘기가 있다고 전해주면서

침블락의 곤돌라 　　　　　알마티에서 본 텐산

첫 방문에 정상에 오르는 것은 천운이라 한다. 이 산이 바로 백두산, 신장 웨이우얼의 우루무치 인근에 있는 텐산과 더불어 한민족의 시원지로 꼽히는 곳이다. 침블락에는 중앙아시아 최대의 스키장이 자리 잡고 있는데 굉장히 험준한 곳에 설치된 난코스가 있어 사고가 나면 이듬해 해빙기에야 시신 수습이 가능하다고 한다.

　알마티 시에서 북서쪽으로 약 170km 떨어진 곳에는 유명한 탐갈리 유적지가 있다. 이곳에서 1957년에 대규모의 암각화군과 정착지와 무덤 유적 등이 발굴되었다. 탐갈리의 바위에 새겨진 암면조각화는 1970, 1980년대 이후 본격 연구가 이루어지고 2004년에 유네스코 문화유산으로 등재되었다. 알마티에서 현지인의 안내를 받으며 황량한 들판을 세 시간 이상 달려 탐갈리에 도착했다. 구글 네비게이션을 활용해도 길 찾기가 만만치 않아 수차례 차에서 내려 물어가며 어렵게 목적지에 당도했다. 유네스코 문화유산 지역임을 나타내는 허술한 표지판을 지나면서 안내인이 우리 일행을 바위투성이의 골짜기로 안내하고 설명해주었다. 입구에서부터 바위에 또렷이 새겨진 그림들이 나타났다. 유목민들의 삶과 정서를 보여주는 다채로운 바위그림들이 즐비하게 있었다. 발굴된 것만 5,000여 점이 넘는 이 그림들은 청동기 시대부터 20세기 초까지 이

탐갈리 유적지 관리인과 함께　　　　　　탐갈리 유적지 입구

탐갈리 유적지에서 필자　　　　　　탐갈리 유적지 주거 흔적

곳에 살아온 사람들의 모습이 담겨 있는 역사적인 자료이다. 암각화는 선사 고대인들이 생활과 신앙을 바위에 그려 남긴 그림들인데, 유라시아 대초원 일대에서 다수 발견되고 있다. 한반도에서도 울산 대곡리 및 천전리, 포항 칠포리 등 15군데 이상 발굴되었고 유라시아 대초원의 암각화와 연결고리가 있다. 예를 들면 울산 반구대 암각화는 북방 초원 지대의 암각화에서 나타나는 그림들과 유사한 점이 많다. 동북아역사재단이 2009년 탐갈리 등 카자흐스탄 동남부 지역 13개 암각화 유적지를 조사한 후 2011년 발간한 조사 보고서를 통해 한반도 선사와 고대 문화와 중앙유라시아 문화 사이에 친연성이 있다고 밝히고 있다.

탐갈리 유적지 암각화

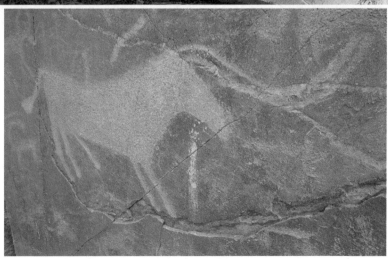

탐갈리 유적지 암각화

동서 문명 교류의 장 코카서스 실크로드

1. 코카서스 지역은 어떤 곳인가

코카서스Caucasus·Kavkaz 지역은 흑해와 카스피해 사이에 있다. 고대로부터 동서 교역의 관문 역할을 하며 실크로드의 카라반이 활동해온 곳이다. 지정학적으로 유럽과 아시아의 육상 경계 지역으로 각종 지도나 통계에서 이 지역 국가를 유럽으로 분류하기도 하고 서아시아로 분류하기도 한다. 아시아와 유럽의 경계를 이루는 코카서스 산맥은 카스피해와 흑해 사이를 가로지르고 있으며 길이가 약 1,200km, 넓이가 약 180km²에 달한다. 북쪽에 대코카서스(볼쇼이 카프카스) 산맥이 있고 남쪽에는 소코카서스(말리 카프카스) 산맥이 자리하고 있다. 북코카서스 산맥에 있는 엘부르스산은 유럽 최고봉으로 높이 5,642m를 자랑한다. 코카서스 지역에는 석유와 천연가스, 철광석 등 풍부한 지하자원이 매장되어 있을 뿐 아니라, 코카서스 산맥이라는 천혜의 관광자원이 있다.

코카서스 국가들

코카서스 지형도

　코카서스의 민족과 국가는 복잡하게 얽혀 있는데 대코카서스 산맥을 중심으로 북쪽 지역은 러시아 영역으로 체첸 등 7개 공화국과 2개 지방, 1개 주가 있고 남쪽 지역은 조지아, 아제르바이잔, 아르메니아 세 나라가 있다.

　코카서스는 오랜 기간 여러 민족의 이동 경로로서의 역할을 해왔다. 지금도 200개 이상의 수많은 소수민족이 산재해 살고 있어 민족과 국가 간 분쟁이 끊이지 않고 있다. 주류 민족은 조지아·체첸 등의 코카서스계, 아르메니아·러시아 등의 인도유럽계, 아제르바이잔·카라차이·발카르의 투르크계 등이다. 이들 국가들 간에도 러시아와 조지아, 아르메니

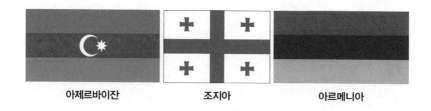

아제르바이잔　　　　조지아　　　　아르메니아

아와 아제르바이잔, 아르메니아와 터키는 각각 적대 관계에 있는 등 민족과 역사에 따라 상호관계가 다양하게 얽혀 있다. 러시아의 체첸사태도 이 지역에서 일어났다. 러시아의 체첸공화국은 수천 년 전부터 체첸인이 거주해온 지역으로 인구 130만 명 중 90%가 이슬람을 믿는 체첸인이다. 그런데, 1936년 러시아가 정복하여 자치공화국으로 편입하면서 갈등이 시작됐다. 소연방이 해체될 때 체첸은 당연히 분리 독립을 요구했다. 하지만 러시아는 이 지역에 유전이 있을 뿐 아니라, 카스피해 유전의 송유관이 통과한다는 점, 그리고 러시아 남서부 국경지대의 21개 자치공화국들이 연쇄 독립을 요구할 우려가 있다는 점 때문에 이를 묵살해버렸다. 이에 체첸은 1991년과 1994년 두 차례에 걸쳐 독립전쟁을 일으켰으나 러시아가 무력진압했고 이것이 체첸사태이다.

　코카서스 지역은 동서양의 경계인 만큼 그 역사도 역동적이었다. 기원전 8세기 말에는 아시리아가 점령했고, 이후 기원전 6세기경 페르시아의 다리우스 1세가 정복했으나 이어 페르시아를 격파한 아시아 기마군단 스키타이가 지배했다. 스키타이 세력이 약화되면서 그리스의 영향력하에 들어갔고 기원전 1세기에는 로마 세력이 진출한다. 기원후에는 4세기 초 사산조 페르시아가 정복했고 7세기 초 이후 이슬람화하게 된다. 9세기 말 아르메니아가 독립하고 조지아 왕국이 성립했지만, 아시아 기마군단이 몽골 고원 일대에서 서진하면서 11세기부터 13세기 초까지

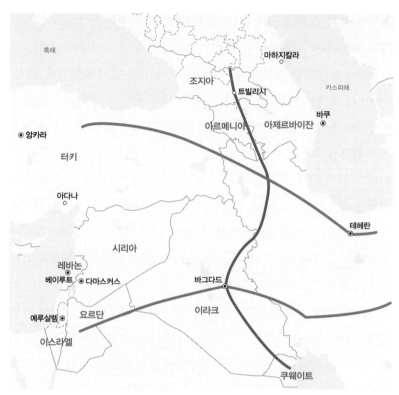

오아시스 실크로드(푸른색 길)와 메소포타미아 간선(붉은색 길)

는 셀주크 제국의 지배를 받았다. 이어 13세기에는 몽골에 점령된다. 몽골의 명장 '제베'와 '수부타이'가 호라즘제국을 함락한 후 국왕 무함마드 2세를 추격하다 카스피해 지역에까지 이르게 된다. 무함마드 2세가 카스피해의 섬에서 사망한 것을 뒤늦게 알게 된 몽골군은 인근의 코카서스 지역 왕국 조지아, 아제르바이잔 등을 공격했고 이것이 유럽대원정의 시발점이 된다. 14세기 말에는 중앙아시아의 몽골 제국인 티무르 제국이 지배했다가 16세기 이후 오스만 제국과 사파비 왕조의 속령이 되었다. 18세기에는 남하정책을 추진한 제정 러시아의 세력권에 들어가게 되며 러시아 혁명 후 1920년대 초 코카서스 산맥 남쪽에는 아제르바이잔·조지아·아르메니아 3개국이 독립했다. 그러나 1936년 소련방에 강제로 가입되었다가 1991년 소연방 해체 시 이들 세 나라는 다시 독립하게 됐다.

이렇게 코카서스 지역은 아시아 기마군단의 역사 무대였다. 기원전 스키타이의 영역이었고 기원후 11세기부터는 18세기 제정 러시아가 진출하기 전까지 셀주크 제국, 몽골 제국, 오스만 제국이 차례로 차지했던 곳이다. 그런데 이 지역은 근세에 한민족과 다시 연결되었다. 1937년 중일전쟁이 발발하자 스탈린은 연해주 거주 한인 171,781명 전원을 시베리아 횡단열차로 6,000km 떨어진 중앙아시아의 반사막 지대로 강제 이주시켰다. 그러나 이들은 끈질긴 의지로 러시아 최고의 집단농장을 건설하며 성공적으로 살아남았다. 러시아 등 CIS 거주 한민족을 '고려인'이라 하는데 그들 스스로는 '고려 사람'이라 하며 1993년 '러시아 고려인 명예회복에 관한 법' 제정 후 일부는 연해주로 재이주하였다. 아직 CIS에 거주하는 한민족(고려인)은 약 55만 명에 달하며 그중 14만 명이 러시아에 거주하고 있다. 그중 5만 명이 바로 이 코카서스 지역에 살고 있다. 코카서스 땅은 이렇게 한민족의 활동 무대로 이어져 왔다.

2. 동서양을 연결하는 코카서스 실크로드 탐방

코카서스 산맥 남쪽에 자리 잡은 아제르바이잔·조지아·아르메니아 3국을 방문하기 위해 모스크바로 가서 다시 러시아 아에로플로트 항공사편으로 약 3시간 비행하여 아제르바이잔의 수도 바쿠에 도착해 10일에 걸친 코카서스 일정을 시작했다.

아제르바이잔은 인구 978만 명, 면적은 8만 6,600km²로 우리나라보

코카서스 실크로드 여행 경로

다 약간 작다. 주민의 90% 이상이 투르크계 아제르바이잔인이며 아제르바이잔인은 이란에 1,200만 명, 조지아에 320만 명, 터키에 244만 명이 거주하고 있어 모국보다 다른 나라에 더 많이 살고 있는 민족이다. 종교는 이슬람교(93.4%), 러시아 정교(2.5%), 아르메니아 정교(2.3%) 순으로 믿고 있는 이슬람국가이다. 이 나라는 산유국으로 석유 매장량이 세계 20위, CIS국가 중 세 번째이며 예로부터 '불의 나라'라고 했고 아제르바이잔은 페르시아어로 '불의 땅'이란 뜻이다.

아제르바이잔의 수도 '바쿠'는 코카서스 일대에서 가장 큰 도시로 카스피해 해안 유전 지대에 있는 항구도시이다. 오랜 역사를 가진 바쿠 시내에는 박물관, 궁전, 이슬람사원 등이 곳곳에 자리 잡고 있으며 카페트, 보석 등 수공예품을 파는 가게들도 쉽게 찾아볼 수 있다. 12세기에 건축된 메이든 타워와 쉬르반샤 궁전은 세계문화유산이다. 바쿠에서 약 60km 남서쪽으로 떨어진 곳에 세계문화유산인 '고부스탄 암각화 문화

바쿠 시내 | 메이든 타워

고부스탄 암각화

고부스탄 암각화 앞에서 필자

아제르바이잔의 노상 가스 분출 지역

아제르바이잔 전통음식

경관'이 있다. 반사막 지대 위의 수많은 바위군에 4만 년에 걸쳐 새겨진 6,000개 이상의 암각화가 남아 있고 사람이 살았던 주거지 등의 유적도 발굴되었다. 선사 시대부터 중세까지 오랜 기간 동안 이곳에 살았던 사람들의 생활상과 정신세계를 잘 보여주는 다양한 암각화들은 남부 시베리아, 중앙아시아, 알타이 지역, 몽골 고원, 중국북부 오르도스 지역, 한반도 등지로 이어지는 유라시아 일대의 암각화들과 더불어 유라시아 대초원을 중심으로 전개되었던 고대인들의 이동 경로에 대한 메시지도 함께 던져준다. 참고로, 동북아역사재단에서 출간한 몽골과 중앙아시아 일대의 암각화 탐사 자료는 귀중한 자료이다.

다음날 바쿠를 떠나 120km 거리에 있는 중세 아제르바이잔의 수도 '쉐마키'를 찾아가 왕가의 무덤인 예디굼바즈, 쥬마 모스크를 둘러보고 150km 정도 달려 '쉐키'로 향했다. 쉐키는 실크로드의 요충지로 당시에 대상들과 낙타들이 묵어가는 숙소인 카라반 사라이, 아름다운 코카서스 산맥을 배경으로 지어진 쉐키칸 궁전, 이슬람 국가지만 기독교 문화의 흔적을 볼 수 있는 알바니안 교회 등의 잘 보전된 유적들이 도시의 역사를 웅변해주고 있다.

아제르바이잔 여행을 마친 후 쉐키에서 북쪽으로 170km를 달려 조지아 국경을 육로로 통과했다. 조지아는 소연방 시대에 그루지야Gruziya라 불렸다. 조지아는 CIS국가로 인구 493만 명, 면적 6만 9,700km²의 작은 나라이다. 국민은 조지아인(83.8%), 아제르바이잔인(6.5%), 러시아인(1.5%)으로 구성되어 있다. 아제르바이잔과 달리 기독교 국가로 조지아 정교가 83.9%, 이슬람교가 9.9%를 차지한다. 산업은 차·담배·와인 등 농업과 철광석 등 지하자원이 주종이나 근래에 유전이 개발되고 있다. 조지아 와인은 역사적으로 유명하다. 기원전 6천 년 전부터 와인이 제조된 흔적이 남아 있으며 '크베브리'라는 항아리를 사용하는 전통 양조 방법은 유네스코 세계무형유산으로 지정되었다. '사페라비saperavi'라는 이 지역만의 특별한 포도 품종으로 집집마다 장독대를 땅에 묻고 포도송이를 분리하지 않은 채 그대로 와인을 담근다. 마치 우리나라의 김치나 된장, 간장을 담는 개념과 비슷하다. 주민들이 와인을 굉장히 즐기고 많이 마신다. 이곳 출신인 소련의 독재자 이오시프 스탈린Joseph Stalin은 평생 조지아 와인만 마셨다고 한다. 조지아는 스탈린과 그 막후 세력인 베리야의 출신지이며 러시아 외무상을 오래 역임했던 조지아 초대 대통령 세바르드나제도 이곳 출신이다. 필자는 코카서스에서 귀국한 후에도 국내 수입상을 어렵게 찾아 지인들과 나누어 마실 정도로 여행 중 조지아 와인을 좋아하고 즐겨 마셨다.

조지아는 러시아와 영토 분쟁 중에 있다. 1990년 소연방 붕괴 후 '남南 오세티야'와 '압하지야' 두 지역은 조지아로 편입되었으나 이 지역들이 독립을 선언하면서 내전이 발발한다. 러시아가 러시아인 보호를 명분으로 개입하면서 양국간 갈등이 시작됐다. 2008년 친서방정권의 조지아가 남오세티야를 공격하자 러시아는 군대를 동원하여 조지아를 전격 점령해버렸다. 그 후 평화협정이 체결되었으나 '그루지야 사태'는 아직도 휴화산이라 할 수 있다.

조지아에서의 첫 방문지는 아름다운 만년설산 코카서스 산맥과 계곡의 풍광을 한껏 즐길 수 있는 '시그나기'란 곳이다. 이곳에는 보드베라는 교회가 있는데 그 기원과 관련된 흥미로운 일화가 있다. 조지아에 기독교를 전파한 카파도키아 출신의 성녀 니노가 이곳에서 숨지자, 그녀가 처음 선교했던 므츠헤타로 관을 옮기려 했으나 꿈쩍도 하지 않아 이곳에 묻고 교회를 세웠다고 한다.

인근 마을에서 '므쯔와디'라 불리는 방목 돼지고기 바비큐로 점심식사를 하는 중 그곳 식당에서 주민들과 함께 조지아 와인을 마시게 되었다.

쉐키의 카라반 사라이

쉐키의 알바니안 교회

아제르바이잔 → 조지아 국경

조지아 마을 와이너리 주인과 필자

조지아 마을 와이너리

조지아 전통 춤

그들은 건배 구호로 '까오마리쥬스'라고 외쳤는데 '승리를 위하여'란 뜻이다. 소뿔잔에 와인을 따라주기에 테이블에 놓을 수가 없어 머뭇거렸더니 원샷하는 잔이라고 한다. 마을사람들의 환대, 전통 춤, 노래, 와인 사랑은 한참 시간이 지난 지금도 잊을 수 없다.

시그나기를 떠나 150km 떨어진 조지아의 수도 트빌리시에 당도했다. 코카서스 산맥에 둘러싸인 4세기경에 세워진 온천 도시로, 동서양이 결합된 다양한 건축 양식과 종교, 문화를 엿볼 수 있다. 시내에는 '메데키 사원', '나리칼라 요새', '시오니 대성당' 등 역사적인 건물들이 남아 있다. 트빌리시에서 북서쪽 20km 남짓 거리에 있는 옛 왕국의 수도였던 므츠헤타에는 세계문화유산으로 지정된 '즈바리 수도원'과 조지아가 기독교로 개종하고 세운 조지아 최대의 고대 건축물이자 세계문화유산인 '스베티츠호벨리 성당'이 있다. 이 성당에는 예수 그리스도가 못 박혔었다는 십자가 일부가 보관되어 있어 방문객들이 줄을 잇는다. 인근에 있는 조지아 왕족의 저택에 세워진 현대식 와이너리 '샤토 무크자니'를 방문하여 와이너리 투어와 시음을 한 후 다시 서쪽의 고리로 향했다.

고리는 스탈린의 고향으로 스탈린 박물관에는 동상, 생가, 박물관, 전용객차, 각종 자료, 유품, 데드마스크 등이 전시되어 있다. 고리의 동쪽으로 10km 정도 가면 거대한 동굴도시 '우플리츠케'가 나타난다. 기원전 1,000년대 전반부터 지어지기 시작했고 한때 잠깐 수도 기능도 했다고 하는데 20세기 중반부터 본격 발굴 중이다. 북쪽으로 160km 떨어진 곳에 있는 구다우리에 도착하여 다음날 인근의 카즈베기로 가서 '게르게티 트리니티 교회'로 향했다. 이 교회는 코카서스 산맥 가운데 높은 곳에 마치 큰 암자처럼 홀로 서 있는 조지아인들의 정신적인 고향 같은 곳이다. 구소련 시대에 모든 교회의 예배를 금지시키면서도 이 교회를 성지로 방문하는 서방 사람들이 많아 계속 예배를 보게 했다고 한다. 해발

조지아 즈바리 수도원

2000m가 넘는 이 교회에서 코카서스 산맥이 바로 앞에 보이는데, 프로메테우스가 감금되었다는 전설이 전해지는 해발 5047m의 카즈베기산이 우뚝 솟아 있다. 게르게티 트리니티 교회 남쪽 90km에 있는 호수변에 성, 수도원, 교회 등이 들어서 있는 '아나누리 요새'를 보면서 조지아 방문을 마무리했다.

트빌리시를 떠나 코카서스 마지막 여행 국가인 '아르메니아'로 향했다. 아르메니아는 인구 305만 명, 면적 3만 km² 정도의 작은 나라지만 고대 문명의 발상지 중 한 곳이다. 주민은 아르메니아인이 97.9%로 절대다수이며 쿠르드인(1.3%), 러시아인(0.5%) 등 소수민족이 있다. 아르메니아인도 아제르바이잔인처럼 국내보다 해외에 더 많이 살고 있다. 러시아에 200만 명, 미국에 100~150만 명, 프랑스에 80만 명, 총 900만 명에 달한다. 인근국인 아제르바이잔과는 '카라바흐'에서 영토 분쟁 중이며 터키와도 사이가 나쁘다. 제1차 세계대전 중 터키 전신인 오스만 제국이 터키 동부에서 아르메니아인을 사막으로 강제 이주시키면서 100만 명이 희생되었고, 카라바흐 분쟁에서도 터키가 아제르바이잔을 지원하기 때문이다.

트빌리시 남쪽으로 110km를 가면 아르메니아와의 국경지대이다. 국경을 통과한 후 알라베르디시에 도착하여 인근에 있는 '아흐파트 수도원'으로 향했다. 이 수도원 단지는 10세기경에 건축된 주성당과 성그레고리 교회 등으로 구성된 대규모 수도원 단지로 비잔티움 양식과 코카서스 토착 건축양식이 어우러진 독특한 건축물을 볼 수 있다. 역시 세계문화유산이다. 이어 남동쪽으로 130km를 달리면 세반 호수에 다다른다. 이 호수는 세계에서 가장 높은 호수 중 하나이며 코카서스 일대에서 가장 큰 호수로 아르메니아인들이 먹는 생선을 대부분 공급하는 곳이다. 호수 섬에 '세반 수도원'이 있다.

조지아 므츠헤타

조지아 스베티츠호벨리 성당 십자가

조지아 우플리츠케 동굴도시

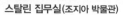

스탈린 집무실(조지아 박물관)

스탈린 생가(조지아 박물관)

조지아 게르게티 트리니티 교회

조지아 시오니 대성당

아르메니아 아흐파트 수도원

아르메니아 세반 수도원

아르메니아 가르니 신전

아르메니아 게르하르드 수도원

아르메니아 즈바르츠노츠 성당

조지아 코카서스 산맥 카즈베기

아르메니아 구름 속의 아라랏산

세반 호수에서 남서쪽으로 약 100km 가면 아르메니아의 수도 예레반이 나타난다. 많은 건축물들이 핑크빛을 띠고 있는 아름다운 도시로 터키 국경 너머에 노아의 방주가 멈추었다는 아라랏산이 보인다. 예레반은 시내 전경이 한눈에 내려다보이는 '케스케이드 전망대', 수많은 카페, 아라랏 꼬냑 공장 등 볼거리가 많은 도시이다. 도시 인근에는 기독교 전파 전 태양신을 섬겼다는 '가르니 신전'이 절벽 위에 있는데 이곳 역시 세계문화유산이다. 바위에 통째로 동굴을 파서 교회와 묘지를 건축한 '게르하르드 수도원' 역시 세계문화유산이다. 예레반 남쪽으로 1시간 거리에 있는 코르비랍에는 1,000년에 걸쳐 지어졌다는 유서 깊은 수도원이 아라랏산을 바라보며 서 있다. 예레반을 끝으로 코카서스 여행 일정을 마쳤다.

코카서스 지역은 선사 시대부터 인류 이동의 중요한 경로였고 역사 시대에는 동서양이 만나는 문명의 교차로 역할을 한 실크로드의 거점이었다. 또한, 스키타이, 흉노, 돌궐, 몽골 등 아시아 기마유목민이 오랫동안 대제국을 건설하면서 활동해온 역사적인 땅으로 한민족의 고대사를 돌이켜 보는 관점에서도 중요하다. 더구나 다양한 유적과 수려한 경치를 두루 갖추고 있어 여행자들의 버킷리스트로 손색이 없다. 필자는 2017년 첫 여행 후 2년 뒤인 2019년에도 역사탐방팀을 인솔하여 코카서스 지역을 찾았다. 실크로드의 장구한 역사와 천혜의 자연경관은 찾는 이를 설레게 하기에 충분하다.

5장

중동·유럽에서 전개된
기마민족 역사

아시아 기마유목민이 세운 나라 '유럽의 섬' 헝가리

1. 헝가리는 어떤 나라인가

동부유럽은 '훈', '몽골 제국', '오스만 제국' 등 아시아 기마군단이 오랜 기간 활약하던 곳이다. 동부유럽의 핵심 지역인 헝가리는 5세기 훈족의 중심부였고 13세기에는 바투의 몽골 제국이 정복했으며 16세기에는 오스만 제국의 술레이만 1세(1520~1566년)가 대부분 차지하여 아시아 기마군단의 영역이 되었던 곳이다. 아시아 기마민족 마자르인들이 유라시아 대초원의 서쪽 끝 부분에서 세운 나라인 헝가리를 방문하여 수도 부다페스트와 대초원 지역 등을 둘러보는 기회를 가졌다.

헝가리는 '도나우(다뉴브)강' 중류에 위치한 유럽 국가이다. 면적은 9만 3,000km²로 우리나라보다 약간 작고 인구는 970만 명으로 우리나라의 5분의 1이다. 1인당 GDP는 1만 3,000달러로 우리의 절반 정도 수준이다. 넓은 평원 지역에 소재하는 헝가리는 슬로바키아, 우크라이나, 루마

도나우 강변의 국회의사당(부다페스트)

헝가리 대평원

부다페스트에 흐르는 도나우강

도나우강 야경

니아, 세르비아, 크로아티아, 슬로베니아, 오스트리아 등 7개 국가로 둘러싸인 내륙국가이다. 2,850km에 달하는 도나우(다뉴브)강이 슈바르츠발트에서 시작하여 헝가리 북부 국경을 흐르다가 남쪽으로 수도 '부다페스트'를 지나면서 국토의 중심부를 종단하고 동쪽으로 흑해에 다다른다. 도나우강은 유럽에서 볼가강에 이어 두 번째로 긴 강으로, 예로부터 동서유럽을 관통하면서 교역과 문화 교류의 대통로가 되어온 국제 하천이다. 특히 동방의 여러 민족이 유럽으로 이동하는 데 있어 중요한 경로 역할을 하여 훈, 마자르, 몽골, 투르크 등 아시아 기마유목민족이 유럽 대륙에서 활약하는 역사를 오랫동안 지켜본 강이다.

부다페스트는 도나우강을 사이에 두고 우안의 '부다'와 좌안의 '페스트'로 나누어진 도시로 오스트리아와 오스만 제국 시대의 문화적 유산이 남아 있다. 부다는 14세기경부터 헝가리의 수도가 되어 왕궁 등 역사적인 건축물들이 들어서 있는 도시이며 페스트는 상업 지역으로 발달해 온 도시로 두 도시는 1972년 합병해 하나가 됐다. 헝가리 동부에는 '푸스타Puszta'라 하는 대평원이 펼쳐진다. 이곳은 유라시아 대초원으로 BC 2,000년경부터 동쪽으로부터 유목민이 이동해온 뒤, 목축 생활을 해온 지역이다. 오늘날에는 많은 지역이 경작지로 바뀌어 밀·옥수수·감자 등을 재배하고 있다. 그러나 아직도 말·양·소들을 대규모로 방목하는 유목 전통이 남아 있다. 유네스코 세계유산으로 등재된 호르토바지 국립공원이 이곳에 있다.

2. 헝가리의 역사 개요

헝가리는 아시아 기마유목민인 마자르족이 세운 국가이다. 마자르족은 우랄 산맥 부근의 초원 지대에서 목축 생활을 하다 5세기경 동쪽으로부터 또 다른 기마민족의 압박을 받으면서 서쪽으로 이동했다. 9세기경에는 우랄 산맥에서 볼가강을 따라 이동하다 흑해북안을 지나 카르파티아 산맥과 도나우강 사이에 위치한 드넓은 헝가리 대평원으로 이동했고, 아르파드Arpad 대제 시대에 현재 헝가리 땅인 카르파티아 분지를 차지해서 영토와 민족이 자리 잡게 되었다. 이 땅은 5세기 중엽까지 훈 제국의 심장부였다. 초대 국왕 이슈트반 1세 때인 10세기경에는 로마 교황이 승인하여 기독교 국가가 되고 번영의 기틀을 마련했다.

1241~1242년 몽골 바투의 침공으로 국가가 와해되고 몽골 제국의 영역이 됐지만, 몽골이 해체된 후 14~15세기에는 중부유럽의 강대국으

부다페스트의 건국
1000년 기념비

이슈트반 1세 동상
(부다페스트)

로 다시 부상했다. 이후 16세기 들어서는 다시 아시아 기마유목민의 국가인 오스만 제국의 지배하에 들어갔고 일부 영토는 오스트리아의 합스부르크 왕가에 귀속되었다가, 17세기 말에는 합스부르크가에 편입되어 150년간 지배를 받았다. 그러나 헝가리 국민이 끈질기게 독립운동을 계속한 결과, 1867년부터 헝가리 내정은 독립하고 오스트리아가 외교·국방 등을 관장하는 오스트리아·헝가리 이중 제국 시대가 전개됐다. 이 제국은 합스부르크가를 중심으로 오스트리아·독일·헝가리 등 11개 민족으로 구성된 큰 나라를 형성해 당시 프랑스나 통일 독일보다 넓었다. 지

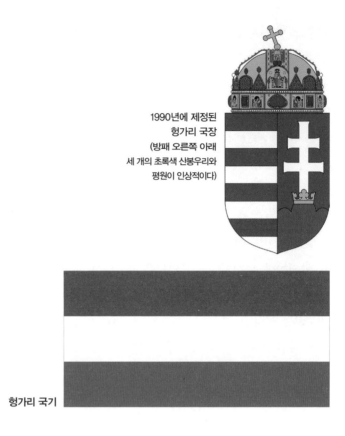

1990년에 제정된
헝가리 국장
(방패 오른쪽 아래
세 개의 초록색 산봉우리와
평원이 인상적이다)

헝가리 국기

배 민족은 독일과 헝가리였다.

제1차 세계대전 때에는 독일과 오스트리아의 동맹국으로서 패전하여 헝가리 영토는 트리아농 조약에 따라 전쟁 전 28만 2000 km²에서 3분의 1 수준인 9만 3000 km²로 축소되고, 인구도 1820만 명에서 790만 명으로 줄어들었다. 헝가리는 약소국으로 전락하여 절치부심하다 실지 회복을 위해 제2차 세계대전에서 주축국에 가담했으나 다시 패전하여 수도 부다페스트가 70% 이상 파괴되고 소련의 세력권에 들어가 공산화되었다. 1956년 대학생·노동자 등이 주도하는 헝가리 봉기가 발생하고,

이후 체제 전환을 모색하다 1989년 공산 통치가 끝나고 오늘날에 이르렀다.

3. 헝가리를 세운 마자르족의 유럽 정착

헝가리인은 헝가리어를 모국어로 사용하는 헝가리 민족과 1차적으로 관련된 사람들로 마자르Magyar인이라고도 한다. 마자르인은 1,500만 명 정도로 900만 명 이상이 헝가리에 거주하여 헝가리 전체 인구의 약 95%를 차지한다. 나머지 마자르인들은 루마니아, 세르비아, 몬테니그로, 크로아티아, 보스니아, 슬로베니아, 체코, 슬로바키아, 우크라이나 등지에 거주하고 있다.

　헝가리는 9세기경 아시아 유목민인 마자르족이 중부유럽에 세운 국가이지만 이에 앞서 AD 374년경 '발라미르'가 이끄는 아시아 기마군단 훈족이 볼가강과 돈강을 건너 동고트를 점령하고 드네프르를 건너 서고트를 축출하는 등 유럽을 파죽지세로 공격하면서 들이닥쳤다. 유럽은 공포에 떨었고, 이들의 공격을 '신의 징벌'이라고까지 했다. AD 400년경에는 '울딘'이 다시 훈족을 이끌고 유럽을 초토화시키자 고트족이 헝가리·이탈리아 등지로 피난을 하면서 '게르만 민족의 대이동'이 초래되고 세계사와 세계 지도를 바꾸게 된다. AD 434년에는 훈족의 왕 아틸라가 등극하여 441년 동로마와 전쟁을 선포하고 카스피해에서 라인강에 이르는 대제국을 건설했다. 아틸라는 451년 서로마 제국과 전쟁을 선포한 뒤, 갈리아를 공략하고 라인강 건너 메츠를 점령해 유럽을 공포의 도가니에 몰아넣지만 453년 게르만 제후의 딸 일디코Ildiko가 결혼한 첫날밤 의문의 사망을 한 이후 훈족의 세력은 급격히 약화되었다. 당시 아틸라군은 50만 명에 달하는 병력으로 약 10년간 중부유럽을 중심으로 라인강 - 발트해 - 카스피해 - 흑해 - 도나우강 - 지중해를 잇는 유럽 최강의 국가를 건설하였다.

아틸라가 죽은 뒤 동로마 제국에 패배한 훈족은 대부분 다시 카스피해 북부, 러시아 남부, 흑해 북안 등으로 돌아가고 일부는 중부유럽에 남았다. 이렇게 유럽에 남아 있던 훈족은 후에 유럽으로 동진해온 마자르족과 함께 헝가리 왕국을 세운 것으로 추정된다. 당시 유럽인들은 이들을 공포의 대상인 훈족의 후예로 생각하고 이들의 국가를 Hun(훈) Gary(영토)라고 불렀다고 한다. '경이로운 숫사슴의 전설'이라는 헝가리에서 전해지는 이야기에 따르면 훈족과 마자르족을 쌍둥이 아들로 피를 나눈 형제라고 한다. 이들은 896년 카르파티아 지역를 정복하고 아르파드 왕조를 세웠으며 아르파드 대제는 스스로 아틸라의 후손이라 주장하였다. 이 지역에 정착한 이후에도 일부 마자르족의 기마군단은 계속 서진하여 독일·이탈리아·프랑스·스페인 지역까지 공격과 약탈로 유럽을 유린하였다. 이러한 마자르족의 유럽 침공에 맞서 동프랑크 국왕 '오토 1세'는 독일 전역에서 동원한 통일군대를 이끌고 955년 '아우구스부르크' 근교의 '레히펠트 전투'에서 마자르 기마군단을 격파했다. 이 전투로 오토 1세는 중부유럽의 권력을 장악하여 962년 신성로마 제국을 창시하고 황제로 등극했다. 마자르족의 약탈 전쟁은 마자르왕 이슈트반 1세가 기독교를 공인하면서 막을 내렸다. 이렇게 아시아 유목민이 동서의 교차로인 중부유럽에 정착하면서 유럽 속에 아시아계가 자리 잡은 '인종의 섬'이 되었다. 이들은 역설적으로 나중에 몽골, 투르크의 유럽 침공을 저지하는 방패 역할을 하게 된다.

4. 아시아 기마유목민의 후예, 마자르족

마자르인이 사용하는 마자르어(헝가리어)는 우랄어족에 속하며, 음운이나 형태적 특성이 알타이어족과 유사하고 같은 교착어에 속한다. 유럽연합의 언어 중 헝가리어·핀란드어·에스토니아어 3개 언어만 우랄 어족에 속하며 나머지 국가는 모두 인도유럽 어족에 속한다. 아시아 유목민의 후예 마자르인들은 헝가리 대평원에 정착한 후에는 슬라브족, 게르만족 등과 혼혈이 이루어졌으나 아시아인의 언어와 혈통이 유지되고 있다.

헝가리인에게 엿볼 수 있는 유목민 DNA의 특징은 다음과 같다. 헝가리인의 대표적인 정서는 일에 대해 강한 집념과 책임감으로 이들은 일단 약속을 하면 끝까지 지키려고 한다. 또한 가족을 중요하게 생각하고 손님을 후하게 대접하지만 무슨 일이든 빨리 관심을 갖고 빨리 식어버리는 냄비근성도 있다고 한다. 아시아 기마유목민의 독립적 기질도 보인다. "헝가리의 기관과 조직에서 가장 중요하게 가치를 두는 덕목은 개인의 역량이나 능력이다. 헝가리인들은 지위 자체에 크게 무게를 두지 않는다. '리더'라는 개념도 특정 팀을 관리하는 사람 정도이지 자신들을 지휘, 감독하는 개념으로 인식하지 않는다"[1]는 분석이 눈길을 끈다.

마자르족은 아시아 기마군단과 마찬가지로 기마술과 궁술에 능했으며 마상에서 몸을 돌려 화살을 쏠 수 있는 몇 안 되는 민족에 속한다. 고구려·위구르의 벽화에서 바로 이들과 같은 몸을 뒤로 돌려 활을 쏘는 장면을 볼 수 있다. 이를 '파르티안 샷Partian Shot'이라고 하는데 유라시아 기마유목민족의 전유물로 적을 공포와 혼란에 처하게 했다. 그들이 공격하려고 하는지, 퇴각하려고 하는지 작전을 알 수 없고, 후퇴하는 줄 알았

---

1   김용성(KOTRA 헝가리 부다페스트 무역관), 헤럴드경제, 2010. 10. 11

어부의 요새(일곱 탑은
마자르족 일곱 부족을 상징)

헝가리 antique 승마벨트
(필자소장)

동복
(5세기 전반 훈시대,
헝가리, törtel 발굴,
헝가리국립박물관)

는데 돌아서서 바로 공격이 가능하기 때문이다. 헝가리에서는 매년 7월 첫째 주말 초원에서 '승마의 날' 축제가 벌어진다. 각국에서 참가한 마장마술 국제경기가 열리고 헝가리 목동들의 승마곡예가 벌어지는 행사로, 기마유목민들의 문화가 지금껏 남아 있는 증거이다.

헝가리인은 아시아에서 이동한 민족이지만, 유럽의 토박이들인 슬라브족, 게르만족 등과 혼혈이 이루어져 외모는 유럽의 코커서스인을 닮았으나 눈이 깊지 않고 팔다리도 상대적으로 짧은 특성이 있다. 마자르인에게서는 서양과 다른 모습들이 많이 나타난다. 성명에서 유럽계와는 달리 성이 먼저이고 이름이 다음에 있다. 날짜도 연-월-일 순으로 쓴다.

또 시대나 지도자에 따라 고유의 샤머니즘에서 가톨릭, 이슬람, 신교 등으로 환경과 시대에 따라 종교를 바꾸는 융통성도 동시에 발휘했다. 마자르인들은 문화적 응집력이 강하고 전통을 존중한다. 헝가리는 고유의 음악, 미술, 문학 등도 오랫동안 유지해왔다. 음악에서는 작곡가 F. 리스트, Z. 코다이, B. 바르토크와 지휘자 G. 솔티 등이 유명하다. 헝가리인 중 13명이 노벨상을 받았고 이중 9명이 과학 분야이다. 오스트리아-헝가리 제국 시절부터의 과학 교육과 엘리트 교육의 성과와 기마유목민의 자유분방한 기질이 어우러진 결과가 아닐까 한다.

유럽 중앙에 살고 있으나 아시아 기마유목민인 헝가리의 마자르인, 이들은 유라시아에서 대활약한 아시아 기마유목민의 오랜 역사를 다시 생각하게 한다.

연주하는 헝가리인

2

오스만 제국이 역사를 쓴 발칸반도를 찾아서

1, 발칸반도의 지정학

발칸반도는 4세기 중엽~15세기 중엽 이후 근세에 이르기까지 기마군단 오스만 제국의 영역이었다. 필자는 발칸반도 남부의 그리스와 서부의 슬로베니아, 크로아티아, 보스니아 헤르체고비나 등을 세 차례에 걸쳐 여행했으며 동부의 루마니아, 불가리아도 탐방할 예정이다.

발칸반도는 유럽 대륙의 남쪽, 지중해 동부에 위치하여 유럽·아시아를 연결하는 요충지이다. 이 반도는 도나우강, 사바강, 흑해, 에게해, 지중해, 아드리아해 등으로 둘러싸인 산악이 많은 지역으로 동서 1300km, 남북 1000km, 면적은 50만 5000km²에 약 5700만 명이 살고 있다. 자연환경이 어려운 만큼 지역들이 고립되고 민족적인 전통과 정서도 강한 곳이다. 유사 이래 수많은 세력이 쟁패하던 땅이었지만 지금은 루마니아, 불가리아, 세르비아, 마케도니아, 그리스, 크로아티아, 보스니아–헤르체고

발칸반도 지도

비나, 몬테니그로, 알바니아 등의 국가가 자리 잡고 있다. 남동쪽 끝 부분이 터키 영토로, 면적이 23,764㎢(우리나라 전라남도와 경상남도를 합한 면적 정도), 인구 1062만 명으로 터키 전체의 면적 3%, 인구의 14%가 사는 작은 지역이지만 터키 전체 GDP의 50%가 넘는 곳이다.

발칸 지역에는 선사 시대부터 일리리안족을 비롯한 여러 민족이 옮겨와 정착했으나, 그리스 시대에 와서야 국가들이 성립되었고 마케도니아의 알렉산드로스 대왕이 발칸반도 대부분의 영역을 지배했다. 알렉산드로스 사후 기원전 3세기에는 로마가 점령하였고 이후 오랫동안 동로마 제국의 땅이었다. 한편 4세기 후반 아시아 기마군단 훈족이 서

터키 역사 교과서의 18세기 오스만 제국 영역

방으로 침공해오자 이 지역 슬라브인들이 다수 발칸반도로 이주해왔다. 5~9세기경에는 아시아계 유목민 아바르족이 중앙유럽과 동유럽에서 활약하면서 이 지역에서 영향력을 행사했고 돌궐 시대에는 일부 서돌궐 세력이 발칸 지역까지 진출했던 것으로 추정되며 13세기에는 몽골의 타타르족이 점령하기도 했다. 이후 14~15세기부터 오스만 제국이 약 400년간 발칸반도를 지배하였고 19세기에 와서 오스만 제국이 러시아에 패퇴하면서 그리스, 세르비아 등의 독립국가가 성립되었다. 이렇게 유럽의 땅인 발칸반도에서도 오랫동안 아시아 기마유목민족의 역사가 전개되었다.

근세에 들어서도 발칸 지역은 열강이 쟁패하는 지역이었다. 1912년 1차 발칸 전쟁에서는 오스만 제국이 불가리아, 세르비아, 그리스 등 발칸동맹국에 패해 유럽 영토를 잃었다. 그리고 이 땅의 분할을 두고 1913년 제2차 발칸 전쟁이 일어나 불가리아가 세르비아, 그리스, 루마니아 동맹군에 패했다. 이후 1914년 6월 세르비아의 사라예보에서 일어났던 오스트리아 황태자 부처 암살사건이 도화선이 되어 제1차 세계대전이 시작되었다. 제2차 세계대전 이후 발칸반도에는 유고슬라비

크로아티아의 두브로브니크

슬로베니아의 블레드섬

총탄 자국이 선명하게 남아 있는 보스니아 모스타르의 건물

아, 불가리아, 루마니아, 알바니아 등 사회주의 국가들이 탄생하였고 그 중 유고슬라비아가 20세기 말에 벌어진 발칸 사태의 진원지이다. 유고 슬라비아는 6~7세기에 남슬라브족이 세운 국가로 1878년 오스만 제국 에서 독립했다가 오스트리아-헝가리 왕국의 지배를 거쳐 1945년 공산 당 주도로 사회주의 유고연방공화국을 수립했다. '요시프 티토Josip Broz Tito(1892~1980년)'가 강력한 지도력으로 통치했다. 특히, 인도의 네루, 이 집트의 나세르와 함께 미·소의 냉전 시대에 제3세계라는 독자적인 세 력을 형성하면서 그 능력을 세계에 떨쳤다. 그러나 1980년 티토 사후 종교·민족간 갈등이 표면화되고 소련·동구권 붕괴를 거치면서 유고는 1991~2006년 동안 슬로베니아·크로아티아·보스니아·마케도니아·세 르비아·몬테네그로의 6개 국가로 분열되었다.

발칸 국가들은 종교와 인종이 복잡하게 얽혀 있다. 크로아티아·슬로베 니아는 '가톨릭 국가', 세르비아-몬테네그로-루마니아-불가리아-마 케도니아는 '정교 국가', 알바니아는 '이슬람 국가', 보스니아는 '가톨 릭-정교-이슬람 공존 국가'이다. 이렇게 다원화된 것은 395년 로마가 동·서로 분리될 당시 발칸반도가 그 경계에 있었기 때문이다. 이후 서부 는 '서로마의 가톨릭', 동부는 '동로마의 정교' 영향권에 들게 되었고 두 세력의 완충 지대에 있는 보스니아는 후에 오스만 제국의 영향을 받아 여러 종교가 공존하게 되었다. 한편, 민족적으로도 슬라브인, 그리스인 외 슬로베니아인, 크로아티아인, 세르비아인 등 많은 소수민족이 혼재되 어 있다. 이런 연고로 발칸은 기독교-정교-이슬람 문명이 부딪치는 '문 명 충돌의 화약고'라고 불린다. 특히 크로아티아, 보스니아, 세르비아 등 은 민족과 종교가 얽혀 갈등의 진앙이 되고 있다.

유고연방의 분리와 해체 과정에서 1991년 6월 슬로베니아와 크로아 티아가 독립을 선언하자 '슬로베니아 내전', '크로아티아 내전'이 이어졌다. 이후 보스니아도 연방 탈퇴를 선언하면서 처참한 '보스니아 내전'이 전개되었다. 유고연방의 맹주를 자처하던 세르비아는 연방 해체를 막기 위해 군사력을 동원하여 보스니아에 침공했고 보스니아의 세르비아계 반군이 무장투쟁에 참여하면서 크로아티아까지 개입하게 되었다. 1992년 4월부터 1995년 12월까지 3년 8개월에 걸친 전쟁에서 11만 명이 대학살 등으로 사망하고 220만 명의 난민을 발생시켜 제2차 세계대전 이후 가장 치명적인 전쟁으로 기록되었다. 발칸 사태는 '데이턴 협정'으로 마무리되고 유고연방은 해체되어 역사 속으로 사라졌다.

한편 1998년에는 '정교·슬라브계 국가'인 세르비아에서 인구 200만 명 중 이슬람·알바니아계가 80%를 차지하는 코소보 자치주가 분리 독립을 요구했다. 코소보는 약 500년간 오스만 제국이 지배했으나 이후 세르비아가 합병한 지역이다. 세르비아가 반군 및 알바니아계 주민을 대량 학살하는 잔혹한 인종 청소를 자행한 '코소보 내전'이 발발하자 NATO가 무력 개입하여 밀로셰비치가 통치하는 세르비아에 대한 공습을 감행하고, 세르비아가 굴복하여 사태가 마무리되었다.

발칸반도는 아름다운 해안선과 자연환경을 볼 수 있지만 도시 곳곳에 남은 포탄과 총탄의 흔적, 수많은 묘지는 아픈 역사를 돌아보게 한다는 점에서 한반도와 역사적·정치적·지리적으로 공통분모가 있다. 두 지역은 유라시아 기마유목민이 활약했었던 광활한 유라시아 대초원이 끝나는 동부와 서부 양단의 지역이며 또 근세사에서 강대국들의 국제적인 이해관계가 첨예하게 대립하는 '세계의 화약고'이다. 발칸반도는 오스트리아·오스만 제국·러시아·독일·영국·프랑스 등의 이해관계가 얽혀 제1·2차 세계대전을 겪고 민족과 종교가 뒤섞인 국가가 형성되었다. 유사하게 한반도는 일본·청나라·러시아·미국 등이 각축하는 무대였고 제2차 세계대전 후 분단국가라는 멍에를 지게 되었다. 그리고 각각 20세기에 가장 참혹한 내전을 겪었으며 지금도 분쟁 지역으로 세계의 주목을 받고 있다.

2. 그리스와 오스만 제국

발칸반도 남쪽에 위치한 그리스는 지중해, 에게해, 이오니아해로 삼면이 둘러싸여 있으며 본토와 펠로폰네소스 반도, 크레타·로도스·산토리니 등 1400여 개 섬을 합해 전체 면적이 약 13만km²로 우리보다 약간 크다.

그리스는 민주정치, 서양철학, 과학, 수학, 문학 등 고대문명의 발상지로 지정학적 위치로 인해 고대 문명교류의 중심적인 역할을 해낸 곳이다. 그런데 서구문명의 상징인 이곳이 15세기 이후 400년간 아시아 기마군단 오스만 제국의 영토였다. 오스만 제국은 돌궐의 후예로 우리의 고대역사와도 깊은 관련이 있는 나라다. 미케네 또는 헬라문명이라 불리는 고대 그리스문명은 기원전 2800~2100년경 존재했다. 이후 기원전 1100년경부터 도리아인이 침입해서 고대문명이 붕괴되고 암흑기가 오며 기원전 9세기 들어 도시국가가 출현한다.

BC 5세기경 그리스에서는 스파르타가 가장 큰 세력을 떨치고 있었으나 아테네가 초강대국 페르시아와의 1차 전쟁(BC 492년)에서 승리하면서 강대국으로 급부상하게 된다. 2차 페르시아전쟁에서는 스파르타와 아테네 등 그리스 도시국가들이 연합하여 싸운다. 아테네가 마라톤전투(BC 490년)에서 이겼으나 레오니다스왕이 이끈 스파르타 정예병 300명과 연합군은 테르모필레전투(BC 480년)에서 압도적인 페르시아군에 패했다. 그러나 그리스 연합군은 살라미스 해전(BC 480년)으로 승리한다. 전후 스파르타가 아테네를 견제하면서 펠로폰네소스 전쟁이 일어나고 아테네는 스파르타에 패배한다. 후일 《펠로폰네소스전쟁사》를 쓴 투키디데스는 새로운 강대국이 부상하면 기존의 강대국과 갈등에서 전쟁이 일어난다는 분석을 한바 있어 이를 '투키디데스의 함정'이라 한다. 근간의 미·중 무역전쟁에 대해 일컬어지는 말이기도 하다.

스파르타는 이어 테베로 패권이 넘어가지만 오랜 전쟁으로 피폐한 그리스는 기원전 332년 마케도니아의 알렉산더 대왕에게 정복당한다. 이후 헬레니즘 시대를 거쳐 기원전 146년 지중해의 패권을 차지한 로마에 편입된다. 로마는 395년 동·서로 분리되고 그리스는 동로마제국에 속하게 된다. 이후 1453년 오스만 제국이 동로마제국을 멸망시키고 그리스 지역을 차지하여 1830년까지 약 400년간 지배하게 된다. 19세기 들어 치열한 독립투쟁을 계속한 그리스는 유럽 여러나라의 지원을 받아 1830년 독립한다.

그리스의 지배자 오스만 제국은 552년 아시아 기마군단이 세운 돌궐제국의 후예다. 돌궐제국 멸망 후 서진한 돌궐인들은 11세기에 중앙아시아와 중동 일대에서 셀주크 제국을 건설했고 14세기에는 중동, 남부 유럽, 북아프리카 일대에서 오스만 제국을 건설했다. 오스만 제국의 선조인 돌궐에 대해 중국사서는 흉노의 별종(후예)이라 하고 터키사람들은 흉노가 자기들의 선조라고 한다. 한편, 사서에 의하면 오스만 제국의 건설자이자 왕가의 시조는 '오구즈칸'인데 북방사학자 전원철 박사는 고대·중세 사서를 연구·종합하여 오구즈칸은 고구려 왕가의 후예라는 구체적인 결과를 제시하고 있다.

3. 그리스 역사여행

인천공항을 떠나 터키 이스탄불을 경유하여 수도 아테네에 도착했다. 아테네는 찬란한 그리스문명을 꽃피운 중심지다. 먼저 아테네 전성기에 건설된 '높은 곳의 도시'란 의미의 아크로폴리스를 찾았다. 1978년 유네스코 세계문화유산 최초 지명 때 포함된 곳이다. 도시방어와 정치·종교·상업·문화의 중심지였던 곳이다. 언덕 위에는 도시의 수호신 아테나를 위해 지어진 파르테논 신전이 가장 높은 곳에 자리잡고 있다. 기원전 5세기에 15년에 걸쳐 지어졌는데 멀리서 볼 때 반듯하게 보이도록 착시 현상까지 계산한 고도의 건축공학 작품이다.

언덕 아래에는 고대 아테네인들의 생활의 중심지이자 정치가·철학자들의 토론의 장이 되었던 고대 아고라, 로마시대의 상업과 철학의 중심지였던 로만 아고라, 극장, 음악당 등 유적들과 박물관 등이 자리잡고 있다. 아크로폴리스로 올라가는 입구 한쪽에 아레오파고스 언덕이 있는데 사도 바울이 2차 전도 여행 중에 논쟁을 했던 곳이다. 이외에도 시내 곳곳에는 제우스 신전, 1895년 제1회 근대 올림픽이 개최되었던 경기장 등 수많은 유적지가 남아 있어 그리스 고대문명을 증언하고 있다. 아테네 남동쪽으로 2시간 정도 아름다운 해안선을 따라가면 본토의 땅끝마을인 수니온 곳에 다다른다. 가파른 절벽 위에 BC 5세기경에 세워진 바다의 신 포세이돈 신전이 있는데 마침 시간대가 맞아 유명한 일몰을 볼 수 있었다.

이어 아테네에서 서쪽 80km 지점에서 그리스 본토와 펠로폰네소스 반도를 연결하는 고대 무역도시 코린트를 방문했다. 깎아지른 절벽 사이로 6.4km 길이의 운하가 건설되어 있다. 수많은 유적지들이 남아 있는 이 도시 역시 사도 바울의 전도지이며 그가 복음을 설파했던 자리Bema

수니온곶

코린트 유적지

아라호바

마테오라

카발라(오스만 제국 성채 흔적)

산토리니

가 남아 있다. 그는 이곳 기독교인을 격려하기 위해《신약성서》〈고린도 전·후서〉를 보냈다.

이어 방문한 아테네에서 178km 떨어진 델피에는 아폴로 신전 등 고대 유적지가 있으며 유적지 가는 입구마을이 '아라호바'인데 드라마 〈태양의 후예〉 촬영지이다. 이곳에서 북쪽으로 약 70여 km를 가면 영화 〈300〉의 배경이 된 테르모필레전투의 현장이 있다. 마라톤전투의 격전지는 아테네 동북방 40km 지점에 있다.

델피에서 북쪽으로 170km를 달려 유네스코 세계문화유산 마테오라에 당도했다. '공중에 떠 있다'라는 뜻인 마테오라의 수도원은 우뚝 솟은 거대한 사암 바위기둥 꼭대기에 지어진 자연과 사람의 합작품이다.

다음날 동북쪽으로 230km 떨어진 그리스 제2의 도시 데살로니키로 갔다. 알렉산더 대왕의 이복동생 이름이다. 사도 바울이 전도여행을 했던 곳이고 이곳의 기독교인들에게 거룩한 교회생활을 격려하는《신약성서》의 〈데살로니가 전·후서〉를 보냈다.

이어 서쪽 150km 지점에 있는 항구도시 카발라로 향했다. 화이트타워, 성 드미트리 교회, 아리스토텔레스 광장 등 고대유적지가 있으며 해안가에는 오스만 제국이 세운 성채가 남아 있다. 오스만 제국은 그리스를 400년간 지배했으나 유적은 별로 남아 있지 않아 유독 눈에 띄었다. 카발라는 고대에 네압볼리라 불리웠는데 사도 바울의 제2차 선교여행 때 해로를 통해 당도했던 곳이다. 카발라 북쪽 16km 지점에 사도바울이 빌립보 교회의 믿는 이들이 그리스도를 체험하도록 격려하는《신약성서》의 〈빌립보서〉를 보낸 도시(지금은 '필리페')가 있다. 카발라를 떠나 서쪽으로 향해 알렉산드로폴리스를 경유해 육로로 터키 국경에 다달았다. 검문을 거친 후 다시 이스탄불로 향했다.

그리스는 바울의 제2차 선교여행지이며 이로 인해 유럽에 기독교 복

그리스 주요 여행지

음이 들어가게 되었다. 바울은 소아시아의 트로이(드로아: 성서지명)에서 출발하여 칼라바(네압볼리)를 거쳐 필리페(빌립보), 데살로니키(데살로니가)에서 복음을 전하고 기적을 행하나 박해를 받게 된다. 이후 베뢰아로 피신해 전도하다가 아테네(아덴)로 가 유명한 아레오바고 법정에서 철학자들과 변론하고 복음을 전한 후 코린트(고린도)로 갔다가 소아시아 에페스(에베소)를 통해 유대 땅으로 돌아간다.

한편, 그리스는 수많은 아름다운 섬들이 있어 여행자들의 발길을 끌고 있다. 필자는 두 번에 걸친 그리스여행에서 미코노스, 산토리니, 에기나 등 몇 개의 섬을 가보았는데 섬마다 아름답고 특색 있는 자태를 뽐내고 있다.

3

오스만 제국의 후예, 터키의 땅 아나톨리아 반도

1. 아나톨리아 반도의 역사와 터키인들의 역사 인식

터키 영토는 78만 km^2(우리나라의 약 8배)로 3%가 유럽, 97%가 아시아에 위치하고 있다. 아시아에 위치한 부분이 흑해·에게해·지중해로 둘러싸인 아나톨리아 반도이다. 아나톨리아는 '해 뜨는 곳'이라는 헬라어로, 소아시아Asia Minor라고도 불렸다.

BC 2000년경부터 앙카라 부근에서 '히타이트 문명'이 시작되었고, 이는 후에 철기 문화를 탄생시켰다. BC 8세기경부터 고대 그리스의 도시국가가 흥망을 거듭했다. 만지는 것마다 황금으로 변하는 '마이더스 왕'의 나라 '프리기아'가 번영한 것도 이때다. BC 6세기경에는 페르시아가반도 대부분을 지배했으나 BC 333년 이수스 전투에서 알렉산드로스 대왕이 페르시아를 격파한 후, 마케도니아 영역이 되었고 헬레니즘의 중심지가 되었다. 이후 로마 제국 시대를 거쳐 395년 동·서로마로 나뉠 때

아나톨리아 반도는 동로마 제국의 땅이 되었고 476년 서로마 멸망 후 기독교 세계의 중심이 되었다.

한편, 몽골 고원에 등장하여 6~8세기 초원을 지배했던 아시아 기마 군단 '돌궐'이 멸망한 후 투르크족은 서진을 계속했다. 이들은 960년경, '셀주크 장군'의 지휘로 실크로드를 따라 부하라·사마르칸트 등지로 이주했다. 이어 손자 '토그릴'이 1037년 '셀주크 제국'을 건국했다. 셀주크 제국은 이란, 바그다드 등을 점령하고 이어 1071년 '만지케르트 전투'에서 5만 명의 투르크군이 20만 명의 비잔티움 제국 군대를 격파하여 아나톨리아 반도를 차지했다. 이 승리가 오늘날 터키가 이 반도에 정착하는 계기가 됐다. 셀주크 투르크의 일족은 1176년 비잔티움 제국을 격파하고 '콘야'를 수도로 '룸셀주크'를 건국하고 아나톨리아를 완전 지배하며 전성기를 누렸으나 1243년 몽골 제국에 멸망했다.

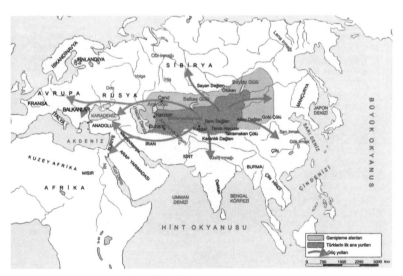

투르크인의 이주 경로(터키 역사 교과서)

셀주크 제국 멸망 후 투르크족의 족장 오스만 1세가 부족을 통일해 1299년 오스만 공국을 건국하면서 600년 '오스만 제국 시대'가 막을 열었다. 오스만 제국은 1402년 몽골 후예인 정복자 '티무르'에게 '앙카라 전투'에서 참패하여 침체기를 겪기도 했으나 재기하여 마침내 1453년 동로마 제국을 멸망시켰다. 16세기에 술레이만 1세는 아나톨리아는 물론 발칸반도, 흑해 연안, 헝가리, 이집트와 지중해를 장악하여 대제국을 완성했다. 그러나 1571년 유럽 신성동맹군과의 '레판토 해전'에서 패배하여 지중해의 주도권을 상실한 후 제2차 '빈' 포위 실패로 헝가리, 오스트리아를 빼앗겼다. 당시 '빈'을 포위했다가 철수하면서 남기고 온 터키군 군수품 커피가 '비엔나 커피'의 유래라고 한다. 19세기 말에는 이집트, 아랍 지역, 제1차 세계대전 패전 후에는 발칸반도, 아프리카를 모두 잃어 터키는 현재의 이스탄불과 아나톨리아 지역만 남았다.

터키 교과서의 투르크인들이 사는 세계 지도

유라시아 대초원 지역은 만주에서 터키, 헝가리까지 8,000km에 달하는 광활한 지역이다. 이 드넓은 평원에서 기마군단이 2500년간 활약해 왔다. 이런 공간과 시간을 배경으로 이 지역의 역사는 매우 역동적으로 전개되었으므로 특정 지역의 역사만으로는 전체 역사의 흐름을 이해하기 어렵다. 유라시아 대초원에서 활약해온 기마유목민의 '삶의 흐름'이라는 관점에서 전체를 봐야 그 역사를 보다 넓고 깊게 이해할 수 있다. 터키에서 자기들은 몽골 고원에서 기원한 투르크인으로 그들 선조가 건설한 최초 국가는 '흉노'이며, 유라시아의 대제국 '돌궐'은 투르크라는 이름으로 건국한 최초 국가라고 배우고 믿고 있다. 그래서 돌궐 건국년도 552년은 바로 터키 건국년도가 된다. 돌궐은 이후 서진하면서 '셀주크 제국', '오스만 제국' 등을 차례로 건국했고, 터키 교과서는 그들이 오늘날 터키의 모체라고 가르치고 있다.

2. 투르크의 땅 아나톨리아 반도 탐방

필자는 동서양에 걸쳐 다이내믹한 역사를 전개한 아시아 기마군단 투르크의 땅 터키를 세 차례 방문한 바 있다. 터키인 외모는 서양적인 특징도 나타나 보이지만, 그들이 가진 정서, 역사 의식과 언어, 풍습에는 동양적인 면모가 두드러진다. 서양 문화와 아시아 기마군단 투르크가 역사 속에서 조우한 이 땅은 우리에게 많은 것을 보여주고 또 생각하게 한다.

인천공항에서 약 10시간 비행하면 터키의 이스탄불에 도착했다. 이스탄불은 인구는 1,552만 명(2019년)으로 유럽·중동 일대에서 가장 큰 도시이고, 세계에서 5번째로 크다. 기원전 7세기경 '비잔티움'이라는 이름으로 세워진 도시로 AD 330년 콘스탄티누스 황제가 로마 제국의 제

보스포러스 해협과 아야소피아

2수도로 삼으면서 '콘스탄티노플'로 이름을 바꿨다. 이후 동·서로마 분리 후 동로마 제국의 수도가 되었고 1453년 오스만 제국이 점령하면서 '이스탄불'이라고 불렀다. 이후 1923년 터키 공화국이 성립 전까지 오스만 제국의 수도였다. 이스탄불은 흑해와 마르마라해를 연결하는 보스포러스 해협을 가운데 두고 유럽과 아시아 양 대륙에 걸친 모습으로, 도시의 3분의 2는 유럽에 있고 나머지 3분의 1은 아시아에 있다. 1923년 터키 공화국이 성립되기 전까지 1,600년 동안 수도 기능을 했던 이스탄불은 도시 전체가 유네스코 세계문화유산으로 지정되어 있고 수많은 유적지들이 산재해 있다. 비잔티움 건축의 걸작품인 아야소피아(성 소피아 사원), 아야소피아를 본떠 지은 블루 모스크, 토프카프 궁전 등 찬란한 문화유적이 여행객들을 역사 속으로 이끈다.

이스탄불에서 남서쪽으로 450km 떨어진 수도 앙카라까지는 비행기로 약 1시간 남짓 걸린다. 앙카라는 아나톨리아 고원 북부의 오랜 도시로 그 역사는 고대 히타이트 시대로 거슬러 가며 이후 페르시아, 아랍, 셀주크 제국, 십자군 등의 세력하에 있었다. 14세기 후반 오스만 제국의 영토가 되었고 터키 공화국의 출범과 함께 수도가 되었다. 신시가지에는 관공서, 은행, 대학 등이 있고 구시가지에는 좁은 골목의 집들, 바자르, 사원, 유적지 등이 자리 잡고 있어 볼거리가 많다. 1402년 앙카라 근교에서 티무르 제국과 오스만 제국이 격돌한 앙카라 전투가 일어났다. 이 전투에서 오스만 제국군은 '전쟁의 신'이라 일컬어지는 티무르가 이끄는 티무르 제국군에게 참패하여 술탄 바야지드 1세가 포로가 된다. 티무르군은 여세를 몰아 서부 이즈미르 지역까지 점령하고 오스만 제국은 이 패배로 약 50년간 역사에서 활동이 거의 나타나지 않을 정도로 큰 타격을 입었다.

앙카라에서 차량으로 남동쪽으로 약 4시간 달리면 300km 떨어진 곳에 카파도키아가 나타난다. 이곳도 페르시아, 동로마 지배를 거쳐 오스만 제국의 땅이 되었는데 동서 문명의 교역로로서 기능을 하던 곳이다. 이 지역에는 수백만 년 전 화산 활동과 지진으로 형성되고 오랜 기간 풍화를 거쳐 탄생한 기묘한 암석군이 장관을 이루고 있어 마치 우주의 다른 행성에 온 것 같은 분위기를 연출한다. 또 인근에는 로마 시대 이래 기독교인들이 종교 탄압을 피해 화산재가 굳어 만들어진 응회암 암벽과 바위에 수천 개의 굴을 뚫어 교회, 주거지, 무덤, 성채 등으로 이루어진 지하도시를 건설해서 살았던 흔적이 그대로 있다. 카파도키아는 유네스코 세계문화유산으로 지정되어 있고, 영화 〈스타워즈〉 촬영지로도 알려져 있는 곳이다. 열기구를 타면 지형 전체를 살펴볼 수 있다.

카파도키아를 떠나 남서쪽으로 3시간가량 가면 250km 떨어진 곳에 '콘야'가 있다. 이 도시는 실크로드의 주요 경로이자 11세기 '룸셀주크'

카파도키아 지형

카파도키아 석굴 거주지

파묵칼레 원형극장

파묵칼레 지형

의 수도였으므로 대상들이 묵었던 숙소인 카라반 사라이를 비롯해 웅장
하지는 않으나 제국의 그림자를 볼 수 있는 유적지들을 만날 수 있다. 또
이 지역은 시아파에서 나온 이슬람 신비주의 수피교단의 발상지로 빠른
속도로 빙글빙글 돌며 춤을 추는 '세마'란 독특한 의식이 인상적이다. 콘
야를 떠나 터키의 알프스라는 타우르스 산맥을 넘어 남서쪽으로 300 km
를 가면 지중해의 아름다운 해변 도시 '안탈랴'에 당도한다. 안탈랴는 기
원전 150년경 건설한 도시로 사도 바울이 첫 전도 여행에 나서기 위해
배를 탔던 곳이다. 로마, 비잔티움 제국, 몽골, 베네치아, 오스만 제국 등

히에라폴리스 유적

성 요한 교회 터 유적지

이 차지했던 땅이어서 헬레니즘, 비잔티움, 이슬람 등 다양한 문화 유적들이 남아 있다. 안탈랴에서 북서쪽으로 약 250km정도 거리에 '데니즐리'가 있으며 인근에 유명한 '파묵칼레'가 있다. 파묵칼레는 세계문화유산인 고대 도시 히에라폴리스가 있었던 곳으로 유적지들을 볼 수 있을 뿐 아니라 온천수가 흐르는 아름다운 석회암 지역을 관광할 수도 있다.

데니즐리에서 다시 서쪽으로 200km를 가서 터키 서부 지중해에 있는 '쿠사다시'에 도착했다. 여기서 가까운 거리에 로마 시대에 소아시아 수도였던 고대 도시 에페소가 있다. 고대 그리스의 식민도시로 건설되어

에페소 유적지

로마 시대에 지중해 동부 교역 중심지로 발달했던 도시이다. 로마 도시 중 가장 완벽하게 구조와 형태를 보전한 유적지로 도서관, 신전, 아고라, 교회터, 원형극장 등이 남아 있다. 에페소는 성경의 에베소 교회가 있던 곳으로 기독교 초기 역사에서 중요한 도시이며 〈요한계시록〉에 등장하는 에베소, 서머나, 버가모, 두아디라, 사데, 빌라델비아, 라오디게아 소아시아 일곱 교회가 모두 터키 서부에 있었다. 교회의 흔적은 거의 남아 있지 않으나 지금도 성지순례 코스로 잘 알려져 있다. 다시 에페소 북쪽으로 100km 거리에 있는 이즈미르로 가서 국내선 비행기편으로 이스

에페소 유적지

6·25 전쟁 참전 기사
(터키 교과서)

6·25 전쟁 참전 기념 사진
(터키 교과서)

탄불로 가서 터키 여행을 마무리했다.

터키는 6·25 전쟁 때 미국, 영국 다음으로 한국에 많은 군대를 파병했고 또 많은 군인들을 잃었던 나라이다. 한국에 대해 정서적, 역사적 인식도 특별해서 우리를 서슴없이 '칸카르데시(피를 나눈 형제)'라고도 부른다. 한국인들의 터키에 대한 관심과 사랑도 나날이 커지고 있고 해마다 수많은 한국인이 터키를 방문하고 있다. 터키에 대한 이러한 관심이 과거 유라시아 기마민족사, 나아가 한민족 역사의 흐름에 대한 관심으로 이어졌으면 한다. 단재 신채호 선생은 《조선상고사》에서 "조선과 흉노는 3천 년 전에는 한집안", "여진·선비·몽고·흉노 등은 본래 我의 동족"이라고 했다. 《구당서》에 따르면 "보장왕이 죽자 고려(고구려)의 옛 왕가와 유민은 돌궐과 말갈로 들어갔다"라고 한다. 1부에서 기술한 바대로 북방사학자 전원철

**터키 앙카라의 6·25 전쟁
참전 기념비**(터키 교과서)

박사에 의하면 돌궐이 서진하면서 세운 셀주크 제국과 오스만 제국은 그 왕조가 고구려 왕가 가문인 오구즈칸의 후예들이다. 터키에서는 흉노가 그들의 선조이며, 돌궐이 최초로 투르크라는 이름으로 건국한 나라로 돌궐 건국년도(552년)가 터키 건국년도라 한다. 그리고 자신들이 셀주크 제국과 오스만 제국을 이어받았다고 한다. 터키와 우리의 관계를 다시 생각하게 하는 것은 이런 맥락에서다.

4

맘루크 왕조와 오스만 제국이 지배한 이집트 탐방

1. 이집트 역사와 아시아 기마군단

이집트는 기원전 8000년경부터 나일강 유역에서 고대 문명을 탄생시켰다. 고대 이집트 역사는 BC 3100년 메네스왕이 멤피스에 도읍한 이래 BC 332년 알렉산드로스 대왕이 이집트를 정복할 때까지 약 2800년 간 지속되었다. 고대 이집트는 고왕국 시대(BC 3100~BC 2040년), 중왕국 시대(BC 2040년~BC 1567년), 신왕국 및 후기왕국 시대(BC 1567~BC 332년)에 걸쳐 31왕조가 이어져 왔다. 이후 알렉산드로스에 의해 헬레니즘 시대가 열려 BC 305년부터는 알렉산드로스의 계승자이자 마케도니아의 이집트 총독이었던 프톨레마이오스가 이집트 왕이 되어 BC 30년까지 프톨레마이오스 왕조가 이어졌다. 이 왕조는 유명한 클레오파트라(7세)와 카이사르 사이에 난 아들이 죽고 막을 내린다. 이후 이집트는 로마 제국에 편입되어 토착 문화, 그리스 문화, 기독교가 혼합된 문화

나일강

해 지는 나일강

시대를 맞이했다. 641년 아랍 세력의 침공을 받아 이슬람 세계에 편입되어 이슬람 제국의 우마이야 왕조(661~750), 압바스 왕조(750~963) 시대를 거쳐 시아派 파티마 왕조(963~1169), 수니파 아이유브 왕조(1169~1252)로 이어졌다.

그런데 13세기부터는 특이한 역사가 전개된다. 아시아 기마군단의 역사가 이집트에서 전개되는 것이다. 먼저 아시아 기마군단 맘루크 왕조가 이집트를 지배하게 된다. 맘루크 왕조가 출범하게 된 배경을 보면 이슬람 세계에서는 노예 제도가 폭넓게 인정되는 분위기였으며 가사 노예와 군인 노예 등으로 활용되었다. 군인 노예들은 전투력과 충성심으로 높이 평가받아 사회의 상층부까지 진출하는 사례들이 나타났다. 나아가 이집트의 맘루크 왕조, 아프가니스탄의 가즈나 왕조, 인도의 노예 왕조 등 노예들이 세운 왕조까지 등장하게 되었다. 그중 대표적인 노예 왕조가 바로 이집트에서 왕조를 이룬 맘루크이다.

맘루크는 아랍어로 '노예'를 뜻하며 특히 기마전단으로 이름 높고 전투력이 출중한 투르크인들을 용병으로 많이 썼다. 맘루크는 충성심과 용맹성을 인정받아 왕실 호위병으로 그 자리를 굳혔다가 나중에는 정권까지 장악하게 된다. 1250년 맘루크 사령관 '아이벡'이 정권을 장악하고 술탄 자리에 올라 이집트의 맘루크 왕조가 시작된다. 이 세력은 아랍 세력의 반란에 직면하기도 하나 당시 공포의 침입자 몽골군을 격파하고 이슬람 세계를 지켜냈다. 몽골의 대칸 몽케의 동생 훌라구는 압바스 왕조의 칼리프가 있던 바그다드에 이어 시리아의 다마스커스까지 점령했다. 이어 이집트에 항복을 요구했으나 맘루크의 술탄 쿠트즈와 군사령관 바이바르스는 전쟁을 택했다. 갈릴리 인근 '아인 잘루트' 대전투에서 맘루크 군은 몽골군을 섬멸하고 이집트를 구원했다. 이어 멸망한 압바스 왕조의 가문을 이집트로 불러들여 카이로에서 칼리파제를 복원토록 하여 이슬람 세계의 수호자가 된다.

북방사학자 전원철 박사에 의하면 아인 잘루트 전투의 주인공 쿠트즈와 바이바르스는 모두 고주몽의 후예인 오구즈칸 가계의 일원이라 한다. 오구즈칸 일족은 고구려 멸망 후 서쪽으로 가서 호라즘 제국을 건설했고, 그 일부 세력이 이집트 용병이 되었다가 후에 맘루크 왕조를 건설하게 되었다고 한다. 즉, 13~16세기까지 이집트의 왕가 맘루크는 고구려 후손이었다는 의미이다.

15세기 말에 이르러 포르투갈이 아프리카의 희망봉을 거쳐 인도양으로 가는 해양 루트를 개척함에 따라 수에즈 해협의 통행세 수입이 줄어든 맘루크의 이집트 재정 상태는 급격히 악화되었다. 이런 와중에 1515년 또 다른 아시아 기마군단 오스만 제국의 셀림 1세가 술탄으로 즉위하면서 유럽 지역을 뒤로하고 아시아 지역 정복에 나섰다. 페르시아의 사파비 왕조를 공략하고 이어 시리아로 진격하여 맘루크 군을 공격했다. 1517년 이집트의 피라미드 부근에서 벌어진 전투에서 맘루크는 대패함에 따라 오스만 제국의 이집트 지배가 시작된다. 전원철 박사에 의하면 아시아 기마군단인 오스만 제국의 왕가 역시 맘루크 왕조를 이룬 가문과는 다른 계보이나 고구려 후손인 오구즈칸의 후예라고 한다.

18세기에 들어 오스만 제국의 지배력이 약화되면서 1798년 프랑스의 나폴레옹 함대가 3만 명의 병력을 이끌고 카이로를 점령하여 이집트는 프랑스의 영향력에 들어가게 된다. 로제타석이 발견된 것도 바로 이 시기이다. 그러나 프랑스는 3년 만에 철수하고 영국에 그 자리를 물려주게 되었고 이집트는 형식상 오스만 제국의 일원이었지만 사실상 영국의 지배하에 있게 되었다. 1923년 터키 공화국이 출범하면서 오스만 제국이 해체되고 형식적인 오스만 제국의 이집트 지배도 끝나게 된다.

2. 기마군단의 역사가 전개되었던 이집트를 찾아서

필자가 인류 문화의 뿌리 중 하나이자 13세기 이후 근세에 이르기까지 아시아 기마군단 맘루크와 오스만 제국의 영역이었던 이집트를 찾은 것은 마음먹고도 여러 해 지난 후였다. 2010년 말 튀니지에서 시작된 아랍의 봄(재스민 혁명)에 따른 혼란과 이후 이어지는 끊임없는 테러 등으로 여행이 어려운 지역이었지만 상황이 호전되었다는 소식을 듣고 바로 여

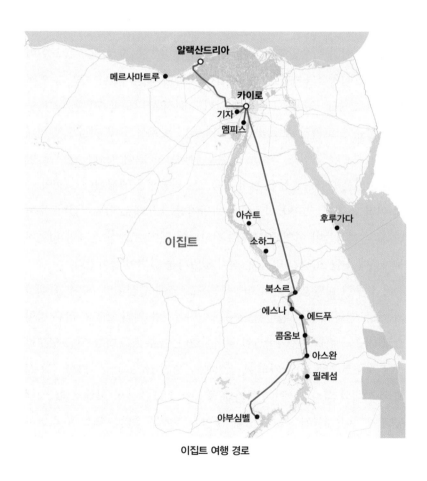

이집트 여행 경로

행 일정을 잡았다. 그런데 출발이 한 달 정도 남은 시점에 이집트 시나이반도의 이슬람 사원에서 폭탄 테러로 300명 이상 폭사하는 사건이 일어났고, 이어 출발 2주 전 카이로 인근의 콥트 교회에서 괴한의 총기난사로 10여 명이 사망하는 사건이 일어났다. 출발을 망설이는 상황에서 이집트 정부에서 여행객의 안전을 위해 특별대책을 강구한다는 소식을 접하고 계획대로 이집트로 향했다. 인천공항에서 에티하드 항공편으로 10시간 반 비행해서 UAE의 아부다비에 도착해서 다시 4시간 반 걸려 카이로 공항에 도착했다.

카이로 공항에서 바로 국내선으로 환승하여 룩소르Luxor로 이동했다. 룩소르는 이집트 중앙부의 나일 강변 동서 양안에 자리 잡은 고도이며 중왕국과 신왕국의 수도로 1,600년간 왕국의 중심지였다. 수도가 이전된 후에도 종교 중심지로 계속 번영했고 신전을 비롯한 수많은 고대 유적을 품은 고고학의 보고인 도시이다. 룩소르에서 고대 이집트의 최대 신전인 카르낙 신전과 룩소르 신전을 둘러보고 일대의 신전 등에서 발굴된 수많은 고대유물들을 전시한 룩소르 박물관을 관람했다. 그동안 세계 여러 곳에서 고고학 박물관을 봐왔지만 소문대로 압권이었다. 수천 년 전의 석상들이 야외에 그대로 전시되어 있어 보존상 문제가 없는지 물어보니 최근 20년간 비가 온 적이 없었다는 답변이 돌아왔다.

저녁 무렵 나일강을 따라 이동하는 크루즈에 승선했다. 60여 개 객실과 식당, 연회장 등이 완비된 크루즈가 나일강을 따라 남쪽인 상류 방향으로 거슬러 올라가는 4박 5일 일정이었다. 크루즈를 타고 처음 당도한 곳은 룩소르 서쪽의 '왕가의 계곡'이다. 기원전 16세기에서 11세기경 신왕국 시대의 파라오들인 투탕카멘, 람세스 1·2·3·4세, 아멘호테프 2세 등의 무덤이 계곡에 줄지어 있다. 무덤 내부에는 수많은 벽화 등이 남아 그들의 시대를 증언하고 있었다. 이곳에서 약간 떨어진 남쪽 편에는 '왕

카르낙 신전

룩소르 신전

왕가의 계곡

하트셉수트 신전

비의 계곡'이 있다. 이어 깎아지른 절벽 아래에 지은 웅장한 3층의 테라스식 신전 하트셉수트 신전을 방문했다. 이집트 최초의 여왕인 하트셉수트는 유명한 정복군주 투트메스 3세 바로 앞의 여왕으로 이 신전을 지었다고 한다. 크루즈로 돌아오는 길에 아멘호테프 3세가 건축했던 국왕의 영혼을 제사하던 장제전이 모두 파괴되고 두 개의 거대한 석상만 남아있는 '멤논의 거상'에 들렀다.

저녁 때 크루즈에서 휴식하는 동안 에스나 운하를 통과했다. 나일강 수위를 조절하면서 상류로 이동하는 곳이라 시간이 많이 소요되었다. 밤늦게 룩소르 남쪽 110km 지점 나일강 서안에 있는 에드푸Edfu에 도착했다. 이튿날 마차를 타고 프톨레마이오스 시대에 건축되고 고대 이집트 신전 건축양식이 가장 완벽하게 보존되어 있다는 호루스 신전을 탐방했다. 신전의 비문들에 남아 있는 그 옛날의 기록들을 보면 경이롭기까지 하다. 다시 크루즈를 타고 이번에는 아스완 북쪽 40km에 위치한 콤옴보Kom Ombo로 이동했다. 나일강 기슭의 사탕수수밭 한가운데에는 악어 머리를 가진 신과 매의 머리를 가진 신을 모신다는 로마 시대 초기에 지어진 신전을 방문했는데 신전에 새겨진 고대의 캘린더라고 할 수 있는 부조가 인상적이었다.

다시 크루즈로 남쪽으로 가서 아스완Aswan에 도착해 밤을 보낸 후 다음날 아침 크루즈에서 내려 남쪽으로 240km 떨어진 아부심벨Abu Simbel로 향했다. 버스로 약 세 시간 거리인데 테러 위협 때문에 현지 경찰이 직접 경찰 차량으로 버스를 호위해주었다. 이 지역이 과거 반군 활동이 활발했던 곳이기 때문이라고 한다. 아부심벨에는 람세스 2세가 자신을 위해 건립한 대신전과 왕비를 위한 소신전이 있다. 1817년 발굴 이후 1960년대에 아스완하이댐을 건설하면서 수몰될 위기에 처하자, 유네스코가 나서 국제협력을 얻어 1968년에 신전을 2만여 개 조각으로

멤논의 거상

사막의 일몰

콤옴보 신전

콤옴보 신전 부조

아부심벨 대신전

아부심벨 소신전

해체하여 인근 고지대로 이전하여 복원한 세계적인 유적이다. 다시 크루즈로 돌아와 선상에서 휴식한 후 밤에 소형배를 타고 필레섬으로 가서 이시스 신전에서 펼쳐지는 환상적인 '빛과 소리의 공연'을 감상했다. 고대 유적을 활용해 관람객을 유치하는 방법론에 감탄했다. 이튿날 아스완에서 오벨리스크의 제작 과정을 한눈에 살펴볼 수 있는 미완성 오벨리스크를 방문한 후 유네스코가 지원하여 아스완댐으로 수몰된 누비아Nubia 지역의 역사와 문화를 보여주는 다양한 유물들이 소장된 누비아 박물관을 관람했다. 이어 세계적으로 유명한 길이 2km에 달하는 아스완하이댐을 관람한 후 국내선 비행기편으로 북쪽의 카이로로 이동했다.

카이로부터는 버스로 이동했다. 여행객의 안전을 위해 현지 무장경찰이 버스 맨 앞좌석에 탑승했다. 버스로 멤피스Memphis로 이동해 계단식 피라미드와 고대 왕들의 무덤군, 이어 세계적인 고고학 유물들이 즐비한 이집트 고고학 역사박물관에 들렀다. 명불허전이라는 느낌이 들었다.

다음날 버스로 약 3시간 이동하여 지중해의 항구도시 알렉산드리아Alexandria에 도착했다. 고대 7대 불가사의의 하나로 불리우는 파로스의 등대가 파괴된 자리에 건설된 카이트베이 요새를 방문했다. 이번 여행의 가장 중요한 목적지였다. 1446년 맘루크 왕조의 술탄 카이트베이가 건설한 성채이다. 이곳은 알렉산드리아는 물론 지중해안의 군사요충지로 투르크군의 공격에 대비해 해안선 방어를 목적으로 세워졌다. 이 요새야말로 아시아 기마군단 맘루크가 중동 지역에 진출해 세운 왕조의 작품이기에 더욱 감회가 깊었다. 오스만 제국 시대에는 요새의 기능이 점차 약화되었고 이제는 1984년 대규모 공사 후 관광지가 되었다. 지중해의 거센 파도가 넘실대고 해풍이 몰아치는 해안에 늠름하게 자리 잡은 성채는 맘루크 군의 불굴의 의지를 떠올리게 했다.

아스완댐에서 본 나일강

이시스 신전의 빛과 소리의 공연

계단식 피라미드(멤피스)

알렉산드리아의 시장

알렉산드리아 도서관

쿠푸왕 피라미드(기자)

　이어 고대 기독교인들의 지하 묘지였다가 나중에 피난처이자 예배지로 변모한 카타콤Catacomb을 방문했다. 알렉산드리아 서부의 카르무스 지역에 있는 카타콤은 AD 1~2세기경에 조성된 대규모 지하 묘지인데 4세기에 이집트 기독교인들이 로마의 기독교 박해를 피하는 은신처가 되기도 했다. 후에 1900년에 이르러 우연히 마차가 구멍에 빠지면서 그 모습을 드러냈다. 고대 명소인 알렉산드리아 도서관을 부활시켜 2002년

카이로 시내

카이로 시내

카이트베이의 파도

에 개관한 알렉산드리아 도서관에 들른 후 카이로로 귀환하여 다음날 세계 7대 불가사의 중 하나인 쿠푸왕 피라미드와 스핑크스를 보며 이집트 여행을 마무리했다.

알렉산드리아의 카이트베이 요새

6장

新해양실크로드
북극탐방

북극항로의 현장 북극 - 북극해 탐방

1. 북극 - 북극해 - 북극항로 개요

북극北極이란 보통 북위 66.33도Artic Circle 이북지역 또는 영구동토층의 한계선 북쪽 땅으로 면적이 약 2,100만 km²로 지구 지표면의 6%에 해당한다. 북극해는 북미 및 유라시아대륙으로 둘러싸인 해양인데 러시아, 노르웨이, 알래스카, 캐나다, 그린란드 북쪽이 포함되는 지역으로 면적이 1,400만 km²로 세계 바다면적의 3%를 차지한다.

북극지방에는 막대한 지하자원이 매장되어 있을 뿐 아니라 주변해역의 어족자원도 풍부하다. 아직까지 발견되지 않은 전 세계 가스의 30%, 석유의 13%가 이곳에 매장되어 있는 것으로 추정되고 있다. 근간에 시베리아의 북극해 일대에서 대규모가스전과 유전이 발굴되고 있어 15척의 쇄빙 LNG선을 대우조선에서 건조하여 운항 중이다. 한편, 북극해 및 북태평양 등 인근 어장의 어획고는 전 세계의 40%에 달하며 해수온도 상승 등으로 한류성 어족의 새로운 서식지로 부상하고 있다고 한다(외교부).

그런데 지구 온난화가 진행되며 서북극지방이 급속히 따뜻해지고 북극해의 빙하가 빠르게 녹고 있다. 최근 수십년간 이 지역 기온은 전 세계 다른 지역의 두 배 빠르게 상승하여 동토층이 줄어들고 빙하는 녹아내리고 있으며 해빙은 사라지고 있다. 지난 50여 년간 눈으로 덮인 지역도 5분의 1로 줄어들었다. 이에 따라 북극해로 진입하는 상선들이 늘어나면서 거대한 물류혁명의 장 - '북극항로'가 열리고 있다.

지금은 스발바르 및 바렌츠해에서는 연중 상선이 다닐 수 있고 북극항로 전체로는 연간 5개월 정도 배가 다닐 수 있으며 앞으로 머지않은 장래에 1년 내내 운항이 가능할 것이라 한다. 부산에서 로테르담까지 수에즈운하를 통과하게 되면 운항거리가 22,000km 이상인데 비해 북극항로를 이용하면 15,000km 이하로 3분의 1이상 운항거리가 줄어들며, 운항기간도 30일에서 20일로 단축된다. 실제로 지난해 8월 세계 최초로 부산항에서 출발하여 북극항로를 통과하는 컨테이너선이 운항된 바 있다. 세계 1위 선사인 머스크의 대형 내빙선박이 독일을 거쳐 러시아의 상트페테르부르크항까지 상용운항을 한 것이다. 신해양실크로드라고 불리는 북극항로의 시대가 성큼 다가오고 있다.

2. 북극항로가 열리는 현장을 찾아서

한반도는 북극항로의 태평양쪽 기점이기에 우리에게는 그 의미가 크다. 필자는 이번에 북극항로의 유럽쪽 관문이자 북위 80도 이상에까지 걸쳐 있는 북극해 최북단의 섬 노르웨이의 스발바르제도 일대를 탐방하면서 항로가 열리는 자연환경을 살펴보는 기회를 가졌다.

북극항로

　인천공항에서 모스크바를 경유하여 14시간 만에 노르웨이의 수도 오슬로에 도착하여 다음날 국내선 비행기로 2시간 걸려 스발바르제도에 있는 소도시 롱위에아르비엔에 당도했다. 노르웨이 본토와 북극점의 중간에 있는 스발바르제도는 5개의 주요 섬으로 이루어져 있는데 스피츠베르겐 등 3개 섬에만 사람들이 살고 있다. 총면적은 6만 2050km²로 우리나라 60% 정도이나 전체 인구는 약 2,600명밖에 안 된다. 1596년 네덜란드의 탐험가 W.바렌츠가 발견한 이래 17세기에는 고래와 바다사자 서식지와 사냥터로 이름이 났고 20세기 초에는 석탄광이 개발되면서 정착지가 생겨났지만 작은 도시 하나, 탄광촌 2개, 북극과학기지가 있을 뿐이다.

스발바르제도는 북극해 최북단의 섬이지만 대서양 난류의 영향으로 겨울 평균기온 영하 15℃ 내외, 여름 평균기온 5℃ 내외로 생각보다 기온이 높다. 그러나 때 없이 찾아드는 눈보라를 맞이하면 살벌한 추위가 북극을 실감케 한다. 북극지방에서는 극히 짧은 봄·가을에만 하루에 해와 달을 볼 수 있다. 겨울에는 영하 20℃가 넘기도 하는 혹독한 추위와 함께 지평선 위로 해가 뜨지 않는 흑야Polar Night가 몇달간 계속된다. 여름에는 영상·영하가 교차하지만 눈보라가 치면 살을 에는 추위를 경험하게 된다. 그래서 한여름에도 이곳을 방문하기 위해서는 온몸을 감싸는 방한 장비가 필수다. 겨울과 반대로 몇 달간은 해가 지평선 아래로 지지 않는 백야White Night가 계속된다.

롱위에아르비엔은 2,000명 남짓 살고 있는 스발바르제도의 행정중심지로 북위 78° 13″에 위치하며 인구 천 명이 넘는 도시 중에는 지구 최북단에 있다. 이 마을은 1900년대 초 석탄채굴을 시작하면서 생겨났고 비행장과 대학 등 연구기관이 있으며 450만 종의 씨앗 표본이 보관된 국제종자저장고도 이곳에 있다.

롱위에아르비엔에서 내빙 크루즈선 '후티루튼'호를 타고 북쪽으로 항해를 시작했다. 최대 승선 인원이 149명에 불과한 2,000톤 남짓한 작은 배로 연안항해선으로 건조되었다가 북극항해를 위해 개조했다 한다. 승선 후 배정받은 선실은 미니 2층침대와 작은 옷장, 욕실 겸 화장실이 있는 조그만 방이지만 원형 선창을 통해 빙하와 떠다니는 유빙을 볼 수 있다. 비상시에 대비한 안전교육을 받은 후 배는 바로 출항한다. 심한 멀미가 있을 수도 있다는 안내를 받았으나 다행히 바다가 잔잔했는데 승무원 말에 따르면 드물게 좋은 날씨라 한다. 떠다니는 유빙, 한여름인 지금까지 남아 있는 눈이 곳곳에서 나타난다.

배가 처음 도착한 곳은 약 55km 정도 떨어진 바렌츠부르크다. 의외로 날씨가 좋고 기온도 쾌적했다. 러시아 회사가 탄광을 개발하면서 러시아인들 중심으로 정착이 이루어진 곳으로 스발바르제도에서 두 번째로 큰 마을로 약 500명이 살고 있다. 이곳 러시아인들은 외로움을 달래기 위해 민속공연 등을 하고 있고 외부 방문객에도 공개한다. 기념품가게를 겸한 작은 우체국이 있어 여행객들이 기념편지를 보낼 수도 있다.

밤을 새워 달린 크루즈가 스피츠베르겐섬 북쪽에 있는 북위 80°에 근접한 막달레네피오르드에 도착한 후 8인승 조디악으로 갈아타고 두 군데 해안에 상륙해 빙하와 피오르드를 관찰할 수 있었다. 엽총과 구명신호총 등으로 무장한 승무원이 앞장서서 가면서 안전과 지역 상태환경 등에 대해 자세히 설명해주었다. 그동안 이례적으로 좋은 날씨에 방심하고 있다가 트래킹 중 세찬 바람이 몰아치면서 북극의 강추위를 실감하게 되었다. 그 와중에도 '폴라플런지'라는 북극해 바다수영을 시도하는 사람들이 있어 놀랍다.

이어 크루즈가 북쪽으로 향해하는 사이에 북극고래가 나타났다는 소식을 듣고 데크로 나가보니 고래가 뿜어내는 물줄기가 몇 곳에서 보였고 이어 물 밖으로 뛰쳐나오는 고래 모습이 보여 흥분을 감출 수 없었다. 고래가 등장한 후 드디어 북위 80°를 넘어 스피츠베르겐섬의 최북단보다 북쪽에 있는 모펜Moffen섬을 보게 되었다. 크루즈 선상에서 승객과 승무원 모두 모여 북위 80°를 향해 샴페인으로 기념행사를 가지면서 북극해에 온 것을 실감했다.

다음날 크루즈선은 콩스피오르드에 도착했다. 조디악을 타고 하선하여 상륙 후 승무원 안내에 따라 트레킹을 하며 생태환경을 관찰했다. 멀리서 순록들이 수시로 등장하는 자연 그대로의 환경이다. 툰드라 기후의 척박한 이곳에서 이끼들 틈에서 작지만 아름답게 피어 있는 꽃들이 곳곳에서 눈에 띈다. 스발바르제도에는 약 180종류의 초미니 관목식물과 수많은 이끼류가 서식하고 있다. 손을 덮을 정도 크기의 도톰한 이끼덩이 위에 수십 개 꽃이 피어 있는데 전체가 한 개의 개체이다. 이런 모습을 갖추면 바깥 기온보다 20° 정도 높은 보온이 가능하다 한다. 혹한의 추위에 식물이 살아남는 비법에 놀라울 따름이다. 이외에도 아름다운 작은 꽃들이 발걸음을 멈추게 한다.

이어 크루즈선은 스피츠베르겐섬의 뉘올레슨에 다달았다. 이곳은 북위 79°에 위치한 과학기지촌으로 우리나라의 다산과학기지를 비롯해 10여 개 국가의 기지가 운영되고 있으며 상주 연구자는 연평균 50여 명 정도다. 필자가 방문했을 당시에는 우리나라 극지연구소의 조류연구자가 기지를 지키고 있었다. 북극지방의 기후변화, 석유·가스, 환경보호, 북극항로 등에 관한 협력을 위해 1996년에 북극이사회가 설립되어 현재 8개 회원국과 12개 옵저버 국가가 참여하고 있으며 우리나라도 영구 옵저버 국가다.

뉘올레슨 방문을 마친 후 다시 크루즈선에 올라 롱위에아르비엔에 도착하여 북극탐방 일정을 마무리하고 오슬로로 돌아왔다.

오슬로에서는 북극탐험의 역사를 보여주는 프람박물관에 들렀다. 이곳에는 노르웨이인 탐험가 F. 난센과 R. 아문센의 북극탐험경로와 내용, 북극이 직면하고 있는 현안들인 극지 과학협력, 북극항로, 환경, 야생동물 등에 관한 전시를 하고 있었다. 특히, 난센과 아문센이 탐험에 실제 사용한 북극항해의 배 '프람'이 박물관 중앙에 옛모습 그대로 전시되어 있어 극지 탐험가들의 불굴의 도전정신을 웅변하고 있다.

필자가 어렵사리 북극을 탐방에 나서게 된 것은 북극항로에 대한 관심 때문이다. 한반도는 지정학적으로 러시아·중국이라는 대륙세력이 해

후티루튼 호

바렌츠부르크

뉘올레슨 과학기지

다산기지에서 서병호 연구원과 필자

북극해를 뒤로 선 필자

양으로 향하는 길목이며, 미국·일본이라는 해양세력이 대륙으로 향하는 연결통로다. 그래서 세계 4강국의 이해관계가 직접 맞닥뜨리는 유일한 곳이다. 한편, 한국과 미·중·일 등 세계 5대 제조업국가 중 4개국이 조우하는 땅이다. 더구나 한반도는 북극항로의 기점이자 유라시아 대철도의 기점이다. 앞으로 북극항로가 열리게 되고 유라시아 대철도까지 연결이 되면 한반도는 거대한 물류혁명의 진원지가 될 수 있다. 작금의 세계 경제위기국면을 타개하고 대한민국경제의 미래를 그려 나가는 마중물의 역할을 해나가길 기대한다.

역사는 과거와 현재 그리고 미래를 이어주는 징검다리다. 인류의 과거는 현재의 토대가 되었고 현재는 다가올 미래의 초석이 될 것이다. 역사를 통해 미래를 가늠하고 설계하면서 공동체 인식과 정체성을 공유한 이들이 민족이다. 한민족 역시 수없이 많은 난관을 겪으면서도 민족적 정체성을 잃지 않고 오늘의 대한민국을 건설했다.

대한민국은 세계사에서 찾아보기 어려운 기적의 역사를 일궜다. 일제 강점기와 국토분단 그리고 6·25 전란을 겪은 지 불과 반세기 남짓 만에 세계 10위의 경제대국으로 우뚝 섰다. 폐허에서 세계사의 전면에 등장하는 과정은 한 편의 드라마와 같다. 그래서 세계인들은 '기적'이라고 부른다.

지금 우리는 미래로 가기 위한 2개의 강을 건너야 한다. 제2차 세계대전 이후 가장 위험하고 풀기 어렵다는 '세계경제환경'과 숱한 난제가 얽혀 있는 '국내경제환경'이란 격량의 강을 마주하고 있다. 한마디로 안팎이 어려운 상황이다. 이러한 상황에서 기적의 드라마를 연출했던 오늘을 살아가는 대한민국 국민들에 요구되는 화두는 한민족 공동체로서 역사에 대한 올바른 인식과 한민족 정체성에 대한 공감대이다.

역사를 잃어버린 민족에게 미래는 없다. 역사가 우리에게 가르쳐준 뼈아픈 교훈이다. 그런데 한민족 역사는 조선조 모화사상과 일제 강점기의 조작으로 폄하되고 왜곡되어 그 본래 모습이 사라졌다.

수많은 기록과 유적·유물들의 발굴에도 기원전 24세기에 건국하여 실존했던, 동북아 최강국가 단군조선은 한낱 신화로 치부되고 있다. 단군조선의 후예들인 흉노·선비·돌궐·몽골·여진 등 북방민족의 역사는 한민족사에서 완전히 분리되거나 배제됐다. 단군조선의 맥을 이은 부여사는 아예 실종되어 버렸다. 고구려, 백제, 신라는 영토와 연대가 모두 축소·왜곡됐고 가야사는 어이없게도 임나일본부로 덧씌워졌다.

더욱이 중국의 동북공정으로 고구려와 발해는 중국의 지방정권으로 폄하돼 중국사의 일부라는 주장까지 나오게 됐다. 그러나 고구려는 한민족이 세운 고대국가로 한민족사의 중심부분을 구성한다. 우리나라의 이름 'KOREA'는 앞서 설명한 대로 고구려에서 비롯되었으며 고구려는 후기에 고려高麗로 국명을 바꾼바 있다. 한편, 고구려를 이은 발해도 대외 명칭을 '고려'로 사용했고 이후 왕건은 신라-발해의 남북국시대를 이은 '고려'를 건국했고 우리 대한민국의 현재 명칭은 KOREA(고려)다. 우리는 고구려-발해-고려-대한민국의 4개의 '고려'를 국명으로 쓰고 있다. 그래서 한민족사의 중심을 이루는 고구려사는 어떤 경우에도 역사 왜곡의 대상이 될 수 없다.

이러한 상황에서 한민족의 정체성을 회복하고 고대 한국사의 본 모습을 되찾는 노력은 새로운 미래를 펼쳐 나가기 위한 첫걸음이자 원동력이 될 수 있을 것이다. 앞서 필자는 유라시아 북방민족사와 우리 고대사

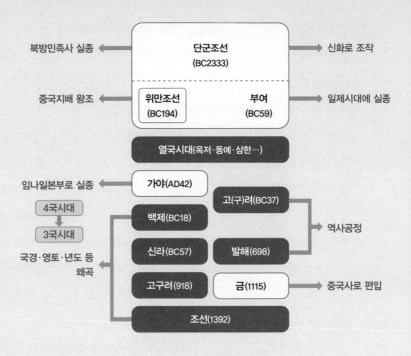

와의 연결고리를 밝혀 한민족 역사를 재조명하였다. 그러한 역사 인식 하에 지금 대한민국경제가 처한 상황을 조명하고 어떻게 대응해 미래를 설계해 나갈 것인지에 대한 제언으로 이 책을 마무리하려 한다.

먼저 세계경제환경을 보자. 지난 반세기 이상 세계경제는 세계화가 확산되고 자유무역을 지향하면서 높은 성장을 지속해왔다. 이는 대외지향형 성장모델을 택한 우리 경제의 활동 무대이자 성장 거점이었다. 그러나 지금 세계경제상황은 그 어느 때보다 복잡하고 낙관하기 어려운 위험한 국면을 맞이하고 있다.

1929년 미국에서 촉발된 세계 대공황의 여파는 오랫동안 지속되어 미국은 1940년대에 들어서야 어느 정도 회복됐다. 세계경제는 회복세가 더뎌 제2차 세계대전 이후인 1950년대에 와서야 나아졌다. 당시 세계

경제위기의 근본 원인은 과잉설비와 수요부족 문제였다. 따라서 그 대응 정책도 비교적 단순한 수요 회복이었음에도 위기를 극복하는 데에는 오랜 시간이 걸렸다. 그런데 지난 2008년 이후 지금까지 이어지고 있는 세계 경제의 위기는 전혀 다른 양상을 보이고 있다.

1970년대 중반 이후 신자유주의 체제하에서 선진국과 개도국을 막론하고 많은 나라들은 경쟁적으로 금리를 낮추고 유동성을 확대하여 부채를 늘리면서 성장해왔다. 그 결과 선진국은 물론 신흥국·개도국의 가계, 기업, 정부 등 모든 경제 주체의 부채가 급속히 누적됐다. 2008년에 촉발된 세계경제의 위기국면은 바로 이러한 과부채 문제에 기인한 것이다. 미국에서 저금리로 가계부채가 급속히 증가하다가 부동산 거품이 붕괴되자 2008년 서브프라임 모기지 사태가 촉발됐고 이것이 전 세계로 파급된 것이다.

이러한 가운데 EU국가들은 단일통화 체제에서 개별국가가 금리·환율 등의 거시정책 수단을 쓸 수가 없어 재정정책에만 의존했다. 그 결과 국가부채가 급증했고 가계부채 또한 증가일로에 있었다. 미국의 가계부채 문제에서 점화된 위기는 그리스, 스페인 등 유럽 국가들의 국가부도 위기로까지 전이되면서 세계경제를 뒤흔들었다.

이에 대응하여 세계 각국은 역사상 전례가 없었던 초대형 유동성 정책을 집행, 외형상 어느 정도의 안정을 회복하기도 했다. 하지만 과부채로 인한 문제를 다시 유동성 대책으로 수습하다보니 부채는 더욱 빠른 속도로 늘어나게 됐다.

필자는 오래전부터 저금리를 기초로 한 과부채는 금융불균형을 초래하여 언젠가는 시스템위기라는 부메랑으로 돌아오게 될 것을 우려하고 경고해온 바 있다. 1980년대 이후 40여 년에 걸쳐 세계 각국은 금리를 인하하면서 유동성 공급을 확대해왔고 이 결과 세계적인 버블 현상이 나타났으며 특히, 지난 10년 남짓 동안 주식·채권·부동산·원자재·코인 등 자산가격이 급등한 바 있다. 세계경제는 과부채라는 무거운 짐을 지게 되었고, 과부채라는 화약고가 자리 잡고 있는 이상 세계경제의 불안 국면은 지속될 수밖에 없다. 과부채라는 화약고는 부채를 갚아 나가야만 해소되고 부채 감축에는 시간이 걸릴 수밖에 없으며 근간의 주식·채권·부동산 등 자산 시장 붐락은 앞으로 실물 경제의 침체로 이어질 것이므로 세계 경제가 정상적인 국면을 회복하는 데는 오랜 기간이 소요될 것이다.

다른 한편으로는 국제 정세에 큰 변화가 나타나고 있다. 쌓여가는 화약고를 때릴 수 있는 뇌관들이 세계 곳곳에서 등장하고 있다. 미·중 패권 전쟁이 대표적인 뇌관이다. 2021년 GDP 규모가 22.9조 달러에 달하는 미국과 17.7조 달러에 이르는 중국 사이의 사실상 헤게모니 쟁탈전이기 때문에 이 사태는 쉽게 마무리될 성격이 아니다. 미국은 돌발적으로 이번 무역분쟁을 시작한 것이 아니며 그동안 중국과 중국 공산당이 보여왔던 정치적·경제적 일련의 대외확장 정책이 그 배경이다. 중국의 제조업 세계전략 '중국제조 2025', 신실크로드 전략 '일대일로', 중국 공산당이 지향하는 '2049년 세계 최강국', 지역적으로 추진 중인 남중국해·중앙아시아·아프리카 정책 등은 미국의 세계 전략과 충돌하는 조짐을 보여왔기 때문이다.

일본이 미국의 강력한 경쟁상대로 부상하던 1985년 9월 G5 재무장관들의 플라자 합의를 돌이켜보자. 미국은 대규모 무역적자를 개선하기 위해 일본 엔화와 독일 마르크화의 급격한 절상을 요구했다. 일본 및 독일은 즉각 자국통화의 평가절상을 시작했고 2년 사이 30% 이상 급락한 미 달러화의 약세로 미국경제는 괄목할 만한 성장을 보이게 되었다. 일본은 플라자 합의 전 달러당 250엔에서 합의 후 약 2년 동안 절반(128엔), 10년

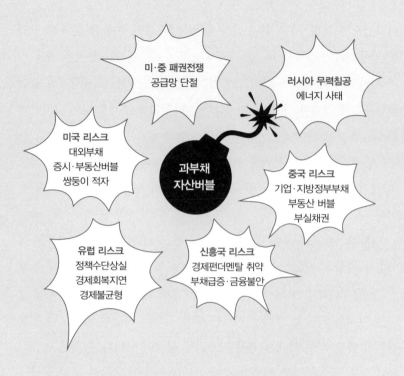

미·중 패권전쟁
공급망 단절

러시아 무력침공
에너지 사태

미국 리스크
대외부채
증시·부동산버블
쌍둥이 적자

과부채
자산버블

중국 리스크
기업·지방정부부채
부동산 버블
부실채권

유럽 리스크
정책수단상실
경제회복지연
경제불균형

신흥국 리스크
경제펀더멘탈 취약
부채급증·금융불안

동안 3분의 1(83엔) 수준으로 떨어졌다. 엔고로 버블이 붕괴되고 경제가 침체되면서 '잃어버린 30년'의 질곡 속으로 들어가 오늘날까지 어려움을 겪고 있다. 이러한 일본의 경험에 비추어 이번에는 중국의 견제가 만만치 않을 것이다. 또한 1980년대 중반에 있었던 미·일 반도체분쟁의 결과 일본 반도체 산업이 붕괴된 것도 시사하는 바가 크다.

특히 3연입에 들어선 시진핑 국가주석 절대체제의 중국이 미국의 요구를 받아들일 가능성이 매우 낮다. 따라서 세계경제도 상당기간 어려움을 겪게 될 가능성이 높아 우리 경제에도 큰 부담이 될 것이다.

미·중 간의 관세인상 등을 통한 무역전쟁은 반도체 등 첨단산업의 기술 전쟁으로 이여졌고 급기야는 주요자원을 망라한 공급망 전쟁으로 확산되고 있다.

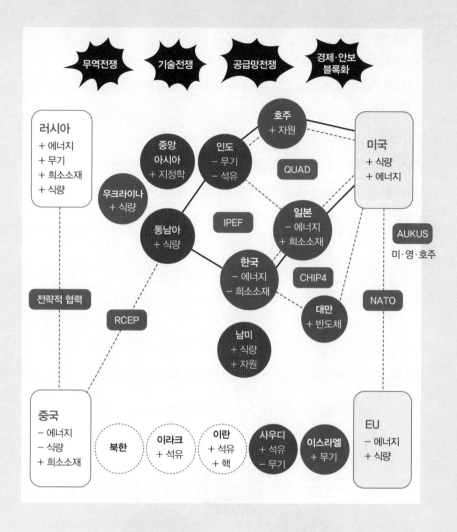

지역경제별로 보면 미국은 물가상승, 대외부채, 증시·부동산 버블, 금융불균형 등의 문제가 대두될 것이다. 유럽은 국가 간 경제불균형 속에 정책수단이 무력화되고 있으며 신흥국들은 취약한 경제 펀더멘털 속에서 국가부채가 급증하고 있다. 중국 또한 기업·지방정부의 부채, 부동산 버블, 부실채권 등이 도사리고 있다. 이들 모두가 세계적인 과부채의 화

약고를 건드릴 수 있는 뇌관이다.

이러한 세계적인 국제정세의 변화로 그동안 세계가 누려왔던 '저물가·저금리·고성장' 시대가 끝나고 '고물가·고금리·저성장'이라는 구도가 자리잡게 될 것이다.

다음으로 국내 경제여건을 보자. 압축성장으로 요약되어 온 우리 경제는 내부적으로 해결해야 할 과제가 산적해 있다. 무엇보다 우리 경제가 성장동력을 상실하고 잠재성장률이 낮아지고 있다는 점이 문제다. 그동안 우리 경제의 근간을 이루던 '인력·기술·자본'은 물론 우리 경제의 가속페달이 되어왔던 '세계를 무대로 승부하는 전략', 그리고 '한국인의 DNA'에 이르기까지 모든 부분에서 경고음이 들린다.

가계부채를 비롯한 경제 각 부문의 부채 누증 문제는 날로 심각성을 더하고 있다. 가계부채 문제는 금리 등 경제 상황의 변화에 따라 경제위기를 촉발할 수 있는 뇌관이 될 수 있고, 중장기적으로 소비는 물론 투자 위축까지 초래할 수도 있는 만성병의 원인이 되기도 한다.

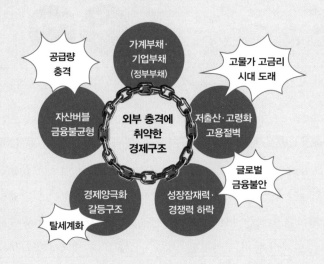

저출산·고령화 등 당면한 인구 문제는 우리 경제의 미래에 먹구름을 드리운다. 인구 문제는 기본적으로 해결이 어렵고 해결하는 데는 많은 재원과 시간이 소요된다. 출산에 의한 인구 정책은 성공한다 하더라도 30년이 걸리는 구조이기 때문이다.

청년실업·고용절벽 등 '고용 없는 성장'이라는 구조적인 문제도 시급한 해결을 필요로 하는 당면 현안이다. 젊은 층이 제 일자리를 못 찾으면 나라의 미래가 어둡다. 경제 양극화와 불균형 문제 또한 우리 경제의 미래를 어둡게 하는 악성 요인이다.

미래를 지향하는 성장경제는 지속가능해야 한다. 이렇게 우리 경제가 다중의 어려움에 봉착하게 된 것은 그동안의 고속성장에서 그 원인을 찾을 수 있다. 우리경제는 100m를 뛰는 속도로 1km를 달려왔다. 그래서 지금은 숨 고르기를 해야 할 상황이다. 그런데 문제는 대외환경이다. 1997년 외환위기 당시 우리경제는 유례없는 어려움에 봉착했으나 세계경제는 어느 때보다 좋았던 상황이었다. 2008년 글로벌 금융위기시에는 전 세계가 위기를 맞았으나 우리경제는 IMF 이후 10년간 거의 완벽하게 기초를 다졌다. 그래서 위기를 극복했다. 그러나 현 상황은 국내외 여건이 모두 어렵다는 것이 문제다.

지금 우리 경제는 대내외 경제환경의 악화로 일본처럼 장기불황의 늪에 빠질 가능성이 높아지고 있다. 이러한 상황을 타개하고 재도약의 발판을 마련하기 위해서는 경제 주체들이 공유하고 함께 유지하려는 가치가 필요하다. 이러한 가치가 결여되면 나라도 경제도 미래가 없다. 그러므로 이 시점에서 한민족 DNA를 발현시키고 새로운 성장 동력을 창출하는 방안을 찾는 데 주목해야 한다.

첫째, 한국인의 성장 DNA가 회복되어야 한다. 이를 위해 기업과 개인의 창의와 열정이 유감없이 발휘될 수 있도록 개방경제와 자유시장 경쟁체제가 확고히 자리 잡아야 한다. 이를 위해 기업활동을 제약하는 규제를 과감하고 신속하게 풀어버려야 한다. 기업은 무한한 저력을 발휘할 수 있는 주인공이며 그들의 활동을 자유롭게 보장했을 때 그들의 성과는 빛을 냈다. 유라시아 대륙의 역사를 장악했던 기마민족·초원제국 DNA의 주인공인 한국인의 무대는 열린 세계였다. 세계를 무대로 활동할 때만이 대한민국의 번영은 담보될 수 있다. 아울러 건강한 경제가 유지되기 위해서는 공정한 경쟁을 통해 얻은 성과와 과실을 존중하는 문화, 또 경쟁에서 뒤처진 사람들을 위한 사회적 배려 또한 적극적으로 뒷받침되어야 한다. 이러한 문화와 사회적 합의 속에서 지속가능한 탄탄한 경제구조가 착근될 수 있다.

둘째, 세계경제와 한국경제의 미래를 위해서는 지금까지와는 전혀 다른 혁명적 새로운 성장모델이 창출되어야 한다. 필자는 한반도의 지정학적 위치에 주목하고 한반도에 인류의 미래를 열어 나갈 세계 경제협력

의 장을 열어 나가는 것도 돌파구의 하나가 될 것으로 기대한다.

한반도를 둘러싼 이해관계 당사 국가들을 보면 미국과 일본은 경제대국으로 세계적인 투자 주체이자 국제협력과 한반도 정세에서 소외될 수 없는 응분의 역할을 하고자 한다. 러시아는 자원대국이자 한반도와 접경하면서 정치경제적 연결고리가 있고 태평양으로 이어지는 극동 지역의 경제개발에도 관심과 힘을 쏟고 있다. 중국은 세계적인 생산기지이자 북한의 지원세력이며, 태평양으로 진출하려는 교두보를 갖기를 열망하고 있다. 북한은 경제개발이 당면 최대 과제이며 지정학적 위치와 2500만 명의 인력 및 풍부한 지하자원에서 강점이 있다. 대한민국은 새로운 성장동력을 찾는 세계적인 국가로 세계 최고의 경제개발 경험이 있고 동북아 국제협력의 중심 역할을 할 수 있는 여러 조건을 갖추고 있다. 한반도에서 전개되는 이러한 국제적인 관계를 바탕으로 이제 역사에 기록될 국제협력의 장이 열릴 수 있다.

한반도는 지정학적 위치 등으로 인해 생산기지와 자원시장의 중심이자 물류기지로서도 중요한 기능과 역할을 할 수 있다. 한반도 동남단 부산에서 시작한 철로가 동해안을 따라 북한의 나진, 선봉까지 올라간 뒤,

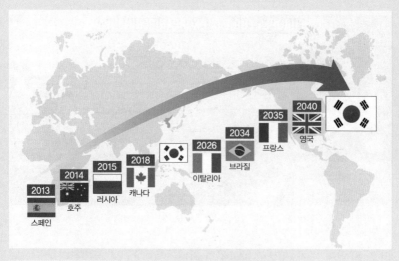

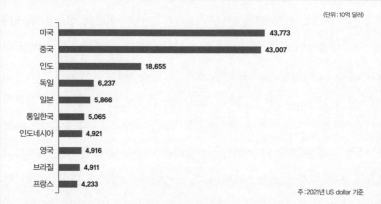

	(단위 : 10억 달러)
미국	43,773
중국	43,007
인도	18,655
독일	6,237
일본	5,866
통일한국	5,065
인도네시아	4,921
영국	4,916
브라질	4,911
프랑스	4,233

주 : 2021년 US dollar 기준

2040년 세계경제 10대 국가

러시아 시베리아 횡단철도를 거쳐 유럽까지 연결된다. 한반도 서남단
목포에서 시작한 기찻길은 서해안을 따라 해주, 남포까지 올라간 뒤 중
국, 중앙아시아를 거쳐 유럽까지 이어진다. 지금은 일정기간에만 가동
중이지만 북극항로가 완전히 열리게 되면 한반도에서 유럽까지 수에즈
운하 통과 해로에 비해 절반 가까이 단축되는 새로운 '바다의 실크로드'
가 전개된다.

한국인의 성장 DNA와 국제협력에 의한 한반도에서의 새로운 성장동력의 창출 기회가 어우러지면 우리 경제는 물론 세계 경제의 새로운 돌파구를 마련할 수 있을 것이다. 한반도를 중심으로 국제협력에 의해 새로운 경제혁명의 장이 열리는 시대가 오면 한반도는 유라시아 대륙과 태평양을 연결하는 동북아시아 경제 허브로 도약하게 될 것이다. "한반도 중심의 동북아시아 경제 지도"는 결코 꿈이 아니다. 이미 오래전부터 기마민족, 초원 제국의 전사였던 우리 선조들이 꿈꾸어 왔던 길이다. 광활한 유라시아 대초원을 무대로 세계사를 써내려 왔던 기마 유목민의 기개, 잠시 잠들었던 '한민족의 경제 DNA'를 일깨워야 할 때다. 남북 경협은 우리가 희생하며 북한을 돕는 것이 아니라, 남북이 자기역량을 최대한 발휘해서 '한강의 기적'을 뛰어넘는 '한반도의 기적', '한민족의 기적'을 만들어 나가는 데 그 진정한 길이 있다.

이 책에서는 대한민국이 일궈낸 현대 기적의 역사를 소개하고 그 원동력을 한민족 DNA에서 찾아보았다. 대한민국 경제 기적의 주인공인 한민족은 '끈질긴 생존본능', '승부사의 기질', '강한 집단의지', '개척자의 근성' 등으로 무장한 사람들이다. 그들은 하나로 뭉쳐 반세기 만에 대한민국을 세계중심국가의 반열에 올려놓았다. 한민족 DNA는 유라시아 대초원의 기마민족 역사를 관통하면서 이어온 고귀한 자산이다. 지금 대한민국은 대내외 환경이 매우 어려워 보인다. 그러나 교범 없이 살아남는 기마 군단의 DNA가 면면히 이어진 한민족 DNA는 위기에 강한 생존형 성장 DNA다.

한민족은 이 놀라운 DNA를 바탕으로 위기를 헤쳐 나가고, 통일이라는 미래를 꿈꾸며 세계와 경쟁해 미래의 대한민국을 건설해 나갈 것이다.

앞으로 남북통일이 이루어지고 통일한국이 세계의 중심국가로 등장하게 될 날이 올 것이다. 여러 가지 전제를 두고 분석해보면 한국 대비 북한의 경제 규모는 2020년 2.6%에 불과하지만, 2040년에는 17.6% 수준으로 상승할 것으로 예상해볼 수 있다. 이렇게 되면 GDP 기준으로 통일한국이 2026년에는 이탈리아를, 2034년과 2035년에는 각각 브라질과 프랑스를 그리고 2040년에는 영국을 추월하여 세계 6번째 국가로 등장하게 될 전망이다. 이날이 올 때까지 한민족 DNA가 유감없이 발휘되기를 기대하면서 이 책을 마무리한다.

참고문헌

가오훙레이 저, 김선자 역, 《절반의 중국사》, 메디치(2017)

강길운 저, 《고대사의 비교언어학적 연구》, 새문사(1990)

강길운 저, 《한일고대관계사의 쟁점》, 한국문화사(2002)

강인욱 저, 《옥저와 읍루》, 동북아역사재단(2020)

강인욱 저, 《유라시아 역사 기행》, 민음사(2016)

강톨가 외 저, 김장구·이평래 역, 《몽골의 역사》, 동북아역사재단(2009)

계연수 저, 고동영 역, 《환단고기》, 한뿌리(2006)

계연수 저, 안경전 역, 《환단고기》, 상생출판(2012)

계연수 저, 임승국 역, 《한단고기》, 정신세계사(2010)

고구려연구재단 저, 《고조선·단군·부여 자료집(상·중·하)》, 고구려연구재단(2005)

고구려연구재단 저, 《만주-그 땅·사람 그리고 역사》, 고구려연구재단(2005)

고마츠 히사오 외 저, 이평래 역, 《중앙유라시아의 역사》, 소나무(2010)

고운기 저, 《우리가 정말 알아야 할 삼국유사》, 현암사(2006)

고조선사연구회·동북아역사재단 저, 《고조선사 연구 100년》, 학연문화사(2009)

고조선사연구회·동북아역사재단 저, 《고조선의 역사를 찾아서 - 국가·문화·교역》, 학연문화사(2007)

고조선학회 저, 《고조선연구》, 지식산업사(2008)

郭大順 저, 《紅山文化》, 文物出版社(2006)

국립중앙박물관 저,《아프가니스탄의 황금문화》, 국립중앙박물관(2016)

권덕규 저,《조선사》, 정음사(1945)

권덕규 저,《조선유기》, 경성상문관(1941)

권영필 외 저,《중앙아시아 속의 고구려인 발자취》, 동북아역사재단(2007)

그룹 그르지마일로 저, 김기선·조혜경 역,《몽골과 오랑캐 유목제국사》, 민속원(2008)

김 게르만 니콜라 예비치 저, 황역삼 역,《1인치의 장벽을 넘어서-독립 카자흐스탄의 고려인 사회》, 맑
　음북스(2020)

김경복·이희근 저,《이야기 가야사》, 청아출판사(2010)

김경수 역,《제왕운기》, 역락(1999)

김경호 외 저,《하상주단대공정》, 동북아역사재단(2008)

김교헌 저, 고동영 역,《신단민사》, 한뿌리(2006)

김교헌 저, 이민수 역,《신단실기》, 한뿌리(1994)

김기흥 저,《천년의 왕국 신라》, 창작과비평사(2000)

김민수 저,《고조선의 시원과 변천에 관한 연구》, 구리문화원(1998)

김병기 저,《사라진 비문을 찾아서》, 학고재(2020)

김부식 저, 정민호 역,《삼국사기 1권-고구려본기》, 명문당(2020)

김부식 저, 정민호 역,《삼국사기 1권-백제본기》, 명문당(2020)

김부식 저, 정민호 역,《삼국사기 1권-신라본기》, 명문당(2020)

김부식 저, 정민호 역,《삼국사기 1권-열전》, 명문당(2020)

김병모 저,《금관의 비밀》, 푸른역사(1998)

김삼웅 저,《단재 신채호 평전》, 시대의창(2005)

김상 저,《삼한사의 재조명 3》, 북스힐(2021)

김상천 저,《고조선과 고구려 역사를 다시 본다》, 주류성(2003)

김선주 저,《홍산문화, 한민족의 뿌리와 상제문화》, 상생출판(2012)

김성호 저,《비류백제와 일본의 국가기원》, 지문사(1994)

김용덕 저,《동아시아 고대 문화의 빛, 고구려》, 동북아역사재단(2009)

김욱·김종열 저,《미토콘드리아 DNA변이와 한국인 집단의 기원에 관한 연구》, 고구려연구재단
　(2005)

김운회 저,《대쥬신을 찾아서 1, 2》, 해냄(2006)

김운회 저,《몽골은 왜 고려를 멸망시키지 않았나》, 위즈덤하우스(2015)

김위현 저,《국역遼史(상·중·하)》, 단국대학교출판부(2012)

김육불 저, 동북아역사재단 역,《동북통사(상·하)》, 동북아역사재단(2007)

김은국 외 저,《발해 염주성 이야기》, 청아출판사(2017)

김인희 저, 《1,300년 디아스포라, 고구려유민》, 푸른역사(2012)

김인희 저, 《치우, 오래된 역사병》, 푸른역사(2017)

김장구 저, 《몽골 황금사》, 동북아역사재단(2014)

김장수, 김지영 외 저, 《동북아역사재단 기획연구 24 중유럽 민족문제》, 동북아역사재단(2009)

김재섭 저, 《금문속의 고조선》, 우반재(2011)

김재섭 저, 《금문창세기 문자》, 라무(2019)

김정민 저, 《단군의 나라, 카자흐스탄》, 글로벌콘텐츠(2015)

김정배 저, 《고조선에 대한 새로운 해석》, 고려대학교 민족문화연구원(2010)

김정배 저, 《한국 고대사와 고고학》, 신서원(2000)

김정배 저, 《한국고대사입문 1~3》, 신서원(2006)

김정학 외 저, 《가야사론》, 고려대한국학연구소(1993)

김정학 저, 《한국상고사연구》, 범우사(1991)

김종래 저, 《결단의 리더 쿠빌라이 칸》, 꿈엔들(2009)

김종래 저, 《밀레니엄맨 칭기스칸》, 꿈엔들(2006)

김종래 저, 《유라시아 초원에서 디지털 제국까지 유목민 이야기》, 꿈엔들(2006)

김종윤 저, 《한국 고대사》, 동신출판사(1995)

김준기 저, 《묻혀 있는 우리 역사》, 선(2009)

김채수 저, 《알타이문명론》, 박이정(2013)

김태완 저, 《갑골문과 중국의 상형문자》, 학고방(2012)

김학준 저, 《다시 보는 고구려사》, 동북아역사재단(2013)

김한규 저, 《요동사》, 문학과지성사(2010)

김현구 저, 《식민사학의 카르텔》, 이상(2017)

김호동 저, 《아틀라스 중앙유라시아사》, 사계절(2016)

노태돈 저, 《단군과 고조선사》, 사계절(2007)

다케미쓰 마코토 저, 김승일 역, 《고구려 광개토대왕》, 범우(2009)

단국대사학회 편, 《한국고대사》, 학연문화사(1994)

단군학회 저, 《남북학자들이 함께 쓴 단군과 고조선 연구》, 지식산업사(2006)

단재 신채호 저, 박기봉 역, 《조선상고문화사》, 비봉출판사(2011)

단재 신채호전집편찬위원회 저, 《단재신채호전집 1~9권-역사 외》, 독립기념관 한국독립운동사연구소
(2007)

단재 신채호 저, 박기봉 역, 《조선상고사》, 비봉출판사(2007)

대야발 저, 고동영 역, 《단기고사》, 한뿌리(1999)

대야발 저, 유태우·정창모 역, 《상고문화 단기고사》, 음양맥진출판사(1993)

도널드 쿼터트 저, 이은정 역, 《오스만 제국사》, 사계절(2008)

동북아역사재단 저, 《고조선 단군부여》, 동북아역사재단(2015)

동북아역사재단 저, 《동북아 평화와 역사문제》, 동북아역사재단(2016)

동북아역사재단 저, 《동북아관계사의 성격》, 동북아역사재단(2009)

동북아역사재단 저, 《만주 그 땅, 사람 그리고 역사》, 동북아역사재단(2008)

동북아역사재단 저, 《만주이야기》, 동북아역사재단(2014)

동북아역사재단 저, 《몽골고비 알타이의 암각화》, 동북아역사재단(2008)

동북아역사재단 저, 《몽골서북부 지역의 암각화》, 동북아역사재단(2009)

동북아역사재단 저, 《주역 중국정사 외국전 1~15》, 동북아역사재단(2009)

동북아역사재단 저, 《중국 역사 교과서의 민족·국가·영토 문제》, 동북아역사재단 (2006)

동북아역사재단 저, 《중국 역사 교과서의 한국 고대사 서술 문제》, 동북아역사재단(2006)

동북아역사재단 저, 《중국 역사 교과서의 한국고대사》, 동북아역사재단(2006)

동북아역사재단 저, 《중앙아시아의 바위그림》, 동북아역사재단(2007)

동북아역사재단 저, 《카자흐스탄의 바위그림》, 동북아역사재단(2011)

동북아역사재단 저, 《키르기스스탄 남부지역의 암각화》, 동북아역사재단(2011)

동북아역사재단 저, 《키르기스스탄 중·동부지역의 암각화》, 동북아역사재단(2011)

동북아역사재단 편, 《고구려를 찾아서》, 동북아역사재단(2015)

동북아역사재단 편, 《다시 보는 고구려사》, 동북아역사재단(2008)

동북아역사재단 편, 《새롭게 본 발해사》, 동북아역사재단(2013)

라시드 앗 딘 저, 김호동 역, 《부족지(집사-1)》, 사계절(2012)

라시드 앗 딘 저, 김호동 역, 《칭기스칸 기(집사-2)》, 사계절(2005)

라시드 앗 딘 저, 김호동 역, 《칸의 후예들(집사-3)》, 사계절(2005)

라즈네프스키 저, 김호동 역, 《역사 속에 살아 있는 인감탐구 7 칭기즈칸》, 지식산업사(2017)

레프 구밀료프 저, 권기돈 역, 《상상의 왕국을 찾아서》, 새물결(2016)

르네 그루쎄 저, 김호동 외 역, 《유라시아 유목제국사》, 사계절(2012)

리지린 저, 《고조선 연구》, 열사람(1989)

마노 에이지 외 저, 현승수 역, 《교양인을 위한 중앙아시아사》, 책과함께(2009)

마이클 브린 저, 김기만 역, 《한국인을 말한다》, 홍익출판사(1999)

孟昭凯 저, 《五千年前的文明》, 中国文联出版社(2009)

무타구치 요시로 저, 박시진 역, 《상식으로 꼭 알아야 할 이야기 중동의 역사》, 삼양미디어(2013)

문안식 저, 《한국 고대사와 말갈》, 혜안(2003)

문옥표 외 저, 《해외한인의 민족관계》, 아카넷(2006)

문윤정 저, 《걷는 자의 꿈, 실크로드》, 바움(2013)

문정창 저,《고조선사연구》, 한뿌리(1993)

문정창 저,《백제사》, 인간사(1988)

문정창 저,《한국·수메르·이스라엘 역사》, 한뿌리(2008)

민긍기 저,《원시가요와 몇 가지 향가의 생성적 의미에 관한 연구》, 도서출판 누리(2019)

민병훈 저,《실크로드와 경주》, 통천문화사(2015)

박상남·나탈리야 카리모바 저,《역사 속의 한국과 중앙아시아》, 이매진(2013)

박성수 저,《민족사의 맥을 찾아서》, 상생출판(2015)

박성수 저,《민족사의 맥을 찾아서》, 집현전(1989)

박시형 저,《광개토왕릉비》, 푸른나무(2007)

박양진 외 저,《중국문명 탐원공정과 선사고고학 연구현황 분석》, 동북아역사재단(2008)

박용숙 저,《지중해 문명과 단군조선》, 집문당(2001)

박원길·S. 촐몬 저,《한국·몽골 교류사 연구》, 이매진(2013)

박원길 저,《조선과 몽골》, 소나무(2010)

박은선 저,《어! 발해가 살아 숨쉬고 있네?》, 아이필드(2006)

박찬영·정호일 저,《한국사를 보다 1》, 레비르스쿨(2011)

박창범 저,《하늘에 새긴 우리역사》, 김영사(2007)

박창화 저,《우리나라 강역고》, 민속원(2004)

박창화 저, 김성겸 역,《고구려의 숨겨진 역사를 찾아서》, 지샘(2008)

박학봉 저,《발해경제연구》, 흑룡강조선민족(2001)

방학봉 저,《발해사 연구》, 정음사(1989)

방학봉 저,《발해주요유적을 찾아서》, 연변대학출판사(2003)

박한제·김형종 외 저,《아틀라스 중국사》, 사계절(2008)

박한제·김호동 외 저,《유라시아 천년을 가다》, 사계절(2014)

박해현 저,《박해현의 새로 쓰는 마한사》, ㈜국학자료원 새미(2021)

박혁문 저,《고구려·발해 역사기행》, 정보와사람(2007)

박혁문 저,《만주 오천년을 가다》, 정보와사람(2007)

박환 저,《사진으로 보는 러시아지역 한인의 삶과 기억의 공간》, 민속원(2013)

반고 저, 최동환 역,《한서지리지(새로운 해석과 분석)》, 생각나눔(2019)

발레리 베린스탱 저, 변지현 역,《무굴 제국》, 시공사(2011)

배석규 저,《대몽골 시간여행》, 굿모닝미디어(2004)

변태섭 외 저,《고등학교 역사부도》, 금성교과서(1997)

변태섭 저,《한국사통론》, 삼영사(1998)

복기대 외 저,《고구려의 평양과 그 여운》, 주류성(2017)

복기대 저,《홍산문화의 이해》, 우리역사연구재단(2019)

부사년 저, 정재서 역,《이하동서설》, 우리역사연구재단(2011)

북애 저, 고동영 역,《규원사화》, 한뿌리(2005)

북애 저, 신학균 역,《규원사화》, 대동문화사(1968)

북애 저, 신학균 역,《규원사화》, 명지대학교출판부(1975·1984)

사마천 외 저,《신주사기 1~10-오제본기》, 한가람역사문화연구소(2020)

사와다 이사오 저, 김숙경 역,《흉노》, 아이필드(2007)

서동인 저,《흉노인 김씨의 나라 '가야'》, 주류성(2011)

서병국 저,《발해 발해인》, 일념(1990)

서영교 저,《高句麗 騎兵》, 지성인(2014)

서정록 저,《사람답게 사는 사회를 꿈꾸었던 칭기즈칸 이야기》, 학고재(2012)

石阳 저,《文物載千秋》, 內蒙古人民出版社(2012)

설용수 저,《재중동포 조선족이야기》, 미래문화사(2004)

성동기 저,《아미르 티무르》, 써네스트(2010)

성삼제 저,《고조선, 사라진 역사》, 동아일보사(2006)

손동완 저,《한민족의 기원(해설2)》, 도서출판 바른북스(2020)

송강호 저,《고조선의 화폐와 명도전의 비밀》, 지식과교양(2012)

송기회 외 저,《하늘에서 본 고구려와 발해》, 서울대학교박물관(2008)

송동건 저,《고구려와 흉노》, 진명출판사(2010)

송호정 저,《단군, 만들어진 신화》, 산처럼(2007)

쉴레이만 세이디 저, 곽영완 역,《터키 민족 2천년 사》, 애플미디어(2012)

스기야마 마사아키 저, 이진복 역,《유목민이 본 세계사》, 학민사(2006)

스기야마 마사아키 저, 임대희 외 역,《몽골 세계 제국》, 신서원(2004)

스탠리 스튜어트 저, 김선희 역,《칭기즈 칸 제국을 달리다》, 물푸레(2005)

시노다 켄이치 저, 박명미·이홍규 역,《DNA가 밝혀주는 일본인, 한국인의 조상》, 보고사(2008)

시릴 아이돈 저, 이순호 역,《인류의 역사》, 웅진씽크빅(2010)

신영식 저,《한국고대사의 신연구》, 일조각(1984)

신용하 저,《고조선문명의 사회사》, 지식산업사(2018)

신용하 저,《한국민족의 기원과 형성 연구》, 서울대학교출판문화원(2017)

신채호 저, 정소문 역,《신채호의 조선상고사》, 서문당(2014)

신태윤 저,《배달조선정사》, 순천선화당(1945)

신태윤 저,《한국정사》, 신태윤기념사업회(2005)

신형식 저,《다시 찾은 한국고대사 해외 유적》, 주류성(2012)

신형식 저, 《다시 찾은 한국고대사의 해외유적》, 주류성(2012)

신형식 저, 《한국사학사》, 삼영사(1999)

심백강 저, 《사고전서 사료로 보는 한사군의 낙랑》, 바른역사(2014)0

심백강 저, 《잃어버린 상고사 되찾은 고조선》, 바른역사(2014)

심백강 저, 《한국상고사 환국》, 바른역사(2021)

심상용 저, 《간도 비극의 땅, 잊혀진 영토》, 아우누리(2013)

아서 코터렐 저, 김수림 역, 《아시아 역사》, 지와 사랑(2013)

안주섭 저, 《고대 거란 전쟁》, 경인문화사(2003)

안주섭·이부오·이영화 저, 《우리 땅의 역사》, 소나무(2007)

안호상 저, 《나라역사 육천년》, 한뿌리(2006)

안호상 저, 《배달·동이는 동아문화의 발상지》, 한뿌리(1992)

야기 다케시 저, 박걸순 역, 《한국사의 계보》, 소와당(2015)

에. 뭬. 샤브꾸노프 저, 송기호·정석배 역, 《러시아 연해주와 발해 역사》, 민음사(1996)

에릭 힐딩거 저, 채만식 역, 《초원의 전사들》, 일조각(2008)

여운건·오재성 저, 《동북공정, 알아야 대응한다(우리강역변천사)》, 한국우리민족사연구회(2006)

冯永谦 저, 《紅山文化》, 辽宁人民出版社(2009)

예술의전당 저, 《스키타이황금문명전》, 예술의전당(2011)

오다니 나카오 저, 민혜홍 역, 《대월지》, 아이필드(2008)

우실하 저, 《고조선문명의 기원과 요하문명》, ㈜지식산업사(2018)

우실하 저, 《동북공정 너머 요하문명론》, 소나무(2010)

월간중앙 역사탐험팀 저, 《광개토대왕이 중국인이라고?》, 중앙일보시사미디어(2004)

웨난 저, 심규호·유소영 역, 《하상주 단대공정》, 일빛(2005)

유 엠 부쩐 저, 이항재·이병두 역, 《고조선 – 역사·고고학적 개요》, 소나무(1990)

유 엠 부쩐 저, 이병두 역, 《러시아 역사학자 유 엠 부틴의 고조선 연구》, 아이네아스(2019)

유원수 저, 《몽골 비사》, 사계절(2011)

유재현 저, 《몽골인 그들은 어디서 왔나?》, 소나무(2009)

유재현 저, 《민족인가, 국가인가?》, 소나무(2009)

윤내현 외 저, 《한국사의 이해(고대·고고1)》, 신서원(1991)

윤내현 저, 《고조선 연구》, 일지사(2004)

윤내현 저, 《고조선 연구 상》, 만권당(2015)

윤내현 저, 《고조선 연구 하》, 만권당(2016)

윤내현 저, 《고조선, 우리의 미래가 보인다》, 민음사(1995)

윤내현 저, 《사료로 보는 우리 고대사》, 만권당(2017)

윤내현 저,《사료로 보는 우리 고대사》, 지식산업사(2007)

윤내현 저,《우리 고대사, 상상에서 현실로》, 지식산업사(2006)

윤내현 저,《한국 열국사 연구》, 만권당(2016)

윤내현 저,《한국고대사》, 삼광출판사(1989)

윤내현 저,《한국고대사》, 만권당(2021)

윤내현 저,《한국고대사신론》, 일지사(1988)

윤내현 저,《한국고대사신론》, 일지사(1999)

윤내현·박성수·이현희 저,《새로운한국사》, 집문당(2005)

윤명수 역저,《금사》, 완안출판사(2007)

윤명수 저,《금조사연구》, 완안출판사(2007)

윤명철 저,《고구려 답사 길잡이》, 대원사(2011)

윤명철 저,《만주에서 고구려에게 길을 묻다》, 대원사(2011)

윤명철 저,《역사전쟁》, 안그라픽스(2004)

윤용규 외 저,《부여사와 그 주변》, 동북아역사재단(2008)

윤이흠 외 저,《단군 그 이해와 자료》, 서울대학교출판부(2001)

윤철호 저,《한국 고고학 강의》, 사회평론(2007)

윤치도 저,《민족정사》, 대성문화사(1968)

윤한택 외 저,《압록과 고려의 북계》, 주류성(2017)

윤한택 저,《고려 국경에서 평화 시대를 묻는다: 고려 국경 연구》, The+PLAN 참생각품은숲(2018)

윤한택 저,《다산의 고려서북계 인식》, 경인문화사(2018)

윤희병 저,《한민족의 상고사》, 한국정신문화연구원(1985)

이경수 저,《왜 몽골 제국은 강화도를 치지 못했는가》, 푸른역사(2014)

이공범 저,《위진 남북조사》, 지식산업사(2003)

이기동, 정창건 저,《환단고기》, 도서출판 행촌(2019)

이기백 외 저,《한국고대사론》, 한길사(1988)

이기백 저,《한국사신론》, 일조각(2014)

이기훈 저,《동북공정 이전 중국이 쓴 한국사》, 주류성(2019)

이기훈 저,《동이 한국사》, 책미래(2014)

이덕일·김병기·박찬규 저,《고구려는 천자의 제국이었다》, 역사의 아침(2007)

이덕일·김병기·신정일 저,《고조선은 대륙의 지배자였다》, 역사의아침(2007)

이덕일 저,《다시 찾는 7,000년 우리 역사(이덕일의 한국통사)》, 다산북스(2019)

이덕일 저,《동아시아 고대사의 쟁점》, 만권당(2019)

이덕일 저,《매국의 역사학, 어디까지 왔나》, 만권당(2015)

이만열 저,《우리 역사 5천년을 어떻게 볼 것인가》, 바다출판사(2000)

이명우, 최현호 저,《1909년 환단고기, 환단고기의 진실과 위서론의 거짓》, 도서출판 북포럼(2020)

이병도 외 저,《한국사 고대편 진단학회》, 을유문화사(1980)

이병도 저,《한국고대사연구》, 박영사(1981)

이병도·최태영 저,《한국상고사입문》, 고려원(1989)

이복규 저,《카자흐스탄 견문록》, 유니스토리(2011)

이석연, 정재수 저,《새로 쓰는 광개토왕과 장수왕》, 논형(2022)

이성규 외 저,《낙랑문화연구》, 동북아역사재단(2006)

이성제 외 저,《고구려성 사진 자료집》, 동북아역사재단(2010)

이시바시 다카오 저, 홍성구 역,《대청제국 1616~1799》, 휴머니스트(2009)

이유립 저,《대배달민족사(1~5)》, 고려가(1987)

이윤섭 저,《"천하의 중심" 고구려》, 코리아쇼케이스(2004)

이이화 저,《몽골의 침략과 30년 항쟁》, 한길사(2007)

이인철 외 저,《대고구려 역사 중국에는 없다》, 예문당(2004)

이정훈 저,《발로 쓴 반동북공정》, 지식산업사(2009)

이종욱 저,《고조선사연구》, 일조각(1993)

이종욱 저,《고조선사연구》, 일조각(1994)

이종욱 저,《한국고대사의 새로운 체계》, 소나무(1999)

이종욱 저,《화랑세기로 본 신라인 이야기》, 김영사(2000)

이종호 저,《과학으로 찾은 고조선》, 글로연(2008)

이종호 저,《유적으로 보는 우리 역사 1》, 북카라반(2015)

이종호·윤명도 저,《홍산문화》, 북카라반(2015)

이종호·이형석 저,《고조선, 신화에서 역사로》, 우리책(2009)

이종휘 저, 김영심·정재훈 역,《동사》, 소명출판(2004)

이중재 저,《상고사의 재발견》, 동신출판사(1993)

이중재 저,《상고사의 새발견》, 동신출판사(1994)

이지린 외 저,《고구려 역사》, 논장(1988)

이지린·강인숙 저,《고구려 역사》, 논장(1988)

이찬희 외 저,《동아시아의 역사분쟁》, 동재(2007)

이창환 저,《조선역사》, 세창서관(1945)

이형구 저,《단군과 고조선》, 살림터(1999)

이형구 저,《발해연안에서 찾은 한국 고대문화의 비밀》, 김영사(2007)

이형구 저,《한국고대문화의 기원 발해연안문명》, 상생출판(2015)

이형구·이기환 저, 《코리안루트를 찾아서》, 성안당(2009)

이홍규 저, 《한국인의 기원》, 우리역사연구재단(2012)

이희근 저, 《고대, 한반도로 온 사람들: 다양한 종족이 세력을 겨뤄온 고대 한반도 이야기》, 영신사 (2018)

이희수 저, 《터키박물관 산책》, 푸른숲(2015)

이희수, 이원삼 외 저, 《이슬람》, 청아출판사(2004)

일본동아연구소 저, 서병구 역, 《이민족의 중국통치사》, 대륙연구소(1991)

일연 저, 이민수 역, 《삼국유사》, 을유문화사(2019)

일연 저, 리상호 역, 《사진과 함께 읽는 삼국유사》, 까치(2008)

임마누엘 페스트라이쉬 저, 이만열 역, 《한국인만 모르는 다른 대한민국》, 21세기북스(2015)

임효재 저, 《한국고대문화의 흐름》, 집문당(1992)

장준희 저, 《문명의 실크로드를 가다》, 청아출판사(2014)

장준희 저, 《문명의 실크로드를 걷다》, 청아출판사(2012)

장준희 저, 《중앙아시아, 대륙의 오아시스를 찾아서》, 청아출판사(2007)

장진근 역주, 《만주원류고》, 파워북(2009)

장진퀘이 저, 남은숙 역, 《흉노제국 이야기》, 아이필드(2010)

장철균 저, 《서희의 외교 담판》, 살림(2013)

장폴 루 저, 김소라 역, 《칭기즈 칸과 몽골제국》, 시공사(2011)

쟝 발티스트 레지 저, 유정희 역, 《18세기 프랑스 지식인이 쓴 고조선, 고구려의 역사》, 아이네아스(2018)

전경일 저, 《광개토태왕 대륙을 경영하다》, 휴먼비즈니스(2007)

전문규 저, 《중국정사조선전(1~4)》, 국사편찬위원회(2007)

전원철 저, 《고구려 - 발해인 칭기스 칸(成吉思汗) (I), (II)》, 비봉출판사(2015)

전호태 저, 《고구려 고분벽화 읽기》, 서울대출판부(2008)

전호태 저, 《고분벽화로 본 고구려이야기》, 풀빛(2010)

정수일 저, 《실크로드 문명기행》, 한겨레출판(2010)

정수일 저, 《실크로드사전》, 창비(2013)

정수일 저, 《초원 실크로드를 가다》, 창비(2010)

정연규 저, 《대한 상고사》, 한국문화사(2005)

정연규 저, 《언어 속에 투영된 한민족의 고대사》, 한국문화사(2002)

정연규 저, 《한겨레의 역사와 문화의 뿌리를 찾아서》, 한국문화사(2008)

정연진 외 저, 《고분으로 본 발해문화의 성격》, 동북아역사재단(2006)

정욱 역, 《삼국유사》, Jinhan M&B(2007)

정재승 저, 《바이칼, 한민족의 시원을 찾아서》, 정신세계사(2008)

정재정 저,《2009년도 연해주 크라스키노 발해성 한·러 공동 발굴보고서 1》, 동북아역사재단, 러시아 과학원 극동문소 역사고고민속학연구소(2011)

정재정 저,《동아시아의 역사1(자연환경-국제관계)》, 동북아역사재단(2011)

정재정 저,《동아시아의 역사2(북방민족-서민문화)》, 동북아역사재단(2011)

정재정 저,《동아시아의 역사3(개항-화해)》, 동북아역사재단(2011)

정재훈 저,《돌궐 유목제국사》, 사계절(2016)

정형진 저,《고깔모자를 쓴 단군》, 백산자료원(2003)

정형진 저,《한반도는 진인의 땅이었다》, 알에이치코리아(2014)

제임스 A. 밀워드 저, 김찬영·이광태 역,《신장의 역사》, 사계절(2013)

젠보짠 저, 심규호 역,《중국사 강요 1, 2》, 중앙북스(2015)

조법종 외 저,《이야기 한국고대사》, 청아출판사(2007)

조법종 저,《고조선·고구려사 연구》, 신서원(2006)

조희승 저,《북한학계의 가야사 연구》, 말(2020)

조희승 저,《조선단대사(1, 2)》, 과학백과사전출판사(2011)

주채혁 저,《순록치기가 본 조선·고구려·몽골》, 혜안(2007)

주학연 저, 문성재 역,《진시황은 몽골어를 하는 여진족이었다》, 우리역사연구재단(2009)

중국사학회 저, 강영매 역,《중국 역사 박물관 1》, 범우사(2005)

지배선 저,《고선지 평전》, 청아출판사(2002)

陣大爲 외 저, 최무룡 역,《고구려·발해 문화》, 집문당(1982)

최남선 저,《육당 최남선 전집(고대 아세아문제 연구소)》, 현암사(1973)

최남선 저, 정재승, 이주현 역,《불함문화론》, 우리역사연구재단(2008)

최동환 저,《3조선(고조선)》, 메이킹북스(2020

최몽룡 저,《한국고대사의 제문제》, 서울대학교 인문대학 고고미술사학과(1987)

최몽룡 저,《흙과 인류》, 주류성(2000)

최재석 저,《일본고대사연구 비판》, 일지사(1990)

최정필 저,《고고학과 한국상고사의 제문제》, 주류성(2010)

최창묵 저,《한민족과 고조선 한》, 얼역사연구소(2021)

최태영 저,《인간 단군을 찾아서》, 학고재(2000)

최태영 저,《한국상고사》, 유풍출판사(2000)

최태영 저,《최태영 전집2-한국 고대사를 생각한다》, 눈빛출판사(2019)

최태영 저,《한국 고대사를 생각한다》, 눈빛(2019)

최한우 저,《중앙아시아 연구(상·하)》, 펴내기(2006)

크리스토퍼 벡위드 저, 이강한·류형식 역,《중앙유라시아 세계사》, 소와당(2014)

타밈 안사리 저, 류한원 역,《이슬람의 눈으로 본 세계사》, 뿌리와이파리(2013)

토마스 바필드 저, 윤영인 역,《위태로운 변경》, 동북아역사재단(2009)

티모시 메이 저, 신우철 역,《칭기즈칸의 세계화 전략: 몽골 병법》, 대성 korea.com(2011)

패멀라 카일 크로슬리 저, 양휘웅 역,《만주족의 역사》, 돌베개(2014)

피터 프랭코판 저, 이재황 역,《고대 제국에서 G2 시대까지 실크로드 세계사》, 책과함께(2017)

피터 프랭코판 저, 이재황 역,《실크로드 세계사》, 책과함께(2017)

피터 홉커스 저, 김영종 역,《실크로드의 악마들》, 사계절(2007)

한국고대사연구회 저,《고조선과 부여의 제문제》, 신서원(1996)

한국교원대학교 저,《아틀라스 한국사》, 사계절(2009)

한국역사연구회 저,《고대로부터의 통신》, 푸른역사(2009)

한국역사연구회 저,《문답으로 엮은 한국고대사 산책》, 역사비평사(1994)

한규철 외 저,《발해 5경과 영역 변천》, 동북아역사재단(2006)

한스 크리스티안 후프 저, 이민수 역,《역사의 비밀1》, 오늘의 책(2001)

한영희 외 저,《한국 민족의 기원과 형성(상)》, 소화(1997)

한우근 저,《한국통사》, 을유문화사(1970)

한창균 저,《요하문명과 고조선》, 지식산업사(2015)

한철오 외 저,《고등학교 한국사》, 미래엔(2020)

해럴드 램 저, 문선희 역,《해럴드 램의 칭기즈칸》, Korea.com(2009)

허대동 저,《고조선 문자》, 경진(2011)

허목 저, 하현주 외 역,《기언 1~8》, 민족문화추진회(2006)

허종호 외 저,《고조선 력사개관》, 중심(2001)

헤로도토스 저, 천병희 역,《역사》, 숲(2012)

홍원탁 저,《백제와 대화일본의 기원》, 구다라 인터내셔널(1994)

홍혜수 저,《단군 朝鮮은 역사였다》, 도서출판 혜수(2017)

刘冰 저,《赤峰博物館文物典藏》, 赤峰博物館(2006)

BAABAR 저,《HISTORY OF MONGOLIA》, Cambridge-Kepko(1999)

G. EREGZEN 저,《TREASURES OF THE KIONGNU》, MONGOLIAN ACADEMY OF SCIENCES

J. 사롤보양 저, G. 에렉젠 역,《몽골국립박물관》, 국립중앙박물관(2009)

Talat Tekin 저, 이용성 역,《돌궐 비문 연구》, 제이앤씨(2008)

V. I. 몰로딘 저, 강인욱·이헌종 역,《고대 알타이의 비밀-우코크고원-》, 학연문화사(2000)

《二十五史(1~50)》, 藝文印書館印行

《중국정사조선전(1~4)》, 국사편찬위원회(2007)

찾 아 보 기

부록 | 고구려 가문의 계보

주몽

전원철 박사가 《구당서》, 《신당서》, 《대세대동보》, 《세계정복자사(Tarikh-i-jahan-Gushayi)》, 《역사모음(Jami 'at Tawarikh)》, 《오구즈역사(Tarikh-i-Oguz)》, 《사국사(Tarikh-i-'Arba Ulus)》, 《금사(金史)》, 《고려사(高麗史)》, 《셀주크의 역사(Tarikh-i-Saljuk)》, 《투르크멘의 계보(Shajara-i-Tarokime, Genealogy of the Turkmen)》, 《칭기즈 나메(Chinghiz-name)》, 《행운의 정원(Firdaws al Iqbal)》 등을 비교 종합한 계보

- 고구려 왕
- 직실 가문
- 을지문덕(을무진나 칸)
- 티타르 칸(아이말리, 지유)
- 개소문蓋蘇文, 대대로 가문
- 모클 칸(걸왕아벌) 4
- 걸걸중상
- 대야발
- 발해 재왕가
- 원기
- 대인수(10대 선왕) 4
- 대인선 3
- 대광현(세자) 1
- 직계건
- 원건 / 고려 2
- 용녀
- 조선
- 칭기즈칸 5세 / 카물리 8세
- 아미르 티무르
- 바부르 샤
- 부하라 건국

- 보장왕
- 인승
- 보덕국왕 1
- 장보고 3
- 궁예 2
- 후고구려 – 마진
- 마일릭 바야우드세 아들 5
- 칭기스 칸 부계의 부계
- 테르게 아얄 칸
- 엘투제르 칸 23

- 수유지 칸 4
- 대조영
- 대무예
- 도리행
- 대구주즈(남우)
- 다블라킨 종족
- 콩그라트 종족
- 이끄레
- 일한
- 데이 세첸
- 부르테 무인
- 아이신교로 누루하치
- 청나라
- 약 20

- 진국 – 발해 – 고려
- 일하(일 한)
- 카인(칸)
- 카인 아들
- 금함
- 헌원
- 에키리스 종족
- 완안 아골타 7
- 금나라(왕씨)

- 대야발
- 진국 발해 당 전쟁
- 서해(용왕)
- 보활리
- 코룰라스 종족
- 일란 고아 4
- 카룰 칸 7
- 칭기즈 칸 3 / 10
- 카쿨리 바하두르 7
- 칭기즈 칸 부계의 어선조

- 원나라
- 복속
- 몽골
- 카자흐 왕조
- 3한국
- 아미르 티무르
- 바부르 샤
- 크리미아 등 러시아 4한국

부록 | 오구즈칸 후손 투르크 왕조의 계보

전염철 박사가 《구당서》, 《신당서》, 《대세대동보》, 《세계정복자사(Tarikh-i-jahan-Gushayi)》, 《역사모음(Jami 'at Tawarikh)》, 《오구즈 역사(Tarikh-i-Oguz)》, 《서국사(Tarikh-i 'Arba Ulus)》, 《금사(金史)》, 《고려사(高麗史)》, 《셀주크의 역사(Tarikh-i Saljuk)》, 《투르크멘의 계보(Shajara-i Tarokime, Genealogy of the Turkmen)》, 《칭기즈 나메(Chinghiz-name)》, 《행운의 정원(Firdaws al Iqbal)》 등을 비교 종합한 계보

해모수

주몽

올지(문)무르진 칸

고구려 왕 — 작살 기둥

대양왕

보장왕

안승

타타르(자유)

보코 칸(태조)

일무르친나 칸(高車突文)

아르탁스 칸 — 男建

일설 칸(아들라 칸) — 男生

보이두 칸 — 개천성

세빈치 칸

오두 칸 — 男産

군 칸

카이 — 오구즈 투르크

바야트 — 아그쿠른

알카라우르트

아이 칸

율두즈 칸 — 메를리 칸, 겅쥬스, 강글리 칸

퀵 칸

바얀디르

탁 칸 — 살루르

퀸 칸

울두르 칸

빅딜리

오르 칸

쿠즈 칸

쿠르 칸

딩기즈 칸

이두르 — 오구즈 할크(백성)

키닉

이바

위구르

모굴 칸(일칸) — 카얀 기르 — 모굴제국 칭기즈 칸

아크 칸 — 조승상

텡기즈 칸 — 가즈나 왕조 — 마흐무드 새북티긴

훌라(증식왕) 제국

일칸 — 개들 칸 — 오구즈 이부구국 — 엘리 칸 — 실룬밀 — 투그룰 — 토크미시 — 아르슬란 — 세럼크 — 셀주크 왕조

투글 벡 — 셀주크 투르크 왕조

태셔시 칸 — 슐란함드 산중샤 — 쿠틀즈 — 아르톤 미드 — 베이 베그스 — 아 크요쿤 왕조

투르크만 — 오스만 제국 — 오스만 칸 — 터키 투르크메니스탄

위구르 왕조

카라 코윤 왕조 — 카라 유숩

김석동의
한민족 DNA를
찾아서